DOMINANDO A ARTE DO POKER

LEO BELLO

DOMINANDO A ARTE DO POKER

FUNDAMENTOS PARA O SUCESSO

Ediouro

Editora responsável: Cristiane Costa
Produção editorial: Daniele Cajueiro, Guilherme Bernardo
Indexação: Carolina Fernandes
Revisão: Guilherme Semionato, Luciana Ferreira, Priscila Gurgel
Diagramação: Filigrana
Impressão e acabamento: Ediouro Gráfica

Texto revisto pelo novo Acordo Ortográfico

Visite o site do livro: www.dominandoaartedopoker.com.br

CIP-Brasil. Catalogação na Fonte
Sindicato Nacional dos Editores de Livros, RJ

B386d Bello, Leo
Dominando a arte do poker : fundamentos para o sucesso, livro II / Leo Bello. – Rio de Janeiro : Ediouro, 2009.

Sequência de: Aprendendo a jogar poker
Contém glossário
ISBN 978-85-00-02541-9

1. Pôquer. II. Título.

CDD: 795.412
CDU: 794.42

Rua Nova Jerusalém, 345 – Bonsucesso
Rio de Janeiro – RJ – CEP 21042-235
Tel.: (21) 3882-8200 – Fax: (21) 3882-8212/8313
www.ediouro.com.br

Sumário

Agradecimentos

Dedico este livro às pessoas que não têm medo de mudanças e as encaram de peito aberto. Coragem para viver a vida, para enfrentar os preconceitos e para procurar a felicidade.

Como Charles Darwin disse:

"Não é o mais forte nem o mais inteligente que sobrevive, e sim o que é mais adaptável às mudanças."

Dedico a meu pai e minha mãe, e a coragem de enfrentar os desafios.

Dedico a Aurora Bello, indo em busca de seus sonhos.

Dedico a Louiseana Borges por vencer um câncer, vencer a vida e ser a pessoa especial que é.

Dedico às pessoas que abraçaram o poker como sua profissão e enfrentam o preconceito.

Dedico a Mauro Palermo, Cristiane Costa, Daniele Cajueiro, Guilherme Bernardo, Leila Name, André Castro e Cláudio Marques, por acreditarem no projeto e publicarem mais este livro.

Por fim, dedico aos meus sócios Leandro "Brasa", Igor Trafane, Devanir Campos, Lara Bruno, Juliano Maesano, Henrique Mosiman, Robinson Quiroga e Elton CZ, juntos pelas mudanças no poker.

E obrigado por me mostrarem a importância do que cada um de vocês fez e me ajudarem a mudar e reescrever a própria vida.

Prefácio

Quando você, leitor, adquiriu e leu o primeiro livro do Leo, *Aprendendo a jogar poker*, provavelmente não tinha ideia de que estava comprando a obra que se tornaria referência no assunto para o jogador iniciante no Brasil. Meu amigo e ídolo Igor "Federal" Trafane disse em seu prefácio que aquele livro seria o prefácio do poker no Brasil. Ele não poderia ter dito melhor.

Hoje, mais de dois anos após o lançamento do primeiro best-seller de poker em português, o esporte evoluiu muito no país, em popularidade, em número de competidores e em qualidade. Muito dessa evolução pode ser creditada ao livro do Leo, presente nas estantes de quase todos os jogadores de poker que eu conheço, e que teve as suas tiragens esgotadas nas livrarias.

Conheci o Leonardo Bello na mesma época que o Igor, quando jogávamos na casa do Leandro "Brasa" todas as terças-feiras para dar risadas com os amigos e beber algumas cervejas. Desde aquela época sou amigo do Leo, amizade que tenho o orgulho de sustentar até hoje, já que transcendemos o escopo dos jogos de baralho semanais para também trabalharmos juntos. Por isso, fiquei extremamente honrado quando ele me convidou para prefaciar o seu segundo livro, um verdadeiro compêndio de técnicas e teorias para quem quer evoluir no que costumávamos chamar, desde 2004, de "nobre arte do poker".

Comecei a me interessar por poker um pouco antes de conhecer o Leo. Em fins de 2003, assisti com o meu irmão a um torneio no canal de tevê ESPN. Fiquei abismado quando vi dois jogadores disputando um prêmio de mais de US$1 milhão com cartas de baralho. Eu ainda não sabia, mas aquela era uma mesa final do World Poker Tour que contava com Phil Ivey, Doyle Brunson e Alan Goehring — profissionais renomados com muitos títulos internacionais —, que terminou vencedor. O WPT é um torneio de poker internacional, com premiações milionárias, famoso por ter sido o primeiro a apresentar as cartas dos jogadores utilizando as câmeras embutidas na mesa. Meu passo seguinte foi correr para o computador e pesquisar na internet sobre esse tal de poker.

Depois dos primeiros ensaios no mundo do Texas Hold'em na casa do Brasa, comecei a ler alguns livros, visitar fóruns e sites, e procurar mais informações. Me aprofundei nas teorias e comecei a jogar alguns torneios ao vivo. E foi jogando o Circuito Paulista de Hold'em que começou uma nova parte da minha história com o poker. No início eu ajudava o Leo e o Brasa informalmente nos torneios, carregando fichários, anotando o nome dos jogadores que eram eliminados e até emprestando meu relógio para controlar o tempo dos *blinds*. Em troca disso, eles pagavam minha entrada na competição.

Da mesma forma que foi aumentando o número de participantes nos torneios, minhas responsabilidades também cresciam, e chegou o dia em que comecei realmente a trabalhar com eles como diretor dos torneios. Pesquisei mais sobre regulamentos, procedimentos e como guiar uma competição. Com a equipe da Nutzz!, já dirigi grandes torneios no Brasil e no exterior. Claro que, apaixonado pelo esporte, continuo jogando alguns torneios quando tenho tempo livre e, vez ou outra, fazendo uma mesa final.

A maioria dos jogadores de poker tem plena consciência de que um dos melhores caminhos para melhorar suas habilidades é, além de ler livros e estudar teorias, conversar com outros jogadores, compartilhar mãos, decisões e opiniões. Não tenho dúvidas de que esse foi um dos fatores que ajudaram o Leo e o Brasa a atingirem um nível de habilidade que os coloca em pé de igualdade com os grandes nomes do poker mundial. E também posso afirmar que foi nas nossas viagens de volta de alguns torneios, ou jogando on-line lado a lado, que melhorei, e muito, o meu jogo, que diga-se de passagem ainda está a anos-luz do deles.

Estou feliz em dizer que uma grande gama das experiências que o Leo adquiriu ao longo dos anos será apresentada a você agora. Muitas jogadas e novos conceitos técnicos do poker, que diferenciam o jogador mediano e previsível do habilidoso campeão, fazem parte do arsenal deste livro. *Dominando a arte do poker* vai mostrar que, para o bom jogador que domina todos os aspectos dessa modalidade, a sorte está cada vez mais distante de determinar quem ganha ou perde.

Algumas novidades que você vai incorporar ao seu repertório são conceitos como a *3-bet* (aumentar uma aposta quando ela já foi aumentada por outro jogador) e o *resteal* (que, conceitualmente, é o mesmo que uma *3-bet*, ou seja, reaumentar uma aposta que já foi aumentada. Porém, o objetivo de um *resteal* é diferente e será abordado no Capítulo 10). Serão apresentadas jogadas que exigem *timing*, leitura e sangue-frio para serem bem-executadas. Você vai aprender melhor como controlar o tamanho dos potes em que se envolver e, com isso, atingir excelência no princípio fundamental do poker: extrair o máximo de fichas do seu oponente comprometendo o mínimo das suas.

Leo Bello também ensina uma jogada maravilhosa e perigosa que muitos iniciantes acabam fazendo na hora errada, levando-os a perder todas as suas fichas: o *float*, técnica em que você chama uma aposta de um adversário sem ter nenhum jogo forte para tentar roubar o pote numa rodada subsequente, caso o adversário mostre fraqueza ou uma carta "perigosa" apareça na mesa. Com o *float* você vai executar um blefe elegante que deixará o seu oponente sem muitas pistas de como foi derrotado. Essas e outras táticas farão com que você se diferencie da massa de jogadores e melhore seus ganhos e resultados, e, com isso, darão a você ainda mais prazer em praticar "a nobre arte".

Além da parte técnica, o Leo mantém o estilo que o consagrou como escritor, com novas histórias. Ele compartilha com o leitor como foram suas experiências no maravilhoso Conrad Resort & Casino em Punta del Este e em Las Vegas, a meca do poker mundial, durante o mundial de 2007, o World Series of Poker. Para quem não sabe, o WSOP é o principal torneio mundial de poker. Acontece anualmente e é composto de uma série de torneios com valores de inscrição entre US$1 mil até US$50 mil. O evento principal (*main event*) com *buy-in* de US$10 mil determina o campeão mundial daquele ano e paga as maiores premiações do poker mundial.

O livro traz ainda um capítulo escrito pelo Leandro "Brasa", em que ele conta todas as emoções de disputar com mais de três mil participantes o evento número 49 do WSOP de 2007 e chegar a uma mesa final, terminando na 4ª colocação e fincando a bandeira do Brasil no Campeonato Mundial de Poker.

Há também uma grande novidade: o livro traça um paralelo entre o poker e o mercado financeiro. Estudioso do mundo das ações e rendas variáveis, Leo Bello nos mostra como esses dois universos são similares: só uma minoria dos envolvidos, aqueles que estudam, têm paciência, autocontrole e agressividade seletiva saem vencedores.

Portanto, leitor, acredito que este livro é um investimento no seu futuro. Um investimento que, se for bem-trabalhado, lhe trará ótimos resultados, que não se resumem apenas ao lado financeiro. Você se sentirá praticamente lado a lado com nossos autores em Las Vegas e se divertirá com as histórias deste livro.

O Igor "Federal" disse que o primeiro livro do Leo seria o prefácio do poker no Brasil, e foi verdade. Agora, só posso afirmar categoricamente que este segundo livro está longe de ser o epílogo.

DEVANIR "D.C." CAMPOS é diretor de torneios da Nutzz! e já realizou mais de duzentos torneios pelo Brasil e exterior sob seu comando, entre os quais o BSOP, em dez estados brasileiros diferentes; o Circuito Paulista (CPH); o Tower Cruise I e II; torneios no Conrad e no Mantra em Punta del Este, Uruguai; no Paraguai; em Punta Cana, na República Dominicana; a Federal Poker Weekend, em Brasília; o Goiás Open; o Brasil Poker Fest II; torneios em vários clubes no Brasil, como o Paulistano, o Hold'em Hall, o All-in Club, o Grêmio Itaim, e muitos outros. É também um dos criadores da Associação dos Diretores de Torneios de Poker do Brasil (ADTP), que visa orientar e unificar os regulamentos de todas as competições no Brasil de acordo com as normas internacionais. Nas horas vagas, é jogador profissional de Texas Hold'em.

Introdução

Meu primeiro livro, *Aprendendo a jogar poker: princípios, técnica & prática*, foi um ensinamento e tanto. No processo de escrevê-lo, revisá-lo, vê-lo tomando forma até ser publicado e depois perceber a reação das pessoas e discutir sobre o resultado final, aprendi muito. Meu próprio jogo evoluiu no processo, pois permitiu uma reavaliação constante de conceitos.

O primeiro livro foi feito pensando no iniciante. A ideia era conseguir atingir desde o jogador que nunca se aventurou no mundo do poker até aquele que já praticava há algum tempo, mas gostaria de se aprofundar na teoria e na técnica.

Uma das características mais elogiadas foi o fato de misturar numa mesma receita a teoria e os relatos de situações que ocorreram comigo ou com outros jogadores. Muita coisa acabou ficando de fora por falta de espaço. Se os editores deixassem, aquele livro teria o dobro das 432 páginas que teve.

No final, veio uma vontade: continuar aprimorando este trabalho. Colocar no papel outras impressões sobre o desenvolvimento de um jogador de poker. É uma transformação interessante, e eu a vi acontecer com vários amigos, atualmente profissionais. Há poucos anos, usando uma expressão antiga do meio, "não sabiam para que lado corria o baralho", e hoje estão ganhando títulos no Brasil e no exterior.

Mas como moldar um profissional? Quais são os passos necessários para levar o seu jogo a um nível competitivo em que você possa transformar o poker em algo mais que um hobby? Talvez um esporte para se dedicar, ou um meio de aumentar a renda mensal, ou ainda para se correr atrás de títulos nacionais e internacionais?

O Texas Hold'em é um dos jogos mais simples de se aprender e mais complexos de se dominar, já que depende não apenas de técnica, mas também de psicologia, autocontrole, habilidades de leitura de situações, análise abstrata de risco/retorno e estratégia. Com tantas variáveis, e adicionando a todas elas o componente do imponderável, o poker se notabiliza por ser um jogo de informações incompletas (diferente do xadrez, em que você enxerga todas as suas peças e as do adversário o tempo todo). Basicamente, quem sabe reunir o maior número de informações e tomar as melhores decisões tende a ser o vencedor.

Desde que escrevi o *Aprendendo a jogar poker*, muita coisa boa aconteceu, tanto para mim quanto para o Texas Hold'em no Brasil. Por exemplo, os patrocínios conseguidos por atletas brasileiros. Em junho de 2007 fui patrocinado, assim como meu sócio e amigo Leandro "Brasa", para jogar alguns eventos do World Series of Poker. Pela primeira vez um site de poker on-line, o Tower Torneos, patrocinava, com todas as despesas pagas, jogadores brasileiros em torneios internacionais.

Fomos até Las Vegas, e com credenciais de imprensa (que suamos para obter, e agradeço ao sr. Nolan Dalla, organizador do WSOP, pela ajuda) conseguimos também fazer a primeira cobertura do World Series of Poker para o Brasil. Em um blog, publicávamos vídeos exclusivos de dentro do pavilhão onde toda a ação acontecia, cobríamos os brasileiros que se destacavam e também os profissionais que conhecíamos dos programas de televisão, das revistas especializadas e da internet. Também em 2007, o site PartyPoker patrocinou Christian Kruel e Raul Oliveira. E o PokerStars começou a patrocinar o André Akkari.

Os sites PartyPoker, PokerStars, Bestpoker, Full Tilt e Tower Torneos já montaram times para concorrer em torneios nacionais e internacionais patrocinando jogadores brasileiros.

Pude conversar com meus ídolos, mostrar meu livro e trocar ideias com algumas das pessoas mais influentes e importantes do cenário do poker mundial. Foi um misto de tietagem com a sensação de que aos poucos nós brasileiros também estávamos fazendo parte daquela história.

E o melhor ainda estava por vir: um brasileiro numa mesa final do World Series of Poker. Leandro "Brasa" ficou em 4º lugar no quarto maior torneio da história do poker mundial, com 3.150 jogadores (só perde em tamanho para os três *main events* do World Series nos últimos três anos). Se excluirmos os *main events*, foi o maior torneio ao vivo da história.

Leandro "Brasa" foi o primeiro sul-americano a chegar a uma mesa final de um evento do World Series of Poker.

E não foi só o Brasa que se destacou. Juliano Maesano, editor da revista *Flop*, primeira revista brasileira de distribuição gratuita sobre Texas Hold'em, ficou em 9º lugar no torneio de SHOE (Stud, Hold'em, Omaha, Stud High-Low), a apenas uma posição de também chegar a uma mesa final (que era formada por oito jogadores).

No evento principal de 2007, pela primeira vez mais de um brasileiro chegou à faixa de premiação. E foram logo seis brasileiros. Se considerarmos que cerca de 25 brasileiros participaram desse evento, um quarto dos nossos jogadores chegou à premiação. Excelente, não? Lembrando que no evento principal a menor faixa de premiação já era de cerca de US$20 mil e que a maioria dos brasileiros entrou através de satélites em vez de pagar a totalidade do *buy-in* (cacife) de US$10 mil.

E enquanto eu escrevia este livro, outro campeonato mundial aconteceu, e mais uma vez os brasileiros surpreenderam, desta vez de forma categórica.

Em 2008, Alexandre Gomes, hoje profissional contratado pelo PokerStars, conseguiu o maior feito da história do poker no Brasil ao conquistar o bracelete de campeão mundial no evento 48 do WSOP 2008. Batendo mais de 2.100 competidores, Alexandre levou um prêmio de mais de US$790 mil e o tão sonhado título.

Alexandre Gomes foi o primeiro sul-americano a conquistar um bracelete de campeão mundial de poker.

E coroando um ano brilhante, Rafael Caiaffa, patrocinado pelo site Bestpoker, atingiu a melhor colocação de um brasileiro no *main event* do campeonato mundial, chegando na 55ª colocação.

Outros cinco brasileiros foram premiados no evento principal, mas a temporada de junho e julho foi muito rica em bons resultados para diversos brasileiros. Giovanni Davids, de Porto Alegre, ficou na faixa de premiação em quatro torneios do WSOP; Maria Eduarda Mayrinck, hoje jogadora patrocinada pelo PokerStars, chegou à final em três torneios. Fora do WSOP, outros jogadores levaram títulos, como Humberto "Kima" Kim, que chegou à mesa final no evento principal do Caesars Casino. Christian Toth, Marcelo Dabus, Paulo Fagundes, Eduardo Marra, Marco Aurélio "Salsicha", Thiago "Decano", Igor "Federal" e outros chegaram a mesas finais em torneios no cassino Venetian. Eu também marquei meu nome ao ganhar um evento do Deep Stack Extravaganza do Venetian. Em março de 2008, em minha viagem anterior, já havia ganhado torneios no cassino Wynn durante o Wynn Classic, e isso só reforçou a minha impressão de como os brasileiros estão se fortalecendo no cenário internacional.

Além de Las Vegas, brasileiros brilharam na Europa, como Thiago "Decano", que faturou um 3º lugar na etapa de Barcelona do World Poker Tour (WPT), e Felipe "Mojave", patrocinado pelo Bestpoker, que ficou em 3º lugar no European Poker Tour (EPT) de San Remo, na Itália.

O WSOP 2009 trouxe três brasileiros ITM no *main event*: Cláudio Baptista, Nelsinho Dantas (jogando pelo time Bestpoker, o mesmo que me patrocinou) e João Marcelo. Eu cheguei ao terceiro dia do *main event*. Acabei eliminado em minha segunda participação, mas fiquei à frente de mais de cinco mil jogadores.

No mesmo ano, Felipe "Mojave" fez uma mesa final no evento de Omaha e quase trouxe outro bracelete para o Brasil.

Dias após o fim do WSOP, Alê Gomes ganhou o primeiro título do WPT para o Brasil. Com este feito, Alê Gomes já tem um bracelete do WSOP, um do WPT e uma mesa final do EPT em Bahamas, de janeiro de 2009. Não demora muito e completa a tríplice coroa.

Diversos outros talentos surgiram on-line, e as vitórias são tantas que é melhor eu nem entrar nessa área, pois com certeza esquecerei algum resultado importante.

Aliás, um recado que vale para todo o livro: se eu esquecer de citar alguma pessoa ou resultado, não foi proposital. Procurei falar de todos, sendo informativo, sem favorecer (ou desfavorecer) qualquer site ou jogador. Este livro busca ser um relato estratégico e histórico do poker nacional, mas não é uma enciclopédia ou anuário que se propõe a retratar fielmente cada resultado.

Parabéns aos brasileiros, que tenho certeza de que terão cada vez mais títulos para contar. Torço por todos e pelo desenvolvimento do poker como um esporte no Brasil.

Não acho que falar de estratégia sem mostrar o que acontece na prática seja um bom caminho para um livro de poker. A mistura de teoria e prática é que torna o tema interessante.

Por que tenho certeza de que qualquer um que se dedique, estudando, lendo e praticando, pode chegar lá? Há cinco anos, eu chegava à casa do Leandro, numa segunda-feira à noite, para jogar um poker amigável com seus amigos, em que o vencedor não levava mais que R$20 para casa e o perdedor saía com um sorriso no rosto, após horas de diversão barata e pacífica. Tateávamos no escuro sobre como jogar poker. Naquela época, o que era diversão virou tema de nossas discussões. Eu lia meus primeiros livros e os emprestava para amigos como o Igor "Federal", o Leandro "Brasa" e o D.C., os três hoje reconhecidos no meio do poker desportivo brasileiro. Fui eu quem mostrou pela primeira vez um site de poker on-line ao Leandro "Brasa" e ao Igor "Federal", que chegou a presidente da Confederação Brasileira de Poker, fundada para ajudar a regulamentar a prática no Brasil.

Apesar de ser difícil classificar qual jogador é melhor que outro, já que há tantas variáveis envolvidas, acredito que atualmente posso colocá-los entre os dez melhores jogadores de poker do Brasil. Digo que é difícil pois estamos engatinhando no esporte. No último ano vi diversos talentos surgindo e começando a ter resultados expressivos. E tenho certeza de que ao longo da próxima década teremos o aparecimento dos verdadeiros talentos natos do poker nacional. Por enquanto, há jogadores pioneiros desbravando o terreno e até mesmo tornando mais fácil o caminho dos que vêm atrás. É como se os jogadores de hoje fossem os bandeirantes que abriram as trilhas pelas matas para o interior do Brasil.

Leandro, que é um dos *pros* do Full Tilt, já ganhou quase tudo que disputou: foi campeão brasileiro, paulista, venceu torneios no Conrad, no Wynn em Las Vegas e disputou o WSOP e o WPT. Seu melhor resultado, como já disse, foi o 4º lugar no evento NL Hold'em 1500 do WSOP 2007. Foi também o primeiro brasileiro a faturar o Triple Crown, prêmio oferecido pelo site internacional PocketFives (www.pocketfives.com) ao jogador que consegue no período de uma semana ganhar três torneios com premiação acima de US$10 mil em sites de poker on-line diferentes. E foi o primeiro a ganhar um torneio com US$1 milhão em premiação garantida pela internet no site Full Tilt.

Neste torneio de US$1 milhão, Brasa acabou fazendo o *heads up* com outro brasileiro que merece destaque: Caio Pimenta, melhor jogador brasileiro no on-line em 2008 de acordo com o Prêmio Flop e jogador do ano pela revista *Card Player*. Caio destruiu no ambiente on-line, ganhando títulos em quase todos os grandes sites e liderando todos os *rankings* brasileiros do ano, até mesmo chegando ao top 3 do mundo em *rankings* internacionais.

Igor "Federal" foi outro brasileiro que já esteve na mesa final do Sunday Million, torneio com US$1 milhão em prêmios garantidos que acontece semanalmente no PokerStars, um dos maiores sites do mundo de poker on-line. Foi campeão paulista de Omaha e já faturou uma etapa do Circuito Paulista. Já ganhou ou esteve na final dos maiores torneios que acontecem na internet, e só não ganhou mais ao vivo porque não se dedicava a eles com a mesma intensidade.

Daquela mesa, daquele círculo de amigos, eu também apareci no cenário brasileiro. Fui campeão paulista em 2006, disputei o título palmo a palmo em 2007, chegando na 3ª colocação. Considerando que a disputa foi bem mais acirrada naquele ano, com vários talentos surgindo, foi um belo resultado. Parabéns ao André "Pardal", que levou o título de 2007 com uma série impressionante de vitórias ao longo do ano.

Campeões paulistas — CPH (www.circuitoholdem.com.br)
2005 – Leandro "Brasa"
2006 – Leo Bello
2007 – André "Pardal"
2008 – Caio Fan

Campeões brasileiros — BSOP (www.bsop.com.br)
2006 – Leandro "Brasa"
2007 – Sergio Brun
2008 – Cláudio Baptista

Como a minha característica principal é a regularidade, cheguei a várias mesas finais e semifinais ao vivo em 2007 e 2008. Joguei o evento principal do WSOP, ganhei dois torneios no Conrad (ou melhor, em um fiquei em 2º lugar, perdendo no *heads up*; mas quem disse que 2º lugar é uma derrota?) e cheguei a uma mesa final no Caesars, de Las Vegas.

Em março de 2008, consegui outro marco importante para o poker brasileiro ao fazer três mesas finais consecutivas na série de torneios Wynn Classic, ganhando uma delas e aparecendo no site oficial do torneio como campeão de um evento. Nesta mesma viagem, fiz mais duas mesas finais no Venetian, totalizando cinco mesas finais em 13 dias de Las Vegas.

Fui muito bem em outros torneios pelo Brasil, como o 100K garantidos no Rio de Janeiro, o torneio The Best Player de despedida para o WSOP, no qual fiz o *heads up* com meu amigo Marco Aurélio "Salsicha". Em fevereiro de 2008, cravei uma mesa final no torneio Federal Poker Weekend, realizado em Brasília, ficando com a 5ª colocação dentre quase duzentos jogadores. No ano anterior, em outro evento em Brasília com quase trezentos jogadores, cheguei à mesa semifinal caindo na 14ª posição, outro resultado muito bom.

Em julho de 2008, como já citei, ganhei um evento do Deep Stack Extravaganza, no cassino Venetian, com mais de 660 jogadores, e cheguei a outra mesa final na mesma viagem.

Não participei do WSOP 2008, pois tinha fechado um contrato de patrocínio com um site, que na última hora acabou não se realizando. Acabei participando apenas dos eventos paralelos e dos *cash games,* que considerei mais lucrativos. Acho que saber escolher os eventos dos quais você participa é uma das virtudes do jogador de poker profissional. Para meu estilo de jogo, é preferível entrar num torneio com menos jogadores (cerca de seiscentos) e mais fichas, como acontecia no Deep Stack Extravaganza, do que nos torneios do WSOP (onde participam mais de dois mil jogadores e você recebe poucas fichas comparativamente). Mas vale a ressalva de que isso funcionou para mim naquele momento. Por outro lado, brasileiros ganharam grandes prêmios no WSOP, como o Alexandre Gomes e o Rafael Caiaffa. Ou seja, cada caso deve ser analisado de forma independente.

No final de 2008, assinei contrato de patrocínio com o Bestpoker. Essa parceria começou com o EPT de Copenhague em fevereiro de 2009, onde representei o Best em plena Escandinávia, berço do site, e continuou no WSOP. Espero que essa parceria dure muito e que o site cresça ainda mais no Brasil e na América Latina. Ao lado dos gigantes PokerStars e Full Tilt, o Bestpoker é o que há de melhor para o Brasil em termos de poker on-line pelos seus investimentos aqui.

O Bestpoker chegou ao Brasil em 2007, e se consolidou como um dos mais importantes sites de poker no nosso país. Em 2009, eles montaram uma estrutura de suporte exclusiva para o Brasil, com um *call center* dedicado ao cliente funcionando localmente. O programa de jogadores VIP do site foi formatado para atender as necessidades e os desejos do jogador brasileiro. Quer que o site pague sua viagem para Las Vegas? É só ser um jogador constante do site e usar seus *player points* (pontos gerados conforme você joga) como moeda de troca com o gerente de jogadores VIP. Ou, então, conseguir entradas em festas exclusivas, shows, baladas... O projeto é muito bom e foi um dos motivos que me levaram a fechar com o site no Brasil, além da confiança que tenho em sua estrutura e em suas finanças, pois trata-se de uma empresa listada na bolsa da Alemanha e, portanto, uma companhia de capital aberto, com relatórios transparentes para seus investidores. É como conhecermos o banco ao qual confiamos o nosso dinheiro. Eles têm escritórios em seis países e representantes diretos no Brasil. Por isso, conseguem ouvir os meus conselhos e fazer produtos mais específicos para o público brasileiro.

Escrevi um livro e aqui estamos no segundo. No *cash game*, meu ganha-pão on-line, tive uma nítida evolução, com melhora nos meus fundamentos e lucratividade. Fui comentarista em programas de televisão (Tower Torneos), escrevi artigos em revistas como a *Card Player* e a *Flop*.

O lançamento do meu próprio site foi um grande passo para promover o contato e interatividade com o leitor. Além de funcionar como blog, o site traz notícias sobre o mundo do poker; o meu Twitter (@leobello); uma seção chamada "Pergunte ao *pro*", onde as pessoas podem me enviar qualquer pergunta; e também fotos e vídeos dos eventos. A ideia é continuar crescendo e transformar o site num verdadeiro portal. Acesse: leobello.com.br.

O site leobello.com.br é derivado do blog que eu escrevia para a revista *Card Player*. Nele você pode acompanhar a minha agenda, ler sobre os torneios de que participo, discutir estratégias, enviar perguntas e ver fotos e vídeos dos torneios nacionais e internacionais. Vocês também encontram todos os artigos que já publiquei na revista *Card Player*. O conteúdo do site está sempre mudando, portanto, se quiserem um canal de comunicação comigo, fiquem à vontade para fazer uma visita ou escrevam para leobello@leobello.com.br.

Pude também dar aulas particulares para jogadores que hoje têm apresentado resultados consistentes e evoluíram bastante em seus jogos. Esse processo, conhecido como *coaching*, é muito utilizado por jogadores internacionais e visa corrigir pequenas falhas em teoria e prática de jogo. Se até os campeões mundiais de outros esportes têm treinadores, por que isso seria diferente no poker? Muitas vezes um olhar externo pode detectar pontos a serem melhorados em nosso jogo. Isso sem falar nos muitos amigos que fiz nesses três anos, sem dúvida minha maior conquista.

Se eu, vindo de uma mesa com amigos, consegui, através de estudo, perseverança e prática, passar de iniciante a profissional, e no caminho me consolidar como um jogador competitivo neste esporte, por que isso tudo não pode acontecer com qualquer pessoa que se dedique?

Mais ainda, o que difere o iniciante do profissional? Quais são os conceitos avançados que, de uma hora para outra (ou às vezes nem tão rápido), transformam o poker num esporte lucrativo que pode ser até mesmo sua principal fonte de renda? Espero conseguir responder algumas dessas perguntas ao longo deste livro.

O poker não para de crescer no Brasil. Em 2007 surgiram publicações específicas sobre o assunto: a revista *Flop*, editada por Juliano Maesano, e a revista *Card Player Brasil*, da Raise Editora. Imaginem só, duas revistas com periodicidade contínua nas bancas do país. Virei articulista da revista *Card Player* e cheguei a colaborar escrevendo uma matéria para a *Flop*. Para quem não conhece a *Card Player* original, é a revista mais antiga e conceituada sobre poker no mundo, com mais de vinte anos de existência, e alguns dos principais jogadores no cenário mundial escrevem para ela, como Daniel Negreanu, Phil Hellmuth, T.J. Cloutier, Todd Brunson, entre outros.

Um passo gigante para o Brasil foi a criação e o desenvolvimento do que na minha opinião é o melhor fórum de discussão sobre poker: o MaisEV (http://www.maisev.com). Eu comecei a aprender poker lendo e postando em fóruns internacionais, mais especificamente no Two Plus Two. Hoje, temos um fórum em português onde alguns dos melhores jogadores do Brasil se encontram para discutir teoria, analisar mãos e ajudar os iniciantes. Tem espaço para todos por lá, qualquer que seja o nível do seu jogo.

Aliás, descobri muito sobre o meu próprio. Por exemplo, percebi que sou um jogador muito mais regular em torneios ao vivo do que on-line. Apesar de ter bons resultados no ambiente virtual, gosto mesmo é de enfrentar os adversários cara a cara. Consigo trabalhar melhor minha estratégia, ser paciente e alcançar bons resultados. Essas descobertas vêm com a prática. Raramente participo dos grandes torneios on-line que acontecem aos domingos. Prefiro passar esse dia com minha família quando não estou viajando para poder participar de algum torneio ao vivo. Por outro lado, quando estou on-line, gosto muito mais de participar de *cash games* do que de torneios. Tanto que grande parte dos meus ganhos vem desse tipo de modalidade.

Quero ajudar o leitor a se desenvolver como jogador. Para isso, neste livro, além de técnicas e teoria, vamos encontrar também bastante espaço para reflexões que vão desde o comportamento na mesa até o desenvolvimento do raciocínio analítico. Cada um encontrará um nicho que lhe será mais lucrativo. Alguns são excelentes jogadores on-line, mas não são tão bons ao vivo. Alguns preferem *cash games*, outros *sit and go's* (torneios pequenos e rápidos que começam assim que o número predeterminado de jogadores é atingido), outros preferem grandes torneios *multitable* (com várias mesas, sem limites para o número de inscritos).

Quem quiser evoluir e fazer do poker mais do que um hobby precisa pensar como um profissional. Mais do que devorar toneladas de informações, deve se concentrar em entender o básico e se aprimorar a ponto de conseguir penetrar na cabeça dos adversários e entender seu raciocínio.

É de suma importância saber diferenciar o adversário bom e experiente do inepto e inexperiente, e, assim, jogar de modo diferente contra cada um. Fazer jogadas refinadas e com "*deception*", ou falsas informações, só funciona contra bons jogadores. Contra jogadores inexperientes, jogar o feijão com arroz é mais que suficiente. É eficiente.

Agora, sem dúvida alguma, a grande surpresa dos últimos dois anos para mim foi a receptividade ao livro *Aprendendo a jogar poker*. Em pouco mais de um ano, duas tiragens esgotadas. O livro revisado foi relançado pela Editora Nova Fronteira com um projeto gráfico ainda mais moderno, e o sucesso continuou. Cada vez mais jogadores vêm praticando, e esses novos adeptos têm usado o livro como referência. Espero que novas tiragens se esgotem e cada vez mais pessoas pratiquem nosso esporte com técnica e conhecimento. É mais que gratificante parar e pensar que dezenas de milhares de pessoas diferentes estão com o livro *Aprendendo a jogar poker* nas mãos, lendo, comentando e espalhando pelo país o nosso esporte. Isso dá toda a energia necessária para embarcar no projeto de escrever essa continuação, que pretende levar a discussão a um nível acima.

E o melhor, o *feedback* recebido foi excelente. Claro que várias críticas vieram, assim como sugestões, erratas, comentários e histórias de leitores. Mas tudo com uma atitude positiva, me incentivando a continuar e até mesmo a produzir um material mais avançado.

Este era o pedido que eu mais recebia: "Leo Bello, quando você vai escrever um livro avançado?"

Antes de simplesmente responder a pergunta, eu tinha que entendê-la. O que seria um livro mais avançado? A pergunta parece boba, mas faz sentido. Alguns dos melhores jogadores que conheço sabem inúmeros conceitos complicados de poker e entendem o jogo num nível que transforma jogadas complexas em decisões que parecem simples e corriqueiras. O que eu teria a dizer para esses jogadores?

E aqueles que leram o primeiro livro, o que gostariam de ver de mais avançado? Mais conceitos? Mais matemática com fórmulas? Mais histórias? Abordagem prática? Softwares para auxílio no poker on-line?

Aprendendo a jogar poker foi o primeiro livro em português escrito por jogadores profissionais a chegar ao mercado, e continua se destacando como referência no que diz respeito a poker e Texas Hold'em.

Como há tanto material para escrever sobre poker, tentei imaginar um foco para este livro. O que o jogador de poker mais quer? Quando fazemos a transição entre jogadores recreacionais — que aprendem o jogo e o utilizam como válvula de escape para esfriar a cabeça e brincar com os amigos — e jogadores profissionais — que utilizam o poker como uma fonte de renda auxiliar ou até mesmo principal —, a grande diferença é aprender como tirar o máximo lucro possível e minimizar as perdas.

Encontrei então o que deveria ser o foco do livro: como ganhar dinheiro com o poker.

Em outras palavras: fazer do leitor um vencedor!

No primeiro livro, o objetivo era fazê-lo entender o jogo. Queria que todos soubessem que o poker tinha elementos de complexidade e estratégia. Foi apresentada uma teoria básica para fazer o jogador dar um grande passo no sentido de compreender o poker.

Agora, para se tornar um vencedor é preciso ir além. Aumentar o arsenal de jogadas disponíveis, aprender como ler e estudar uma mão, escolher os jogos certos e entender os princípios por trás das jogadas mais lucrativas. É preciso se aprofundar mais na teoria e discutir a prática, e faremos isso no livro, mas veremos também que, para ser um jogador bem-sucedido no poker, muito do que precisamos melhorar está na parte básica.

Jogar com lucratividade não significa necessariamente jogar bonito. É como, no futebol, comparar o time cheio de craques que faz firula com o time eficiente que faz o trivial. Ser eficiente e lucrativo é ter uma estratégia bem-definida, é saber atacar e se defender bem, evitando riscos desnecessários.

Grande parte do processo de se tornar profissional passa por rever o básico e se conscientizar em fazer um belo feijão com arroz.

Sempre vale lembrar um aforismo interessante de Mark Twain:

"O grande problema não é o que você não sabe. É o que você tem certeza que sabe, só que não é verdade."

A ideia é ir repassando e aprofundando a teoria ao mesmo tempo em que relembramos conceitos básicos e observamos os padrões e erros mais comuns dos adversários.

Em grande parte, ser um bom jogador é saber reconhecer e se aproveitar dos erros dos jogadores ruins. Os grandes vencedores no poker não são aqueles que se digladiam contra jogadores tão ou mais habilidosos que eles mesmos, e sim aqueles que sabem aproveitar sua vantagem técnica e experiência para extrair lucro dos menos informados e técnicos.

Interessante notar uma história contada por Daniel Negreanu num artigo da *Card Player* de agosto de 2007. Nele, Daniel, um dos jogadores mais conhecidos e respeitados no mundo — e um dos mais simpáticos, como comprovamos ao conhecê-lo pessoalmente em Las Vegas —, fala sobre as diferenças entre dois jogadores. Um ele apelidou de Johnny, e o outro, de Peter (ou algo semelhante). O primeiro jogava sempre *cash game* no mesmo limite, NL 5/10 (jogo com os *blinds* em US$5 e US$10 respectivamente. Normalmente, o máximo para sentar na mesa neste jogo fica entre US$1 mil e US$2 mil).

No NL 5/10, Johnny era disparado o melhor da mesa, e conseguia sair no lucro toda semana. Ganhava alguns milhares de dólares por semana e ia aumentando sua *bankroll* aos pouquinhos e pagando suas contas. Nunca se aventurava em outros níveis, e assim seguiu por anos, sem nunca perder tudo e crescendo bem devagar. Peter, que também era excelente jogador de NL 5/10, resolvia arriscar de vez em quando e jogar em mesas mais altas. Nelas, não era mais o melhor jogador e encontrava uma competição duríssima. Nas primeiras vezes em que foi jogar com esse grupo de jogadores mais difíceis, acabou perdendo tudo e quase faliu. Tinha então que voltar para as mesas 5/10 e recomeçar tudo de novo. Durante um ou dois anos ficou nessa gangorra, enquanto Johnny seguia firme e forte, sem nunca entretanto subir de nível ou ganhar mais que sua média mensal. Peter foi melhorando seu jogo pois, jogando em competições mais acirradas, teve que se adaptar e aprender novos truques. Apesar de suas oscilações de *bankroll*, começou a ganhar em outros níveis com regularidade.

Hoje, Johnny ainda joga NL 5/10, leva uma vida mediana e estressante e não pode parar nunca de trabalhar, pois tem que pagar suas contas. Peter se expôs mais e, por vezes, teve até que pedir ajuda para Johnny para conseguir jogar no NL 5/10. Mas agora Peter está jogando NL 100/200 com os melhores do mundo. Seu jogo evoluiu, ele ficou rico e agora joga poker menos vezes por semana, se dedicando a sua família e levando uma vida confortável. Peter tinha em seu sangue esse espírito agressivo, essencial para o jogador de poker. Para ser um vencedor, você deve correr riscos de vez em quando.

Para melhorar naquilo que faz, você precisa aprender com os melhores. Precisa ler, discutir e jogar com os melhores. Isso é verdade para o poker e para qualquer outra área do conhecimento humano. Então, você deve aprender a se equilibrar nessa dicotomia. Para melhorar, precisa jogar com os melhores, mas para ganhar dinheiro e ir construindo sua *bankroll*, é melhor jogar contra adversários mais fracos num jogo que você consiga dominar. É mais ou menos como jogar um torneio no PokerStars contra os maiores profissionais do mundo ou jogar um torneio no clube perto da sua casa ou ainda num site de menor expressão. Jogar contra os profissionais permite a você aprender e melhorar o seu jogo, mas é muito mais difícil ganhar contra eles em torneios gigantes do que ganhar o torneio semanal contra seus amigos.

Eu costumo recomendar que os iniciantes procurem sites pequenos para jogar. Torneios com menos jogadores são mais fáceis do que torneios com muitos, nos quais você tem que se colocar constantemente em situações difíceis para ser premiado. Acumular cinquenta mil fichas e chegar à mesa final de um torneio com cem jogadores é bem mais simples do que acumular dois milhões de fichas e chegar à mesa final de um torneio com mil participantes.

Em cada capítulo, teoria e prática andarão juntas. Sugiro que o livro seja lido e depois relido em suas partes teóricas. Não tente assimilar tudo de uma vez. No poker aprendemos aos poucos, incorporamos ao nosso jogo pequenas mudanças táticas e estratégicas e assim vamos crescendo e evoluindo.

Por outro lado, recomendo que a leitura seja realizada na ordem dos capítulos. Alguns conceitos de capítulos mais adiantados no livro foram explicados anteriormente. Por exemplo, o capítulo que fala sobre *resteal* se baseia nos conceitos explicados no capítulo que fala de *3-bets*.

Além disso, eu decidi começar falando de alguns aspectos psicológicos e estratégicos que acho fundamentais para o desenvolvimento de um jogador. Minha abordagem do poker pode não ser a mesma que a de outros profissionais, mas não pretendo que estas sejam verdades absolutas, apenas uma visão nova sobre como aprender e evoluir no jogo. Como adicionar elementos que deem a você o diferencial, que façam de você um jogador preparado para vencer.

Em última instância, o talento e sua própria dedicação dirão quão bem-sucedido você será neste jogo. Mas cada tópico do livro dará a você mais argumentos e técnicas para serem incorporadas ao seu arsenal. Aproveito o livro para dar algumas dicas sobre locais e torneios bons para jogar, tanto ao vivo como on-line. Falo sobre o Conrad e o Conrad Poker Tour, sobre Las Vegas e os principais cassinos, e sobre sites de poker on-line e seus torneios.

Dedico atenção especial a como estudar mãos, menciono softwares para auxílio on-line e também falo sobre administração de risco e *bankroll*. Cito estratégias gerais para poker, assim como específicas para torneios, *cash games* e *sit and go's*, destacando sempre diferenças entre o poker on-line e o poker ao vivo. Ou seja, um pouco para todos os gostos.

E, por último, queria ressaltar e agradecer as participações especiais:

Leandro "Brasa", meu sócio, amigo e colaborador, que dedica um capítulo inteiro a falar da sua experiência no WSOP, relatando como foi ser o primeiro brasileiro a chegar em uma mesa final e disputar com os melhores do mundo de igual para igual. Além disso, Brasa deixa sua mensagem positiva para os jogadores iniciantes, os quais ele acredita que logo terão resultados tão ou mais marcantes que o seu próprio.

Bastter, o médico Maurício Hissa, carioca que é unanimidade no que diz respeito a ações, opções e administração de capitais. Em seu site Bastter.com, faz análises, dá cursos e disponibiliza artigos para educação financeira. Bastter fala neste livro sobre as semelhanças entre o poker e o mercado financeiro, e as habilidades em comum para jogadores e investidores.

Sergio Braga, representante no Brasil do escritor, palestrante e guru de mercado James C. Hunter, cuja obra mais conhecida é o livro *O monge e o executivo*, que fala sobre liderança e desenvolvimento pessoal e profissional. Sergio Braga vem fazendo nos últimos anos a transição de jogador amador para profissional com um sucesso impressionante.

Thiago "Decano" Nishijima, brasileiro que foi líder do *ranking* Superpoker e do *ranking* da rede de salas on-line Ongame, e tem em seu currículo um 3º lugar no WPT de Barcelona, que aqui escreve um pequeno texto sobre torneios.

Quanto às notações utilizadas no livro, as principais dizem respeito à representação das cartas e dos naipes, assim como das posições nas mesas. Assim:

A: Ás
K: Rei
Q: Dama
J: Valete
T: 10
9, 8, 7, 6, 5, 4, 3 e 2: Valor de face da carta correspondente.

Uma letra ao lado de uma única carta pode representar o naipe em inglês. Assim:

h (*hearts*): copas (♥)
s (*spades*): espadas (♠)
c (*clubs*): paus (♣)
d (*diamonds*): ouros (♦)

Um *s* em itálico após a representação de duas cartas significa que elas são *suited*, ou seja, do mesmo naipe, não sendo este especificado. Por exemplo: AK*s*, 78*s*. Em contrapartida, quando existir um *o* depois das cartas, é uma abreviação para *off-suit*, que significa naipes diferentes. Aí são 12 combinações (para AQ*o* podem ser quatro ases e quatro damas combinados de todas as formas possíveis).

Quando ao lado da carta você vir um x minúsculo, significa que o naipe da carta não importa para efeito de explicação da mão. Por exemplo: Ax. O X maiúsculo representa uma carta qualquer cujo valor não interfere na explicação da mão. Por exemplo: AX.

Posições na mesa:
SB: *small blind*
BB: *big blind*
UTG: *under the gun*, primeiro jogador a agir na mão antes do *flop*
MP1, MP2, MP3: jogadores posicionados no meio da mesa (*middle position*)
CO: *cut-off*, o jogador que age antes do *button*
BTN: *button* ou *dealer*, o último jogador a agir

Recomendo também a leitura do *Aprendendo a jogar poker* para quem está dando os primeiros passos no mundo do Texas Hold'em. Tenho certeza, porém, de que a compreensão desta obra independe da leitura do primeiro livro, embora ela seja recomendável.

Espero que vocês curtam esta leitura assim como me diverti preparando este material.

Leo Bello
leobello@leobello.com.br
www.leobello.com.br

Capítulo 1

Texas Hold'em: competição, jogo de habilidade e diversão

"O poker brasileiro já começa a solidificar sua força em todos os cantos do mundo, tanto on-line como ao vivo. Agora é só uma questão de tempo até ser uma das três maiores forças mundiais!"

Filipe "Filpac" Pacheco, jornalista de Portugal, editor-chefe da versão portuguesa do Pokernews, o maior site de notícias sobre poker mundial

No livro *Aprendendo a jogar poker* fiz uma pequena introdução do fenômeno que o Texas Hold'em se tornou no mundo. Nenhum outro esporte ou competição fez tantos milionários nos últimos anos quanto o poker, e me arrisco a dizer que poucos (se é que algum) conseguiram levar mais de oito mil jogadores de tão diferentes grupos sociais, etários e étnicos para um mesmo evento ao vivo.

Curiosidade

O maior torneio de poker ao vivo do mundo ocorreu durante o WSOP 2006. No evento principal, 8.773 jogadores disputaram o título mundial. Para se ter uma ideia, em 2003, primeiro ano em que os satélites virtuais (torneios on-line com valor de entrada menores, cujo prêmio é a entrada para um torneio de inscrição mais elevada) trouxeram jogadores e o célebre Chris Moneymaker ganhou seu título, foram apenas 870 jogadores no evento principal. Pela internet já tivemos torneios com até 35 mil jogadores simultaneamente e premiações acima de US$3 milhões.

Depois do *main event* do WSOP, o maior torneio ao vivo reuniu 6.012 participantes e teve um *buy-in* de US$1 mil: o evento 4 do WSOP 2009.

O poker hoje no mundo fala uma língua que independe de religião, sexo ou ideologias políticas. Há pouco tempo apenas um fator limitante existia: o dinheiro. Poucos podiam pagar os altos custos do poker como atividade de competição, com torneios, *rankings*, viagens, hospedagens e entradas para os eventos.

Os satélites transformaram os torneios, antes exclusivos para milionários, agora acessíveis a qualquer jogador, mesmo aqueles com poucos recursos financeiros. Hoje é possível um jogador se classificar por meio de torneios gratuitos para o *main event* do WSOP (ou para qualquer outro torneio), ganhando um pacote que inclui hospedagem e ajuda de custo para transporte e alimentação, além da entrada no torneio (US$12 mil).

E isto também vale para o cenário brasileiro. No último ano, tanto o Circuito Paulista quanto o BSOP fizeram regularmente satélites para seus torneios ao vivo. On-line, você pode conquistar sua vaga pelo site Bestpoker da Ongame Network ou pelo Full Tilt Poker. Praticamente todos os grandes eventos nacionais tiveram satélites on-line sendo organizados nos principais sites e, em alguns casos, também satélites ao vivo nos dias que antecederam os eventos.

E em meio a todo este crescimento mundial vejo o Brasil chegando forte.

Como assim? O que é esta força?

Para começar posso falar do interesse pelo poker, que vem crescendo a cada ano. Não é parâmetro citar um grupo de amigos, já que esta amostra é bastante comprometida com o meu meio social. Hoje, porém, na maioria dos locais que vou, há sempre pessoas que me fazem perguntas, alguns já praticando em seus próprios grupos. Nos hospitais em que trabalhava, na academia que frequento, sempre há gente querendo informações. Além disso, após o lançamento do primeiro livro, passei a receber e-mails dos quatro cantos do país. A curiosidade é geral.

O poker é popular. Falar esta pequena palavra de cinco letras abre na mesma hora um leque de discussões. Mesmo quem nunca jogou tem uma opinião a dar, embora algumas vezes ela ainda esteja calcada em preconceitos ou desinformação.

Aliás, esta é uma das maiores dificuldades a ser vencida: o preconceito.

Pense nisto

Quando estive no programa do Jô Soares, ele fez uma afirmação que acho que não respondi como deveria na hora:

— Leo, mas o poker já levou muita gente à ruína!

Discordei do Jô, dizendo que o poker de hoje tem regras, limites... Mas o fato é que ele está certo. O poker já levou muitos à ruína.

Historicamente, foi um jogo à margem da sociedade, praticado por pessoas compulsivas e envolvido em trapaças.

Porém, isso há muito mudou. O poker moderno se calca em regulamentos, transparência e competições. Tanto on-line como ao vivo, existem limites que protegem os jogadores. É claro que saber administrar os recursos disponíveis é necessário. Mas ninguém mais aposta um apartamento ou um carro, quando o limite máximo da mesa é 100 ou 1.000. Basta que você o esteja praticando num ambiente regulamentado e conheça seus próprios limites para jogar dentro das suas possibilidades. Existem desde torneios gratuitos até aqueles com inscrição de R$10, R$50, R$100, R$500, ou ainda o mais caro que já vi: de US$100 mil.

Um dos objetivos deste livro é ajudá-lo a desenvolver as habilidades de gerenciamento destes recursos.

Devia ter respondido ao Jô que sim, o poker já levou muitos à ruína, mas, como praticado hoje em dia, você pode se divertir sem arriscar seu patrimônio.

De sensato naquela resposta teve o argumento de que a bolsa de valores, assim como os negócios próprios, também já levou muitos à ruína. Se uma pessoa é má administradora de seus recursos e não estuda o meio onde está aplicando suas reservas, a chance de perdas é muito maior.

Aliás, gostaria de agradecer o espaço dado pelo Jô Soares ao falar sobre poker. É muito importante podermos falar do nosso jogo para ajudar a diminuir o preconceito.

Durante o relançamento do primeiro livro, *Aprendendo a jogar poker*, pela Editora Nova Fronteira, tive a oportunidade de fazer palestras em algumas cidades do Brasil. O que mais me espantou foi a diversidade do público que compareceu. Vários jogadores novos e pessoas curiosas que nem mesmo praticavam o esporte foram assistir e trazer perguntas.

Sérgio Prado, responsável na ESPN Brasil pela programação de poker, comenta que, no mundo, o poker foi a terceira maior audiência do canal em 2007, só perdendo para o futebol americano e para o automobilismo. O poker ganhou em audiência até de esportes tradicionais como o basquete, o beisebol e o *hockey*.

Já encontrei até mesmo pessoas que diziam ser totalmente desinteressadas por jogos de cartas, mas curiosas quanto aos torneios com premiações milionárias a que assistiam na televisão. Quem não se sente atraído por disputas em que um sujeito absolutamente comum pode ser campeão e se tornar rico da noite para o dia?

Poker não é um jogo de azar, e, conforme está escrita a lei brasileira, não há crime algum relacionado a esse jogo.

Os números que medem a crescente popularidade do poker entre nós podem vir de um banco de dados da empresa Nutzz! (www.nutzz.com.br), criadora do Circuito Paulista e da BSOP, que simplesmente aumentou em mais de 600% sua base de e-mails cadastrados num período de um ano. Isso também é perceptível no interesse crescente nas competições, que dobraram a média de jogadores entre as temporadas 2008 e 2009. O BSOP, que é o campeonato brasileiro de poker, chegou a ter eventos com cerca de quinhentos jogadores. Vários outros torneios — como o Floripa Open, os do Tower Torneos e do Espaço Zahle — chegaram a mais de trezentos jogadores. Pode ser medido ainda pela própria oferta de eventos: hoje em dia é raro não haver pelo menos um campeonato grande por final de semana, com torneios quase que diários pelo país inteiro.

Curiosidade

Recorde de participantes num torneio no Brasil até o início de 2009: BSOP, com mais de quinhentos jogadores (setembro de 2009).

Para comprovar a popularidade do poker no Brasil, podemos também utilizar o banco de dados de uma empresa argentina com ampla penetração no Brasil, a Tower Torneos, que é uma sala on-line de poker com mais de duzentos mil jogadores cadastrados, dos quais mais de cem mil são brasileiros. Vou repetir: cem mil brasileiros cadastrados num site de poker! Impressionante, não? Este mesmo site realizou em seus primeiros dois anos e meio de funcionamento mais de vinte viagens, levando mais de duas mil pessoas para seus torneios, incluindo os cruzeiros temáticos Tower Cruise. Realizadas três edições do Tower Cruise, delas participaram mais de seiscentos jogadores no total, com mais de R$1,5 milhão em premiações em águas internacionais!

Durante o WSOP de 2008, o representante do site Everest Poker, Pedro Miguel Veloso, afirmou que seu site já tinha mais de duzentos mil brasileiros cadastrados. É claro que muitos não jogam ativamente e apenas se inscreveram sem nunca usar sua conta. Porém, se o Everest, que não é a maior sala on-line, conta com esse número impressionante, o que imaginar de sites como o PokerStars e o Full Tilt? Não tenho acesso aos dados destes sites sobre o Brasil, mas acredito que os números sejam ainda mais impressionantes que os do Tower Torneos e do Everest. O PokerStars é hoje o maior site de poker no mundo.

O terceiro maior site no Brasil hoje, atrás apenas do Full Tilt e do PokerStars, é o Bestpoker. Com a vantagem de ter um suporte sediado no Brasil e um serviço para jogadores VIP, além de facilidade de depósito e saque dos ganhos, o Bestpoker cresceu no país. A intenção do site foi ter uma "cara brasileira", e para isso não vem poupando esforços em desenvolver promoções e serviços para os nossos jogadores. Estou trabalhando como jogador do Bestpoker desde outubro de 2008 e, claro, recomendo o site como confiável.

Vou usar um longo raciocínio, que passa pelo PokerStars, pelo PartyPoker e por alterações na legislação americana, para ilustrar o crescimento do poker no Brasil.

Curiosidade

Uma curiosidade sobre o PokerStars: poucos sabem, mas o site iniciou suas operações e teve sua primeira mão distribuída no dia 11 de setembro de 2001, ou seja, no famoso 9/11, dia em que os aviões pilotados por terroristas se chocaram contra as torres do World Trade Center em Nova York. Apenas cinco anos depois, em 2006, o site já estava dando sua mão de número 5 bilhão. Por dia, são jogadas cerca de dez milhões de mãos.

O PartyPoker — do qual o primeiro representante no Brasil foi o Clube do Poker, que foi lançado pelos amigos Christian Kruel e Raul Oliveira (que em 2008 se associaram ao Full Tilt Poker) e hoje tem como embaixador Felipe "Mojave" — também tem uma história impressionante. Lançado em 2001, sua fundadora é a indiana Ruth Parasol, que fez um império ligado à indústria de entretenimento adulto virtual, e que, junto com seu marido, Russ DeLeon, resolveu investir a pequena fortuna que criou em jogos de cassino on-line como *blackjack* e roleta. Foi assim que nasceu a PartyGaming. Ela contratou um engenheiro computacional chamado Anurag Dikshit, recém-formado pelo Instituto Indiano de Tecnologia, para desenvolver os jogos. Porém, vendo o sucesso do ParadisePoker (que foi o site onde joguei pela primeira vez em 2003), ela resolveu se concentrar em criar uma sala de poker on-line. Como seus idealizadores já eram donos de um império e tinham muito dinheiro para investir, inclusive em marketing, o PartyPoker não demorou muito a se tornar líder no mercado, com o maior número absoluto de jogadores.

Curiosidade

O primeiro site de poker on-line se chamava Planet Poker, iniciado em 1998. Neste mesmo ano, foi lançado o filme *Cartas na mesa* (*Rounders*) com Matt Damon, que virou *cult* entre os jovens amantes do esporte. Logo depois surgiu o ParadisePoker, em 1999, e só no início de 2001 o PartyPoker. Dos grandes sites, o PokerStars, como já dito, foi lançado em 11 de setembro de 2001. O Full Tilt foi lançado em junho de 2004, e seus donos são profissionais famosos, como Howard Lederer e Chris "Jesus" Ferguson, tendo como sócios minoritários Phil Ivey, Gus Hansen, Patrik Antonius, entre outros.

O Bestpoker começou em 2005, na Suécia, mas foi adquirido em 2007 por um grupo inglês, que abriu o capital da empresa e a lançou na bolsa alemã. Sediada em Chipre, mas com escritório em Londres, a Bestgames Holdings é uma empresa de capital aberto listada na bolsa de valores e, portanto, com total transparência nos seus balanços e relatórios. Isso ajuda a aumentar a credibilidade na solidez e legalidade da empresa, o que por sua vez traz tranquilidade para seus clientes.

Em 2005, a PartyGaming lançou ações na London Stock Exchange, a bolsa de valores de Londres. Com as ações (23% do valor da empresa), a PartyGaming chegou a ser avaliada em 12 bilhões de libras esterlinas (quando a oferta inicial de ações foi lançada, a companhia valia 4,64 bilhões). Ou seja, só com o ganho no mercado de capitais a empresa triplicou seu valor e entrou para o grupo das cem ações mais importantes da bolsa de Londres.

Em 2006, alterações na legislação americana (Safe Port Act, de outubro de 2006), fizeram com que o PartyPoker fechasse as portas para o mercado dos EUA, tendo assim uma queda expressiva no volume de seus jogadores. O fato de ser uma empresa listada na bolsa faz com que a transparência de seus negócios tenha que ser total. A empresa não podia permanecer no mercado americano contrariando uma lei vigente no país e correndo o risco de receber multas e ser processada. Na prática, o PartyPoker pensou em fechar primeiro seu acesso aos americanos, tomar um baque com a saída destes jogadores e começar a desenvolver outros mercados para retornar depois de um tempo ao número de jogadores de antes. Ou seja, voltar a ser líder trabalhando mercados não americanos.

Safe Port Act: lei colocada em vigor nos Estados Unidos em outubro de 2006 que proibia as transações bancárias, depósitos e retiradas entre sites de *gaming* e instituições bancárias e de crédito norte-americanas, como uma forma de evitar lavagem de dinheiro e evasão de divisas, sem pagamento de impostos, e sob o argumento de que esse dinheiro poderia financiar o terrorismo. Para especialistas, essa foi apenas uma maneira de o governo frear um pouco a economia dos jogos on-line, porque não estava lucrando com impostos, até criar uma legislação que permitisse o maior controle interno e lucro para a caixa do país. Vale lembrar que o jogo é permitido nos EUA apenas quando o governo tem total controle e regulamenta impostos. Como os sites muitas vezes são sediados fora dos EUA, o governo não tem autonomia para taxar e fiscalizar.

Os sites teriam cerca de um ano para se adaptar à lei e interromper as transações com instituições norte-americanas. Após este período, uma de duas situações se apresentaria para o mercado:

- Todos os sites parariam de aceitar americanos, e tomariam o mesmo baque que o PartyPoker tomou um ano antes. Mas, já acostumado ao novo mercado e desenvolvido uma base de clientes em outros países, seria líder novamente;

- Os sites seriam liberados para realizar transações com a queda da lei. O Party retomaria suas atividades, já reforçado por sua estratégia de alcançar outros mercados, e tentaria tomar a liderança, somando os jogadores norte-americanos a sua já extensa lista de jogadores de outros países. Neste caso, um problema poderia acontecer: a perda de força e rejeição por parte dos americanos, outrora recusados pelo PartyPoker.

A estratégia era excelente. No entanto, a lei que proibia as transações entre sites e instituições bancárias americanas e que, em última instância, impedia que colocassem dinheiro nos sites de poker não foi levada ao pé da letra.

Ou seja, tudo continua na mesma até hoje. Os sites que optaram por manter os norte-americanos continuam operando normalmente, criando novos métodos de depósito não cerceados pela lei. Por outro lado, a lei não foi modificada, sendo assim o PartyPoker e outros sites que pararam de aceitar norte-americanos não têm nenhum motivo para se arriscar e tentar retomar as atividades com os EUA.

Toda esta explicação serviu para ilustrar um dos motivos que atestam o crescimento do poker no Brasil. Com toda essa polêmica da legislação norte-americana, os sites começaram a abrir os olhos para mercados potenciais em outros países. Onde encontrar os clientes para manter seu crescimento vertiginoso? Dois focos chamaram a atenção. Em primeiro lugar, o Oriente. Países como a China, a maior população do mundo, ficaram cada vez mais interessantes. Do outro lado do mundo, nós, os brasileiros.

Na América do Sul, o Brasil se destaca pela grande paixão que vem demonstrando pelo poker. Com um mercado potencial tão grande, logo começamos a ver comerciais sobre o poker na televisão. Aumentaram também os torneios oferecidos pelo Clube do Poker, que mensalmente faz *freerolls* (eventos de inscrição gratuita com premiação em dinheiro) para seus afiliados, com premiações de até US$20 mil. Para ser um afiliado, o jogador deve se cadastrar num site de poker utilizando um código de bônus. Esses códigos permitem que a conta recém-aberta fique para sempre ligada ao fornecedor, sendo assim uma conta "filha". Uma porcentagem do lucro gerado para o site por esta conta "afiliada" vai para o fornecedor do código, que pode então reverter parte desse dinheiro em benefícios para seus afiliados.

Curiosidade

Um dos sites que tem um dos melhores programas para afiliados no Brasil é o Bestpoker. Utilizando o link https://www.bestpoker.com/signup?bonuscode=NUTZZ, você se torna um afiliado da Nutzz! e tem direito a participar de várias promoções como torneios gratuitos que dão vagas para o BSOP e o Circuito Paulista, além de bônus especiais.

Outro ponto que prova o crescimento do poker no Brasil é o número de jogadores com acordos de patrocínio com sites de poker. No segundo semestre de 2008 tínhamos: Alexandre Gomes e André Akkari como profissionais do site PokerStars; Gualter Salles e Maridu (que se tornou jogadora *pro* em março de 2009), como jogadores patrocinados; Christian Kruel, Raul Oliveira e Leandro "Brasa" no Full Tilt Poker; e Leo Bello e Rafael Caiaffa no Bestpoker.

Isso sem contar outros jogadores que tiveram patrocínios do Bestpoker ao longo de 2007 e 2008, como Felipe "Mojave", José "BED", Marco Marcon, Nelson Dantas, Daniel "777thenuts" e José Heraldo "Rádio". Alguns ganharam promoções e jogaram pelo Bestpoker, como foi o caso de Marco Marcon, vice-campeão do Campeonato Brasileiro Online (CBO) na temporada 2007/2008. Marcon jogou o *main event* do WSOP ficando na 256ª colocação e, portanto, na faixa de premiação, batendo mais de seis mil jogadores, sendo a segunda melhor colocação do Brasil em 2008 no *main event*. Ele fala sobre a experiência: "A diplomação para o jogador de poker é passar uma temporada nas mesas de *cash game* em Las Vegas e jogar o *main event* do WSOP."

Um dos pioneiros no Brasil foi o site Tower Torneos, que em julho de 2007 estava longe do tamanho dos gigantes PokerStars e PartyPoker, mas que atraiu uma boa publicidade ao investir no patrocínio de jogadores. Investir mais de US$25 mil num patrocínio acabou sendo um negócio da China em termos do retorno em publicidade e imagem, que só não foi mais explorado porque, apesar do brilhante resultado de Leandro "Brasa", colocando o nome do Brasil nas mesas finais do WSOP, a mídia nacional ainda se encontrava, em parte, alheia a tais feitos. Um brasileiro alcança um resultado deste no maior evento de Texas Hold'em do mundo e, excetuando os meios ligados ao poker, nenhuma revista ou jornal brasileiro, quiçá um programa de televisão, fez menção.

Em 2008, tivemos o nosso primeiro campeão mundial, Alexandre Gomes, e o melhor resultado da história no *main event*, com a 55ª colocação de Rafael Caiaffa do Bestpoker Team entre mais de seis mil jogadores, e mais cinco brasileiros premiados no mesmo torneio.

Nolan Dalla, jornalista e escritor, uma das figuras mais conceituadas no mundo do poker e atual diretor geral do WSOP, chegou a comentar como a torcida brasileira trazia mais cores ao evento, tal era a algazarra antes, durante e após as finais. Os americanos ficaram impressionados com nossa torcida e, por onde os brasileiros iam, uma festa seguia atrás. Leandro deu entrevista para a ESPN internacional e sua mesa final foi transmitida na íntegra. No ano seguinte, Alexandre Gomes estampou as principais páginas dos sites especializados em todo o mundo e foi contratado pelo PokerStars.

Deixo aqui no livro um recado para toda a imprensa: prestigiem os heróis brasileiros que estão trazendo resultados brilhantes como estes para casa. Eles carregam o nome do país com orgulho e poderiam ajudar a divulgar o nosso esporte no Brasil.

O PokerStars criou no Brasil o Latin America Poker Tour (LAPT), que, a exemplo do European Poker Tour (EPT) e do Asia and Pacific Poker Tour (APPT), são megatorneios patrocinados pelo site, com premiações milionárias que atraem profissionais de todo o mundo. A primeira etapa do LAPT ocorreu em maio de 2008 no Rio de Janeiro, e foi seguida por uma etapa em junho na Costa Rica e outra em agosto em Punta del Este, encerrando o primeiro ano. Nesta última, Alexandre Gomes, que tinha acabado de voltar do WSOP, conseguiu mais um belo resultado ficando em 4º lugar. Em pouco mais de um mês, o jovem advogado de apenas 25 anos ganhou mais de US$850 mil em premiações.

O PokerStars também elegeu uma "*spokesperson*" para, por meio de seu blog, falar a linguagem do brasileiro: Maria Eduarda Mayrinck, a Maridu. Depois de levar o blog por um ano, ela passou a bola para Sérgio Prado, que já foi citado neste capítulo por ser o produtor da ESPN Brasil. Maridu passou a ser jogadora profissional do PokerStars, mas continua escrevendo em seu blog pessoal: Need an Ace. Sua carreira está sendo gerenciada pela Poker Icons, empresa dedicada a cuidar da carreira de vários profissionais. Este tipo de iniciativa mostra como hoje o esporte está organizado pelo mundo inteiro e como os jogadores são reconhecidos como atletas mundo afora.

O Bestpoker também investiu para montar seu time no Brasil. Os diretores gerais do Bestpoker vieram direto da Suécia atrás de talentos, e acabaram contratando Felipe "Mojave" (4° colocado em 2007 no BSOP). Também entraram para o time José "BED" Tsujita e Rafael Caiaffa. Felipe "Mojave", jogando pelo Bestpoker, ficou em 13° lugar no EPT de San Remo, na Itália. Com a projeção desses resultados muito consistentes internacionalmente, Mojave chamou a atenção do PartyPoker, que em 2009 o contratou como embaixador do Brasil. Rafael Caiaffa, como já citei, foi o brasileiro com a melhor colocação no *main event* do WSOP (55ª). Também jogou o WSOP pelo Bestpoker o curitibano Marco Marcon, que foi o segundo brasileiro mais bem-colocado no mesmo evento.

Em outubro de 2008, juntei-me ao time do Bestpoker para participar de eventos nacionais e internacionais. O site também passou a ser patrocinador do BSOP e do Circuito Paulista.

Deu para reparar que os sites estão investindo no Brasil e em seus talentos. Mas como sentir o retorno das pessoas? As comunidades e fóruns de discussão são um bom exemplo.

As comunidades de poker on-line no Orkut hoje somam mais de trinta mil participantes, com destaque para a PokerBrasil (maior número de participantes) e a Poker Mania, que foi organizada por Fabio Cunha a partir da Poker Brasil para ser um fórum com uma moderação mais ativa, onde se poderia discutir poker mais profundamente. Entretanto, esta última acabou em 2007 dividindo opiniões, pois junto com debates sobre estrutura de torneios, *rake* (a comissão para os organizadores) e projetos, houve também espaço para brigas e lavagem de roupa suja num local não tão adequado a isto. Prefiro, entretanto, lembrar dos momentos felizes destes fóruns e das amizades que lá se construíram.

Outra comunidade muito boa sobre poker presente no Orkut é a MeBeliska, que hoje tem um site próprio e faz coberturas dos principais eventos do país, sempre mantendo o bom humor. O MeBeliska.com é o site que faz as coberturas oficiais do BSOP e do CPH e nasceu de alguns amigos que organizaram a comunidade no Orkut. Hoje, se especializaram em fazer as melhores reportagens ao vivo dos torneios no Brasil e no exterior, até mesmo com visualização de cartas em mesas com câmeras.

Atenção

A internet é uma das mídias onde podemos encontrar mais informações sobre poker, e surgiram vários sites brasileiros para ajudar a divulgar o Texas Hold'em:

www.circuitoholdem.com.br
www.bsop.com.br
www.leobello.com.br
www.nutzz.com.br
www.maisev.com
www.superpoker.com.br
www.mebeliska.com
www.revistaflop.com.br
www.leandrobrasa.com
www.andreakkari.com.br
www.alexandregomes.com
www.clubedopoker.com
www.cardplayerbrasil.com.br
www.aprendendoajogarpoker.com.br
www.tvpokerpro.com

Além destes sites, várias páginas pessoais e blogs de jogadores profissionais brasileiros também começaram a proliferar. Recomendo procurar por esses blogs na seção de links dos sites citados.

E o mercado editorial não poderia ficar de fora desta movimentação. As duas publicações surgidas no país e que tiveram um maior destaque foram as revistas *Card Player Brasil* e *Flop*.

A *Card Player Brasil* iníciou suas atividades em junho de 2007. É publicada por uma editora criada especialmente para dar vazão aos produtos de poker, a Raise Editora. A seu favor, o excelente time de colunistas que contribuem para a revista e a forte marca *Card Player*, que provê material de qualidade direto da revista original em inglês, a mais conceituada publicação mundial sobre poker, com mais de vinte anos de história. Após seu primeiro ano, a *Card Player Brasil* se consolidou como a melhor franquia mundial da *Card Player* e hoje cobre os principais torneios do país. Sou colunista regular da revista desde o princípio, e todos os meus artigos lá publicados podem ser lidos no meu site (www.leobello.com.br) ou no da própria *Card Player* (www.cardplayerbrasil.com).

Já a revista *Flop* resolveu inovar no formato, e foi lançada com distribuição gratuita e periodicidade bimestral. No início, você só tinha a *Flop* em mãos se fizesse um cadastro junto à editora, ou se a encontrasse num dos torneios ou clubes de carteado desportivo do país. A qualidade do trabalho do pessoal da *Flop* é inquestionável. Fiz a cobertura do WSOP direto de Las Vegas em julho de 2007. Na área de imprensa, dividindo conosco a bancada, estava o Juliano Maesano, editor da revista. Durante os quase vinte dias que ficamos por lá, Juliano fotografou todos os principais acontecimentos e fez a cobertura *in loco* da vitória de Leandro "Brasa". Depois disso, na maioria dos grandes eventos de poker do Brasil, lá estava a *Flop* fazendo a cobertura. Uma das grandes contribuições da revista foi a criação do Prêmio Flop, que premia os melhores do ano anterior no nosso esporte numa festa anual.

O PokerNews Brasil também fez uma premiação semelhante no final de 2008, e tive o orgulho de receber a premiação de Personalidade 2008 no poker brasileiro. Dedico este prêmio aos meus leitores, que tornaram isto possível.

Um fato interessante que veio com o lançamento das revistas especializadas foi o surgimento de anunciantes. As publicações sobrevivem dos anúncios, e aos poucos este mercado está se formando, o que demonstra um crescimento e uma segmentação positiva para o poker como um todo.

Atenção

Empresas que tiverem interesse em contatos para publicar anúncios nestas revistas ou ainda colocar *banners* nos sites mencionados podem escrever para nutzz@nutzz.com.br, e suas mensagens serão encaminhadas aos responsáveis.

Outro aplauso deve ser dado às grandes editoras que acreditaram no potencial do poker como competição ou hobby saudável no nosso país. Em primeiro lugar, claro, ao Grupo Ediouro, que não só está publicando este livro e acreditando neste projeto como também manifestou intenção em abrir suas portas para este mercado, com novas publicações sobre o tema, não ficando restrita a apenas uma única obra. Nos EUA, a editora Two Plus Two já publicou mais de trinta livros sobre poker. Há espaço no Brasil para esta abundância sobre o tema? Só o tempo dirá.

Merecem destaque também as ações promovidas pela Editora Abril, que, no início de 2008, lançou um concurso cultural e um especial sobre poker nos sites de suas principais publicações, incluindo as revistas *Veja*, *Caras*, *Playboy*, *Superinteressante*, *Claúdia*, *VIP*, *Men's Health* e muitas outras. Foi um especial contendo reportagens, testes e anedotas sobre poker, no qual as pessoas podiam concorrer a entradas para o BSOP e para o Circuito Paulista, além do livro *Aprendendo a jogar poker*, respondendo à pergunta: "O que você apostaria para estar no Campeonato Brasileiro de Poker?"

O melhor desta iniciativa da Abril foi que, pela primeira vez, via-se um trabalho tentando esclarecer o público em geral de que o poker não é um jogo de azar, e sim de habilidade. E que as apostas não são ilegais, são apenas fichas de um torneio, sem representar dinheiro. O especial mostrava jogadores profissionais pelo mundo, ressaltando a técnica necessária para ganhar os principais campeonatos.

Quase que paralelamente, foi lançada pelos profissionais brasileiros André Akkari e Igor "Federal" a campanha "Texas Hold'em é esporte". Igor hoje está à frente do projeto de formação da Confederação Brasileira de Texas Hold'em, como seu primeiro presidente. A iniciativa está juntando as recém-formadas federações estaduais e buscando laudos técnicos que falem do Texas Hold'em como jogo de habilidade e também todas as informações para orientar a organização de competições desportivas seguindo padrões internacionais de regras e conduta.

O conceito de poker como esporte é bastante polêmico e encontra tanto defensores quanto jogadores absolutamente contra esta definição, que argumentam que o esporte deveria se relacionar a atividades físicas. Porém, esta é uma maneira de falar ao leigo que o poker, hoje em dia, é uma competição regulamentada.

Para fazer o poker crescer no Brasil, precisamos, além de mostrar que este jogo não fere a legislação, quebrar tabus e preconceitos. Muitas pessoas ainda acreditam que o poker vicia e é prejudicial à saúde. Na verdade, os profissionais de hoje advogam o contrário. As pessoas que já atingiram a terceira idade e praticam o poker têm benefícios comprovados em relação a sua saúde geral. É recomendado para manter a vitalidade cerebral porque o raciocínio abstrato e a memória são continuamente aguçados.

O poker é uma competição de inteligência, técnica e habilidade, que pode, sim, gerar recompensas financeiras para os vencedores, mas que, quando praticado com a moderação necessária para tudo na vida, não coloca em risco nem a saúde financeira nem a física de ninguém.

Alguns paralelos com outras atividades ajudam a reforçar que o risco no poker é o mesmo que de outros esportes. Por exemplo, jogadores de futebol de ponta passam uma média de dez horas por dia em treinamento. Praticam seu esporte todos os dias. Em suas horas de folga, às vezes ainda batem uma bolinha. Quando ouvimos dizer que, terminado o treino, Kaká ainda permaneceu em campo por mais duas ou três horas, fazendo cobranças de falta ou pênalti, só conseguimos comentar: "Que exemplo de esportista! Que dedicação! Que empenho! Isto que o faz um grande atleta!"

Por que um jogador de poker que fica treinando por dez horas na mesa é visto como um viciado ou sociopata, enquanto um jogador de futebol é apenas um brilhante jogador empenhado em melhorar suas habilidades? E quanto a jogadores de tênis como Roger Federer e Andre Agassi, que passam horas rebatendo bolas até atingir a perfeição? Ou pilotos, que dão voltas atrás de voltas tentando baixar alguns centésimos seu tempo? E agora passando para esportes mentais: o que dizer de jogadores como o Gary Kasparov, que passava até um mês obcecado, treinando contra seus futuros adversários do xadrez, estudando suas partidas e traçando estratégias dia e noite?

Conheci e estudei com a mãe de um medalhista de ouro olímpico do Brasil. Flávia Cielo, mãe de Cesar Cielo, foi minha colega de turma durante meu mestrado em Saúde da Criança e do Adolescente na Unicamp em 2006. Durante todo o período que estudamos juntos ela comentava das dificuldades em manter um filho nos EUA treinando natação. Até tiveram que vender o carro da família para poder pagar os custos. Na época o grande público ainda não conhecia o Cesinha.

Durante as Olimpíadas de Pequim em 2008, assisti emocionado à vitória de Cesar Cielo nos 50m livres. Primeiro nadador brasileiro a conquistar o ouro olímpico, Cesar levou uma vida de privações nos meses que antecederam sua conquista, treinando mais de dez horas por dia e passando por uma rígida dieta. Somente dias depois fui associar os nomes ao ver uma reportagem na televisão: Flávia e Cesar Cielo, mãe e filho. Parabéns aos dois. É emocionante e gratificante. Para ser um campeão é necessário dedicação.

Repito a frase que usei no primeiro livro e na qual acredito cada vez mais: "Sucesso é o resultado da soma de estudo, disciplina e prática."

Pense nisto

Em *Aprendendo a jogar poker*, citei um autor, Malcolm Gladwell, e uma de suas obras, *Blink: a decisão num piscar de olhos*, onde ele tentava decifrar por que certas pessoas tinham uma intuição mais apurada que outras, e como isso poderia ajudar no poker. Esse mesmo autor lançou, em 2008, um novo livro com outro tema muito interessante. Chama-se *Outliers*, que em português recebeu a tradução livre de *Fora de série*. O trabalho tenta entender as razões por trás de certas pessoas parecerem ser mais bem-sucedidas que outras. Por que algumas pessoas se destacam tanto em suas áreas, sendo fora de série, e outras são apenas medianas?

Recomendo a leitura, pois abre bastante a visão em relação aos fatores que contribuem para o sucesso em qualquer área do conhecimento humano, mas queria ressaltar aqui uma das principais conclusões: os mais bem-sucedidos são aqueles que dedicaram mais horas a sua atividade. Ele destaca vários outros fatores que favorecem o sucesso, como família, condição social, época do nascimento, acesso a treinamento adequado. O principal fator, no entanto, é passar tempo praticando a atividade. O autor chegou a um número mágico de dez mil horas para alguém se tornar um mestre na área que escolheu. Isso pode levar cerca de dez anos, treinando três horas todos os dias. Como exemplos ele cita os Beatles, Bill Gates, Steve Jobs, Bill Joy, Warren Buffet e muitos outros.

Saindo do campo dos esportes, vamos usar o exemplo da bolsa de valores. Nela, os investidores arriscam, apostam mesmo seu capital, baseados em estudos, em análises gráficas e técnicas e muitas vezes na simples intuição, buscando um retorno positivo para seu investimento.

Para se sair bem na bolsa, muitos ficam longas horas monitorando e estudando o mercado em busca de novas operações bem-sucedidas. Se por acaso perdem parte do capital investido, sabem que este é um risco do negócio, e que quando bem-calculado não leva ninguém à falência (utilizando *stops*, administração de risco de carteira, portfólios diversificados etc.).

Entretanto, quando nos deparamos com o caso de alguém que perdeu tudo na bolsa, essa pessoa não é considerada um sociopata ou ainda um viciado. É, sim, um mau investidor, ou um fraco e azarado planejador, mas nunca um viciado em mercado financeiro.

Pense nisto

O mercado financeiro e o poker partem de três princípios semelhantes: administração de risco, administração de capital e método com expectativa positiva. Quem dominar estes três aspectos se torna um investidor/jogador bem-sucedido.

As habilidades que fazem um jogador de poker ser um campeão passam pelo mesmo princípio da determinação e empenho de um Kaká, pela dedicação e obsessão de Cesar Cielo e de sua família, pelo talento de Roger Federer, tenista que por mais tempo segurou a posição de número 1 do mundo, a precisão e audácia de Felipe Massa e ainda os estudos e a tomada de riscos de um investidor do mercado de capitais.

A palavra poker carrega quase um século de preconceitos e desinformação para o brasileiro. Um dos jogos mais importantes para a cultura norte-americana, o poker ficou conhecido no Brasil em sua modalidade Five-Card Draw, ou poker fechado. Essa modalidade, que também não é um jogo de azar, pois o resultado não depende exclusivamente da sorte, tem entretanto este fator mais aparente. Isso porque o jogador desconhece quase totalmente as cartas dos seus adversários (as únicas que pode garantir que não estão nas mãos deles são as que estão nas suas mãos) tornando o jogo mais imprevisível. Além disso, até pouco tempo atrás não existiam torneios de "poker fechado", e esse jogo era praticado apenas como *cash game* sem limites de apostas.

Por último, havia as noções errôneas e até mesmo histórias verídicas de pessoas que perderam todo seu dinheiro jogando poker. Hoje em dia, isso tudo parece fantasia. Os *cash games* têm limites mínimos de entrada e saída bem-estabelecidos. Você não pode apostar seu apartamento ou pegar as chaves do carro do bolso e colocar em cima da mesa no meio de uma mão, como víamos em filmes.

Se pensarmos em torneios, o poker se assemelha a qualquer outra competição esportiva. O jogador paga o valor da inscrição para participar, todos entram com o mesmo número de fichas, portanto em igualdade de condições, e competem até sobrar apenas um jogador, que será o campeão. Dependendo da posição em que o jogador for eliminado do torneio, poderá ou não haver uma premiação. Normalmente, os 10% mais bem-classificados serão premiados.

Para acabar com esta desinformação e criar nos brasileiros a mentalidade correta sobre o poker, precisamos mostrar à sociedade os princípios e fundamentos deste jogo. E você que está lendo este livro pode ajudar. Ao passar adiante estas ideias e conceitos, explicar aos amigos e fazer sua parte nesta divulgação, está dando um grande passo para a aceitação e compreensão do nosso jogo.

Por que a modalidade Texas Hold'em é a mais citada?

Hoje esta é a modalidade mais conhecida e praticada no mundo. É perfeita para exemplificar a habilidade envolvida numa mão de poker, pois contém cartas comunitárias a todos os jogadores e uma estrutura fácil de ser compreendida. Convenhamos que as regras do Texas Hold'em são bem mais simples que as do Omaha ou do Stud para o leigo aprender.

As modalidades de poker

Five-Card Draw ou poker fechado: modalidade mais conhecida e praticada no Brasil há alguns anos, na qual cada jogador recebia cinco cartas fechadas e individuais, e podia trocá-las uma vez para tentar melhorar seu jogo antes de compará-lo com o dos outros e declarar um vencedor na mão.

Texas Hold'em: duas cartas fechadas para cada jogador e cinco cartas comunitárias abertas na mesa. Ganha aquele com a melhor combinação de cinco das sete cartas (duas fechadas e três da mesa, ou uma fechada e quatro da mesa, ou ainda as cinco da mesa com nenhuma de sua mão) ou o jogador que fizer o adversário sair da mão com sua aposta.

Omaha: quatro cartas individuais e fechadas para cada jogador, com cinco cartas comunitárias na mesa. Ganha aquele com a melhor combinação de duas cartas de sua mão com três da mesa. Não podem ser usadas nem mais nem menos cartas das suas fechadas, somente duas da mão com três da mesa. Assim como no Texas Hold'em, ganha quem fizer uma aposta não paga pelos adversários.

Stud: modalidade em que cada jogador tem cartas individuais e não existem cartas comuns a todos os jogadores. No caso do Seven-Card Stud, são 34 cartas visíveis a todos na mesa e três (a primeira, a segunda e a última cartas recebidas) que ficam fechadas e somente o jogador que as possui conhece. Ele deve fazer a melhor combinação com cinco das suas sete cartas.

Uma das características dos desportistas em geral é, por meio da prática constante e da determinação, ter resultados cada vez mais consistentes. Isso fica claro no poker. Quanto mais você evolui, estudando e praticando, mais bons resultados aparecem.

Esse é um dos argumentos mais fortes a favor do poker ser um jogo de habilidade e não de azar. Fica aqui um questionamento para quem ainda duvida: "Nos jogos de azar, o treino ou estudo fazem você melhorar? Se jogar todos os dias no bingo seus resultados melhoram? E se jogar toda semana na Mega-Sena? Você tem mais chance de ganhar?"

Além disso, qualquer jogo em que é possível dizer que fulano é melhor que beltrano, ou seja, que se consegue classificar e estabelecer um *ranking* em que um jogador é melhor que o outro, é um jogo de habilidade.

Se eu for jogar futebol com o Ronaldinho Gaúcho ou tênis com o Guga, vou apanhar e passar vergonha. Por outro lado, em uma partida de poker, sei que tenho vantagem. Se formos todos jogar na Mega-Sena, roleta, bingo ou outro jogo de azar, não haverá favoritos, pois aí a habilidade não conta.

Para quem ainda duvida da diferença entre poker com jogos de azar, sugiro começar a treinar bingo todos os dias. Você acha que sua performance melhorará? Que tal a loteria? Jogando todos os dias você aprende como jogar e se tornar um vencedor?

A cada dia, no mundo todo, surgem novos profissionais, que se dedicam, estudam e se aprimoram. Praticam horas a fio, entram em embates nos torneios pela internet e ao vivo e jogam os *cash games* e *ring games* como forma de ganhar dinheiro com suas habilidades, mas tudo dentro de regulamento e limites.

Qual a diferença entre pagar o valor de inscrição, participar e depois ser premiado num torneio de tênis, futebol ou poker? Nenhuma. Ou melhor, existe sim: no poker, podem participar centenas ou milhares de pessoas ao mesmo tempo, ou você pode contar nos dedos os participantes de um minitorneio, como os que são televisionados com dois a dez jogadores apenas. E é um esporte onde um iniciante tem chances de competir contra um campeão mundial. E quem sabe até ganhar, ou pelo menos aprender com a experiência.

Em qual outro esporte você pode participar de torneios junto com seus ídolos? Quando o Leandro "Brasa" voltou de Las Vegas após sua vitória no WSOP, foi realizada uma etapa especial do Circuito Paulista em sua homenagem. Quem eliminasse o Leandro ganharia um prêmio especial. Foram mais de 150 jogadores, e a cada nível de *blinds* o Leandro sentava numa mesa. Em quase todos os torneios no Brasil verificamos um fenômeno parecido: jogadores já conhecidos no país misturados aos novatos. Sem distinções.

No início de 2008 passei por uma experiência interessante: quando fui homenageado pelo pessoal que organiza o Circuito Santista. Fizeram uma etapa que levava meu nome, e eu participei do torneio junto a uma garotada nova que está começando no esporte. Durante uma tarde inteira, pude trocar ideias e conversar com jovens talentosos. Fiquei emocionado com o carinho e atenção que recebi, especialmente com a bela placa com a qual fui presenteado. Ouvi de alguns que era um sonho poder jogar com o autor do livro que os ajudou a dar os primeiros passos. Foi uma tarde inesquecível.

Da mesma forma, quando vamos para o interior do país sentimos o carinho das pessoas que participam dos torneios e que se preparam para galgar novos espaços no poker nacional. As pessoas de Brasília, Goiânia, Belo Horizonte, Salvador, Florianópolis, Curitiba, Balneário Camboriú, entre outras, sempre recebem a mim e ao Brasa com muita atenção.

Texas Hold'em é esporte. As pessoas se empolgam. Ficam ali torcendo pelos seus favoritos e se identificam com as personagens do jogo. Apesar de não ser um esporte físico, de contato, e de não precisar de treinamento aeróbico algum, os jogadores devem se preparar física e mentalmente para enfrentar longas sessões, às vezes de mais de 12 horas, sentados à mesa, mantendo o foco e a atenção. Os grandes campeões recomendam boas horas de sono antes de torneios. Daniel Negreanu, jogador do PokerStars, é vegetariano e sempre fala a favor de esportes. Patrik Antonius, profissional do Full Tilt, acredita que o preparo físico é fundamental para o jogo e diz que no futuro quem não tiver um bom preparo não resistirá à competição.

A velha imagem do poker em salas enfumaçadas está acabando no mundo todo. Nos EUA, já é proibido fumar na maioria dos *cardrooms*. E espero que no Brasil essa regra logo esteja valendo em todos os clubes e torneios.

Dica

Encare o Texas Hold'em como um esporte por uma questão de qualidade de vida. Como tal, trabalhe todos os aspectos: uma boa alimentação, boas horas de sono, atividades físicas, limites claros para a prática e tempo de descanso mental. Treine constante e reguladamente, planeje suas metas e, principalmente, queira vencer.

Você tem que ser competitivo e querer muito ganhar para ser um bom jogador de poker. Ame as vitórias! Persiga-as e coloque objetivos para você mesmo. Aprenda, contudo, a lidar com as derrotas, só não as deixe fazê-lo desistir, ou tirar o foco do seu objetivo, que é vencer!

Como médico, acho que o equilíbrio é fundamental. Para atuar em alta performance, é necessário um bom sono, atividades físicas regulares e disciplina nas suas atividades.

Não se esqueça também de que a família é a base para tudo. Uma pessoa estável emocionalmente, amparada pelo carinho dos seus familiares, é muito menos propensa a perder o controle emocional tão necessário à mesa de poker.

E pratique o esporte com paixão. Tenha amor pelo que faz.

Se para você o Texas Hold'em é apenas um hobby, todos os conselhos acima são válidos também. Não deixe de fazer a sua parte e passar à frente a mensagem de que o Texas Hold'em é um esporte!

Mas como saber se você precisa se profissionalizar? O que é ser um profissional de poker? Você pode participar dos torneios internacionais sendo amador? Para trazer um pouco de luz a estes assuntos, abordarei este tema que foi tão importante para esclarecer se eu era um médico que jogava poker ou um jogador de poker que era médico (ou ainda um escritor, jogador de poker, médico e empresário que nas horas vagas ainda dá aulas e palestras, se arrisca na bolsa de valores e é pai em tempo integral).

Capítulo 2

Profissional *versus* amador: o caminho para evoluir

"Em torneios, principalmente nos de limite fixo, as fichas que você não perde são tão ou mais importantes do que as fichas que você pode ganhar."

Juliano Maesano, editor-chefe da revista Flop, *jogador profissional de poker e produtor de cinema e tevê*

Há pouco mais de cinco anos, comecei a me interessar verdadeiramente pelo poker. Nestes últimos anos, muito do que eu e outros brasileiros fizemos para nos aperfeiçoar e aprender mais sobre este jogo foi uma espécie de desbravamento. As informações eram escassas, não havia literatura em português, conhecíamos poucos jogadores, não havia torneios regulares ao vivo nem a facilidade que existe hoje para conseguir crédito (depositar) em sites de poker on-line.

Ainda me lembro de quando jogávamos na casa de Leandro "Brasa", ocasiões em que mostrei pela primeira vez o poker on-line e ajudei amigos como o próprio Brasa, o Igor "Federal" e o Fabio Cunha (moderador da comunidade Poker Mania, uma das mais respeitadas do assunto no Orkut) a colocar os primeiros créditos nestes sites.

Naquela época, não existia quem nos guiasse e mostrasse o caminho para que evoluíssemos. Quando um de nós descobria um site novo com informações, tentava compartilhar com os outros. Os primeiros livros sobre o assunto eram importados e demoravam até um mês para chegar, além de serem caros. Os conceitos, hoje tão disponíveis a quem está dando os primeiros passos no poker, eram lentamente aprendidos.

Imaginem então, há trinta anos, como acontecia com os primeiros profissionais. Na época que Doyle Brunson escreveu o clássico *Super System*, todos acharam que ele era maluco em dividir seus segredos de jogo num livro. Colocar no papel a teoria era algo impensável, pois ajudaria os novatos a aprenderem o jogo e, portanto, perder menos.

Mas agora tudo mudou. A informação está disponível em todos os cantos: em muitos sites, fóruns, vídeos, blogs etc. E também na televisão, com vários torneios sendo transmitidos, além dos comentários de profissionais e de enquetes. Pela experiência ao vivo, com os clubes de carteado lícito, torneios desportivos e jogos na casa de amigos. Até o mercado editorial, que, além de já possuir boas obras em português, ainda trouxe um acesso maior a obras importadas, com grandes livrarias brasileiras comercializando obras originais; e ainda com as revistas *Card Player Brasil* e *Flop* publicando artigos de profissionais nacionais. Com os softwares de auxílio como o Hold'em Manager, PokerTracker, PokerAce HUD, PokerStove e o Poker Academy, cada um com seu propósito. E até com aulas particulares de profissionais ou cursos como o que eu mesmo já ministrei para tantos alunos.

Tudo isso parece ajudar quem está começando, mas pode se tornar uma faca de dois gumes. Como as facilidades são maiores, muitos não se esforçam para se aprimorar como deviam.

Pense nisto

A palavra que para mim define uma característica essencial do profissional é determinação, e, com ela, são obtidas as chaves para o sucesso no poker (e até na vida): disciplina, estudo e prática.

Vejo esse nível de determinação em alguns poucos jogadores que estão começando e pretendem se profissionalizar seriamente. Mas o que significa se profissionalizar?

- Ganhar dinheiro com o poker?
- Trabalhar exclusivamente com o poker?
- Dominar o jogo?
- Jogar todos os dias?

Profissional é aquele que faz do poker sua fonte de renda exclusiva. Transforma o poker, de apenas um hobby, em sua principal função. E, assim como em qualquer outro trabalho, estabelece horários, metas, previsão de ganhos etc. No Brasil, tais profissionais só vêm surgindo nos últimos anos, e ainda hoje a base para seu trabalho é o exterior, onde os grandes torneios e jogos são realizados, além da internet.

> **Atenção**
>
> É necessário ser um profissional para ganhar dinheiro com o poker? Claro que não. Você pode ser um jogador amador e eventualmente ganhar dinheiro em torneios ou *cash games*, mas nesse caso seu foco principal deve ser na sua profissão. O poker é apenas um hobby ou mesmo um trabalho secundário.

Acho essa definição muito importante, pois já me deparei com vários jogadores novatos que me perguntam se acho que eles podem se profissionalizar.

Esta resposta não deve nunca partir de mim, e sim de cada um.

Escolher uma profissão é algo muito sério, e demanda um investimento de tempo e esforço intenso. Você não vira médico, advogado ou engenheiro da noite para o dia. Passa anos estudando e se aprimorando. Por que com o poker seria diferente?

Mesmo para profissões que independem de diploma, é preciso um longo caminho para aprender as nuances. Ou alguém aqui acha que, para ser um comerciante, não é preciso conhecer a fundo seu mercado, seu produto, e até mesmo entender de relações comerciais, de gerenciamento de capital etc.? Além disso, para se dedicar a uma profissão é necessário ter talento. Como ser um médico sem gostar de pessoas ou ter estômago para lidar com situações de risco de morte? Como ser um advogado se você não tem inclinação para estudar e interpretar leis? Como ser um engenheiro sem possuir habilidades com números e matemática?

É possível que se consiga exercer essas profissões sem estes pré-requisitos, porém isso resultará em uma das duas situações:

- ser um mau profissional;
- ter que se esforçar muito para suprir a falta de aptidão natural.

Gostar de poker não é motivo para transformar um hobby em profissão. Muito menos querer ganhar algum dinheiro com o jogo constitui uma razão para se profissionalizar.

Para se tornar um profissional é necessário:

1- *Saber administrar seu capital*: talvez um dos tópicos mais difíceis, pois conheço diversos jogadores talentosíssimos que seriam excelentes profissionais, mas que não têm a mínima ideia de como administrar suas *bankrolls*, ou seja, o valor total que cada um tem reservado para jogar.

Em qualquer negócio, não saber administrar o risco e o capital leva à falência. No poker não é diferente.

Quando vemos histórias de jogadores que faliram, quase sempre estamos falando de jogadores amadores que não sabem administrar o risco. Vale lembrar que isso acontece em todas as profissões e negócios, e não apenas com o poker.

O poker é uma das poucas profissões em que é possível sair para trabalhar e retornar com menos dinheiro do que quando saiu de casa. Já pensou no impacto disso?

Mas isso não é exclusivo do poker. Quem trabalha com mercado financeiro ou bolsa de valores, por exemplo, está sujeito aos mesmos riscos. A boa administração de seu capital na bolsa equivale à que um profissional deve fazer de sua *bankroll*. Administrar envolve ter registros acurados, planejar os investimentos, as retiradas mensais e calcular os riscos de cada operação.

Antes de começar em um jogo, o profissional deve sempre avaliá-lo e não simplesmente entrar por entrar. Utilizo até um exemplo que vi acontecer de perto:

Em 2004, o Circuito Paulista começou. Uma pessoa que sempre participava de todos os torneios era o meu amigo Igor "Federal". Ele era um excelente jogador, mas o poker era um hobby para ele; sua ocupação principal era administrar sua empresa no ramo de educação. Ao longo de 2007, Igor começou a ter resultados cada vez mais consistentes no jogo e, incidentalmente, acabou por vender sua parte na empresa. A partir daí, começou a se dedicar ao poker de uma forma profissional. Mas o Igor desapareceu dos principais torneios que aconteciam no Brasil durante um tempo. Parece um contrassenso, não?

Mas não. Igor sabia que, para seu estilo e suas necessidades como jogador, participar de torneios pela internet era mais lucrativo do que torneios ao vivo. Ele fez uma opção consciente de dedicar seu tempo aos torneios que apresentavam melhor retorno financeiro e aproveitamento de seu tempo.

É verdade que até hoje Igor prestigia os amigos e participa de alguns dos torneios mais importantes, porém está claro para mim que ele sabe administrar seu tempo e seu capital, escolhendo onde investir em sua profissão. Ele também sabe que não é apenas um jogador profissional, mas também um empresário de sucesso que divide seu tempo com outras atividades (também ligadas ao poker, por que não?).

Meu sócio e amigo, Leandro "Brasa", foi outro que aprendeu a investir seu tempo de forma sábia. Criou uma planilha onde analisava o horário dos principais torneios on-line ao longo de um dia nos cinco principais sites. Percebeu que havia uma boa oferta deles no período da tarde, e que neste período havia menos jogadores profissionais participando. Alterou então seus hábitos. Brasa vinha jogando on-line em torneios que começavam à noite e terminavam de madrugada. Consequência: no dia seguinte estava cansado e perdia esta leva de torneios no período da tarde. Começou a procurar dormir mais cedo, se preparando para, a partir das 13h, iniciar uma série de torneios. Seus resultados começaram a melhorar rapidamente. Entrou em várias mesas finais, pois a concorrência era menor.

2- *Conhecer a teoria:* um profissional deve saber as regras do jogo que participa, aprender a fundo os conceitos básicos e saber aplicá-los à mesa.

Que fique bem claro que apenas ouvir falar ou ler uma vez sobre um tópico não o torna conhecedor da teoria. Para realmente dizer que você conhece um assunto, é preciso estudá-lo de preferência em mais de uma fonte, tentar aplicar os conceitos na prática, voltar à teoria, reler e fazer suas próprias conclusões a respeito. Participar de fóruns também ajuda muito nesse ponto.

Quando estava começando, discutir mãos via internet no fórum Two Plus Two (http://forums.twoplustwo.com) foi muito útil. É um dos fóruns mais completos, e até hoje é possível encontrar praticamente todo tipo de discussão relacionada a poker por lá. O fórum é mantido pela Two Plus Two, que é a principal editora de títulos de poker no mundo, mantida por Mason Malmuth e David Sklansky, que são autores de algumas das obras mais importantes do poker.

Dica

Da editora Two Plus Two, recomendo as seguintes leituras:

- *Theory of Poker*, de David Sklansky;
- A trilogia *Harrington on Hold'em Strategy for No-Limit Tournaments*, de Dan Harrington e Bill Robertie;
- *Professional No-Limit Hold'em*, de Matt Flynn, Ed Miller e Sunny Mehta;
- *Tournament Poker for Advanced Players*, de David Sklansky;
- *Small Stakes Hold'em: Winning Big with Expert Play*, de Ed Miller.

Na realidade, se eu fosse sugerir leituras, a lista seria imensa, pois há diferentes tipos de livros para diferentes propósitos. Em um capítulo mais à frente faço uma pequena lista para servir de guia. Para quem está começando e pensa em se profissionalizar, acho que encontrará uma leitura interessante, não tanto pelo aspecto teórico e sim para conferir a evolução de um jogador no mundo do poker, em dois livros: *The Making of a Poker Player*, de Matt Matros, em que ele conta como aprendeu poker na casa de um amigo até ganhar uma etapa do World Poker Tour e o já clássico *Positively Fifth Street*, de James McManus, jornalista americano que, escalado pelo seu jornal em 2000 para cobrir o julgamento dos assassinos de Teddy Binion (dono do Binion's Horsehoe — tradicional cassino onde nasceu o WSOP —, morto em 1998) e também uma matéria sobre a participação das mulheres no poker, esteve em Las Vegas durante o World Series of Poker, e lá ganhou uma vaga no evento de um satélite, chegando até a mesa final.

Além do Two Plus Two, recomendo também o fórum do PocketFives (www.pocketfives.com) e um brasileiro que gosto bastante, o MaisEV.com.

No primeiro, você também encontra um *podcast*. Um *podcast* é como uma gravação de um programa de rádio, feita em mp3. Esse pequeno programa semanal de cerca de quarenta minutos normalmente traz uma entrevista com um jogador profissional de poker que vem se destacando, no mundo virtual ou não. Vale a pena ouvir a história desses novos profissionais, que muitas vezes se assemelha às nossas próprias histórias. O PocketFives também mantém um dos *rankings* mais respeitados de poker on-line.

O fórum MaisEV foi criado por uma galera jovem do Rio de Janeiro, que há muito vem estudando o poker. Feito nos mesmos moldes do Two Plus Two, o conteúdo e as discussões têm um bom nível técnico.

Em alguns anos o MaisEV evoluiu e deixou de ser apenas um fórum para virar um portal de notícias de poker. Sempre apresenta artigos novos escritos por pessoas que realmente estudam o poker, além de entrevistas com profissionais brasileiros. Eu mesmo já fui entrevistado por eles. A sensação é de um site feito *por* jogadores *para* jogadores.

No Brasil, os fóruns do Orkut, por exemplo, servem também a um propósito social, de interação entre jogadores, muitas vezes relegando para um segundo plano as discussões táticas e estratégicas. Assim, o MaisEV é uma boa opção para quem quer se aprofundar em teoria e discutir situações práticas de jogo.

Tenho certeza que se você procurar no Google com atenção irá encontrar muitos outros sites que poderão ajudá-lo.

3- *Fortalecer o psicológico*: controlar o *tilt*, que normalmente acontece quando o jogador está perdendo e entra num estado psicológico alterado, o que o faz passar a jogar dominado pelas emoções, algo que leva a jogadas ruins. Por isso é preciso aprender a manter a calma e estabelecer um método para avaliar cada mão, além de desenvolver as habilidades de leitura da mesa e dos adversários.

Para melhorar como jogador, tive que passar por um processo que, em última instância, me ajudou na própria vida. Sempre falei mais do que ouvi. Na mesa de poker, é necessário falar bem e prestar mais atenção ao que acontece a sua volta. Foi muito difícil me adaptar a isso. Mas era necessário para evoluir.

Quem se lembra de mim quando comecei a jogar vai recordar que eu "tiltava" uma mão em que meu adversário jogou incorretamente ou ficava revoltado ao perder um jogo. Hoje, perder um jogo em que joguei corretamente não mais me afeta. Faz parte da profissão. O que sempre deve ser avaliado é o que eu poderia ter feito para evitar perder (às vezes a resposta é: não havia o que fazer, mas mesmo assim não deixe de se questionar sempre).

Minha opinião pessoal é bastante radical: um jogador que domina os aspectos psicológicos do jogo é um jogador infinitamente melhor do que aquele que domina a teoria.

O poker é um jogo em que saber se aproveitar das fraquezas e dos erros do adversário é fundamental. Não adianta ter um belo repertório teórico se você não desenvolver sua sensibilidade para perceber as mudanças no comportamento e nas atitudes dos outros jogadores, identificar seus medos e inquietações. Por exemplo, ao longo de um torneio, todos os competidores passam por um determinado período em que recebem poucas cartas boas. Aprender a jogar durante este período é fundamental. Mais ainda é saber identificar quais adversários estão passando por estes momentos e atacá-los nestas horas.

Por isso é necessário trabalhar seu autocontrole, desenvolver suas habilidades de leitura e percepção corporal e treinar suas falas, para evitar que você próprio dê os *tells* aos adversários, evitando quaisquer sinais, maneirismos, atos ou ações, feitos de forma inadvertida ou não, que permitam a eles ter uma leitura mais precisa do seu jogo.

4. *Praticar*: não dá para ser profissional se você não dedica seu tempo a melhorar seu jogo. Muitos me escrevem perguntando como e onde começar. Isso varia de pessoa para pessoa. Acredito ser mais fácil, hoje, começar pela internet do que ao vivo, pois você pode fazê-lo a qualquer hora do dia, no conforto de sua casa. Escolha começar em sites como o Bestpoker (mais informações em www.nutzz.com.br), que tem um escritório no Brasil e possui torneios exclusivos para brasileiros, *freerolls* e satélites para torneios ao vivo como o Circuito Paulista e o BSOP. Com o tempo, expanda seus horizontes para sites como o PokerStars, o Full Tilt, o PartyPoker e o Tower Torneos.

Mas acho fundamental participar de torneios ao vivo. Se você for de São Paulo ou tiver acesso à cidade, participe do Circuito Paulista (circuitoholdem.com.br).

Este torneio foi o início para muitos dos profissionais brasileiros, e até hoje tem uma boa mistura de iniciantes e jogadores mais avançados. Outros estados possuem seus próprios torneios regionais, e existem também torneios de âmbito nacional como o BSOP (www.bsop.com.br).

Já que aqui não estamos falando apenas com iniciantes e muitos já sabem o que acabei de falar sobre torneios ao vivo e sites de poker, vou dar alguns conselhos mais diretos. Tento jogar cerca de cinco a dez mil mãos por semana (hoje tenho jogado bem menos do que quando escrevi este capítulo). On-line, tenho a possibilidade de abrir mais de uma mesa ao mesmo tempo. Normalmente, para praticar, abro pelo menos três e às vezes até quatro mesas em paralelo (e conheço muitos profissionais que jogam ainda mais mesas). Com um ritmo de cerca de setenta mãos por hora por mesa, e uma média de cinco horas de prática por dia, são 1.300 mãos. Em certos dias, jogo mais do que cinco horas, mas nunca mais que oito horas, o equivalente a uma jornada de trabalho convencional. Obviamente esta regra é quebrada quando participo de torneios mais longos e principalmente em eventos ao vivo, que invariavelmente se estendem por mais de dez horas.

Jogo uma modalidade por vez, e procuro aplicar conceitos que acabei de estudar no dia a dia. Por exemplo, se hoje ler um artigo sobre *check-raise*, entro nas mesas tentando aplicar este movimento e vendo quando ele funciona melhor. Fico com a jogada na cabeça e vou praticando. Para quem ainda não domina todas as terminologias do poker, *check-raise* significa pedir mesa (*check*) quando for sua vez de agir, com a intenção de esperar um adversário apostar e aí aumentar a aposta (*raise*). Uma dessas jogadas que só a prática pode ensinar a melhor hora de aplicar.

Prefiro jogar várias mesas de um valor menor que o possibilitado pela minha *bankroll* do que apenas uma mesa de um valor maior. Assim, diminui-se o efeito da variância e também se consegue mais prática em um menor período de tempo. A desvantagem de jogar muitas mesas é não ter tempo de fazer anotações ou mesmo de prestar atenção à ação em cada uma. Assim, quando for jogar em mesas de valores altos, procure focar apenas em uma.

É fundamental fazer experiências com seu jogo.

Você sabe o que é um paradigma?

Paradigma é um termo científico que significa criar uma imagem mental sobre o modo como as coisas são e acontecem. São as imagens que carregamos em nossa cabeça sobre a realidade. Essas imagens vêm do nosso *background*, ou seja, de nossas experiências anteriores. Elas representam as nossas verdades. Para vocês entenderem: todos nós achamos que percebemos o mundo como ele é, mas, na verdade, percebemos o mundo do jeito que nós somos.

Cada pessoa descreve a si mesma e também a outras pessoas e situações de um jeito particular.

Por exemplo, se você pedir para um morador de rua descrever o mundo, sua percepção da realidade será diferente daquela de um presidente de uma multinacional. E essa distinção não se dá apenas no aspecto econômico. Se colocarmos um budista e um evangélico lado a lado, suas percepções do que é certo ou errado podem diferir. Um cientista percebe a criação da vida de uma maneira diferente de um pastor ou de um padre.

E mais: certas percepções que temos diariamente podem se alterar quando conhecemos fatos novos. Por exemplo, há alguns séculos achávamos que o mundo era quadrado e hoje sabemos que é redondo. Achávamos que o átomo era a menor partícula, e hoje conhecemos partículas infinitamente menores. Há setenta anos, não tínhamos a cura para tuberculose, hoje ainda não temos a cura para a aids. Há 15 anos não tínhamos internet, e falar com alguém do outro lado do mundo era caro ou impossível. Hoje isso é feito instantaneamente e de graça.

Esses são pequenos exemplos de paradigmas que se modificam quando novos elementos são adicionados e quando nosso ponto de vista vai mudando devido a alterações em nossa percepção.

Em resumo, o ato de perceber algo afeta o modo como se apreende o mundo, e isso reflete na sua atitude. Ou seja, sua atitude e seu comportamento dependem de seus paradigmas.

No poker, seus paradigmas afetam suas atitudes e comportamentos.

Se você aprende que um jogador *tight* e passivo é menos propenso a blefar, acaba nunca dando crédito a um blefe dele. Isso, a princípio, faz sentido, uma vez que *tight* é a pessoa que joga poucas mãos, escolhendo as melhores cartas para entrar no jogo, ao contrário do jogador *loose*. O passivo também aposta poucas vezes, preferindo apenas pagar ou dar *fold*, ao contrário do jogador agressivo. Se você pegá-lo blefando, contudo, seu paradigma em relação a este jogador muda, e você passa a modificar sua atitude ao chamar as apostas dele.

Outro exemplo é acreditar que nunca se deve dar *limp* ao ser o primeiro a entrar em um pote. Este é um conceito amplamente divulgado em livros teóricos. Se você for o primeiro, deve aumentar, correto?

Aí num determinado torneio, após várias jogadas dando *raises* (não dando apenas *limp*), você não consegue ganhar um pote grande. Resolve então mudar de tática e entrar no pote dando um *limp*, o que o faz ganhar um pote gigantesco. Percebe então que a "verdade" que você tinha aprendido não é tão "verdadeira" assim.

Esta pequena mudança pode alterar o modo como você enxerga a afirmação "Nunca entre de *limp* quando for o primeiro em um pote".

Por que estou falando de paradigmas? Por que acredito que, para ser um bom jogador de poker, você deve questionar seus paradigmas o tempo todo. Procurar sempre uma nova visão. Novos paradigmas levam seu comportamento e sua atitude a mudar. Não se prenda a verdades imutáveis.

5- *Informar-se sobre o mercado*: onde estão os melhores jogos, as melhores oportunidades, os torneios imperdíveis, os jogadores mais fáceis de serem batidos? E as fraquezas dos adversários? Conheça os adversários realmente bons e aprenda com eles.

Dica

Para se informar sobre os principais torneios que acontecem no Brasil, envie um e-mail para nutzz@nutzz.com.br.

Se você é um profissional, como não estar por dentro da programação de torneios importantes ao vivo e on-line? Como citei acima, sobre como o Leandro "Brasa" fez uma planilha com os principais torneios on-line e percebeu que no período da tarde havia uma concentração de torneios bons para jogar, você deve fazer o mesmo procurando os jogos que mais se encaixam no seu perfil.

Leia sempre também sobre ofertas de bônus em sites, pois estas podem ajudá-lo a aumentar seu capital no mês. Muitos sites oferecem torneios especiais, que acontecem mensal ou semanalmente. Programe-se para participar deles. Em

2007, o site Mansion Poker oferecia um torneio com US$100 mil garantidos de premiação. O torneio era pouco conhecido e juntava em média quinhentos jogadores pagando US$100 a cada um. Se você fizer as contas, isso dá uma arrecadação total de apenas metade do garantido, o que é conhecido como *overlay* (quando um torneio não atinge a premiação prometida por meio de inscrições, o organizador complementa o valor). Ou seja, o site estava acrescentando US$50 mil à premiação. Um jogador profissional tem que ficar atento a essas oportunidades.

Os sites menores costumam ter pelo menos um torneio com um maior garantido por dia, que muitas vezes não é atingido. Isso é mais difícil de acontecer em sites do porte do Full Tilt e do PokerStars. Portanto, não se restrinja aos maiores: procure em outros quais ofertas boas existem (boa premiação, com *field* pequeno).

Procure ser criativo e se informar. Muitas vezes as melhores oportunidades estão em sites menores, com menos expressão na mídia.

Em dezembro de 2007, um jogador brasileiro chegou no *heads up* de um torneio que acontecia no CDPoker com premiação garantida de US$1 milhão. Neste dia, acredito que nem vinte brasileiros estavam participando. Este site é desconhecido pela maioria dos jogadores do país, que ficam apenas nos sites maiores.

Raramente as pessoas me veem jogando em sites maiores. Não é que não jogue neles. Jogo sim, e até bastante, mas é que divido meu jogo entre 14 sites diferentes.

Dos mais conhecidos, recomendo: PokerStars, Full Tilt, Bestpoker, PartyPoker e Tower Torneos.

Dos menos conhecidos, recomendo: Bodog, Cake Poker, CDPoker, Everest Poker, Titan Poker, UltimateBet, ParadisePoker, InterPoker e World Poker Exchange (sem *rake*). Com certeza, existem muitos outros para essa lista, mas estes são os sites que tenho conta ativa e jogo com maior frequência.

Cuidado para não sair colocando seu dinheiro em qualquer site. Existem muitos picaretas no mercado. Em 2008, o site Red Nines foi à falência levando consigo o dinheiro de muitos jogadores, incluindo brasileiros. Existem sites no mercado que estão em situação parecida, mas ainda não fecharam as portas. Informem-se em fóruns como o Two Plus Two sobre o site que você quer jogar.

6- *Manter registro de seus jogos*: isso é algo que poucas pessoas fazem, mas é fundamental para estabelecer uma amostra real do seu desempenho. Até mesmo porque, se você está estudando e se aprimorando, a tendência é que seus resultados melhorem, e você deve querer comprovar isto.

Jogando on-line, uma das melhores formas de registrar seus resultados é possuir um software de estatísticas, como o PokerTracker ou Hold'em Manager, que grava o histórico de mãos jogadas, os *hand histories*, direto dos sites de poker on-line, e supre o usuário com diversas estatísticas sobre seu jogo diretamente da base de dados sobre as mãos coletadas. O funcionamento destes programas é bastante intuitivo, depois que se aprende como importar as mãos dos sites para eles. A quantidade de funções e estatísticas é surpreendente, e eu poderia escrever um livro inteiro sobre o assunto. Recebo vários e-mails de pessoas pedindo para explicar seu funcionamento. Minha melhor recomendação é que você vá aos fóruns dos próprios programas (pokertracker.com e holdemmanager.net) e procure pelos guias disponíveis lá. Eles ensinam o funcionamento completo dos softwares. Em um capítulo mais adiante, explico algumas das principais estatísticas mostradas por estes softwares.

Uma coisa que poucos jogadores sabem é que é possível pedir o histórico de mãos jogadas nos sites a qualquer momento. O PokerStars mantém todas as suas jogadas arquivadas. Este ano, solicitei a eles quase três anos em mãos de que participei, e eles prepararam três arquivos e os disponibilizaram num site de FTP, onde mediante uma senha eu poderia fazer o *download* e colocá-los no PokerTracker.

Para seus resultados ao vivo, recomendo que faça uma planilha num aplicativo como o Excel, constando para cada sessão o valor investido (*buy-in* ou cacife) e o resultado da sessão, assim como sua duração. Com estes dados, você pelo menos poderá, após um determinado período, realizar um balanço simples, ver se você está tendo lucro e qual tipo de jogo está trazendo o maior retorno.

Como em qualquer outra profissão, você deve dar preferência ao que está dando o melhor retorno. Se perceber que lucra mais com *sit and go's* do que com *cash games*, prefira os primeiros. Se, por outro lado, perceber que determinado nível é mais lucrativo, ou ainda que está perdendo ao subir o nível de *buy-in*, desça para o cacife inferior. Somente mantendo anotações fidedignas de entradas e saídas isso será possível.

7- *Estabelecer metas*: parece algo extremamente óbvio, não? Mas estabelecer metas e traçar um plano para atingi-las é fundamental em qualquer atividade profissional. E mais: você deve parar e fazer uma revisão após um período de tempo predeterminado. Verificar quais metas atingiu, quais se modificaram, perdendo ou ganhando importância, e quais são seus novos objetivos. Faça um balanço de suas atividades.

Um livro excelente sobre este assunto e que usei bastante como apoio para esta obra é o *Xeque-mate: a vida é um jogo de xadrez*, de Garry Kasparov. O autor mostra como sua preparação e seu planejamento o fizeram alçar voos cada vez mais altos em seu esporte — o xadrez, no caso.

Qualquer atleta em sua modalidade traça metas para seu desempenho. A busca constante pelo aperfeiçoamento é uma característica inata dos desportistas.

8- *Ser disciplinado*: traçar e não seguir seus planos de nada adianta. Se você aprender a teoria, mas na hora em que estiver jogando abandonar seus conceitos, seja por considerar aquele jogo diversão ou ainda por estar cansado, desanimado, desinteressado, entediado, tenso, ou algo do gênero, está perdendo seu tempo e dinheiro.

Lembre-se de que você está trabalhando todas as vezes que se sentar e começar um jogo, além de ter um objetivo a cumprir.

Pense em outras profissões: quantos profissionais você vê trabalharem em seus momentos de lazer? Saiba dividir seu tempo e use seus horários livres para outras atividades, esportes e para sua família. Namore, saia e se divirta, pois a vida não espera.

> Não vire noites jogando poker, nem nada que deixe seu bem-estar em segundo plano. Disciplina também é saber seus limites.

9- *Faça* networking: se relacione, conheça pessoas que trabalham com o poker. Troque ideias, se apresente, participe e ajude. Lembre-se de ser humilde diante de quem está começando e ser respeitoso com seus colegas de profissão.

Não consigo ver um único motivo para você se isolar neste esporte. Mesmo para manter seus adversários próximos e conhecê-los melhor, é preciso se socializar. Nestas horas lembre-se do ensinamento de Sun Tzu: mantenha seus amigos por perto, e seus inimigos ainda mais perto.

Agora, se você quiser realmente prosperar, procure fazer o máximo de amizades possível. Neste mercado, no qual o que se espera do profissional são longas jornadas, dias e dias viajando atrás dos melhores torneios — muitas vezes em outros países —, ter amigos próximos alivia bastante a solidão. Além do mais, é muito melhor ser respeitado e visto com carinho pelos colegas de profissão do que ser tido como uma pessoa indesejável.

Os jogadores de poker tendem a ter dificuldades em controlar o ego. As vitórias constantes e o dinheiro no bolso levam a sensações de poder e de conquista. Controlar a arrogância e o ego e ser humilde é importante nesse esporte.

Basta ver alguns exemplos que temos lá fora, como Phil Hellmuth, que apesar de ser provavelmente o maior jogador da atualidade (basta ver seus 11 títulos no WSOP, um recorde) é malvisto por muitos jogadores que não o conhecem bem e que apenas guardam a imagem que ele cria reclamando, sendo arrogante e maltratando iniciantes.

Curiosidade

Uma história interessante a esse respeito aconteceu com o André Akkari quando foi jogar o EPT de Barcelona. Neste torneio, ele foi agraciado com uma bela surpresa. Após terminar o primeiro dia muito bem em fichas, André descobriu que, no segundo dia, iria jogar na *feature table*, ou seja, na mesa que seria televisionada. E, como se não bastasse, iria realizar um sonho, porque na mesma mesa estaria Phil Ivey, que àquele momento era o maior ídolo dele no poker.

No dia seguinte, para início de conversa, Phil Ivey chega atrasado e a mesa que iria ao ar fica esperando por ele enquanto o restante do torneio já começou. Em diversas ocasiões, Phil destratou outro jogador à mesa, chegando até mesmo a não cumprimentar um adversário após uma eliminação. Sem entrar em detalhes, lembro bem do André contando essa experiência, falando como foi um banho de água fria ver que o seu ídolo era uma pessoa tão cheia de si e antipática. Ao mesmo tempo que a admiração pelo jogo de Phil Ivey deve ter continuado, o ídolo deixou de ser tão perfeito. Um mau exemplo.

Vale uma ressalva: não podemos de modo algum avaliar uma pessoa só por a termos visto uma única vez. Pode ser que o André tenha pegado o Phil Ivey num dia ruim. Vale a pena lembrar que nem sempre a primeira impressão reflete quem realmente é a pessoa com quem estamos lidando.

10- *Seja persistente*: a carreira é difícil, necessita de talento, disciplina, muito estudo e dedicação. Uma fase ruim acontece para todos os profissionais eventualmente. Se você acredita nas bases sólidas de seu conhecimento teórico, sabe do seu talento e acredita no seu potencial, seja persistente! Não desista nos primeiros percalços, não dê passos maiores que suas pernas e siga em frente. Seja humilde para voltar atrás, mas lembre-se de sua meta e de sua estratégia para alcançá-la.

11- Por fim, lembre-se de que *no poker não existem verdades absolutas*: nada é imutável, absolutamente errado ou absolutamente certo. Três conselhos que não são à prova de falha: "Nunca entre num pote apenas com um *limp*"; "Sempre aumente com par de ases"; e "É incorreto chamar nesta ou naquela situação". Eles contêm verdades que se aplicam a muitos casos, mas nunca a todos.

Quando você pergunta a alguém o que deveria fazer numa situação, a resposta sempre deve carregar um certo grau de incerteza. Às vezes, mais de uma resposta é correta.

Meu livro traz várias afirmações. Leia todas sempre pensando em quais situações ela vai se aplicar em seu jogo e em quais não. Sempre analise e interprete informações e as adapte a cada situação.

E se você não quiser ser um profissional, mas apenas se manter como um amador, tornando este hobby também uma fonte de renda?

Bom, para isso você deverá ter graus intermediários nos passos acima. Mas sempre lembrando que o poker seria uma atividade secundária, que pode ajudá-lo a desenvolver habilidades que, com certeza, ajudarão você na sua profissão e na sua vida.

Pedi a um grande amigo e jogador de poker para escrever um pouco sobre a trajetória dele no esporte. O que me impressionou e me fez escolher este jogador foi o fato de ele ter um currículo brilhante, já com certa estabilidade financeira e sucesso profissional.

O autor do texto a seguir é Sergio Braga, que nos últimos anos tem sido um dos jogadores brasileiros com melhores resultados em torneios ao vivo. Sergio é um estudioso, sempre procura se aprimorar. Ele lê muitos livros e discute poker comigo com frequência. Sergio, para mim, mostrou uma grande evolução no seu jogo, com um estilo agressivo impressionante.

Sergio trabalha com James C. Hunter, o autor do sucesso *O monge e o executivo* e também de *Como se tornar um líder servidor*. Esses dois livros estão entre as obras mais utilizadas por executivos e pessoas ligadas ao mercado de negócios, com lições de autoajuda, crescimento profissional, gerenciamento de carreiras e amadurecimento pessoal. Sergio não só traz o próprio James C. Hunter ao país, como é seu palestrante oficial no Brasil, transmitindo os ensinamentos do autor. Com este histórico profissional, é de se esperar que Sergio tenha algo a passar sobre algumas habilidades essenciais ao jogador de poker, como autoconfiança, disciplina, psicologia, análise crítica, postura e habilidades de negociação.

Como se tornar um profissional de poker

Por Sergio Braga

O "negócio poker" vem crescendo vertiginosamente nos últimos anos. Com o início das transmissões dos torneios e dos jogos com apostas altíssimas, os *high stakes cash games* (que se valem do uso das minicâmeras para mostrar as cartas dos jogadores), o poker se popularizou. Hoje, estima-se que mais de sessenta milhões de americanos pratiquem regularmente o esporte. No mundo todo são mais de 140 milhões de praticantes.

No Brasil não é diferente. A ESPN e outros canais começaram a exibir alguns eventos, especialmente depois que o WSOP e a prática do Texas Hold'em se tornaram populares em nosso país. Muitos já jogavam poker, especialmente o Five-Card Draw, mais conhecido como "poker fechado", e migraram para o Texas.

O advento do poker on-line, que permite jogar de casa ou de qualquer lugar do mundo com apenas um computador e uma conexão de internet, também contribuiu muito para o crescimento do esporte.

Nos sites de maior tráfego, como o PokerStars, é possível encontrar mais de 150 mil jogadores se divertindo simultaneamente. Neste mesmo site, um único torneio (de US$11) foi capaz de reunir vinte mil jogadores.

Somente a indústria do poker on-line gerou, em 2007, mais de US$20 bilhões de receita para os sites.

Neste cenário, não é de se estranhar o surgimento da prática do poker como profissão. Nos Estados Unidos ela é inclusive reconhecida pelo U.S. Department of Labour (Ministério do Trabalho dos EUA).

Apesar das inúmeras discussões a respeito do poker como jogo de sorte ou de habilidade, para mim não há nenhuma dúvida de que é um conjunto de técnicas, principalmente relacionadas à matemática e à psicologia. Sendo assim, é um jogo de habilidade. Apesar de o fator sorte estar envolvido, os jogadores que tomam regularmente as melhores decisões serão vencedores.

Aí surge a pergunta: por que não ser um profissional de poker?

Realmente existem muitos benefícios nesta profissão. O primeiro deles é ter uma enorme flexibilidade de horários. Poder acordar na hora que quiser, por exemplo, é algo muito interessante para a qualidade de vida. Depois há a vantagem de não ter chefe, de ter a oportunidade de viajar pelo mundo jogando os torneios, de trabalhar em casa e estar com a família (no jogo on-line) e de fazer algo que é sempre intelectualmente estimulante.

Pelo lado negativo, existe o antigo preconceito de que o jogo é uma coisa marginal e os jogadores normalmente são viciados e perdedores. Sempre tem alguém com uma história de um conhecido que perdeu tudo no jogo e que destruiu sua vida.

Bom, não posso reclamar: comprei uma segunda casa, troquei de carro e já fiz muitas viagens "patrocinadas" com os ganhos do poker.

Para mim, o poker é um esporte como outro qualquer. Não difere muito de uma competição de futebol, de vôlei, de xadrez ou de automobilismo. E como em qualquer competição, aqueles que são mais talentosos e dedicados merecem ser premiados.

Eu particularmente levo o poker muito a sério. Aprendi a jogar o poker fechado com uns vinte anos de idade e, com 25, jogava pelo menos uma vez por semana (hoje tenho 42 anos). Era uma espécie de *home game*, em que jogavam basicamente as mesmas pessoas, todos empresários e com boa situação financeira. Era um tipo de Mixed Games, misturando mais de uma modalidade, mas a mais jogada era o Five-Card Stud, ou Stick Poker. Comecei a ganhar um bom dinheiro, mas depois de uns cinco anos o grupo se separou e eu parei de jogar.

Em 1994, fui acompanhar a seleção brasileira na Copa do Mundo nos EUA e tive a oportunidade de conhecer o Texas Hold'em num *cardroom* de Los Angeles. Nessa época, eles só jogavam o *limit*, tipo de aposta permitida em uma modalidade que tem valores fixos a cada rodada, e eu me aventurei no $1–$2.

Passei também por Las Vegas e continuei tentando. Perdi algum dinheiro para aprender, mas achei a experiência bem interessante.

Em meados de 2005 fui para uma reunião em Detroit, nos EUA, e aproveitei para esticar até Vegas. Na época eu tinha uma empresa de eventos, focada em palestras de negócios, e fui tentar contratar o autor de *O monge e o executivo*.

Fiquei extremamente surpreso com o crescimento do Texas Hold'em. Em alguns cassinos, como o Bellagio, o Caesars Palace, o Mirage e o MGM, a área destinada ao poker havia aumentado consideravelmente. A quantidade de jogadores era tão grande que havia enormes filas de espera, especialmente no Bellagio, que é a meca do poker.

Perdi mais alguns dólares e, competitivo como eu sou, decidi estudar o jogo. Comprei alguns livros, dentre eles *The Poker Player's Bible* (Lou Krieger) e *The Theory of Poker* (David Sklansky).

Ao chegar ao Brasil, procurei saber se havia alguma casa de poker onde pudesse jogar o Texas Hold'em. Encontrei na internet o ParadiseClub, que na época era gerenciado pelo Rogério "Pistola" e pelo Nelsinho Oliveira.

Em seguida conheci o Leo Bello e o Brasa e passei a jogar o Circuito Paulista e o BSOP. Apanhei um pouco no começo, mas fui passando a colher bons resultados, especialmente no BSOP, que é um torneio mais técnico, com *blinds* demorados e dez mil fichas. Também joguei muito no All In Tatuapé, que além dos prêmios garantidos tem um ambiente muito bacana. O ano de 2006 foi basicamente um ano de aprendizado, em que aliei o estudo à prática.

Em 2007 comecei a colher resultados expressivos. O dinheiro do poker passou a fazer diferença no padrão de vida da minha família. Só em torneios ao vivo, ganhei R$530 mil em prêmios. A boa fase começou em fevereiro, quando fizemos um acordo no torneio da Tower, realizado num navio, que me rendeu R$37 mil. Depois foram dois torneios do Conrad, nos quais ganhei mais R$110 mil, muitos torneios do Danny no H2, um *cardroom* que fica no bairro paulista do Itaim (fui o primeiro no *ranking* do ano, com quase o dobro da pontuação do segundo colocado), alguns torneios do Marcos Suchecki no Clube Macabi, o Torneio das Estrelas promovido pelo Nelsinho de Oliveira no Vegas e, para fechar o ano com chave de ouro, fiz um *heads up* no Bellagio, deixando para trás jogadores do nível de Gavin Smith, Dutch Boy e Jenifer Tilly, para faturar US$9 mil num dos torneios diários que eles promovem.

Não posso deixar de citar também a dura classificação no satélite do PokerStars para o *main event* do WSOP, que contou com mais de seis mil jogadores para apenas duzentas vagas. Seguramente foi o torneio mais emocionante da minha vida. Muita adrenalina, principalmente nas mãos finais, onde qualquer erro poderia enterrar nove horas de torneio e o sonho de jogar na Copa do Mundo do poker.

Em meados de 2007, comecei a pensar seriamente em transformar o meu lucrativo hobby em uma profissão. Nesse ano, apesar do bom lucro líquido nos torneios, o meu negócio principal, que é empresariar o escritor e palestrante James C. Hunter (*O monge e o executivo*) e realizar treinamentos empresariais em liderança, ainda me rendeu mais do que o poker, mas a diferença foi pequena.

Em 2008, com a queda natural do número de livros vendidos e consequentemente com a diminuição do número de palestras e treinamentos, aumentou a chance de o poker se tornar minha principal profissão.

E para ser um profissional de poker, a maioria dos grandes nomes do esporte diz que é fundamental jogar, e ser bom, nos *cash games*.

Com a regularidade dos ganhos nos torneios e com a folga de caixa, comecei a jogar o *cash*. A técnica de *cash* é totalmente diferente da técnica do torneio, principalmente em São Paulo, onde se joga basicamente o Texas *pot-limit*, tipo de aposta permitida em uma modalidade, cujo limite máximo é o valor atual do que se tem no centro da mesa.

Joguei três meses no H2. Depois de jogar mais de duzentas horas nestes três meses, cheguei à conclusão de que o *cash* é mesmo fundamental para um jogador que quer se profissionalizar, mas jogar com 5% de *rake* por pote é totalmente inviável. Repito: totalmente inviável. Com raríssimas exceções (só para confirmar a regra), quem paga este *rake* vai quebrar alguma hora. A longo prazo, este é um jogo em que quem ganha é a casa. Fiz muitas simulações, e vi que a relação risco-retorno é extremamente desfavorável para o jogador, principalmente neste jogo de *pot-limit*, onde você não consegue proteger as mãos no pré-*flop*, naquele período de apostas após cada jogador receber suas cartas e antes que sejam abertas as cartas comunitárias, dando *implied odds* para quase qualquer jogador. Caso você não esteja familiarizado, *implied odds* é um conceito matemático que analisa as chances de você conseguir extrair mais fichas dos seus adversários, caso pague uma aposta agora e a próxima carta comunitária melhore seu jogo.

Acho que com o tempo essa situação será revertida, tal como acontece com os torneios no Brasil. Os *rakes* nos torneios baixaram bastante, e, considerando a falta de escala, acho que estamos muito próximos dos percentuais cobrados nos EUA.

Não se deve dar crédito em jogo, principalmente quando não se joga contra a casa e sim contra os outros jogadores. A casa é apenas um prestador de serviços, colocando à disposição dos jogadores um local estruturado, com *dealers*, e às vezes até com comida e estacionamento para gerar conforto.

O problema é que, como as casas dão crédito, muitos jogadores ficam inadimplentes e aí o valor do *rake* tem que compensar as perdas. Nos torneios não existe isso. Quem quer jogar tem que pagar antecipado. Não há crédito, e (quase) não há inadimplência.

Considerando a desvantagem de (ainda) se jogar o *cash* ao vivo, optei por jogar *cash* on-line (PokerStars) e fazer uma viagem para Las Vegas por um mês. Aliás, é onde me encontro agora, ao escrever este texto para o livro do Leo. O motivo principal desta viagem é confirmar se sou realmente um jogador de poker vencedor, ou se só consigo ter bons resultados no Brasil. Ganhar na terra natal é uma coisa, ser vencedor e lucrativo na capital do jogo é outra. Para mim, para ser profissional de poker é necessário lucrar em Vegas.

O outro objetivo é somar mais experiências, jogando com os mais diversos tipos de jogadores do mundo. Isso me dará muito mais confiança para enfrentar novos desafios.

Até aqui a viagem está indo muito bem (estou há 15 dias em Las Vegas): além do 2º lugar no torneio do Bellagio, joguei 11 sessões de *cash*, com dez sessões positivas.

Ainda faltam duas semanas para concluir esta experiência, mas estou muito otimista.

A meta final é jogar os grandes torneios, especialmente os do WPT e do WSOP e os *cash games high stakes*.

Isso ainda deve demorar alguns anos, mas com certeza chegarei lá. O importante é ter um planejamento e executá-lo.

Algumas recomendações que gostaria de dividir com você, que talvez esteja considerando levar o poker como profissional ou semiprofissional:

- Muita atenção ao gerenciamento da *bankroll*

Ele é fundamental para qualquer jogador. Particularmente, considero ser necessário ter no mínimo 25 vezes o valor do *buy-in* para entrar num jogo.

Exemplo: se vou jogar o *cash* $5–$10 com frente de US$1 mil, tenho que ter no mínimo US$25 mil disponíveis para o jogo. Se o jogo é on-line, multiplique isso pelo número de mesas que você costuma jogar.

- Evite se abalar com as *bad beats*

O bom jogador leva muito mais *bad beats*, as jogadas em que você perde com uma mão matematicamente favorita para ganhar a rodada, do que o jogador ruim. Lembre-se de que isso faz parte do poker. O importante é não se abalar emocionalmente. Os melhores jogadores sabem conviver com as surpresas que as cartas às vezes nos pregam.

- Saiba que existem fases ruins

Todo jogador profissional sabe que existem as *bad runs*, ou má fase. Ela pode durar uma semana, um mês ou mais. O bom jogador se prepara mental e financeiramente para aguentá-la. O importante é não perder a autoconfiança, pois isto irá mudar o seu jogo.

- Não deixe seu negócio ou seu emprego antes de ter certeza de que o poker é a melhor opção para você

É preciso muita reflexão antes de fazer a opção por viver do poker. Em primeiro lugar, é fundamental que você anote todos os resultados que conquistar nos torneios e nos *cash games*. Só assim será possível analisar se você realmente é lucrativo o suficiente para viver do poker. Nos *cash games*, por exemplo, é preciso ter um histórico de no mínimo vinte mil mãos para saber se você é lucrativo. Isto demandará umas setecentas horas de jogo ao vivo e 350 horas de jogo on-line (com uma mesa por vez).

- Nunca pare de estudar

O fato de você estar lendo este livro já é uma prova inconteste de que você está evoluindo. A grande maravilha do poker é que, quanto mais você estuda e pratica, mais percebe que há muito espaço para a evolução.

Acredito que o texto que o Sergio escreveu, apesar de retratar uma fase específica de sua carreira, consegue captar bem o que passa pela cabeça de um amador se transformando em profissional. Desde que o escreveu, mais dois anos já se passaram (tempo para a preparação deste livro) e muita coisa aconteceu. Sergio esteve outra vez em Las Vegas em setembro de 2008, fazendo seu segundo Poker Camp do WSOP, um período de treinamento com aulas práticas e teóricas sobre *cash games* e torneios. E em setembro de 2009 se mudou para Las Vegas para jogar profissionalmente. Não deixar de se aprimorar é fundamental.

Este livro serve tanto para o amador quanto para o profissional. Os primeiros aprenderão muito. Os últimos refletirão comigo sobre conceitos que talvez já conhecessem, mas, se são realmente bons profissionais, tenho certeza de que aprenderão algo. Cada vez que olhamos um prisma por um lado diferente a impressão que nos fica é singular.

Dá para ganhar dinheiro no poker como amador ou como profissional. Dá para ter prestígio como ambos. Dá também para se divertir dos dois modos.

A escolha é sua!

Fazer a escolha entre ser profissional ou amador é uma decisão individual. Como exposto, você pode participar de torneios de nível internacional mesmo sendo um amador, e jogar tão bem quanto alguém que faz do poker sua profissão. Porém, em ambos os casos você precisa conhecer mais a fundo os regulamentos que norteiam as competições.

Como em todo esporte, diversas normas foram criadas para regulamentar a prática. Usando uma analogia com o futebol, enquanto é possível que um espectador não saiba a regra do impedimento ou que dar carrinho por trás é passível de punição com cartão vermelho, o profissional deve conhecê-las de cor.

No próximo capítulo vamos conhecer algumas das mais importantes diretrizes que podem gerar dúvidas durante um torneio de poker.

Capítulo 3

Regulamentos e diretrizes para torneios de poker

"Para se tornar um profissional, você não deve bater no peito e ir contra tudo e contra todos. A melhor maneira é mostrar os seus motivos e buscar o apoio de seus amigos e familiares. Nos momentos difíceis são eles que estarão ao seu lado e que darão força para que você reerga e continue seu trabalho."

Rafael Caiaffa, profissional do Bestpoker e brasileiro com a melhor colocação no main event *do WSOP até o ano de 2008*

A proposta de abordar temas mais avançados sobre poker fez com que eu me questionasse se deveria ou não rediscutir as regras do jogo neste livro. Suponho que grande parte dos leitores já leu meu livro anterior, que dedica um capítulo inteiro para o regulamento básico: como jogar, quais as combinações de cartas, as variantes e modalidades, os tipos de apostas, o desempate das mãos... Assim sendo, parecia desnecessário apresentar novamente as regras.

Entretanto, alguns fatores me fizeram escrever este capítulo com uma abordagem diferente:

- jogadores com anos de prática ainda têm dúvidas em relação a certas regras oficiais do poker;
- por desconhecimento, alguns jogadores cometem erros que podem levá-los a perder mãos importantes, especialmente num campeonato no exterior com regras oficiais, ou até mesmo no Brasil.

Em fevereiro de 2008, estava na mesa semifinal do Federal Poker Weekend (torneio realizado em Brasília com R$100 mil em prêmios) quando me vi em uma situação curiosa. Joguei uma mão contra um adversário, e apesar das apostas pré-*flop* terem sido altas e ter havido uma *continuation bet* no *flop*, não houve apostas no *turn* e no *river*. Isso é estranho, porque a *continuation bet* é uma aposta realizada após o *flop* pelo jogador que no pré-*flop* realizou um *raise*. É chamada de aposta de continuação, pois é esperado que o jogador que puxou a ação no pré-*flop* continue apostando após o *flop*, independente de ter acertado sua mão, como uma tentativa de mostrar força.

Na hora do *showdown*, anunciei que não tinha nenhum jogo e que estava jogando o *board*, e meu adversário disse que tinha um par.

— Então você ganhou — disse eu.

Eis que meu adversário mostra uma carta e joga a outra fora com a face virada para baixo no meio do bolo de cartas do *muck*, monte onde ficam as cartas "mortas", que não estão participando do jogo.

O problema é que, para uma mão ser válida e haver um vencedor, é necessário mostrar as duas cartas. Não importa se você está utilizando as duas ou não para formar seu jogo.

Eu ainda estava com duas cartas na minha frente abertas e não as tinha jogado fora. Pelo regulamento, eu era o vencedor, pois era o único com uma mão válida.

Complicado, não?

Não deveria ser. Todo jogador de poker deveria saber que deve manter suas duas cartas abertas e visíveis até que o pote seja oficialmente entregue a ele.

Um erro semelhante foi cometido por um jogador conhecido em todo o Brasil atualmente, quando ainda era um iniciante. Ao fazer uma quadra, mostrou a carta que a completava e jogou a outra fora. Isso aconteceu num *cash game* em Las Vegas, e ele perdeu o direito a todo o pote, deixando de ganhar uma boa quantia.

Parece até um erro infantil, uma vez que a ferramenta principal do jogo são as cartas. Então, por que largá-las?

Fazendo uma comparação com o futebol, é como se um goleiro agarrasse um pênalti e, ao comemorar, largasse a bola no chão para abraçar um companheiro, dando oportunidade para um jogador adversário chegar e chutar a bola para o gol desimpedido.

Você consegue imaginar um goleiro fazendo isso? Então por que o jogador de poker larga suas cartas vencedoras?

Após a explicação acima, fica claro que a proposta deste capítulo é diferente. Pretendo lançar luz a partes menos claras do jogo e tentar expor qual é a versão oficial das regras atualmente. Ou seja, em vez de explicar como se joga, explicarei aqui tópicos mais específicos. Recomendo a leitura do livro anterior para quem quiser uma descrição das regras básicas. Para tornar mais fácil a compreensão, colocarei exemplos em que o desconhecimento da regra prejudicou um jogador.

> Atenção
>
> Vale lembrar a máxima: o desconhecimento da regra não desobriga o jogador de cumpri-la. Ou seja, você nunca poderá argumentar que não conhecia a regra oficial como desculpa por uma infração durante um jogo. Sendo assim, é importante conhecermos o escopo dessas regras antes de jogar nesses torneios.

Para escrever este capítulo, consultei cinco fontes:

- Tournaments Directors Association: essa associação, sediada nos EUA, publica de tempos em tempos as normas correntes que devem ser seguidas pela maioria dos grandes torneios. Se você estiver nos EUA e se inscrever num torneio em cujo regulamento conste "*TDA rules applies*", isso significa que você está jogando de acordo com esse conjunto de regras. A TDA foi fundada pelos jogadores Linda Johnson, Jan Fisher, Matt Savage e Dave Lamb.
- *Robert's Rules of Poker*, de Roberto Ciaffone, uma das mais respeitadas fontes de regras de poker, que já está na décima versão on-line. Ao lado da TDA, é a referência mais respeitada.
- O livro *The Rules of Poker: Essentials for Every Game*, de Lou Krieger e Sheree Bykofski. Muitos fóruns especializados consideram esse livro como a referência no que diz respeito a regras. Os autores ainda exemplificam possíveis situações e explicam algumas variantes. Também se preocupam com os *home games*, dizendo qual o mínimo necessário para um jogo regrado em qualquer ambiente, mesmo que seja em casa, entre amigos.
- O livro *Professional Poker Dealer's Handbook*, de Dan Paymar, Donna Harris e Mason Malmuth, este último o editor da Two Plus Two, uma das maiores editoras de livros sobre poker no mundo. Portanto, um livro de regras com seu aval é tido como um dos melhores.

- O livro *The Game Day Poker Almanac: Official Rules of Poker*, de Kelli Mix, que é revisado anualmente e traz uma combinação das principais regras da TDA, WSOP e outros torneios mundialmente conhecidos.

Discussões sobre regras acontecem a toda hora e em todo canto. Existem regulamentos que abrangem a justiça e a etiqueta no poker, mas eles não são uniformes e variam de lugar para lugar. Muitas regras são aceitas pelo bom senso. Porém, muitas vezes diretores de torneios ou as pessoas que trabalham nos *poker rooms*, onde ocorrem as partidas oficiais em clubes, cassinos e hotéis, desconhecem a totalidade das regras e acabam se equivocando ao fazer com que os jogadores conheçam as do local ou tomando decisões baseadas no texto escrito sem levar em conta os princípios de integridade e justiça (*fairness*).

O objetivo deste capítulo é discutir uma base lógica e racional para uma consistente interpretação das regras do poker, tanto em seu jogo com amigos como também os com profissionais, em algum torneio.

Para começar, temos que falar das duas diretrizes básicas que devem nortear qualquer mão de poker e que, por incrível que pareça, são muitas vezes ignoradas até por profissionais.

One player per hand e *Cards speak*

Ou, em bom português, "Um jogador por mão" e "As cartas falam".

Em seu livro, Lou Krieger afirma que a aceitação dessas duas regras em qualquer *home game* ou torneio seria um passo gigantesco para eliminar as discussões, brigas e irritação dos jogadores, pois grande parte dos problemas se originam pelo não cumprimento delas.

Essas duas diretrizes estão acima de outras regras, ou seja, em caso de dúvidas, elas têm maior importância na tomada de decisões.

Atenção

Como exemplo, vou citar um caso que ocorreu comigo na semifinal de uma etapa do Circuito Paulista. A jogadora Lúcia Doria, que era uma das *chip leaders* do torneio, acabou entrando em uma mão comigo, e eu estava relativamente *short-stacked* para o momento, com cerca de 70.000 fichas.

No *flop* veio:

O *turn* foi:

Neste momento, eu torcia apenas para não vir nenhuma das cartas T restantes, que seriam as únicas que me fariam “perder” o pote.

No *river* veio um A♥.

Comemorei muito, pois o T não havia aparecido e eu tinha dobrado minhas fichas justamente na hora de formar a mesa final. Porém, na ansiedade, um detalhe foi esquecido: apesar de eu só perder a mão se aparecesse um T, algumas cartas levariam o resultado da mão a um empate. Especificamente, qualquer 9, A, 5 ou Q.

No calor do momento, nem eu, nem Lúcia reparamos algo óbvio. Como o *river* foi um A, tínhamos o mesmo jogo (cada um com um K de *kicker* para completar o jogo):

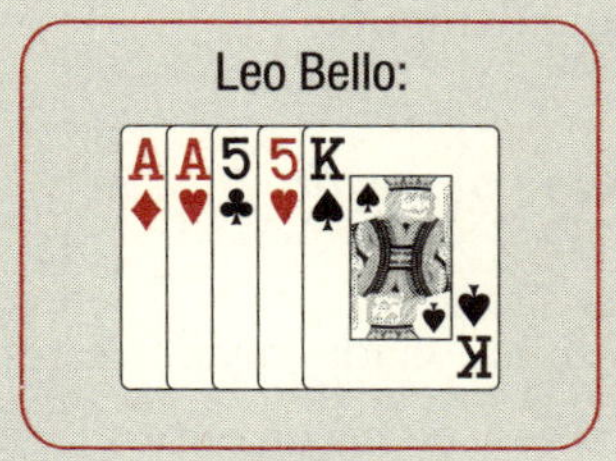

O pote foi entregue a mim. Por um acaso, nesse mesmo instante, um jogador da outra mesa foi eliminado e a mesa final foi formada, o que interrompeu a ação na nossa mesa com as cartas ainda no meio. Eu comemorava o fato de ter dobrado, multiplicando minhas fichas na última mão, quando um espectador comentou com o diretor de torneio que a mão tinha sido empate.

Agora tínhamos um problema: oficialmente, a mão já havia acabado, as cartas tinham sido *mucked*, jogadas fora, de volta ao montinho, e as fichas, entregues ao vencedor. E existe uma regra que diz que, uma vez declarado o vencedor, não há como retroceder. Entretanto, uma nova mão ainda não havia sido distribuída, e as cartas estavam claramente identificáveis no meio da mesa.

Após averiguar a ocorrência do empate, os diretores do torneio decidiram por cancelar o resultado da mão, retornando as fichas ao pote e o dividindo, já que havia um empate. Ou seja, voltaram atrás no que já tinha acontecido.

A decisão foi baseada nas diretrizes básicas e, portanto, foi correta. Lembra que essas diretrizes passam por cima das outras regras? *Cards speak*, ou seja, "as cartas falam". O resultado na mesa podia ser reproduzido, a mão foi empate, e isso bastou para corrigir a situação e fazer justiça.

Note como é importante conhecer as regras. Vários fatores pesaram na decisão. Entre eles:

- As cartas estavam abertas com a face voltada para cima na mesa e claramente identificáveis;
- Não havia começado outra mão; portanto, os *stacks*, o total de fichas, não se modificaram;
- Nós havíamos passado por cima da diretriz básica: "as cartas falam."

Ou seja, não importa se um jogador ou um *dealer* declara erroneamente o vencedor de um jogo. Se alguém perceber o erro, deve comunicá-lo, e as cartas então ditarão o(s) vencedor(es) da mão.

Vou explicar as duas diretrizes detalhadamente:

"One player per hand": *um jogador por mão*

Poker não é uma competição entre times. Cada jogador é responsável por jogar a sua própria mão sem conselhos ou assistência de outros jogadores, *dealers* ou espectadores do jogo — seja de forma direta ou inadvertida. E é responsabilidade de todos os jogadores fazer com que essa regra seja cumprida à risca.

Os desdobramentos do que foi dito acima são maiores do que se pode imaginar. Você não pode perguntar, mostrar propositalmente a sua mão ou deixar que outras pessoas a vejam, assim como os outros têm a responsabilidade de não ajudá-lo. Isso significa que ambos podem ser punidos se dividirem informações em uma mão.

Aqui, entra em questão até mesmo a conduta de quem está assistindo ao jogo, pois, apesar da impossibilidade de se punir um espectador, é esperado que ele se porte de acordo com o regulamento, não ajudando os jogadores à mesa.

No Brasil, é muito comum ver jogadores saindo da mão e mostrando suas cartas para os parceiros ao lado, ou ainda comentando sobre o conteúdo de sua mão antes do término da rodada.

Se você saiu da mão enquanto outros ainda estão disputando o pote, é uma séria violação de ética mencionar as cartas que você "foldou", ou mesmo murmurar, reclamar ou xingar se uma carta que lhe poderia ter ajudado aparecer na mesa. Isso dá informações que podem ajudar ou atrapalhar os jogadores restantes. Por ser uma diretriz básica do poker, essa é uma das regras mais cobradas pelos *dealers* em torneios internacionais. Já vi várias punições acontecerem porque um jogador mostrou as cartas para o outro.

Essa também é a razão pela qual é tão importante que os jogadores ajam apenas na hora certa (*act in turn*). Se você atirar suas cartas no *muck* antes da sua vez de jogar, terá dado informação em potencial para todos que vão agir depois. Por isso, só pode se levantar para ir ao banheiro ou fumar entre uma mão e outra, ou então quando chegar a sua vez de agir.

Da mesma forma, quando o *board* (também chamado de bordo em português, são as cartas comunitárias, que estão abertas na mesa) apresenta, por exemplo, duas cartas do mesmo naipe, e você comenta com alguém que possuía duas cartas daquele naipe, está dando informações que podem fazer com que alguém decida continuar ou não. Imagine que um jogador estivesse tentando completar um *flush*. Sem sua informação, esse jogador estaria calculando ter nove *outs*, cartas que poderiam melhorar seu jogo. Sabendo que você tinha duas cartas daquele naipe, ele passa a ter apenas sete.

No poker on-line, existe pelo menos uma situação em que é proibido falar durante a ação: quando um jogador está *all-in*, apostando todas as suas fichas de uma vez. Nesses casos, o chat é interrompido até que todos decidam se chamam ou não a aposta. Porém, ao vivo, já vi jogadores fazendo comentários que podem parecer inocentes, mas que violam essa regra.

Um comentário comum é dizer, quando um jogador que tem poucas fichas (um *short-stacked*) vai *all-in*, que o outro jogador tem chances (*odds*) para chamar com quaisquer cartas (o que muitas vezes é verdade, diga-se de passagem). Ou ainda que o pote está grande, que é mais um que será eliminado. Todos esses comentários podem influenciar as decisões de quem está considerando chamar a aposta e, em última instância, atrapalhar um ou mais jogadores envolvidos, ou até mesmo alguém que não estava na mão mas que se beneficiaria com uma eliminação ou alteração nos *stacks* dos adversários.

Por exemplo, digamos que você está num satélite para o evento principal do World Series. O jogador *short-stacked* que está UTG (*under the gun*, como é conhecida a posição logo após o *big blind*) vai *all-in*. Se ele cair do torneio, você, que tem o segundo menor *stack*, ganha a vaga.

O jogador no *big blind* (que faz aquela aposta obrigatória às cegas antes da distribuição de cartas) começa a pensar se vai chamar, e parece que vai dar *fold* na mão. O jogador ao lado dele então começa a dizer:

— São só X fichas... É muito pouco, você tem que pagar.

E o *big blind*, pressionado, acaba chamando com uma mão bem fraca e perde o pote, dobrando o *short-stacked*.

Nesse momento você foi prejudicado. O jogador no *big blind* ia dar *fold*, os *blinds* iam passar pelo jogador que estava *short-stacked* e provavelmente o manteriam quebrado, e ele podia até sair do torneio numa das próximas mãos. Entretanto, tendo dobrado suas fichas, ele sai da zona de perigo, e agora é você quem está *short-stacked* e com um risco maior de não conseguir a vaga. Ninguém ficaria contente com a pessoa que fez esse comentário, exceto o jogador diretamente beneficiado, claro.

No Circuito Paulista, existe um prêmio-eliminação. Quem eliminar um dos jogadores que está nas primeiras posições do *ranking* ganha a inscrição para a etapa seguinte. Em mais de uma ocasião, quando em que o jogador com o prêmio em sua cabeça estava *all-in*, já ouvi o seguinte comentário de outros jogadores:

— Se você eliminá-lo, ainda ganha a inscrição para a próxima etapa.

Por mais que essa informação seja do conhecimento prévio de todos os jogadores (ou pelo menos deveria ser), lembrá-la no momento em que o jogador está *all-in* pode influenciar a favor da decisão de chamar a aposta, dando *call*.

Como esse comentário aparentemente inocente fere a diretriz primária do poker, o autor deveria ser punido pela direção do torneio.

Pense nisto

Cabe aqui uma questão interessante sobre o surgimento de novas mídias. Considerando que a diretriz primária do poker é *one player per hand*, será que é ilegal o uso de programas de mensagens instântaneas e bate-papo em tempo real na internet como o Messenger e o Skype, nos quais os jogadores podem falar suas mãos para amigos e até pedir conselhos e torcer juntos? Será que é uma forma de burlar as regras e, portanto, um tipo de fraude? Não há métodos para fiscalizar tais hábitos, e sabemos que eles são comuns na comunidade de poker on-line. O quanto isso pode afetar o jogo? E o hábito de passar a partida ou o torneio para que outro jogador o complete? Esse é um ato aparentemente inocente, mas será que não pode de alguma maneira prejudicar um adversário, dando a alguém uma vantagem no torneio?

Houve há pouco um caso famoso, no qual um célebre jogador do mundo on-line, Sorel Mizzi, também conhecido pelo *nickname* Imper1um, assumiu um torneio das mãos de Chris "BluffMagCV" Vaughn com a promessa de receber uma porcentagem dos ganhos. Imper1um tinha participado do mesmo torneio jogando em outra conta. Após ser eliminado, assumiu a conta "BluffMagCV" e acabou ganhando o torneio. Isso poderia ter passado despercebido se este não fosse um dos principais torneios do site, o Full Tilt $1 Million Guaranteed, que aconteceu em 2007.

É contra as regras do site que um participante jogue em duas contas, ou até mesmo que duas pessoas joguem em uma única conta ao longo de um torneio. Assim, BluffMagCV acabou desclassificado semanas depois, e o prêmio foi dado ao segundo colocado. Chris Vaughn foi banido do site e perdeu seu emprego na *Bluff Magazine*. Sorel também foi banido. Detalhe: até aquele momento, Imper1um era um dos maiores vencedores naquele site.

Na semana seguinte a essa vitória no Full Tilt, Chris, jogando com o *nickname* Slippjacks, ganhou o torneio de US$1 milhão garantido do PokerStars, o Sunday Million. Esse fato acabou sendo uma notícia triste, pois, apesar de o feito e o prêmio serem maravilhosos, quem acreditaria que Chris foi de fato o vencedor? Uma das maiores conquistas de um jogador de poker on-line acabou manchada pela dúvida se ele era ou não a pessoa por trás da conta.

Gostaria de ressaltar que, no mundo virtual, Sorel é um dos jogadores que mais admiro. Seu estilo é inconfundível e de extrema habilidade. É, sem dúvida nenhuma, um dos maiores jogadores de todos. Será que ter assumido aquele torneio e, por consequência, ser banido do Full Tilt, manchou seu nome de alguma forma?

O interessante é saber se devíamos considerar essas atitudes como trapaça (*collusion*). Será que nesses casos o ponto de vista é diferente?

Sorel não foi o único a sofrer com este tipo de situação. Há alguns anos, outro grande gênio do poker on-line, ZeeJustin, também foi banido de um site. Zee usou seis contas ao mesmo tempo no PartyPoker e no PokerStars. Ele entrava num mesmo torneio com mais de uma conta, usando computadores diferentes. Zee era idolatrado em várias comunidades de poker, mas a partir daí foi duramente criticado. Ele se mostrou arrependido em seu blog e sumiu do mapa por mais de um ano. Há pouco, retornou aos torneios ao vivo, tendo feito, inclusive, uma mesa final num torneio do EPT recente. Porém, talvez terá que conviver pelo resto da vida com a fama de "*cheater*" ou trapaceiro. Hoje Zee trabalha com o pessoal do PokerRoad.com e aparentemente conseguiu deixar para trás essa história.

Outro grande escândalo aconteceu na final do WCOOP (World Championship of Online Poker) 2007 no PokerStars, o maior torneio da história do poker mundial. A final do *main event* do WCOOP teve uma premiação recorde de US$1.378.000 para o primeiro colocado, que o vencedor acabou não levando.

TheV0id (Mark Teltscher, que já venceu um EPT), o primeiro colocado, tinha entrado no mesmo com mais de uma conta. Mas a conta estava em nome de sua irmã, Natalie Teltscher, e portanto, ela deveria ter sido a pessoa jogando. Mark, que ficara milionário da noite para o dia, perdeu sua fortuna uma semana depois, quando o PokerStars o desqualificou e passou seu prêmio para o segundo colocado. O pior de tudo é pensar que, apesar de ter utilizado mais de uma conta para jogar, o vencedor realmente teve méritos, e ele ganhou jogando suas cartas. Demonstrou uma incrível habilidade para vencer mais de 2.997 outros jogadores em mais de 24 horas de jogo!

O quanto ele realmente teve de vantagem ao jogar com mais de uma conta, se estas nunca se cruzaram ao longo do torneio que teve milhares de outros jogadores? Essa é uma questão difícil de responder, mas o fato é que Mark violou uma regra específica do site, que diz que você não pode ter mais de uma conta, nem jogar com duas contas simultaneamente. Ele foi o melhor daquele torneio, mas não levou o prêmio que o tornaria milionário.

Na ocasião, Brett Jungblutt, vencedor de um WSOP, afirmou:

"O fato de não ser possível impedir que um participante jogue em várias contas não é razão para justificar que isso seja feito. No fundo, um homem é tão forte quanto os seus valores, e uma sociedade é tão forte quanto os valores e costumes que são aceitos como corretos. Não estou preparado para deixar que as mentes pobres e egoístas de alguns poucos jogadores comprometam a integridade do nosso grande jogo."

Por incrível que pareça, ao conversar com diversos jogadores brasileiros, descobri que a grande maioria não acha errado que várias pessoas joguem um mesmo torneio usando uma única conta, ou troquem informações durante as mãos. Sem querer me passar por politicamente correto no papel, admito que eu mesmo muitas vezes assumi o lugar de amigos que tinham que sair de torneios por algum motivo, assim como participei várias vezes de chats on-line em que discuti mãos que estava jogando, ou até mesmo dei opinião e torci em mãos que amigos jogavam. Sinceramente, nunca enxerguei maldade ou problema nisso, mas será que os fatos aqui apresentados não deveriam nos ajudar a mudar esta mentalidade? Deixo a pergunta no ar.

"Cards speak": *as cartas falam*

O termo "as cartas falam" quer dizer que é pressuposto que, após duas ou mais mãos serem mostradas (*showdown*), a melhor dentre elas ganhará o pote. No *showdown*, a regra "*one player per hand*" deixa de valer, ou seja, todos podem ajudar a ler o resultado, e, se alguém verificar que houve um erro na hora de premiar o pote, deve avisar a mesa.

No caso do Texas Hold'em, problemas com essa regra dificilmente ocorrem. Porém, em jogos com potes *high* e *low*, como o Omaha 8/b ou o Stud High-Low, muitas vezes um erro é cometido.

Já vi mais de uma vez *dealers* experientes entregando o pote para a pessoa errada. Mesmo não estando na mão, é minha obrigação avisar do erro, assim como a de qualquer outra pessoa que o repare. Já vi até acontecer um absurdo num torneio da Tower televisionado, quando, após um empate, o *dealer* deu o pote a um jogador, eliminando o outro da competição. O erro só foi percebido quando foram ver a gravação da mão.

Atenção

É fundamental que você mostre ambas as cartas ao declarar um jogo. Você pode ter cometido um erro e estar lendo o resultado de forma equivocada.

Meu conselho para um jogador iniciante é que ele deve preferencialmente expor as duas cartas no *showdown* para que jogadores mais experientes possam ajudá-lo caso algum erro na leitura do jogo tenha sido cometido.

Existe um procedimento que é considerado falta de ética e tentativa clara de roubo e que deve ser punido assim que notado. Acontece quando um jogador propositalmente declara ter um jogo que não possui, com o objetivo de fazer o outro jogador, que está contestando o pote, desistir da mão e jogar suas cartas fora.

Oficialmente, as cartas falam, e um jogo só pode ser declarado vencedor quando, após a declaração verbal, o resultado é exposto e confirmado. Porém, deve-se ter cuidado para não entregar suas cartas sem antes confirmar que o jogo declarado pelos seus adversários está realmente correto.

Já vi erros como esse acontecerem mesmo sem má-fé, quando, por exemplo, algum jogador declara erradamente uma sequência faltando uma carta.

A responsabilidade de fazer cumprir o regulamento

A responsabilidade pelo cumprimento das regras começa pelos próprios jogadores e passa pelo *dealer*. Se houver uma disputa na mesa, deverá ser chamado um responsável externo, normalmente denominado *floorman* nos Estados Unidos.

O diretor de torneio é a autoridade máxima, e cabe a ele conhecer todo o regulamento. Sua decisão em uma mão é irrevogável, ainda que em alguns casos possa ser incorreta ou duvidosa.

Hierarquicamente temos:

diretor de torneios ou gerente → *floorman* → *dealer* → jogadores

Quando ocorre algum problema em uma mão, o correto é interromper a ação e chamar o diretor ou o *floorman* responsável e relatar o problema. Normalmente, a ação na mesa fica parada até a resolução. Fica a critério da pessoa que analisa a situação se o jogo pode prosseguir ou não enquanto se toma uma decisão.

No caso de um torneio, o tempo de *blinds* não deve ser interrompido durante uma pendência, ou seja, o torneio prossegue normalmente. A ação deve seguir nas outras mesas. E, mesmo que só haja uma mesa, o tempo não é parado, já que a resolução da mão ou do entrave faz parte do jogo.

O diretor de torneios Devanir "D.C." Campos ressalta que pode ocorrer uma situação em que o tempo seja paralisado até a resolução de uma pendência. Nesse caso, ele sugere que seja dado um *break* para os participantes. Esse recurso, no entanto, deve ser usado com critério.

Os *dealers* não devem tentar resolver disputas na mesa. É função deles agir como árbitros, conhecendo todas as regras, e tomar as decisões mais simples. Quando houver uma disputa ou dúvida, os *dealers* devem chamar os supervisores (um *floorman* ou um diretor) para resolver a situação.

Regras que se sobrepõem

Sempre que uma determinada regra do jogo for contrária a outra regra, o supervisor deverá privilegiar a regra ou decisão que leva em conta o melhor interesse da partida e a lisura (*best interest and fairness*). Ou seja, se o regulamento for de alguma forma contraditório ou omisso em algum ponto, a decisão do diretor de torneio deverá levar em conta seu bom andamento (não haver atrasos, não prejudicar outros jogadores com a decisão, não modificar ou ferir as diretrizes básicas e manter o ambiente amistoso entre os participantes) e o interesse geral ao tomar a decisão, tentando manter a imparcialidade e a ética.

A administração/supervisão tem o direito de eliminar ou expulsar um jogador que não esteja agindo conforme as regras. Afinal, o direito de um jogador estar em um jogo é dado pela administração, ou seja, não é aberto a toda e qualquer pessoa. Qualquer casa de carteado pode remover um participante do jogo a qualquer momento se ele não estiver cumprindo com o regulamento. A administração pode ainda proibir dois jogadores determinados de participar do mesmo jogo, para evitar possíveis tentativas de *collusion*.

Decisões incorretas feitas de boa-fé

Os jogadores devem evitar contestar uma decisão incorreta de boa-fé com os princípios do jogo, ou ainda, por um erro involuntário de um *dealer* ou um de um supervisor. Se a decisão foi feita de boa-fé, sem a intenção de prejudicar especificamente um jogador, ela deverá ser mantida. A decisão do diretor de torneio é final e irrevogável.

Mudar os elementos do jogo ou quebrar mesas

Essa regra vale mais para cassinos, mas é importante saber que o direito de quebrar mesas (desfazer um jogo em andamento) ou de iniciar uma mesa é decisão da administração, que pode também mudar regras como *blinds*, estrutura de apostas (*pot-limit*, *no-limit* etc.) ou o método de coleta de *rake*. Essas mudanças podem ser feitas a qualquer momento, exceto durante uma mão.

Na última viagem que fiz a Las Vegas, reparei que, diariamente, o Venetian criava uma mesa "*must move*". Ou seja, os jogadores tinham a obrigação de levantar e ir para uma outra mesa caso abrissem vagas, de modo a evitar que os primeiros jogos formados se quebrem devido à perda de jogadores.

Expor cartas

Quando falei da regra do "um jogador por mão", comentei que não é permitido mostrar as cartas para ninguém durante a ação, exceto na hora do *showdown*.

Uma polêmica que já vi surgir diversas vezes em praticamente todos os campeonatos de que já participei ou joguei gira em torno de o jogador poder ou não abrir suas cartas num momento de *all-in* para pensar, estando em situações de um contra um ou *heads up*, ou para intimidar o adversário.

Pense nisto

Esta história aconteceu comigo na penúltima etapa do Circuito Paulista de 2006. Na mesa semifinal, aumentei uma aposta com KK, indo *all-in* após um jogador já ter feito um *raise*. Como estávamos na bolha (momento em que falta apenas um jogador a ser eliminado para que todos os outros estejam na faixa de premiação), estava satisfeito com o pote e não queria um *call* (hoje, minha opinião mudou: quero sempre ser chamado independente da bolha). Mostrei meu KK para fazer o adversário dar *fold*. Ele o fez e eu ganhei o pote, mas fui muito criticado, e algumas pessoas questionaram se isso era legal ou não. Na época a regra era diferente.

Se eu repetisse isso hoje em dia, a ação continuaria normalmente após mostrar minha mão, o jogador tomaria sua decisão de *fold* ou *call*, e caso eu fosse chamado a jogada continuaria até que um dos dois fosse declarado vencedor. Após o fim da mão, o pote seria entregue ao vencedor e o jogador que expôs as cartas (eu) seria punido com uma advertência ou suspensão.

Como uma das diretrizes básicas do poker é "as cartas falam", a organização não pode punir o infrator retirando as cartas de jogo independente das ações do jogador, exceto em casos extremos. A mão deve seguir seu curso, o ganhador deve ser declarado e só então as punições devem entrar em vigor. Não se pode dar *fold* nas cartas do jogador, como já vi ocorrer em torneios no Brasil. O termo em inglês é "*kill a live hand*" e não deve ocorrer no poker.

Que fique claro que mostrar as cartas em qualquer situação exceto no *showdown* está sujeito a penalidades que podem ser aplicadas após o término da mão. Se você está disposto a assumir a penalidade, faça por sua conta e risco, sabendo das consequências.

Baralho novo

Somente a administração pode solicitar ou modificar o baralho do jogo. Ou seja, um jogador não pode exigir a troca de baralho. O que pode ser feito é o jogador comunicar o motivo pelo qual deseja que o baralho seja trocado. A organização determinará a necessidade real e tomará as providências.

A administração também pode inspecionar qualquer carta descartada ou até mesmo uma mão que um jogador descartou.

Sorteio do *dealer*

Distribuem-se cartas para todos os jogadores de uma determinada mesa, a fim de decidir quem é o primeiro dealer. A maior carta, incluindo o naipe, determina quem terá o *button* (o botão de *dealer*, como é chamado o último jogador a falar numa rodada de apostas).

A ordem dos naipes, do maior para o menor, é a ordem inversa dos mesmos em inglês do maior para o menor: ***S****pades*, ***H****earts*, ***D****iamonds* e ***C****lubs* (ou: espadas, copas, ouros e paus).

♠♥♦♣

Fichas na mesa

Em alguns cassinos e *card rooms*, você recebe *racks* para carregar as fichas pelo salão. No entanto, as regras oficiais não permitem que você mantenha suas fichas no *rack*. Portanto, assim que se sentar à mesa, deverá dispor as fichas à sua frente, mantendo as de maior valor visíveis para todos os jogadores em todos os momentos.

Curiosidade

No Conrad Casino, em Punta del Este, Uruguai, é permitido aos jogadores manter suas fichas nos *racks*, regra que não é adotada internacionalmente. O Conrad fez um grande esforço em montar o melhor *cardroom* da América Latina, com 12 mesas de *cash game*. Durante o verão chega a ter filas de espera de mais de duas horas. Entretanto, o regulamento atual não contempla vários pontos das regras oficiais.

A favor do Conrad, está a vontade demonstrada por eles de melhorar cada vez mais, ouvindo as sugestões e as implementado. Um exemplo disso foi a mudança na escala de *blinds* dos grandes torneios lá realizados. Esta estrutura antes era excessivamente acelerada, mas agora passou por mudanças tentando privilegiar o bom jogo.

É proibido esconder as fichas maiores no meio ou atrás de fichas de menor denominação. O objetivo é que fique claro para todos os participantes da mesa, quantas fichas os outros jogadores têm. Antes de agir em uma mão, o jogador tem o direito de pedir ao *dealer* ou diretamente ao adversário (quando não houver *dealer*) que conte e anuncie o total de suas fichas.

Não é permitido, nem em torneios, nem em *cash games*, a retirada de fichas da mesa. Os jogadores que forem pegos fazendo isto serão punidos severamente. A exceção poderá ser feita em *cash games* a pequenas quantidades utilizadas para pagar por comida, ou ainda para dar gorjeta às garçonetes.

Em um episódio do *High Stakes Poker* houve uma confusão entre alguns dos "*top players*" do mundo devido à suspeita de que o jogador Freddie Deeb tivesse tirado fichas da mesa durante um intervalo.

Freddie levantou da mesa e disse que retornaria em cinco minutos. Quando retornou, Johnny Chan disse:

— *You have gone south*.

Esse termo ("*gone south*") é utilizado para dizer que o jogador retirou dinheiro da mesa. Fred, que não havia feito isso, como foi comprovado pela contagem dos *stacks* depois, ficou uma fera com a insinuação, pois ela poderia manchar sua reputação na tevê. Durante alguns minutos os outros jogadores à mesa tentaram contornar a situação, explicando que Johnny Chan havia apenas feito uma brincadeira.

A preocupação de Deeb tem fundamento, pois o renome de um jogador pode ser abalado seriamente com esse tipo de insinuação.

Nos principais cassinos de Las Vegas, se você estiver em um *cash game* e precisar se levantar, pode deixar suas fichas na mesa sem problema algum. Muitas vezes saio para jantar e me ausento por até uma hora e, ao retornar, sempre encontro minhas fichas intocadas. Entretanto, se você estiver jogando com notas na mesa, é permitido que as leve consigo, deixando apenas as fichas para segurar o seu lugar, contanto que mantenha a mesma quantidade de dinheiro quando retornar.

Se você sair de um jogo e retornar com menos de uma hora de intervalo (o tempo permitido de ausência pode variar), deverá colocar, no mínimo, a mesma quantidade de fichas que você tinha quando se levantou. Em salas de poker on-line, esse tempo costuma ser de uma ou duas rodadas inteiras pela mesa.

Table stakes

Só podem ser utilizadas numa mão as fichas (ou o dinheiro) à frente de um jogador que estejam lá desde o início daquela mão. Em outras palavras, o jogador não poderá trazer mais recursos à mesa no meio de uma jogada. A única exceção a esta regra acontece se o jogador estiver jogando com *money behind*, ou seja, caso tenha solicitado uma compra antes de a mão começar. Nesse caso, o *dealer* deve anunciar quanto o jogador tem até então, enquanto suas fichas são trazidas à mesa por um outro funcionário. Em torneios, essa situação pode ocorrer se um jogador fez um *rebuy* (ação que permite a um jogador fazer um recompra de fichas) ou *add-on* (recompra especial, após determinado nível de *blinds* e somente naquele momento) antes de a mão começar, sem ter recebido as fichas correspondentes. Essas fichas estão em jogo, e isso deve ser anunciado ao restante da mesa antes de a partida começar. No entanto, a falta de um anúncio não retira as fichas do jogo, ou seja, elas entram mesmo que não propriamente anunciadas, contanto que a compra tenha sido feita antes do início da mão.

Na minha viagem a Las Vegas, em março de 2008, passei por uma situação interessante que descreverei a seguir.

Estava sentado em uma mesa NL2/5, no cassino Venetian, e já tinha adquirido uma bela vantagem graças aos bons potes que estava ganhando. Devia ter cerca de 2,5 *buy-ins* naquele momento. Como já estava jogando havia umas quatro horas, resolvi fazer uma pausa de cinco minutos para ir ao banheiro e telefonar. O jogador catarinense Pedrinho Todorovic estava na mesma mesa que eu, sentado à minha esquerda, e viu o desenrolar desta mão. Ao me levantar, peguei as notas que estavam no meu *stack* e as levei comigo.

Ao retornar, enquanto me dirigia ao meu lugar, o *dealer* distribuía as cartas. Eu era o *big blind*. Após recebê-las, tirei o maço de notas do bolso (a mesma quantidade que tinha à mesa antes de levantar e que era obrigado a colocar de volta). O curioso é que nesta mão recebi JJ, e acabei entrando em um grande pote, onde fiz um *full house* e dei *bust* (fazer alguém perder todo o *stack* de fichas disponível) num outro jogador que também tinha um grande *stack*. O detalhe é que, se eu não tivesse colocado o maço de notas à mesa, eu não teria fichas suficientes para ganhar o *stack* inteiro do meu adversário.

Este fato não foi questionado por ninguém na mesa. Na verdade, acho que ninguém deu muita atenção, até porque coloquei as notas em jogo antes mesmo de ver minha mão, enquanto me sentava. Porém, a mão já havia sido distribuída. O que vale? As fichas que estavam à frente no final do embaralhamento? Ou, por ser proibido retirar dinheiro da mesa, oficialmente era como se as notas estivessem ali desde o início? Fica no ar a pergunta.

Na análise do *floorman* do Venetian, o qual consultei depois, o dinheiro sempre esteve em jogo, já que é proibido retirá-lo da mesa. Entretanto, foi uma situação interessante de interpretação de regras.

Curiosidade

Para falar um pouco de prática de poker neste capítulo, vou contar como esta mão se desenrolou. Meu adversário principal era um jogador israelense, muito agressivo, e que sempre fazia apostas altas e era muito *loose*. Eu e Pedrinho já o conhecíamos de sessões anteriores, e ele era um competidor perigoso, além de muito falante e expansivo, que possuía sempre muitas fichas. Parecia que o dinheiro não tinha importância para ele.

Ele havia chegado à nossa mesa uns vinte minutos antes, e, como já comentei, eu tinha um bom *stack*. Falei para o Pedro que não me arriscaria contra ele, uma vez que já tinha conseguido um bom lucro.

No início da mão, um jogador deu *raise*. Ele pagou o *raise*. Quando a ação chegou em mim, no *big blind*, eu tinha:

Decidi colocar um *reraise* forte. Naquela mesa, um *raise* baixo não significa muita coisa em termos de definir as mãos dos adversários, e eu queria jogar apenas contra um jogador. Para minha tristeza, os dois chamaram.

Só que o *flop* foi ao mesmo tempo excelente e perigoso:

Como havia dois fortes jogadores para agir depois de mim, resolvi apostar de forma forte com meu *set*, até para tentar me proteger dos possíveis *draws* (aquelas chamadas em que um competidor tem um jogo que precisa de mais uma ou duas cartas para ser completado) para *flush* e sequência.

O jogador seguinte chamou, e o israelense colocou um *reraise* grande, reaumentando a aposta. Nessa hora, tive que tomar uma decisão difícil: o que fazer nessa mão.

Como, naquele momento, eu tinha o melhor jogo possível, o *nuts*, decidi jogar mais agressivamente, já que o pote estava bom. Fui *all-in*.

Com esse *all-in*, se os dois corressem seria bom para mim, pois o pote já era grande. Se alguém chamasse, eu correria o risco de perder um significante pedaço do meu *stack*. O *all-in* era grande o suficiente para afastar os dois do pote (cerca de oito vezes o total), e ambos os adversários estavam com bastantes fichas para trás (fichas sobrando em seus *stacks* caso dessem *fold*).

O primeiro saiu da mão. O israelense começou a pensar. Fiquei com medo que ele decidisse chamar com um *flush draw* e acertasse, o que me faria perder o lucro da sessão.

Depois de uns cinco minutos, durante os quais fiquei bem quieto, sem responder às suas perguntas, ele anunciou *call*.

No *cash game*, você não abre as cartas nesse instante, então fiquei torcendo contra cartas que fizessem *flush* ou sequência, ou ainda cartas maiores que o J, no caso de ele ter um par maior do que as cartas da mesa.

Nada de perigoso apareceu. Já me sentindo confiante, mostrei minha trinca, que parecia ser o melhor jogo. Ele então me mostrou J♣T♥, ou seja, tinha o último valete do jogo com *kicker* no T♣. Um *call* extremamente duvidoso, principalmente porque ele só tinha o T no naipe de paus, ou seja, não possuía nem um *flush draw* direito (precisaria de duas cartas de paus seguidas para fazer o *flush*).

Ganhei um pote gigantesco e fiquei muito contente de ter optado por ir *all-in*, que parecia ser o melhor movimento, já que eu tinha o melhor jogo.

Fichas de valor maior que a aposta atual

Quando uma ficha de valor maior do que a aposta atual for colocada à mesa, sem uma especificação por parte do jogador, considera-se que ele está apenas dando *call* na aposta atual em vez de a estar aumentando.

Atenção: ao contrário do que muitos pensam, esta regra também se aplica quando mais de uma ficha for necessária para chamar a aposta atual, mas a última ficha poderia ser vista como um *raise*.

Exemplo: o *blind* está 600–1.200. Para pagar o *blind*, você só tem fichas de 1.000. Então, coloca duas fichas no pote, totalizando 2.000. Oficialmente, você colocou fichas suficientes para caracterizar um aumento, já que, ao colocar mais de 50% do valor necessário para um *raise*, estará aumentando a aposta. Entretanto, neste caso isso não caracteriza um aumento, porque sua ficha de menor valor não cobre a aposta atual e existe a necessidade de colocar mais de uma para chamar.

A confusão aqui se dá porque, em outros casos, o simples fato de colocar mais de uma ficha à mesa significa a intenção de *raise*, quando o somatório das fichas for maior do que o valor necessário para metade do *raise* mínimo permitido.

Portanto, para evitar dúvidas, é melhor seguir pelo método verbal, ou seja, se você desejar aumentar uma aposta, deve anunciar sua intenção em voz alta.

Se não houver uma aposta em curso e uma única ficha for colocada à mesa, esse será o valor da aposta, contanto que seja ao menos o valor mínimo obrigatório no momento. Em outras palavras, se ninguém apostou ainda e você joga uma única ficha com um valor maior do que a aposta mínima — mais da metade do *raise* de menor valor possível —, você está aumentando o valor nominal da ficha.

Exemplo: você joga uma ficha de 5.000 na mesa, sendo o primeiro a apostar, quando os *blinds* estão 1.000–2.000. Sua ficha de 5.000 é considerada um aumento se essa aposta for realizada primeiro no *flop*, *turn* ou *river*. Quanto ao pré-*flop*, vale lembrar que já existe uma aposta em curso no valor do *big blind*. Portanto, agir jogando uma única ficha é considerado apenas um *call* no valor do *big blind* e não um aumento, a não ser que você especifique em voz alta.

Responsabilidade sobre as fichas

O livro *The Rules of Poker* traz uma história curiosa sobre uma ficha de 5.000 que faltava no *stack* de um jogador. Em resumo, a história dizia que, após se formar a mesa final de um torneio, o jogo foi interrompido, os jogadores contaram suas fichas, colocaram-nas dentro de um saco plástico e assinaram. O jogo foi interrompido e reiniciado no dia seguinte. Quando os jogadores receberam seus sacos, abriram e contaram suas fichas. O jogador com o menor *stack* deveria ter três fichas de 5.000 e uma de 1.000. Porém, após abrir seu saco e colocá-las à mesa, percebeu que faltava uma ficha de 5.000. A organização, então, contou e recontou os *stacks* de todos os jogadores, e a ficha não foi encontrada. A decisão da organização neste ponto foi reiniciar o torneio sem repor a ficha que faltava ao jogador, pois, a partir do momento em que ele assinou o saco contendo suas fichas, a responsabilidade por elas passou a ser sua. Esta história teve um final feliz, já que o jogador acabou encontrando a ficha que havia sumido perto da jaqueta que havia deixado sobre o encosto da cadeira. Entretanto, serve de exemplo para os jogadores, pois cuidar das fichas é responsabilidade sua.

Em torneios nos quais os jogadores devem deixar a área durante os *breaks* ou intervalos, a organização passa a ser responsável pelas fichas, cabendo aos *dealers* ou mesmo à organização fiscalizar as mesas. Em todos os momentos não previstos pela organização (exemplo: ida de um jogador ao banheiro), a responsabilidade pelas fichas é do próprio jogador. Como as fichas não podem ser retiradas da mesa, recomenda-se que os jogadores evitem ao máximo se afastar durante o jogo.

Dividindo potes

Quando houver necessidade de dividir um pote com um valor que deixa uma ficha de denominação menor sobrando para um dos lados, esta deve ser distribuída da seguinte forma:

- para o jogador mais próximo à esquerda do *dealer* (*button*) que esteja contestando o pote. Atenção: a regra não é o jogador mais próximo fisicamente do *button*, e sim o jogador mais próximo à esquerda do *button*, respeitando a seguinte ordem:

SB → BB → UTG → UTG+1 → UTG+2 → MP1 → MP2 → MP3 → CO → *DEALER*

- para a carta mais alta em naipe em jogos de Stud High;
- para a carta mais baixa em naipe em jogos de Stud Low como o Razz;
- para o vencedor da mão alta em jogos *high-low split*.

Rabbit hunting

A prática de olhar cartas já descartadas ou ainda não distribuídas, conhecida como *rabbit hunting*, não é permitida. Também não é permitido mostrar cartas que poderiam ter sido dadas a qualquer jogador, ou ainda expor cartas que seriam comunitárias (*flop*, *turn* ou *river*) após a mão ter sido encerrada.

Esta regra serve para proteger os próprios jogadores. Para começar, ela ajuda a não atrasar o jogo. Além disso, evita o *tilt*. Na grande maioria das vezes, quando alguém pede para ver mais uma ou duas cartas, era porque tinha um bom *draw* para um *flush* ou sequência, ou então tinha um par e queria ver se ia acertar um *set*. Quando um jogador pede para ver as cartas sem ter pagado a aposta e vê que acertaria sua chamada, isso pode fazer com que ele se arrependa de não ter chamado a aposta e fique se martirizando, entrando em *tilt*.

Essa é uma das regras mais quebradas nos torneios. O único meio de ver cartas que não foram distribuídas (*flop*, *turn* ou *river*) é pagando as apostas. No momento em que um jogador faz uma aposta e ninguém paga, a mão está encerrada e é terminantemente proibido mostrar mais cartas. Portanto, quando estiverem em uma mesa, sejam fiscais e não deixem que o *rabbit hunting* ocorra.

Etiqueta, conduta e integridade

O jogo de poker tem suas próprias regras de etiqueta, e isso é algo que todos os jogadores aprendem quando começam a jogar regularmente. Blefar, mentir sobre sua mão, não só é permitido como é uma parte importante do jogo. Por outro lado, a mentira fora de contexto pode se tornar uma ofensa a um jogador quando, por exemplo, você faz o que chamamos de *miscall*.

Miscall é dizer que você tem uma mão e não tê-la na hora de mostrar os jogos, como, por exemplo, dizer que você tem uma sequência quando não a tem, na tentativa de fazer com que seu adversário jogue suas cartas fora.

Outros comportamentos inaceitáveis são:

- ameaçar outros jogadores ou empregados;
- destruir ou danificar propriedade;
- atirar cartas ou outros itens;
- roubar, trapaçear ou qualquer forma de *collusion* entre jogadores que viole o princípio de *one player per hand*;
- usar linguagem obscena;
- criar confusões (*disturbance*);

- desrespeitar persistentemente as regras de etiqueta do poker;
- conduzir qualquer forma de *gambling* ou aposta ilegal paralela ao jogo, normalmente relacionada a apostas sobre os resultados de terceiros ou jogos de azar.

Esta lista é apenas um guia, porém outras atitudes podem levar à punição ou expulsão de um jogador a critério da organização.

Agir na sua vez (*act in turn*)

É esperado que cada jogador aja somente na sua vez, enquanto o jogo prossegue no sentido horário pela mesa. Isso protege o jogador de prover informações desnecessárias aos outros jogadores.

> Em um jogo de *no-limit* ou *pot-limit*, e principalmente em torneios, é importante esperar até que o montante da aposta ou aumento seja anunciado antes de o próximo jogador agir.

Dar *fold* antes que este valor seja estabelecido será considerado “agir fora da vez” e poderá gerar uma penalidade para o infrator.

Agir a tempo

É esperado, ainda, que os jogadores façam suas ações de modo imediato quando for sua vez, embora cada jogador possa ter um tempo razoável para tomar uma decisão. A regra oficial não estipula este tempo, mas diz-se que todo jogador que vai demorar um pouco mais a agir deveria chamar o “tempo” para interromper a ação, como forma de mostrar que está pensando em sua ação e interromper o andamento da mesma. A partir disso, de acordo com o regulamento local, um relógio poderá ser usado pelo supervisor ou outro jogador envolvido na mesa. Se o jogador não pedir tempo a fim de parar a ação, poderá ter o seu direito de falar revogado. Essa regra era desconhecida por mim e por muitos jogadores.

Se um jogador estiver demorando para agir, qualquer adversário à mesa poderá pedir à organização para iniciar uma contagem de tempo para que a ação aconteça. Vale lembrar que chamar o relógio para outro jogador quando você não está participando da jogada pode ser considerado falta de ética.

Em *cash games*, o pedido é pouco comum, e o jogador pode pensar por um período maior. Em torneios, como os *blinds* sobem a intervalos regulares, usar o tempo propositalmente para que os *blinds* subam ou outros jogadores caiam pode ser considerado uma infração. Isso é chamado de *stall*.

Existe uma tendência natural dos jogadores em torneios ao vivo de chamar cada vez menos o relógio para apressar a ação dos adversários. Entretanto, a regra é clara e permite esse recurso.

Manter as cartas visíveis

O jogador deve manter suas cartas visíveis a todo o momento. É proibido retirá-las da mesa ou trazê-las junto ao corpo para visualizá-las. Ele poderá proteger suas cartas usando um único objeto, de tamanho razoável (nada excessivamente grande) e que não se confunda com as fichas em jogo — algo como, por exemplo, um *card protector*. Alguns jogadores ficaram famosos por seus protetores de cartas, utilizando-os mais como um adorno que os ajuda a criar sua "persona de poker".

Curiosidade

O costa-riquenho Humberto Brenes é conhecido por seu pequeno tubarão à mesa. Trata-se de um boneco no formato de tubarão que também funciona como lanterna. Seu apelido passou a ser Humberto "The Shark" Brenes (*shark* significa "tubarão" em inglês).

Chris Moneymaker, vencedor do *main event* do WSOP, usa como protetor de cartas um pedaço de cristal dado por um fã durante o torneio daquele ano. Esse pedaço de cristal esteve presente em toda a sua jornada rumo ao título mundial, e até hoje ele o utiliza em todos os torneios (embora não tenha ganhado mais nenhum de destaque).

No Brasil, um protetor de cartas interessante foi usado por Marcelo Dabus quando jogou a mesa final do Conrad Poker Tour em 2007, que distribuiu mais de US$1,5 milhão em prêmios. Ele, que é carioca, usou uma pequena réplica do Cristo Redentor. Neste caso, o protetor ainda serviu para dar identidade ao jogador, deixando claro para todos que ele vinha do Brasil, mais especificamente do Rio de Janeiro. A ex-*dealer* Erica, de São Paulo, usa miniaturas de sapatos de salto alto como protetores de carta, o que é bastante feminino e original.

Ter um *card protector* criativo pode ajudá-lo a criar uma identidade visual à mesa de poker, além de ser mais um acessório para auxiliá-lo no jogo.

All-in e completando apostas

Quando um jogador que está indo *all-in* fizer uma aposta em que o excedente de fichas em relação à aposta atual for inferior a 50% (menos da metade do valor necessário para um aumento real), os jogadores que já tiverem colocado fichas no pote nesta rodada poderão apenas chamar a aposta, e não aumentá-la. Somente poderá aumentar a aposta um jogador que ainda não tenha respondido à aposta do jogador anterior ao que foi *all-in*.

Se a aposta do jogador que for *all-in* tiver fichas suficientes para cobrir 50% do valor mínimo de *raise* na situação, qualquer jogador subsequente poderá reaumentar a aposta, inclusive aqueles que já tiverem agido naquela mão.

Uma situação comum que devemos evitar é quando um terceiro jogador está *all-in* e os outros combinam de dar *check* em todas as rodadas subsequentes de apostas, de modo que todos cheguem ao *showdown* e, assim, haja mais chances de eliminar o oponente *all-in*.

O termo utilizado para esta ação é "*checking down*", e isso é antiético e ilegal no poker. Porém, vale notar que a ação só fere o código de conduta se for combinada entre os jogadores, seja verbalmente ou por qualquer tipo de insinuação.

Essa situação depende da interpretação do diretor de torneios, que pode punir os jogadores mesmo que não tenha havido comunicação verbal, caso seja comprovado que houve *soft play* (jogo leve). Para ilustrar, imagine que você fez uma quadra e dá *check* até o final. Está claro que você não apostou porque estava "*checking down*", já que qualquer jogador tentaria tirar fichas do adversário com um jogo forte como esse.

Em novembro de 2008, quando estive em Las Vegas, havia uma regra em que, se um jogador desse *check* sendo o último a falar com o jogo *nuts* da mesa num torneio, ele levava automaticamente a punição de uma rodada fora do jogo após o término daquela mão.

Movimentos de mão denotam ação

Movimentos realizados pelo jogador serão considerados ações no jogo. Colocar a mão espalmada sobre a mesa na sua vez, ou bater de leve em seu corpo ou na mesa significam *check*. Sinais como apontar com o polegar num movimento de baixo para cima significa um *raise*. Esses sinais são universais e deverão ditar a ação após realizados, exceto se forem precedidos de declaração verbal contrária.

Círculo de apostas

Em mesas oficiais costuma haver uma linha circular margeando a mesma, delimitando a área de apostas. Fichas e cartas devem permanecer atrás dessa linha, ou seja, mais próximas do jogador do que do centro da mesa. Quaisquer fichas que ultrapassem essa linha serão consideradas apostas, mesmo que as fichas ultrapassem a linha sem tocar a mesa, ou seja, pelo alto, na sua mão. Cartas que ultrapassarem a linha poderão ser recolhidas pelo *dealer* como *fold*.

Em mesas que não tenham o circuito de apostas limitados, as fichas devem permanecer o tempo todo atrás das cartas do jogador, que passam a ser a linha de apostas. As fichas que ultrapassarem a linha das cartas serão consideradas apostas. No caso de não haver a linha desenhada na mesa, recomenda-se o uso de um *card protector* para sinalizar sua intenção de continuar no jogo.

Essa regra gerou bastante polêmica em alguns torneios do BSOP em 2008. Muitos jogadores, antes de decidir o valor total de sua aposta, resolviam separar e contar suas fichas. O problema é que alguns deles, desconhecendo essa regra, levavam parte de suas fichas para além da linha delimitada por suas cartas. Oficialmente, qualquer ficha que ultrapassar essa linha é uma aposta, portanto, se alguém já tivesse apostado seria um *call* ou *raise* imediato. Se ninguém tiver apostado, as primeiras fichas colocadas à frente da linha de cartas são a totalidade da aposta, e o jogador não pode pegar mais fichas para acrescentar (exceto se as fichas totalizarem menos do que a aposta mínima permitida; neste caso, ele deverá completar este valor).

Portanto, enquanto pensar quanto quer apostar, conte suas fichas atrás da linha de cartas, e ao decidir apostar leve-as em um único movimento à frente, ou anuncie verbalmente o valor.

String bets

Uma aposta deve ser feita num único movimento. Não é permitido colocar fichas na área de apostas e depois retornar com a mão para buscar mais fichas (o que é conhecido como *string bet*).

Existem três formas de realizar um aumento ou aposta:

1- Anunciar verbalmente o aumento e declarar o valor. Neste caso, após estar comprometido com o valor dito, você pode levar as fichas ao pote até completar o total pretendido;
2- Anunciar o aumento e realizá-lo em dois passos: primeiro, colocando no pote o valor necessário para chamar a aposta; depois, colocando no pote o valor do seu aumento de uma só vez;
3- Anunciar o aumento e realizá-lo de uma só vez, colocando todas as fichas no pote.

Declarações verbais

As declarações verbais são permanentes quando feitas por um jogador agindo na sua vez. Alguém que faz uma declaração verbal fora de sua vez também será obrigado a cumpri-la, exceto se a ação for modificada antes de chegar a vez do jogador que fez a declaração (e ele tomará uma advertência após a mão por ter agido fora da vez). Apostas e aumentos são considerados atos que modificam o andamento e, portanto, dão ao jogador que falou fora da vez o direito de decidir se dá *call* ou *fold*.

Porém, há uma exceção interessante. Se um jogador dá *call* antes da sua vez e, posteriormente, um outro competidor, que deveria agir antes dele, aumenta a aposta, o primeiro pode apenas dar *call* ou *fold*. Nesse caso, uma tentativa de *reraise*, aumentando a aposta, é proibida, já que o anúncio inicial foi apenas de *call*.

A primeira ação de um jogador é sempre aquela que determina sua jogada, seja ela uma declaração verbal, seja a movimentação de fichas na direção do pote ou a utilização de um sinal com a mão para *check* ou *raise*.

Chamando valores equivocados

Se um jogador não notar que houve um *raise* e colocar fichas no pote suficientes apenas para chamar a aposta antes do aumento, ele tem apenas duas opções: completar o valor da aposta ou sair da mão, deixando as fichas que já colocou no pote.

Se, por outro lado, a declaração for verbal ("*I call*"), ele é obrigado a colocar o valor inteiro do *raise*, e não pode voltar atrás.

Telefones celulares e fumar

O uso de celulares é considerado quebra de etiqueta e é oficialmente proibido nos regulamentos da TDA e nos livros de consulta. A orientação é que, caso o competidor deseje utilizar seu aparelho, se afaste da mesa. O celular é um dos únicos casos previstos em que a mão do jogador pode ser declarada morta. Estranhamente, em *cash games* o uso de celulares é permitido. Da mesma maneira, fumar é proibido nos regulamentos oficiais. Em grande parte, isso se deve ao fato de que nos EUA fumar em ambientes fechados porém abertos ao público é proibido por lei. Essa lei também existe no Brasil, e alguns clubes e torneios têm solicitado aos jogadores que fumem longe das mesas.

Para finalizar, uma mensagem importante: um profissional deve conhecer todas essas regras e zelar por elas. É uma questão de respeito ao esporte. Aqueles que têm um maior conhecimento da cultura e dos regulamentos do poker devem tentar disseminá-los entre os jogadores novatos e entre aqueles que simplesmente ignoram as regras.

Para poder começar a discutir mais a fundo os conceitos avançados em poker, acho que primeiro é bom entender a importância de ter uma estratégia traçada de antemão. O próximo capítulo lida com os conceitos de tática e estratégia e é na minha opinião um dos tópicos fundamentais para a compreensão dos capítulos seguintes.

Capítulo 4
Tática e estratégia

"Poker é, antes de mais nada, um esporte que você precisa realmente ter prazer em praticar, de forma a estar sempre em busca de um aprendizado contínuo. Assim como em qualquer esporte, a preparação física e principalmente a mental e psicológica são fundamentais para se ter sucesso."

Humberto "KtheKing" Kim, ou simplesmente Kima, brasileiro que liderou o Online Poker Rankings e foi o jogador mais bem-"rankeado" de todo o PokerStars em agosto e setembro de 2008

Antes de iniciar uma série de capítulos teóricos sobre poker que podem diferenciar o jogador iniciante do experiente, o leitor deve compreender algo que na minha opinião é fundamental para o jogador: a importância do planejamento e da estratégia.

Todos sabem que o Texas Hold'em é um jogo influenciado pela sorte, mas que são a estratégia, o raciocínio e a prática que determinam o sucesso. É um jogo de habilidade em que não basta conhecer a teoria, é preciso saber como e quando aplicá-la. É necessário também usar a psicologia para interpretar os adversários e, talvez ainda mais importante, aumentar seu autoconhecimento. É fundamental também desenvolver a intuição e aprender a sentir os ritmos de um jogo.

Para sua evolução como jogador é importante uma abordagem multidisciplinar. O poker se assemelha muito ao mercado financeiro. Além de necessitar de todo o conhecimento técnico para realizar a análise gráfica e fundamentalista de empresas e ativos, é preciso traçar uma estratégia que inclua uma previsão de suas ações, objetivos de lucro, cálculo de possíveis perdas, momentos de entrada e saída do mercado, tudo isso enquanto desenvolve a disciplina e a força psicológica necessárias para conseguir atravessar as turbulências.

> Lembro-me de uma frase de Sun Tzu, do livro *A arte da guerra*: "A estratégia sem tática é o caminho mais lento para a vitória. Tática sem estratégia é o ruído antes da derrota."

A fonte de inspiração foi a obra de um dos maiores estrategistas de nosso século, o grão-mestre enxadrista que deteve o título mundial por muitos anos, Garry Kasparov. Em *Xeque-mate: a vida é um jogo de xadrez*, Kasparov traça paralelos entre habilidades necessárias para ser bem-sucedido na vida e no que elas o ajudaram no jogo. Ele cita vários elementos comuns à formação de um campeão.

Nós somos seres competitivos por natureza. O ser humano carrega essa característica inerente, sendo apenas mais desenvolvida em uns do que em outros. Ela pode ser muito positiva para sua vida, ou ser um fardo a ser carregado, pois certas pessoas têm dificuldade em lidar com o fracasso. As derrotas fazem parte do jogo, e no poker irão acontecer até com mais frequência do que as vitórias. Numa partida normal, você jogará cerca de 15% a 20% das mãos em que receber cartas. Destas, ganhará talvez metade se for um bom jogador. Ou seja, de 100%, você ganha 10% das mãos, perde 10% e não participa de 80%.

> Atenção
>
> Aprender a ter paciência e lidar com as derrotas no poker é fundamental. É imprescindível saber ganhar bem nas vitórias e minimizar as perdas nas derrotas. Essas perdas são financeiras, mas também emocionais. Não conseguir manter o controle ao perder uma jogada pode ser desastroso para o restante de sua sessão.

Acredito que quase todos os jogadores de poker que resolvem se aprofundar no jogo tenham como característica a competitividade. Afinal, o objetivo no poker é vencer. Para vencer é necessário se preparar, posicionar-se para receber a vitória ou aguentar as derrotas com uma atitude positiva, buscando a recuperação.

Em certos esportes, isso significa uma preparação física, com treinamentos para melhorar a capacidade aeróbica ou a força. Em outros, a repetição exaustiva de movimentos, como na ginástica olímpica. Algumas vezes, o desenvolvimento tático, aprender a jogar em grupo e ser uma peça numa engrenagem são fundamentais, como nos esportes coletivos. Falando de esportes, uma palavra se destaca: estratégia.

Se você estiver num torneio sem uma estratégia de longo prazo, suas jogadas começam a ficar apenas reativas, perdendo o foco no seu objetivo. Ou seja, você reage à aposta do adversário, às suas cartas e ao ambiente, sem pensar no quadro geral do torneio.

Estava em um torneio do Tower Torneos chamado Copa Latino-Americana, com 56 jogadores. Havia 28 jogadores ainda participando, a faixa de premiação era de dez jogadores, e eu entrei na jogada seguinte. Com 11,1K em fichas, eu abro *raise* para 1.010 com os *blinds* em 150–300, tendo A♠K♠ na mão em UTG+1. O jogador Adolfo88 volta *all-in* de aproximadamente 8,5K em fichas. Se eu chamasse e perdesse, sobraria com cerca de 2,6K; dando *fold*, me restariam 10,1K. Depois de pensar um pouco, larguei meu A♠K♠.

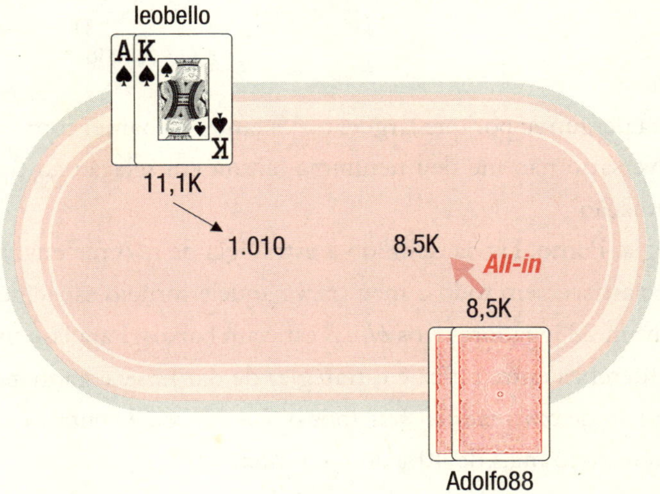

Uns trinta minutos depois, tendo os *blinds* subido para 300–600 e o número de jogadores reduzido para 14, abro o pote com 1.650 tendo AQ*s*, novamente em UTG+1. O mesmo Adolfo88 volta novamente *all-in*, desta vez de cerca de 9,5K sendo que eu tinha somente 10,1K. Parece a mesma situação, não? Pior ainda, pois eu tenho menos fichas que antes, e os *blinds* estão maiores. Não precisei pensar muito e dei *call*. Meu A♥Q♥ ganhou do 9♠9♦ de Adolfo88, eliminando-o na 14ª posição, e fiz inclusive um *full house* com o *board* A♦Q♠3♠A♣4♣.

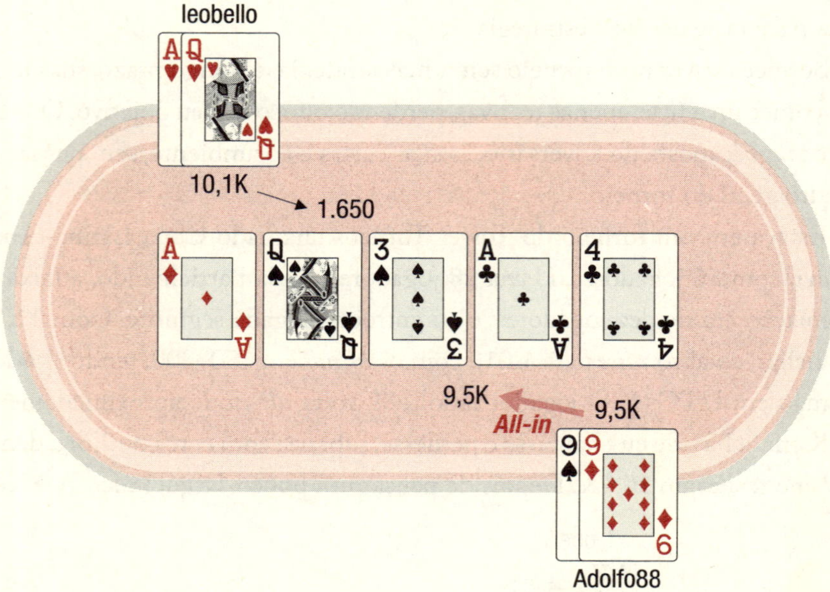

Primeira pergunta: por que larguei o AK antes e chamei com AQ depois, se meu adversário não me deu nenhuma leitura em relação ao tipo de mão em cada situação?

Estratégia. Ponto. Havia definido a estratégia de não me envolver em situações que arriscassem todo o meu *stack* naquele torneio específico, quando ainda restavam 28 jogadores e os *blinds* estavam baixos. Para isso usei a tática (notem a diferença entre tática e estratégia) de dar *raises* e ganhar potes menores por meio de *continuation bets* após o *flop* em vez de entrar em *coin flips*, colocando em risco mais de 40% do meu *stack*.

Quando chegamos a 15 jogadores, minha estratégia mudou. Não me interessava ficar me segurando para apenas entrar no *money*. Neste momento, queria o embate para ganhar muitas fichas e chegar forte na mesa final. A estratégia anterior objetivava me trazer até ali competitivo. Mas há um momento em que você precisa fazer seu movimento para tentar ganhar o torneio. Assim, o momento, e não as cartas, fez com que o *call* de AQ fosse correto e não o de AK, de acordo com o que planejei.

Veja bem, se olharmos apenas pelo lado matemático, sem a estratégia, a situação se inverte, sendo o *call* de AQ ruim e o *fold* de AK pior ainda.

Segunda pergunta: a estratégia adotada seria correta se, em vez de estar jogando num torneio de 56 pessoas, estivesse num torneio de mil pessoas?

Provavelmente não. Num campeonato com mil pessoas, ficar se segurando com 9K em fichas no meio do torneio não leva a lugar algum. Num jogo como esse, deve-se procurar chances de dobrar, correndo riscos maiores para conseguir se colocar bem em fichas. Isso serve para torneios como o Sunday Million, ou qualquer outro com um *field* (número de jogadores) muito grande. Você precisa se arriscar mais no meio do torneio, bem mais do que num torneio com *field* pequeno, em que você pode se manter na média, ou pouco abaixo dela, e esperar um pouco mais para agir.

A estratégia guarda relação até com a escolha do que jogar. Se meu estilo de jogo e minhas estratégias preferidas se adequam melhor em *fields* pequenos, para que entrar em torneios como o Sunday Million? Eu joguei o Sunday Million apenas umas cinco ou seis vezes desde que o torneio começou, há dois anos. Os motivos são vários. Primeiro: domingo é dia de ficar com a família. Tirar esse dia para jogar poker não parece viável. Segundo: em alguns domingos eu ainda trabalhava como médico. Terceiro: uma vez por mês, aos domingos, eu participava do BSOP, e de outros torneios excepcionalmente.

Em Las Vegas, na viagem que realizei em março de 2008, fui muito bem em torneios que tinham entre setenta e cem jogadores. Fiz cinco mesas finais e ganhei um dos 11 torneios que entrei. Já em torneios com mais de 180 jogadores, joguei seis e não entrei em nenhum. Claramente, minhas táticas funcionam melhor em torneios com *fields* menores. Tenho que trabalhar melhor meus erros em *fields* maiores.

Essa percepção fez com que, durante o WSOP de 2008, eu preferisse jogar os torneios que aconteciam no Venetian, chamados Deep Stack Extravaganza, que tinham entre quatrocentos a setecentos jogadores, a me aventurar nos torneios do WSOP com *fields* de mais de dois mil competidores. Acabei ganhando um dos torneios, mostrando que minha escolha foi acertada.

Por outro lado, está claro que domingo é o melhor dia para o poker on-line, com ofertas de torneios caros, e, portanto, com chances de prêmios maiores. Ou seja, eu perdia a chance de disputar esses torneios. Somado ao fato de que em 2007 me dediquei mais ao *cash* on-line e a torneios ao vivo, meu volume de torneios jogados on-line caiu muito, e assim tive poucos resultados de destaque.

Mas tudo está dentro da minha estratégia para alcançar meu objetivo de lucratividade mensal.

Outro exemplo prático de estratégia em torneios: você está jogando o BSOP, torneio com 45 minutos em cada nível de *blinds*, no qual você começa com 15.000 fichas.

Iniciaram noventa jogadores, e 10% serão premiados. Você calcula que para chegar à mesa final precisaria de algo em torno de 150.000 fichas.

No segundo nível de *blinds*, 50–100, você recebe A♥K♥ no meio da mesa e tem cerca de 12.000 fichas. E sobe a aposta para 350. Dois jogadores pagam (*button* e *big blind*). O *flop* vem:

O primeiro dá *check*. Você aposta com *top pair* e *kicker* no K, dois terços do pote, ou seja, cerca de 750 fichas. Os dois adversários pagam, fazendo o pote total chegar a quase 4.000 fichas. No *turn* vem:

Agora você também tem um *flush draw*. O primeiro jogador dá *check*, você aposta 3,5K, e os dois jogadores chamam. O *river* é:

O primeiro jogador sai apostando *all-in*, que é maior que o seu total de fichas. Você tem dois pares, AA e 22, com *kicker* no K.

Uma boa mão. Não há *flush* possível na mesa. Restam cerca de 7.400 fichas se você der *fold* nesta mão.

Esse é o momento em que a estratégia pode influenciar sua decisão técnica. Desde o início da mão, aliás, já poderia estar influenciando. Num torneio como o BSOP, o controle do pote nos primeiros níveis é fundamental para o sucesso. Ao fazer apostas altas, tanto antes do *flop* como após você acabou colocando uma grande parte de seu *stack* em jogo, com apenas um par. Você poderia perder para AJ, A9, JJ, 99, A2 e 22. Com exceção das duas últimas mãos, as outras são bem possíveis de estar com um dos outros dois jogadores. Temos que lembrar que eles estão pagando suas apostas.

Além disso, se você está ciente de sua estratégia para o torneio, sabe que dar *fold*, para esta aposta no *river*, não é uma jogada ruim. Ainda sobra uma enorme quantidade de fichas em relação aos *blinds* atuais, e você pode esperar uma mão em que seu jogo seja realmente mais forte e tenha a vantagem e menor risco de ser eliminado precocemente.

Porém, se você não traça a estratégia antes, acaba agindo impulsivamente, fazendo apostas mais altas do que deveria ou chamando esta aposta no *river*, sem pensar nas consequências para o restante do torneio. Seu adversário que foi *all-in* tinha 99 e tinha trincado no *flop*, completando um *full house* no *river*. Um *call* teria sido desastroso.

Pense nisto

Se você entrar sem estratégia num jogo, tomará decisões puramente reativas e estará fazendo o jogo de seus adversários em vez de realizar o seu. Ao pular de uma tática para outra, será afastado de seu curso, envolvido diretamente no que está a sua frente, esquecendo-se de seu objetivo principal, que é ganhar o torneio.

O bom estrategista começa com um objetivo no futuro distante e trabalha em retrospecto até o presente.

Ao entrar num torneio, você deve pensar na mesa final. Quantas fichas você precisa para chegar até lá? Qual o provável nível de *blinds* em que isso acontecerá considerando o número de inscritos? Qual deve ser a média neste momento? E a média na mesa semifinal? Depois, comece então a trabalhar para trás na história do torneio, imaginando como se posicionar sempre na média ou acima dela. Suas decisões de se envolver em grandes potes devem levar isto em consideração.

Em alguns torneios é fundamental possuir mais do que a média, ou seja, se arriscar mais, correndo até mesmo o perigo de ser eliminado.

> Pense nisto
>
> Ter um objetivo e metas é o primeiro passo; manter-se dentro do planejamento é o passo seguinte e é ainda mais difícil.

No campo de negócios fica fácil entender isso. Você faz um planejamento para sua empresa, um cronograma, e aí vem seu principal concorrente e lança um produto que disputa espaço com o seu. Um dos instintos imediatos é tentar atacar o produto dele, enfraquecê-lo de alguma maneira, quando na realidade seu foco deveria ser o de manter sua estratégia para seu produto. Se houve bom planejamento, você terá previsto a possibilidade de concorrentes e, por isso, seu foco deve ser no seu produto e não no adversário.

No poker isso significa dizer que você não deve se deixar influenciar pelas estratégias dos adversários, e sim tentar seguir sua estratégia planejada, se adaptando às situações que surgem, mas sempre pensando em como elas afetam seus objetivos.

Para ver como a estratégia entra em jogo, vou dar um exemplo do Circuito Paulista e do BSOP.

Logo no início da temporada do CPH e do BSOP em 2007, André "Pardal" e Sergio Brun conseguiram uma vantagem significativa nos *rankings* dos torneios. André ganhou duas etapas do CPH, a primeira e a quarta. Sergio Brun ganhou a primeira etapa do BSOP e, em seguida, fez dois *heads up*, sendo vice-campeão nas duas etapas seguintes.

A partir deste momento, o jogo dos dois passou a ser diferente, e assim prosseguiu nas etapas seguintes. Como o objetivo principal (distante, lá no futuro) era serem campeões paulista e brasileiro, André e Sergio começaram a entrar nos torneios com a estratégia de chegar o mais longe possível, para marcar pontos sem se arriscarem demais. Assim, em todas as etapas vimos os dois com um jogo sólido, chegando até as mesas próximas às finais e subindo no *ranking*. A estratégia pagou dividendos, e ambos alcançaram seus objetivos.

Traçar o objetivo: ser campeão.
Visualizar as metas: jogar todas as etapas e pontuar o melhor possível nelas.
Definir as táticas: jogar com segurança, evitar potes grandes e *coin flips*.
Prática: disciplina para se manter no plano traçado.
Esse é um exemplo de estratégia traçada do final (objetivo) para o início.

Da mesma forma, em 2008 Cláudio Baptista se tornou campeão brasileiro ao participar de todas as etapas do BSOP. Claúdio chegou a várias mesas finais e, apesar de não ter ganhado nenhuma etapa, foi o jogador que mais somou pontos no ano. Planejamento e estratégia.

Atenção

O formato do torneio influencia em sua estratégia: se ele for mais rápido, com *blinds* que sobem em vinte minutos e um *stack* inicial menor, pode-se decidir ser mais agressivo e incisivo e se envolver em potes maiores desde o início. Se for mais lento, pode-se traçar uma estratégia mais conservadora. Se for com *stacks* grandes, pode-se entrar em mais potes baratos. Se for com *stacks* pequenos, devem-se poupar fichas e, quando entrar numa mão, deve-se entrar forte, para dobrar ou ser eliminado.

O momento do torneio também exerce influência em sua estratégia: decidir que, a partir de determinado nível de *blinds*, você começa a roubá-los com mãos mais fracas, após ter estabelecido uma imagem *tight* na mesa, é traçar uma estratégia. Todo o seu comportamento, dando *fold* em diversas mãos nas horas anteriores, procurando demonstrar quão seguro você vinha jogando, serve como uma tática para permitir seus ataques no futuro.

É visível a variação da estratégia conforme o formato do torneio. Por exemplo: ao jogar um satélite, seu objetivo principal não é ter todas as fichas, e sim apenas o suficiente para ganhar sua vaga. Deste modo, sua briga para acumular fichas ocorrerá de maneira diferente da que aconteceria num torneio em que os prêmios maiores estão apenas nas primeiras duas ou três colocações.

E não é só em torneios. Traçar uma estratégia para um *cash game* é de igual importância. Fazer o *buy-in* completo para a mesa ou entrar com menos fichas? Participar de vários potes ou jogar de maneira *tight*? Explorar as fraquezas de determinado jogador? Se sim, de que maneira?

Um belo exemplo de estratégia está descrito de maneira detalhada, e de certo modo até poética, no brilhante livro de Michael Craig, *The Professor, the Banker, and the Suicide King: Inside the Richest Poker Game of All Time.* Digo "poética" porque o protagonista, o banqueiro Andy Beal, apesar de sair perdendo no final de seu desafio, tem em Michael Craig um autor que narra com tanto entusiasmo o brilhantismo de suas estratégias que, ao final, você o considera um vencedor.

O livro é a história desse banqueiro apaixonado pelo poker, que resolve desafiar os maiores jogadores do mundo em jogos *cash game* e *heads up* de somas milionárias. Para isso, organiza o maior *cash game* da história, no cassino Bellagio, em Las Vegas. Ao longo dos anos em que este desafio durou, houve um momento em que um dos lados estava levando mais de US$15 milhões do outro. E Andy Beal muitas vezes saiu à frente, ganhando do time formado por Doyle Brunson, Todd Brunson, Jennifer Harman, Ted Forrest, "Chip" Reese, Chau Giang, Phil Ivey e Howard Lederer, time este que chegou a ter 16 jogadores e ficou conhecido como The Corporation [a "Corporação"]. Apenas para tomarmos nota de alguns resultados, Beal chegou a ganhar oito milhões de "Chip" Reese numa sessão e quatro milhões de Gus Hansen em outra. Numa única sessão, teve US$21,7 milhões em fichas a sua frente. Por outro lado, em sua última viagem, Beal perdeu US$9 milhões para Howard Lederer. Os *blinds* chegaram a cem e duzentos mil dólares num dos jogos disputados. Mas normalmente ficavam na faixa de trinta e sessenta mil dólares.

O mais interessante do livro é a discussão de toda a estratégia de Beal para vencer os profissionais. Além de muito preparo e estudo — Beal era ligado à matemática e lançava mão dos mesmos recursos de Chris Ferguson, usando simulações em computadores e decorando os principais movimentos em certas situações de cartas e mesas —, ele criou toda uma série de táticas para conseguir seu objetivo final de bater os profissionais em *heads up*:

- Ele tentava sempre fazê-los jogar níveis mais altos do que estavam acostumados, tentando tirá-los da zona de conforto financeiro;
- Marcava os jogos para 7h e 10h, um horário que os profissionais detestavam, pois não tinham o hábito de dormir cedo, e muito menos de acordar cedo. Assim, a maioria começava os jogos cansada;
- Usava óculos e um gorro que deixavam seu rosto praticamente coberto, o que evitava que desse *tells*;
- Utilizava um mecanismo em seu sapato que enviava sinais elétricos para que ele conseguisse agir num intervalo de tempo sempre aleatório quando fosse sua vez, evitando os *tells* relacionados ao tempo que demorava para agir em cada mão;
- Não falava durante os jogos;
- Entre uma sessão e outra se passavam meses. Andy decidiu não avisar aos profissionais quando seria a próxima sessão, chegando de surpresa ao Bellagio sem lhes dar tempo de se prepararem treinando *heads up*, enquanto ele estudava o jogo dos adversários e planejava táticas de jogo.
- Beal criou um método parecido com um ábaco (aquele antigo instrumento utilizado para realizar operações aritméticas), em que utilizava pilhas de fichas de diferentes tamanhos e randomizava o seu jogo, apostando com pilhas diferentes de fichas e decidindo sobre *fold*, *call* ou *raise* de modo aleatório em mãos nas quais qualquer uma dessas ações seria uma opção viável de jogo;
- Jogava agressivamente, tentando ser o jogador a ditar o ritmo de apostas, tirando os profissionais da zona de conforto.

Acho interessante comentar o motivo que fez Andy Beal parar com o desafio. Não teve nada a ver com o dinheiro ganho ou perdido, já que ele era um bilionário e essas perdas e ganhos pouca diferença faziam. O que o fez parar foi conseguir entender como os profissionais pensavam. Beal era atraído pelo poker porque envolvia a emoção das apostas. Porém, desenvolver suas habilidades, se fazia o jogo ser menos baseado na sorte, também o transformava menos numa diversão e mais em... trabalho.

Quem está procurando se desenvolver e avançar no poker tem que levar isso em consideração: quanto mais estudo e dedicação, mais o poker deixa de ser uma diversão e passa a virar um trabalho.

Grande parte das derrotas de Beal veio quando ele se desviou de sua estratégia. Por exemplo, ele fazia seus adversários acordarem cedo para jogar contra ele. Neste momento ele tinha a vantagem e normalmente ganhava. Mas ele se empolgava e ficava tempo demais à mesa. Após 16 horas jogando, começava a perder a concentração e a cometer erros, enquanto os profissionais, acostumados a longas sessões, não tinham esse problema. Na maioria de suas viagens, os dois primeiros dias foram de vitórias para Beal. Mas, no terceiro e quarto dias, ele jogava cansado e perdia. Ou seja, faltava a disciplina para seguir à risca a estratégia adotada.

Em vez de entrar em detalhes de estratégias neste momento, farei uma pausa para falar de outro ponto importante num jogo de poker, ponto este que citei em um dos primeiros parágrafos e que considero fundamental para um jogador avançado aprender e usar a seu favor: os ritmos.

Somos regidos por diversos ritmos. O bater de nossos corações, nossa respiração, as ondas sonoras que nos cercam, os segundos e minutos que passam. Pequenas perturbações nesses ritmos podem alterar nosso humor e nossa atenção, como por exemplo um barulho em meio ao silêncio, ou ainda o contrário, um momento de silêncio constrangedor após uma animada conversa. Nosso coração acelera quando nos defrontamos com o perigo. Existem, entretanto, ritmos imperceptíveis para os que não estão abertos a notá-los. Um deles é o ritmo da sorte na mesa. Não é crendice ou superstição, e sim um fato. Existem momentos num torneio ou sessão em que suas cartas começam a ajudá-lo. E, em outros, você recebe sequências quase intermináveis de cartas ruins. O mesmo acontece com seus adversários. Estar atento a esse ritmo e perceber para que lado o vento está soprando na mesa é necessário para a sobrevivência.

Estatisticamente, isso pode ser explicado até com uma certa facilidade. Em casos de eventos independentes — por exemplo, o resultado do lançamento de um dado com seis faces — a probabilidade de cada face sair a cada lançamento é absolutamente igual (uma em cada seis). Justamente por elas serem iguais ao longo do tempo, todos os resultados acontecerão um certo número de vezes. Qual a chance de você lançar o dado cem vezes e não tirar nenhuma vez o número 6? E se você lançá-lo mil vezes? Se você achar que o 6 não está saindo tanto quanto deveria, depois de um tempo é natural que haja a compensação, ou seja, você começa a tirar 6 com uma frequência aparentemente maior, mas que na realidade está apenas "compensando" a frequência esperada. Este conceito se relaciona com a variância matemática e a expectativa de um resultado. (Atenção: na prática não existe uma compensação real. Os lançamentos futuros são independentes dos passados. Porém a tendência é observarmos essas compensações.)

Teoricamente, se você passar um certo tempo sem receber cartas boas, num determinado momento receberá a "compensação". Ou seja, você deve tirar AA o mesmo número de vezes que vai tirar 22, 33, 44 e daí por diante. Precisa ter paciência e saber perceber o momento.

Atenção

A percepção de ritmo é importante para saber quando atacar adversários. Em vez de se concentrar apenas em suas cartas e em seu ritmo, tente perceber quais adversários na mesa estão passando por este momento de *cold deck* (literalmente seria "baralho frio", cartas ruins). Ataque os *blinds* desse adversário, use apostas fortes e consistentes contra ele. Ou seja, perceba o ritmo da mesa.

Da mesma forma, evite se confrontar com o adversário que parece estar acertando qualquer mão que joga. Muitas vezes já ouvi histórias que até parecem teorias conspiratórias sobre sites de poker on-line favorecendo o *big stack* ou *chip leader*.

Muitas vezes, o que acontece é o mesmo que vemos ao vivo. No ritmo de determinada sessão, alguém de fato está recebendo cartas acima da média e acertando mais jogos. Naturalmente, essa pessoa começa a acumular fichas. E, por ter mais fichas, isso a coloca na posição de poder se arriscar mais e entrar em mais potes, o que leva a um efeito bola de neve, fazendo com que acerte ainda mais jogos e acumule ainda mais fichas.

Fique muito atento quando alguém na mesa começar a reclamar que há não sei quanto tempo não recebe boas cartas, que só recebe cartas ruins...

O bom jogador ouve essa informação como uma oportunidade de lucro. O jogador iniciante se compadece, conta histórias tristes semelhantes e não se aproveita da situação.

Atenção

Quando você está num ciclo ruim na mesa, encontrar alguém que esteja num ciclo pior pode ser seu passaporte para a saída dessa fase. Você ataca o jogador que afirma estar num ciclo fraco com duas cartas quaisquer. Ele provavelmente vai dar *fold* e dizer que continua recebendo cartas ruins. E você pode começar a ganhar fichas sem nem mesmo ter melhorado suas cartas.

Existem outros ritmos a serem percebidos. Por exemplo, a velocidade da mesa. Se as mãos estão acontecendo muito rápido, com apostas quase instantâneas, a tendência é que a mesa comece também a ficar mais agressiva e solta, com apostas mais altas. Este ritmo pode ser favorável ou prejudicial.

Por exemplo, se você tem um monstro na mão, como um *set* no *flop*, e seu adversário está acelerando o jogo, evite parar e pensar; jogue rápido chamando a aposta dele. Isso o estimula a também apostar rápido no *turn*, e normalmente de forma agressiva. Uma pausa sua no *flop* para pensar pode fazer com que seu adversário se toque do perigo em sua mão e resolva ele mesmo quebrar o ritmo e pensar. Então, aproveite o ritmo acelerado com suas mãos mais fortes para induzir apostas, e use *check-raises* rápidos no *turn* (evite-os no *flop*), *calls* igualmente velozes e, quando resolver tomar a ação, faça uma aposta rápida, aparentemente impensada, mantendo a impressão de urgência.

Jogar rápido, no entanto, não significa colocar todas as suas fichas imediatamente no meio. Uma vez eu estava num torneio e um jogador acelerava a mesa o tempo todo. Numa determinada mão, ele deu *raise* pré-*flop* e foi instantaneamente chamado pelo adversário que tinha posição. Os *stacks* giravam em torno de 33K para ambos, e o *raise* pré-*flop* foi de 1K em *blinds* 200 e 400. O *flop* veio T87. O jogador apostou rapidamente 1,5K, e foi chamado pelo adversário na mesma velocidade. O *turn* veio J, e o jogador A apostou 3K rapidamente. De *imediato*, o jogador B colocou *all-in* de 30,5K, ou seja, os 3K mais 27,5K. Neste momento o jogador A para e pensa por uns dois minutos.

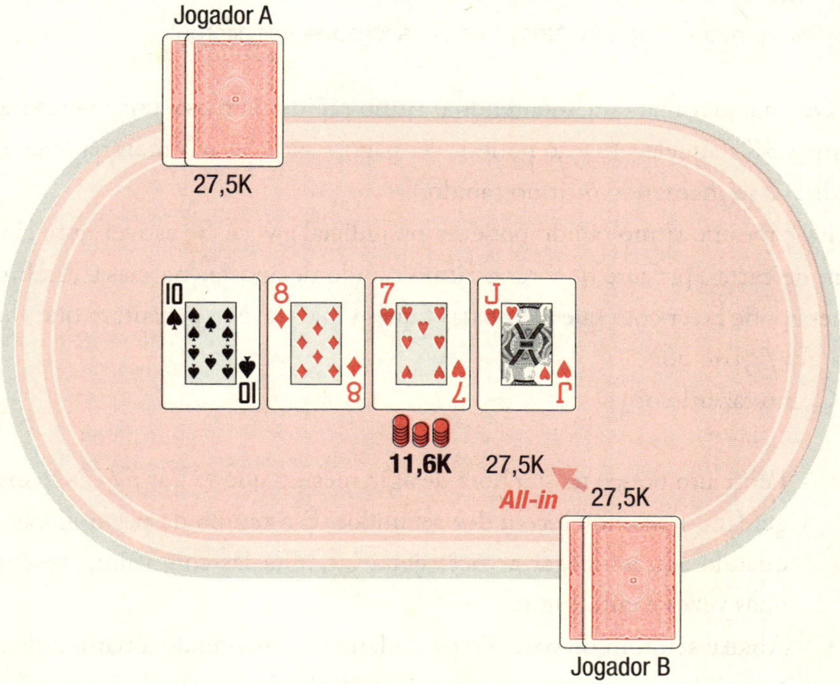

O resultado dessa jogada é o que menos importa. Por um acaso, a aposta foi chamada nesta ocasião. Obviamente o jogador B tinha uma sequência, estando com 99 na mão. O jogador A tinha T8 e, apesar de todos os indicativos de que o adversário tinha uma sequência, acabou chamando e sendo eliminado do torneio (ambos tinham *stacks* quase iguais).

Sem questionar por que colocar todo seu *stack* em risco numa mão como essa, minha maior pergunta recai sobre o jogador B. Com o *all-in* rápido e gigante, ele correu o sério risco de não ganhar mais nenhuma ficha na mão, apesar de ter o melhor jogo. Alguns podem argumentar que o *all-in* serviu para proteger a mão. Mas o objetivo de cada jogada no poker não deve ser maximizar seu lucro quando você tem o melhor jogo? Ou seu objetivo é se proteger para evitar perder com um *bad beat*?

Sempre escolha a jogada que trará o máximo de fichas a você. Algumas vezes isso pode significar correr riscos maiores. Em um *cash game*, raramente vou escolher evitar os riscos. Pois, se eu perder com a melhor mão, simplesmente recompro e continuo no jogo com a consciência tranquila de ter feito a melhor jogada. Num torneio isso pode ser diferente.

De qualquer maneira, mantendo o ritmo rápido da mesa, um *raise* menor de mais 5K naquela situação poderia ser pago, e você levaria mais na mão em média. (Isso mantendo o ritmo rápido.)

Esse mesmo ritmo rápido pode ser prejudicial a você. Se estiver num ciclo ruim de cartas, procure quebrar o ritmo rápido de apostas na mesa. Acalmar a mesa pode fazer com que as apostas fiquem mais leves e permitam que você veja um *flop* ou dois.

Como fazer isso?

- Pense um pouco na sua hora de agir, mesmo que vá dar *fold*. Não exagere, no máximo cinco a dez segundos. É o tempo de pegar as cartas quando a ação chegar a você, ajeitá-las, olhá-las com calma, respirar duas vezes e então agir;
- Abaixe seu tom de voz, fale pausadamente, mantendo a naturalidade;
- Se preciso, comente como a ação está rápida, isso pode fazer outros jogadores aderirem inconscientemente à sua necessidade de reduzir o ritmo do jogo.

O ritmo acelerado também prejudica quando você quer que seus adversários façam uma leitura de suas ações. Por exemplo, blefar com ritmo acelerado dificilmente vai funcionar. Melhor dizendo, você pode até ser rápido ao lançar um blefe, mas, para ele ter mais chances de funcionar, seu adversário tem que estar num ritmo que o permita registrar a ação e pensar a respeito. Se ele estiver em piloto automático, agindo rápido e sem pensar, as chances de chamar são bem maiores e, portanto, seu blefe não funcionaria.

Dica

Na próxima vez que entrar num jogo ao vivo, brinque com o ritmo da mesa. Tente descobrir maneiras de acelerar a ação ou reduzir a velocidade dos acontecimentos. Veja se isso influi no resultado das jogadas. É uma experiência interessante.

E para quem acha que esse tipo de recurso é uma viagem ou algo pouco importante, deve ler *Getting Lucky: the Education of a Mad Poker Player*, de Richard Sparks. Durante o treinamento de Sparks com Tom McEvoy e T.J. Cloutier, esse aspecto foi valorizado. Outro exemplo disso foi aquele que citei, do Andy Beal contra a "Corporação", controlando o ritmo do jogo e o tempo de resposta.

Saindo do poker, mas indo ao encontro de um outro esporte que guarda semelhanças por seu raciocínio lógico e disciplina, percebe-se que no xadrez o planejamento estratégico também é fundamental.

> "Existe um ditado de negócios que diz que 'planejamento sem ação é inútil, ação sem planejamento é fatal'."
>
> Garry Kasparov

Se você está jogando num nível avançado, traçar objetivos, definir sua estratégia geral e as táticas para alcançar as metas é essencial.

O planejamento estratégico permite que a tomada de decisão seja mais fácil, porque qualquer ação será realizada somente se for consoante com sua estratégia, ou seja, você sempre terá uma referência para a tomada de decisões. É o caso de saber que um *fold* é correto num ponto do jogo e um *all-in* o é em outro ponto.

O segredo para ser um bom estrategista é sempre se perguntar o porquê. E não somente observando seu jogo, mas o de outras pessoas também. Ao ver uma mão postada num fórum, sempre se pergunte o porquê de cada ação tomada.

Muitas vezes vejo pessoas postarem mãos em fóruns e perguntarem a linha de ação. Aí vêm algumas respostas em seguida: "Faça isso, isso e aquilo!" Mas onde está o porquê dessas respostas? É perda de tempo para os dois lados, para quem responde e para quem lê, analisar uma tática sem discutir seu porquê.

Escolher uma linha de ação é o mesmo que decidir uma tática. Mas por quê?

Ao postar num fórum como o MaisEV (www.maisev.com), o do Clube do Poker ou o do Poker Mania, escreva seu porquê, mesmo que ele não seja o certo. Escreva seu raciocínio, o que o leva a agir de certa maneira. Não só vai ajudá-lo a virar um melhor estrategista, como ajudará os outros que estão lendo. Em contrapartida, estimula que mais pessoas façam o mesmo.

Mais uma vez falei de estratégia e tática no mesmo parágrafo como conceitos diferentes. Vamos tentar entendê-los. A estratégia é abstrata e baseada em objetivos de longo prazo; a tática é concreta e baseada na descoberta da melhor jogada a se fazer de imediato.

Vamos dar dois exemplos do futebol:

A estratégia: jogar no ataque para marcar muitos gols.

As táticas: usar cruzamentos altos na área, chutar de longe, utilizar um centroavante avançado, cavar faltas perto da área, distribuir os jogadores pelo campo em formações ofensivas.

A estratégia: jogar defensivamente e explorar o contra-ataque para ganhar o jogo.

As táticas: congestionar o meio de campo, utilizar lançamentos longos para os atacantes, fazer pressão para roubar a bola na intermediária, manter a defesa coesa.

Agora no poker:

A estratégia: jogar *tight* para se arriscar pouco e chegar na faixa de premiação.

Táticas: selecionar bem as mãos pré-*flop*, evitar entrar em potes que já tenham sido aumentados, tentar utilizar controle de pote, ganhar potes pequenos.

A estratégia: acumular fichas rapidamente para dominar a mesa, e chegar no meio do torneio com um *stack* grande.

Táticas: dar muitos *limps* tentando acertar o *flop*, entrar sempre com *reraise* em jogadores que demonstrarem fraqueza ou que são *tight* passivos, utilizar alavancagem (aprenderemos em um capítulo adiante) para fazer os potes crescerem.

> O sucesso duradouro é impossível se você permitir que suas reações se sobreponham ao seu planejamento.

Neste ponto chegamos a uma pergunta: no poker não é necessário se adaptar às mudanças constantes na mesa? Somos trocados de mesa, novos jogadores chegam às nossas mesas, os *stacks* mudam de tamanho a cada mão, o *chip leader* muda, e assim por diante...

Sim, se adaptar é fundamental, porém com o cuidado necessário para não tornar essa mudança uma alteração infundada de estratégia. Por exemplo, você entra num torneio com uma estratégia, mas as cartas não vêm. Aí, você leva um *bad beat*, e culpando a má sorte muda de estratégia, colocando-a de lado.

Isso é muito comum. Derrotas podem fazê-lo acreditar que deve mudar sem necessidade. Do mesmo modo, a vitória pode fazê-lo acreditar que sua estratégia é perfeita, e você não vai procurar melhorá-la.

O sucesso quase nunca é analisado com tanto rigor quanto o fracasso, e costumamos atribuir nossas vitórias a nossa superioridade, e não às circunstâncias. Quando tudo está correndo bem é ainda mais importante questionar. Excesso de confiança também leva a erros e pode ser o princípio de uma queda. Achar-se bom demais e acreditar que não precisa mais retornar ao básico pode ser fatal.

> Atenção
>
> Os fundamentos do poker darão a você o material necessário para se adaptar, traçar estratégias e avaliar os riscos.

Este é um livro que logo à frente tratará de discussões mais avançadas, como *3-bets*, *resteal*, estatísticas... Porém o que realmente faz a diferença é ter fundamentos sólidos. O leitor que passar por estes capítulos iniciais sem conseguir ver a importância de estratégias, táticas, harmonia nas mesas, ritmos e regras, nunca conseguirá compreender a essência do poker.

Poker não é um jogo somente de apostas de fichas, é um jogo que envolve psicologia, disciplina e bons fundamentos.

Para encerrar o capítulo com uma dica prática de planejamento, vou dar o exemplo do Full Tilt Poker. O site é um dos que permitem que você faça *datamining*, ou seja, abra mesas e fique observando, porque ele copia o histórico das mãos (*hand histories*) para arquivos temporários no diretório específico de seu programa. Assim, você pode pegar um software como o PokerTracker e carregar todas essas mãos assistidas.

O que faço quando quero jogar *cash*? Entro no Full Tilt e abro umas dez mesas do nível que quero jogar, por exemplo NL2/4. Aí deixo coletando informações por uma meia hora. Depois, procuro pelas mesas que tenham jogadores com maior histórico de derrotas de acordo com o PokerTracker. Olho principalmente por mesas que tenham pelo menos dois jogadores *loose*, com VP$IP (porcentagem de mãos em que o jogador resolve entrar para ver o *flop*) acima de 23%. Ao encontrar a mesa ideal, entro na lista de espera e começo a observá-la com maior atenção. Por isso falo de planejamento: para uma boa sessão de *cash*, essa preparação é excelente.

Normalmente escolho o período da tarde para jogar, pois, analisando meus dados no PokerTracker, vi que este costuma ser o momento que tenho melhores resultados. Já descobri o oposto também: meus piores resultados em *cash* vêm quando jogo mesas de madrugada, principalmente mais de uma ao mesmo tempo.

Quando sento à mesa, já tenho uma estratégia preparada para ela, dependendo de quão *loose* a ação está. Vocês vão me perguntar: você faz isso todas as vezes que vai jogar? Claro que não. Às vezes entro sem esse preparo, só para brincar e relaxar. Mas o fato é que meus resultados são bem melhores quando me preparo para a sessão, tomo notas sobre jogadores e escolho a mesa pelo perfil dos adversários que quero enfrentar.

Esse *datamining* pode ser realizado à vontade. Hoje tenho catologadas na minha base de dados mais mãos dos outros jogadores do que minhas. Isso permite um belo estudo dos adversários.

Atenção

Ao longo do capítulo sugeri vários exercícios e experiências que você deve colocar em prática:

- perceber os ritmos da mesa;
- experimentar acelerar ou reduzir o ritmo de suas apostas;
- roubar *blinds* de jogadores que estão recebendo cartas ruins e reclamando a esse respeito;
- parar para pensar antes de tomar uma atitude impulsiva;
- planejar suas sessões: qual jogo, qual horário, quais adversários;
- estabelecer objetivos de curto, médio e longo prazo e traçar as estratégias;
- pensar nas táticas que podem mantê-lo dentro da estratégia traçada;

Vale lembrar que esses exercícios devem ser uma constante. Você deverá sempre praticá-los para encontrar novas soluções e caminhos para seu jogo.

Capítulo 5

Com *stacks*, tamanho é documento, sim

"Poker é sorte mesmo. Deve ser verdade. Quando estudo mais, me dedico mais, planejo melhor meus movimentos e estudo melhor meus adversários, meus resultados melhoram. Que sorte! Descobri que, quanto mais duro trabalho, mais sorte tenho no poker."

Daniel "Tevez" Cantera, argentino-brasileiro, jornalista do poker, já trabalhou com PT.pokernews.com e com o pokerdobrasil.com cobrindo os principais eventos no Brasil e no exterior

Podemos perceber a diferença entre um jogador de poker iniciante e um outro que começa a entender o funcionamento correto do jogo e suas implicações estratégicas quando vemos que o jogador está consciente dos *stacks* à mesa.

Seja em um torneio ou em um *cash game*, o *stack* que um jogador possui determina seu poder de fogo. No início de um torneio, todos os jogadores possuem a mesma quantidade de fichas, portanto os *stacks* são iguais. Mas, conforme o torneio avança e mãos são ganhas ou perdidas, a relação entre os *stacks* se modifica. Essa "nova ordem" gera um maior poder para quem possui mais fichas em relação a quem tem menos.

Com mais fichas é possível utilizar um repertório maior de jogadas. Isso é óbvio até para um iniciante. Há quem afirme (e eu concordo plenamente) que o poker não é um jogo de cartas, e sim um jogo de fichas.

Diz-se do jogador que sabe fazer apostas fortes quando ele possui muitas fichas em seu *stack* e sabe usar a "pressão" das fichas. Um dos estilos de jogo mais difíceis de dominar é justamente o *loose* agressivo, no qual o jogador aposta forte usando a pressão das fichas contra os adversários, jogando uma grande variedade de mãos.

Acredito que, para todos os tipos de jogador, ter um *stack* maior ajuda. Agora, o que poucos reparam e a maioria dos iniciantes não presta a menor atenção é que perceber o *stack* de seus adversários, e, ainda, como eles se relacionam com seus *stacks*, é até mais importante do que sua própria quantidade de fichas.

É simples: se vejo na minha mesa um jogador que realiza apostas sem relacioná-las ao pote ou ao seu próprio *stack*, sei que esse jogador é iniciante ou não entende de teoria de poker.

Um exemplo: um jogador faz uma aposta no *flop* de 80% de seu *stack*, deixando 20% para trás. Pense bem: o que ele pretende fazer com os 20% que sobram? Apostar no *turn*? No *turn*, esses 20% não conseguem fazer nem cócegas no adversário, já que o pote terá no mínimo oito vezes mais fichas do que a nova aposta (a aposta do *flop* mais o *call* do adversário).

Dica

Vou descrever uma situação prática: você está em um *cash game* 2/4 no Conrad Casino, em Punta del Este.

É essencial notar o ambiente. Se você está no *poker room* de um cassino, espere um público totalmente diferente do de um *cardroom*. Quem frequenta cassinos não é necessariamente jogador de poker. A grande maioria está lá para jogar *blackjack*, roleta, *baccarat* e outros jogos, nos quais normalmente perdem grandes quantias de dinheiro para o cassino. Sentam na mesa de poker buscando a mesma emoção dos outros jogos, ou seja, querem ir *all-in* e torcer para acertar o jogo. Muitas vezes desconhecem as regras e não sabem a teoria. Estão ali para se divertir e às vezes nem mesmo se preocupam em perder ou ganhar. Por outro lado, você sempre vai encontrar alguns profissionais locais, jogadores que levam a vida passando todos os dias ali para ganhar de turistas.

Uma das maneiras mais fáceis de discernir os profissionais dos iniciantes está em como os jogadores lidam com as fichas, tanto física quanto estrategicamente.

- *Física:* o jogador tem intimidade manipulando fichas? Brinca com elas? Faz *chip tricks*? As mantém organizadas? Na hora de fazer apostas, pega a quantidade correta que quer apostar? Essas são as características de um profissional.

O jogador amador pode ter dificuldade em arrumar suas fichas, ou ainda em separá-las após anunciar o valor de sua aposta. Suas fichas ficam arrumadas dentro de um *rack* ou estão posicionadas de maneira desorganizada?

Dica

Se um jogador tem dificuldade em separar as fichas, faz apostas que parecem aleatórias e não calculadas (pega um punhado de fichas na mão e joga no pote), normalmente esse jogador não é familiarizado com o Texas Hold'em. Portanto, um provável iniciante e um alvo em potencial para você.

- *Estratégica:* o jogador amador às vezes compra fichas em pouca quantidade para o nível que vai jogar. Por exemplo, neste jogo 2/4 no Conrad, se alguém se sentar com apenas US$100 dos US$400 (valor máximo permitido), na mesma hora classifico o jogador como amador e inexperiente. Pelo simples fato de que um *raise* pré-*flop* de quatro ou cinco vezes o *big blind* (US$20, comum para esse nível de jogo) já compromete um quinto do *stack* deste jogador. E, o pior, muitas vezes realmente vemos este jogador pagando *raises* pré-*flop* sem ter noção de quantas fichas sobram em seu *stack*. Já vi entrarem com US$100, perderem metade do *stack* e continuar à mesa jogando. Esses jogadores não têm a menor chance de tirar um adversário de uma jogada com suas apostas.

Atenção

Um conceito importantíssimo que deve estar completamente assimilado para um jogador é que no poker se ganha de duas maneiras:

- tendo a melhor mão ou
- fazendo seus adversários saírem da mão.

A segunda maneira só pode ser conseguida se você tiver fichas suficientes para assustar o adversário com sua aposta, tornar as *odds* para que ele chame a aposta insuficientes ou ainda gerar o que chamamos de *fold equity*.

O *fold equity* é o valor que você ganha de oponentes que dão *fold* em suas mãos. Ou seja, é o valor que você espera ganhar na porcentagem de vezes que o adversário não chama sua aposta. Quanto maior for essa porcentagem, melhor para você, pois nesses casos você ganha sem risco e sem nem mesmo ter que mostrar as cartas.

Atenção

Em meu primeiro livro havia um capítulo sobre expectativa. Vamos dar um exemplo para entender.

Em um *cash game*, você e um adversário têm 1.000 em seus *stacks*. Os *blinds* são 10–20.

Você tem AK, e o seu adversário tem 99. Ele sobe do *small blind* a aposta pré-*flop* para 120, e você que estava no *big blind* volta *all-in*.

As chances de cada um ganhar essa mão caso o adversário chame seu *all-in* são próximas de 50% para cada lado, com uma ligeira vantagem para o 99.

Se o adversário sempre chamasse você, essa seria uma jogada com expectativa negativa da sua parte, pois o 99 é ligeiramente favorito a ganhar mais vezes (CASO A). O que pode fazer dessa uma jogada lucrativa é que, assustado com sua grande aposta, a qual coloca em risco todo o cacife dele, o adversário pode decidir sair da mão (CASO B). Se a percepção de risco dele é maior, provavelmente largará a mão numa porcentagem maior de vezes.

Se, por outro lado, você tivesse apenas 300 fichas e ele tivesse subido pré-*flop* 120 tendo um *stack* de 1.000, você voltar *all-in* significa que ele tem que arriscar apenas 180 para tentar ganhar um pote que já tem pelo menos 240. As chances de ele resolver largar a mão são menores — digamos que de apenas 20% (CASO C).

Quanto maior a chance de ele largar a mão devido a sua aposta, maior o seu *fold equity*, ou seja, maior a expectativa de ganho que você tem devido ao *fold* dele.

No caso A, você ganha aproximadamente 50% das vezes, levando 1.000 de lucro (1.000 seus com 1.000 dele), e perde seus 1.000 nos outros 50%.

No caso B, ele passa a dar *fold* 70% das vezes no seu *all-in*. Você em 70% das vezes ganha imediatamente os 120 que já estão no pote da aposta dele. E, nos 30% restantes, perde 1.000 na metade das vezes e ganha 1.000 na outra metade.

Por fim, no caso C, ele dá *fold* em 20%, e você ganha 120. Ele dá *call* em 80%, e você ganha 300 em aproximadamente metade das vezes, ou perde 300 na outra metade.

Expectativa caso A = (50 × 1.000) - (50 × 1.000) = 0 (Ou, na realidade, ligeiramente negativa, pois as chances reais estão mais para 48% contra 52% do que para 50% contra 50%.)

Expectativa caso B = (70 × 120) + (15 × 1.000) - (15 × 1.000) / 100 = +84

Expectativa caso C = (20 × 120) + (40 × 300) - (40 × 300) / 100 = +24

Dá para reparar que quanto maior a chance de o adversário dar *fold*, mais lucrativa é sua jogada. Portanto, você deve fazer apostas que maximizem a chance de seu adversário dar *fold*, tomando cuidado para não se comprometer excessivamente, colocando muitas fichas num pote pequeno demais.

Outro ponto importante para atentar é que para maximizar sua expectativa é melhor que você tenha um *stack* maior, mais próximo do máximo permitido para a mesa ou a média da mesma.

A melhor maneira de gerar *fold equity* é apostando ou aumentando uma aposta. Quando você faz uma aposta que pode comprometer uma parte substancial do *stack* do seu adversário, está gerando *fold equity*.

No caso B, o que está no pote somado ao que foi apostado não gera atrativos suficientes para que o jogador chame a aposta, pois ele estaria arriscando muito com uma mão não tão forte (99), e o deixa com a possibilidade de sobrar com uma boa parte do seu *stack* para outras mãos caso dê *fold* (1.000 - 120 que ele apostou = 880). A aposta *all-in* do caso B gerou *fold equity*, aumentando muito a porcentagem de vezes que o adversário largaria a mão.

Se um jogador não tiver a percepção de seu próprio *stack* e do de seu adversário, não consegue nem mesmo pensar no conceito de *fold equity* e em gerá-lo por meio de suas apostas.

O exemplo dado é um exagero, pois a aposta *all-in* é excessivamente alta num pote que tem somente 240. Porém serviu para ilustrar o conceito de que, quanto maior o poder de gerar o *fold equity*, melhor sua aposta, sem no entanto arriscar desnecessariamente suas fichas.

Para quem gosta de fórmulas matemáticas, o *fold equity* pode ser descrito pela seguinte equação:

Fold equity = chance de seu adversário dar *fold* × (equidade obtida se o oponente der *fold* - equidade se o oponente der *call*).

Como curiosidade, o significado da palavra "equidade" (ou *equity* no original em inglês) é amplo. Em mercado financeiro, "*equity*" significa patrimônio líquido, uma participação acionária ou um direito de propriedade. Porém a palavra também é sinônimo de justiça, retidão.

Uma palavra mais simples para definir tudo? Valor.

"*Equity*" é igual ao valor que você ganha em algo. *Fold equity* é o valor que você ganha quando o adversário dá *fold*.

Mas por que considero a percepção dos *stacks* o diferencial entre um jogador avançado e um jogador iniciante?

O iniciante joga principalmente suas cartas. Mesmo quando está blefando, o iniciante blefa pensando em que cartas quer representar para o adversário.

Já o jogador avançado não blefa com suas cartas. Ele blefa com seu *stack*. Ele considera quantas fichas ele e o adversário têm e aplica pressão usando esse conhecimento. Ele cria *fold equities*; relaciona o valor de cada aposta com o que já existe no pote, mas também com o que sobra do seu próprio *stack* após a aposta, e com o que sua aposta representa para o *stack* dos adversários que estão na mão.

Somente após analisar essas variáveis é que o jogador experiente decide o tamanho de sua aposta.

Algum leitor pode neste momento estar se perguntando: se, quanto maior minha aposta, maior a *fold equity* que eu crio, por que não apostar sempre bem alto dando *overbets*?

A *overbet* é um dos maiores erros do jogador iniciante. Ele acredita que está sendo agressivo ao fazer apostas muito altas em relação ao pote porque sabe que a chance de ser chamado é menor. De certa forma ele está criando *fold equity*, porém sua aposta é tão desproporcionalmente alta que, na pequena porcentagem de vezes em que for chamado e acontecer de não ser o favorito a ganhar a mão (diferente do exemplo que dei no caso A, B e C, no qual as chances de ambos eram quase iguais), ele perde uma quantidade tão grande de fichas que anula as vantagens de ter um *fold equity* grande nas outras vezes.

Vou exemplificar no caso D. Imagine a mesma situação do caso B, só que o jogador que vai chamar a aposta, em vez de 99, tem KK. Dessa maneira, ele ainda dá *fold* em cerca de 20% das vezes, mas chama nas outras 80% e ganha de você 80% das vezes que chamar (e essa é uma estimativa bem conservadora, pois muitos não dariam *fold* em KK aumentando de 80% para quase 95% a probabilidade de você ser chamado).

No caso D, a conta fica mais ou menos assim:

Expectativa caso D = (20 × 120) + (16 × 1.000) - (64 × 1.000) / 100 = (2.400 + 16.000 - 64.000) / 100 = -456

Ou seja, nesse caso a *overbet* tem uma expectativa negativa de -456. Você está arriscando seus 1.000 e acaba perdendo em média 456.

Na prática essas contas são mais complicadas, porque deveria entrar neste cálculo a porcentagem de vezes que o adversário tem cada tipo de mão, para influenciar na probabilidade de ele dar *fold*, de ele estar à frente quando dá *call* e de ele estar perdendo quando chama a aposta.

Aprender a criar *fold equity* sem abusar da *overbet* vai depender de uma boa noção de uso do seu próprio *stack* e da quantidade de fichas do adversário.

A *overbet* pode ser correta se você tem muito mais fichas do que o adversário e só quer assustá-lo, sabendo que, se for chamado e perder, isso não representará um grande problema.

Para analisar profundamente esse assunto, precisamos dividi-lo em partes. Primeiro, você deve entender seu próprio *stack*. Como medi-lo efetivamente ao longo de um torneio? Como utilizar sua força contra os adversários? Como preservar seu *stack* e tentar aumentá-lo?

Depois, precisamos falar dos *stacks* dos adversários. Como a relação entre eles modifica a ação numa mesa? E como você consegue fazer jogadas baseadas nos *stacks* dos outros, ao mesmo tempo em que evita certos confrontos? Abordarei mais sobre os adversários em outros capítulos.

> **Pense nisto**
> Você precisa entender a dinâmica de poderes e de que forma pode abalá-los. Um jogo de Davi contra Golias em algumas ocasiões, em outras o inverso — um gigante derrubando mais um adversário fraco.

Vamos começar pelo seu próprio *stack*. É claro que as ideias apresentadas a seguir são diferentes, numericamente falando, se você estiver num *cash game* ou num torneio. O motivo é que a unidade de medida utilizada para avaliar o tamanho do seu *stack* é o número de *big blinds* (BB) que você tem. Como o valor do BB varia ao longo de um torneio com a subida dos *blinds*, a relação dele com seu *stack* está em constante mudança.

Em um *cash game*, assim que se entra, um nível para jogar é escolhido (com, por exemplo, um destes *blinds*: 2/4, 3/6, 5/10, 10/20, 25/50), e a partir daí o valor do *small blind* (SB) e do BB será sempre o mesmo. É prática comum que o *buy-in* máximo permitido para determinado jogo seja de 100BB, porém alguns jogos mais caros podem não colocar limite na quantidade de fichas que você pode comprar para iniciar (normalmente acima de 5/10 e em jogos ao vivo, já que na internet o limite se mantém em 100BB mesmo em jogos mais caros).

A vantagem do *cash game* é que você sabe facilmente do início ao fim quanto tem em relação aos *blinds*, e o melhor: se sua relação começar a cair (se você perder fichas jogando), pode simplesmente recomprar e manter no mínimo a relação inicial de 100BB.

> **Dica**
> Compre sempre o máximo que puder (mínimo de 100BB), e, se seu *stack* cair para menos de 75BB, recompre para retornar aos 100.

O motivo é simples e matemático:

Você entra com 100BB num *cash game*. Após alguns minutos entra numa mão e perde 60% do seu *stack* inicial. Vamos imaginar duas hipóteses:

- Opção A: você não recompra e permanece com 40% do que iniciou, tendo gasto 100BB.
- Opção B: você recompra os 60%, voltando a 100BB, tendo gasto até o momento 160BB.

Dez minutos depois, você recebe AA, acaba em *all-in*, ganha a mão e dobra suas fichas.

Na opção A, você dobra os 40% restantes indo para 80% do que iniciou, ou seja, ainda com prejuízo de 20BB.

Na opção B, você dobra os 100BB, indo para 200BB, portanto com um lucro de 40BB em relação aos 160BB totais que gastou comprando fichas.

Ou seja, o ideal em um *cash game* é que você esteja sempre preparado para dobrar suas fichas com todo o potencial daquele jogo. O AA aparece uma vez a cada duzentas mãos aproximadamente; imagine desperdiçá-lo tendo apenas uma pequena parte do seu *stack* potencial nas mãos?

Faço uma ressalva aqui. Existe toda uma estratégia voltada para jogadores que preferem entrar *short-stacked* em um *cash game* e procurar ir *all-in* rapidamente para dobrar suas fichas. Esses jogadores normalmente não jogam o pós-*flop*, e preferem ter a ação com todas as fichas antes do *flop*, ou no máximo assim que o *flop* é distribuído. Não gosto muito desse tipo de estratégia e não o recomendo para quem quer realmente aprender a jogar poker. Desenvolver as habilidades para jogar pós-*flop* e extrair o máximo de fichas dos adversários é, na minha opinião, o melhor caminho para o sucesso.

Por esse motivo, recomenda-se que você só jogue em níveis de *cash game* em que esteja confortável com sua *bankroll*. Se você não tiver pelo menos trinta vezes o valor total do *buy-in* do nível disponível, é melhor não jogá-lo. O motivo para isso é justamente não ter problemas em completar o *stack*. Ou, se perder os 100BB, poder comprar mais 100 para continuar no jogo, se as condições lhe forem favoráveis.

Dependendo do nível em que você joga, o valor da zona de conforto para sua *bankroll* pode variar entre 30 e 100 *buy-ins*.

Por exemplo, jogar 0,50/1 (máximo para mesa: 100) com *bankroll* de 3.000 a 5.000 parece razoável (30 a 50 *buy-ins*). Porém jogar uma mesa 10/20 (máximo para a mesa: 2.000) com apenas 60.000 de *bankroll* (30 *buy-ins*) me parece mais assustador. Escolher este número de *buy-ins* para o nível em que você joga depende também de saber o quanto você domina o jogo neste nível.

> **Pense nisto**
> No *cash game*, quanto maior o seu *stack* for em relação aos 100BB iniciais, mais você poderá soltar seu jogo, apostando mais em mãos pré-*flop* e vendo mais *flops* em posição.

Vou usar um exemplo em que a leitura do *stack* de um adversário me fez ganhar um bom pote com um blefe.

Estava jogando numa mesa quando um jogador com o apelido doitmassive entrou com cerca de 650 fichas. Estranhei o valor com que ele entrou, pois o jogo era com o mínimo de 200 e o máximo 1.000, e as pessoas normalmente ou entram com o valor total, ou com um valor menor, em torno de 400 a 600. O fato de ele entrar com 650 me fez pensar que talvez aqueles fossem os últimos créditos que ele tinha. Um jogador que só tem isso de crédito e entra numa mesa 5/10 está jogando fora de sua zona de conforto, pressionado por não ter o suficiente para um *buy* inteiro e com medo de perder o que lhe resta. Duas coisas podem acontecer: esse jogador pode ir rapidamente *all-in* para tentar dobrar o capital mesmo com mãos fracas; ou pode jogar ultrasseguro e largar mãos medianas.

Após vê-lo perder mãos que levaram seu *stack* para 603, jogamos a seguinte mão:

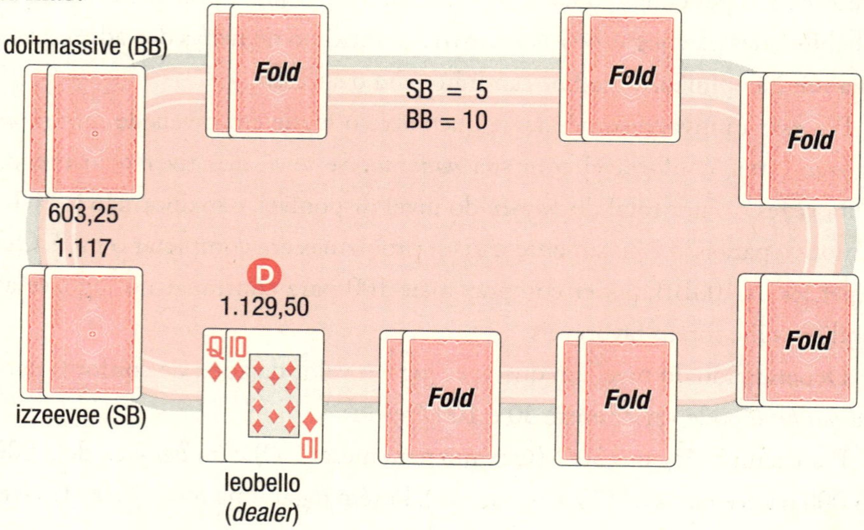

Uma mão boa para subir do *button* quando todos deram *fold*. Faço um aumento tradicional de três vezes o *big blind* e sou chamado pelo *small blind* e pelo *big blind*. O *flop* vem:

Ambos dão *check*, e eu aposto 50 num pote com 90.

Izzeevee dá *fold*, e doitmassive fica pensando por um tempo e acaba também dando *fold*. Na mesma hora pensei: "Ele acha que estou roubando o pote e pensou em me chamar, mas como tem pouca ficha ficou com medo de voltar sem jogo." Eu acabo levando a mão.

Até aí nada de mais. Porém na mão seguinte eu recebo:

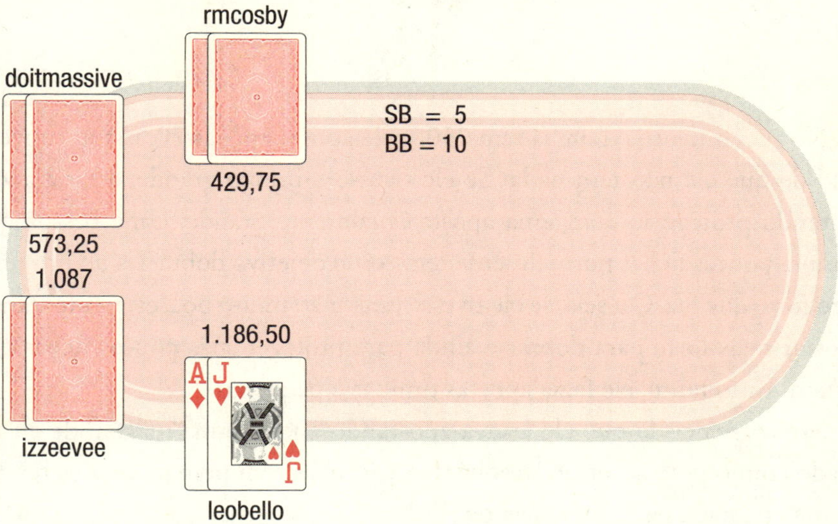

E resolvo aumentar novamente para 30, desta vez do *cut-off*, que está na posição anterior ao *dealer*. Izzeevee sai da mão, e doitmassive, quase imediatamente, me aumenta de 30 para 70. Um aumento fraco, que não é suficiente para me fazer sair do pote.

Penso que para um aumento pequeno deste há duas explicações: ou ele tem um monstro (AA, KK), ou está apenas tentando fazer um "*move*" contra mim, ou seja, tentando pegar o pote, pois está incomodado por achar que na mão anterior eu possa tê-lo roubado.

Como tenho posição sobre ele, chamo a aposta e o *flop* vem:

Imediatamente, ele sai apostando 50 num pote que já tinha pré-*flop* 150. Uma aposta bem baixa, porém eu não acertei nenhuma carta do *flop*. Nesse momento, a lógica mandaria que eu deixasse a mão. Mas senti fraqueza na aposta dele e resolvi chamar, lembrando que seu *stack* era pequeno e que eu achava que ele estava jogando com poucas fichas, pressionado por não ter mais em sua *bankroll*.

O *turn* veio:

Nesse momento o pote já tem 250, e ele aposta apenas 70. Estou convencido de que ele não tem nada. Se ele tivesse um jogo grande, estaria agora tentando protegê-lo com uma aposta igualmente grande. Uma pessoa que compra poucas fichas normalmente tem como objetivo dobrá-las no primeiro jogo forte que faz. Ou seja, se ele tivesse uma mão muito boa, estaria tentando apostar mais forte para dobrar e ainda para proteger suas poucas fichas que restam. Entretanto, ele fazia apostas tímidas e pequenas.

Me convenci de que ele estava apostando apenas por "mágoa" de eu ter ficado com o pote anterior. Resolvi dar *raise* nele, sem nem ao menos ter um par ou chamada para sequência ou *flush*.

Tinha que pensar num valor que o fizesse considerar dar *fold*. (Outra sugestão para vocês: quando quiserem fazer o adversário pensar e largar uma mão, evitem a aposta *all-in*.) Eu aumentei mais 120, indo para 190.

Como ele começou a mão com 570 e já tinha apostado 70 + 50 + 70, tinha no momento 380 fichas, e meu *raise* de 120 era o suficiente para assustá-lo, mas pequeno o bastante para que ele largasse e continuasse com parte de seu *stack* (quase US$400), que, para quem está com medo de perder tudo, já basta.

Se ele voltasse *all-in*, eu largaria minha mão com facilidade.

Ele parou, pensou por um tempo e acabou dando *fold*.

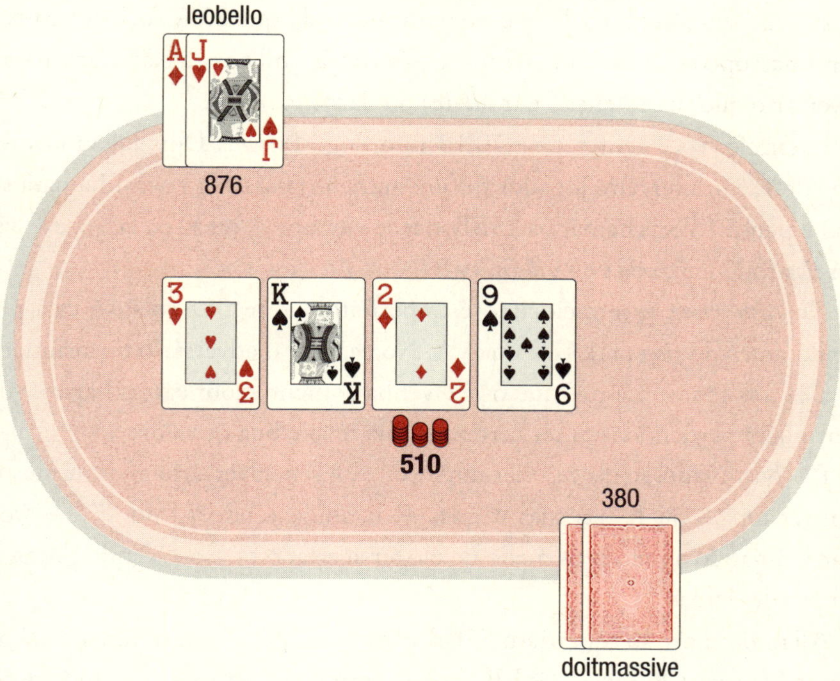

Ganhei um pote de 390 fichas com um blefe, sem ter de mostrar meu jogo, apenas pela leitura da situação em relação ao *stack* do meu adversário, de seu medo de perder fichas e sabendo que, se ele desse *fold*, ainda sobraria uma boa parte de seu *stack* para trás.

Se ele tivesse cerca de 100 a 150 fichas a menos, essa jogada nunca daria certo, pois estaria comprometido com o pote. Se tivesse fichas a mais, provavelmente chamaria meu *raise*, que não foi grande perto do tamanho do pote (ele tinha que chamar 120 num pote com 510).

Para fazer esse tipo de jogada, você precisa ler a situação. Tudo que descrevi aqui tem que passar pela sua cabeça ao mesmo tempo. Comecei a ganhar essa segunda mão quando percebi que ele havia ficado irritado com minha aposta no *flop* na mão anterior e pensei que na primeira oportunidade ele tentaria me dar um *raise* e roubar uma de mim. Por isso é importante prestar atenção às ações da mesa: elas podem influenciar sua próxima jogada.

Vamos ver agora um lado diferente da questão do *stack*: quando devemos pagar *raises* de adversários antes do *flop*.

Como regra geral, você nunca deve pagar um *raise* que comprometa mais de 20% do seu *stack* inicial. Se o *raise* for maior do que 20%, você geralmente tem duas opções: fazer um *reraise all-in* (ou ao menos deixar claro para o adversário que sua intenção é ir *all-in*) ou dar *fold*.

Exemplo: você tem QQ e 70BB num jogo 0,50/1. Dois jogadores dão *limp* de 1, e um terceiro jogador faz um aumento para 15. Você olha para sua QQ e pensa: "Vou chamar os 15BB, daí se vier um A ou K eu largo, e se vier um *flop* todo baixo eu vou *all-in*."

No *cash game*, esse raciocínio é imperfeito. Com QQ você só está perdendo antes do *flop* para KK ou AA. No caso de o adversário ter realmente uma dessas mãos, mesmo que o *flop* venha somente com cartas baixas, você continuará perdendo sem ter certeza se sua mão é boa ou não.

Por outro lado, se no *flop* vier um A ou K e seu adversário apostar mesmo sem ter um A ou K nas suas cartas — digamos, tendo JJ ou TT — você acaba largando a mão com medo de ele ter acertado o A ou K, que ganha do seu par de damas.

Além do mais, só sobrariam 55BB com você após pagar o *raise* pré-*flop*, e o pote já teria pelo menos 35BB. Assim, com o seu adversário agindo antes, qualquer aposta de meio pote para cima já tira sua capacidade de revidar. Sobram poucas fichas com você para fazer uma aposta que tire os *pot odds* dele para chamá-lo, ou seja, que gere *fold equity*.

Colocando em números para você entender:

Pré-*flop*		0,50	do SB
		1	do BB
		1	do *limper* A
		1	do *limper* B
		15	do adversário
	+	15	seus
	=	33,5	BB

O *flop* vem:

Seu adversário sai apostando 20BB.

O pote tem agora 53,5BB. Você tem que pagar 20BB e aumentar depois se quiser. Você paga os 20BB, sobrando com 35BB (70 iniciais - 15 pré-*flop* - 20 no *flop*), e aumenta essas 35BB. Seu adversário tem que pagar 35BB num pote que já tem agora 108,5BB. Ou seja, ele tem *odds* de 3 para 1 para chamar (o pote tem três vezes o valor que ele precisa chamar).

Outro ponto importante para ser entendido matematicamente é até quando chamar *raises* com *pocket pairs* para tentar fazer um *set*.

Todos sabem que uma das mãos mais lucrativas no poker é quando você tem um *pocket pair* como *hole cards* e acerta uma trinca no *flop*. Normalmente você pode conseguir tirar até o *stack* inteiro do seu adversário se ele fizer um jogo melhor que *top pair*, porque é muito difícil ler essa trinca. Porém você só vai acertar essa trinca uma vez a cada oito em que for pré-*flop* com essa mão. Assim sendo, só vale a pena pagar um *raise* com um *pocket pair* se esse aumento for inferior a um oitavo do seu *stack* ou 8BB, o que for menor.

O motivo: nessa única vez que você acertar o *flop*, tem de ganhar pelo menos oito vezes o valor do *raise* que está pagando para seu jogo ser lucrativo.

Exemplo:

Em um NL 400 — *blinds* 2/4 — você paga um *raise* de 32 com 338 no seu *stack* (o *raise* é menor que um oitavo do seu *stack*). Da primeira à sétima vez você não acerta seu *set*. Você perdeu 32 × 7 = 224.

Na oitava vez você acerta seu *set* e consegue dobrar suas fichas após ir *all-in*. Você ganha 338, portanto mais do que perdeu nas outras sete vezes.

Aí você pode me perguntar: "Mas, Leo, nem sempre o *raise* vai ser de 32. Na primeira vez que eu tinha um *pocket pair*, o *raise* foi de 32, na segunda foi de 14, na outra de X, e assim por diante. Não faz diferença?"

A resposta é simples se você pensar a longo prazo. Você receberá *pocket pairs* muito mais do que oito vezes. Por exemplo, olhando nos dados da minha base no PokerTracker relativos às últimas 16 mil mãos que joguei de NL, recebi 1.414 vezes um *pocket pair* (uma média aproximada de cem vezes de cada par diferente em 16 mil mãos). Se eu me mantiver sempre pagando *raises* menores do que um oitavo do meu *stack*, ou mesmo fazendo aumentos menores do que um oitavo e mantiver a média de acertar um *set* uma vez a cada oito, estarei no positivo.

Acho que este é um bom momento para introduzir um conceito importante para o domínio do assunto que é o de *stack* efetivo, ou seja, o número máximo de fichas que você poderá ganhar de um adversário. Vamos aproveitar esse exemplo do *set* para entender.

Em uma mesa de NL400 (2/4), você tem os 338 que exemplifiquei acima e recebe um *raise* vindo de um adversário com 170 em fichas. Ele sobe para 32, como no exemplo dado.

O *raise* é menor que um oitavo do seu *stack*. Você deve pagar o *raise* para tentar acertar o *set* e assim lucrar?

A resposta será óbvia para a maioria, mas serve para introduzir o conceito de *stack* efetivo da jogada. Nesse caso, você não deve pagar o *raise*. O motivo é que, apesar de ter um *stack* maior do que o valor do *raise*, o seu adversário não o tem. Ou seja, se você acertar o seu *set* irá ganhar menos que 8 × 32, pois seu adversário só tem 170 em vez dos 256 que você perderá em média nas sete vezes que chamou os *raises* de 32 e não acertou seu *set*.

Todas as vezes que for jogar uma mão, você deverá perceber qual é o *stack* efetivo em jogo.

> **Atenção**
>
> Poker não é só matemática e depende sempre de situações. Consigo apontar umas dez razões diferentes para chamar uma aposta em que seria matematicamente incorreto dar *fold*. Ou seja, nem sempre a jogada que tem a maior expectativa é a melhor para determinado momento de um torneio ou *cash game*.

Em *cash games* é muito comum você ver adversários que usam a estratégia de "*buy-in short*", ou seja, jogam com poucas fichas em relação ao nível máximo permitido. Por exemplo, em jogo com *blind* 1/2, com máximo de 200, certos jogadores entram apenas com 50, um quarto do permitido. Quando esses adversários dão *raise*, você tem que perceber se suas *implied odds* são baixas para resolver se paga ou não. Ou seja: a chance de você levar muitas fichas deles é pequena, pois têm um *stack* pequeno, e assim *suited connectors* (cartas próximas e com mesmo naipe) e pares pequenos para acertar *sets* perdem valor.

Por outro lado, na situação acima estou mais propenso a ir *all-in* pré-*flop* contra este jogador. Se ele aumentar e eu tiver uma mão como 88+ (qualquer par acima de 8) ou AT+ (AT, AJ, AQ, AK), coloco este jogador em *all-in*. Uma boa parte das vezes ele dá *fold*, e, nas vezes que ele chamar, ainda conseguimos um *coin flip* com frequência boa o bastante para que seja lucrativo jogar desta forma. Você tem o benefício de usar a estratégia do *short-stacked* (*all-in* pré-*flop* ou no *flop*) ao mesmo tempo que pode jogar uma mão "*deep-stacked*" com outro jogador que tenha um *stack* maior em outra jogada. O melhor dos dois mundos.

Quando houver mais de um jogador na mão, você pode considerar uma média aritmética entre os *stacks* dos adversários. Ou, se o seu *stack* for o menor, sempre considerá-lo o *stack* efetivo da jogada.

O mesmo conceito deve ser utilizado quando no meio de uma mão você resolve pagar uma aposta com um *draw*. Você sabe que conseguirá acertar sua mão apenas uma parte das vezes (um quarto ou um quinto das vezes para *flush draws* e *straight draws*). Você está pagando baseado nas suas *implied odds*. Só que não dá para utilizar esse conceito dissociado do *stack* efetivo. Isso porque a chance de você ser pago se acertar o seu *draw* aumenta se o pote atual já representar uma grande parte do *stack* do seu adversário.

Vamos entender isso melhor.

Quando pensávamos apenas em *implied odds*, era mais ou menos assim:

Eu tenho J♦T♦.

O *board* mostra Q♥K♦3♦5♥.

Eu tenho um *flush draw* e um *straight draw*.

O pote já tem 54.

Meu adversário aposta 70.

Minhas *pot odds*:

54 + 70 = 124

124 para 70 = 124:70 = 1,7:1

Ou seja, eu tenho que chamar 70 para tentar ganhar pouco mais do que uma vez e meia isso.

Minhas *odds* para acertar essa mão são:

Nove *outs* do *flush*: 2♦, 3♦, 4♦, 5♦, 6♦, 7♦, 8♦, 9♦, A♦

Seis *outs* de sequência: 9♥, 9♣, 9♠ e A♥, A♣, A♠ (não contamos novamente o A♦ nem o 9♦)

Total: 15 *outs*.

Usando a regra do 2+2 que ensinei no primeiro livro, chegamos a cerca de 32% de chances de conseguir formar os seus jogos. Convertendo a porcentagem para a notação de *odds*, dá aproximadamente 2:1 (a cada três acontecimentos acertaremos uma vez e erraremos duas em média). Como o pote não está oferecendo *odds* suficentes em relação às chances de você ganhar a mão, não devemos chamar (1,7 é menor do que 2).

Calculando a expectativa:

EV = (32 × 124) - (68 × 70) = 3.968 - 4.760 = -792 / 100 = -7,92 de expectativa. Ou seja, você deve perder em média 7,9 por mão jogada se pagar sempre as apostas.

Porém o adversário tem mais fichas para trás. Se você acertar, pode ganhá-las e, com isso, compensar a falta de *odds*. Este é o conceito de *implied odds*. Mas você não deve usá-lo sozinho, e sim somado ao conceito de *stack* do oponente.

Se, por exemplo, restar a ele após esta aposta cerca de 100 fichas, num pote que já tem 220, sua aposta no *river* tende a ser paga. Porém, se restarem a ele cerca de 400 fichas, por que ele pagaria uma aposta sua no *river*? Dando *fold*, ele ainda ficaria com bastantes fichas para jogar outras mãos.

Dica

Geralmente, em *cash games* (ao contrário até do que acontece em torneios, onde a sobrevivência é um ponto-chave), os jogadores que colocam boa parte de seus *stacks* no pote, ainda que não estejam matematicamente comprometidos, tendem a pagar as apostas no *river*, mesmo sabendo que estão perdendo. Por outro lado, se eles ainda tiverem bastantes fichas, tendem a agir com mais calma e "foldar", fazendo com que não tenha valido a pena que você pagasse com o seu *draw*.

Atenção a este ponto: em *cash games*, prefira fazer *overbets* no *river* quando tiver a melhor mão. Costuma ser mais lucrativo do que uma pequena aposta de valor. Em torneios a situação se inverte, e a aposta de valor é mais indicada.

E será que é matematicamente correto apostar ou fazer aumentos para tentar gerar um pote cujo tamanho faça a sua jogada parecer adequada do ponto de vista de *pot odds*?

O fato é que você está tentando arrumar os números para que eles pareçam com o que você quer ver, mas, na prática, quanto mais dinheiro coloca no pote, mais riscos corre sem melhorar suas *odds*. Portanto, o *raise* o serve mais por razões psicológicas de tomar a frente nas apostas e ser o agressor.

Curiosidade

Aconteceu algo interessante durante uma mão que joguei num torneio com um jogador que chamarei apenas de L. Eu tinha cerca de 30K em fichas e saí no *button* com K♦J♠, subindo para cerca de 2.100 quando os *blinds* do torneio estavam 400–800. L., do *small blind*, com um *stack* de cerca de 20K em fichas, chamou minha aposta, e o *big blind*, que tinha cerca de 15K, também.

O *flop* veio:

Eu havia acertado a sequência no *flop*.

L. para, pensa e aposta 6.000. Praticamente o valor que havia no pote. Eu tinha o melhor jogo possível para o momento, o *nuts* absoluto. Porém havia a chamada para o *flush* na mesa. Olho para as fichas de L. e vejo que ele só tem 10K para trás e o pote já tem 12,3K. Se eu chamasse a aposta dele e voltasse *all-in*, o pote teria cerca de 18.000 fichas, e ele só precisaria pagar os últimos 10K para ver as próximas duas cartas. Eu tinha certeza de que ele tinha apenas uma chamada para *flush*. Achei que apenas dando *call* e não batendo a carta do *flush* no *turn* era que ele poderia dar *check*, e eu então apostaria e o tiraria da mão. Porém, se batesse a carta do *flush*, eu talvez conseguisse me livrar da mão.

Apesar de ter traçado esse plano, o *turn* trouxe mais uma carta de ouros, e L. saiu colocando seu *all-in* de 10K, fazendo o pote pular para 28,3K. Eu precisava chamar 10.000 num pote de 30, sabendo que eu estaria perdendo para um *flush* e perdendo de um blefe. Eu precisava que ele estive blefando cerca de 25% das vezes para fazer o *call* ser correto. Quase larguei a mão, mas acabei chamando e vendo o *flush* dele. Eu estava *drawing dead* e havia feito um *call* errado.

Mas por que estou contando essa história?

O que mais ficou guardado na minha memória foi o comentário seguro de L. em seguida, não em tom de bravata, mas sim com toda a certeza de que estava correto:

— Eu nunca perdi em uma situação como essa, onde tinha o *flush draw* no *flop*. Por isso sempre saio apostando forte. Sei que sempre vou fazer o *flush*. Nunca perdi.

O problema é que é humanamente impossível um jogador nunca ter perdido nessa situação, o que desafiaria a lei das probabilidades e o tornaria um dos maiores vencedores do poker, já que as chamadas para *flush* no *flop* são relativamente frequentes, mas só conseguimos acertar cerca de um terço delas em média. Justificar sua aposta forte no *flop* com um argumento falho é permitir que você se coloque em um caminho falso, que o levará a perder dinheiro a longo prazo. Você deve ter consciência exata de que, quando você tem um *flush draw* no *flop*, você tem cerca de 35% de chances de acertar seu *flush* até o *river*.

Não credite seu sucesso à sorte. Procure sempre privilegiar as decisões racionais, embasadas em teoria e estratégia, e deixar o acaso como um fator que não influi na sua escolha.

Estrategicamente você pode até achar justificativa para entrar numa mão com 35% de chances de ganhar, mas somente se essa alternativa tiver sido pensada não pelo lado da sorte, mas sim da necessidade de fazer essa jogada naquele momento. E claro, procure sempre avaliar os *stacks* do adversário e como o resultado dele altera o seu.

Com esse conhecimento, você percebe que, ao pagar com um *draw*, deve também ter consciência do *stack* do adversário e de como pode usar essa informação para extrair mais fichas. Em alguns casos, pode-se realizar um *raise* no *turn* para fazer o adversário colocar ainda mais fichas no pote, e assim tornar correto o *call* dele no *river* caso você acerte seu *draw*.

Essa jogada de *raise* no *turn* pode ainda servir a um outro propósito, que seria o de preparar um blefe no *river*, se o seu *draw* não bater. Lembre-se de que o próprio adversário pode estar em um *draw* e desistir da mão no *river* graças ao seu *raise*.

Ao longo de todo o processo acima, no qual você avalia o *stack* efetivo, sempre é bom pensar que, se o seu próprio *stack* for o menor da jogada, tornando o *stack* efetivo baixo, passa a não valer a pena sair à caça dos *draws*.

Uma das situações que nos deixam inquietos é quando num torneio recebemos uma mão que adoraríamos jogar num pote barato como *suited connectors* ou pares baixos, mas temos poucas fichas e não podemos apenas dar *call*. Suas escolhas passam a ser *all-in* ou *fold*.

Não fique desperdiçando fichas com um *stack* pequeno, tentando dar *limp* em vários potes ou arriscando até 10% do seu *stack* com mãos medianas. Assuma a postura agressiva e prefira ir *all-in* ou dar *fold*.

Com um *stack* baixo em relação aos outros da mesa, tornando o seu próprio o *stack* efetivo, você deve evitar jogar mãos especulativas (entrar com *suited connectors*, pares pequenos e pagar *draws*) e dar preferência a jogar forte suas mãos *premium*, as realmente boas, como AA, AK, AQ, KK, JJ, TT, KQ*s*, e daí por diante. O objetivo é entrar com essas mãos numa jogada, tentar ir até o final e dobrar, em vez de entrar com uma mão especulativa e ter que dar *fold* no *flop*, *turn* ou *river* quando não acertá-la.

Em torneios que você começa com *stacks* baixos, como 1.500 fichas, um único *raise* de 150 que você pagar já estará comendo 10% do seu *stack*. Nesse tipo de torneio, você tem como entrar no máximo em uma ou duas mãos antes de comprometer uma grande porção do seu *stack*. Portanto, mais um motivo para você não ficar vendo *flops* apenas.

Lembre-se de que seus adversários estão na mesma situação, portanto explore as jogadas em cima daqueles que ficam dando vários *limps*. Faça *raises* e jogadas em cima deles, pois você sabe que eles estão entrando com mãos fracas.

Em um torneio, as maneiras de medir seu próprio *stack* são um pouco diferentes. Como os *blinds* variam ao longo do tempo e as oscilações dos *stacks* na mesa são mais acentuadas, havendo em algumas ocasiões uma grande disparidade, a melhor maneira de medir seu *stack* é utilizar não somente o *big blind*, mas uma soma do custo para jogar uma rodada.

Em dezembro de 2007, estive no Conrad participando do torneio final do Latin America Championship, que pagou uma premiação total de mais de US$1,5 milhão, um recorde para a região. Falarei mais desse torneio, mas, neste capítulo, vale mencionar que conheci por lá Paul Magriel. Ele formulou a teoria do M, que hoje é largamente difundida, mas poucos conhecem o autor; alguns até acreditam que a teoria é do jogador profissional e autor Dan Harrington.

Os livros de Dan, chamados de *Harrington on Hold'em*, lançados em três volumes, são talvez a melhor obra já escrita sobre estratégias para torneios de Texas Hold'em. Isso porque são repletos de conceitos importantes e colocados de uma forma clara. Um deles, que li pela primeira vez no livro do Harrington, é o conceito do M, que como já afirmei, foi concebido pelo Paul Magriel.

Curiosidade

Paul Magriel foi um dos melhores jogadores de gamão da década de 1970, campeão mundial e autor do livro clássico *Backgammon*. Na década de 1990, Magriel começou a estudar poker e finalmente formulou uma teoria que muitos já conheciam, ou melhor, já intuíam, mas que ninguém tinha ainda descrito e estabelecido parâmetros claros.

Ele diz que esse número M é o quociente da divisão do seu *stack* total pela soma dos valores dos *blinds* e *antes* de uma mão. Esse quociente representa o número de rodadas que você consegue sobreviver num torneio se não jogasse mais nenhuma mão, até suas fichas acabarem comidas pelos *blinds*.

Quanto menor esse número M, mais delicada fica sua situação e menor sua flexibilidade de jogadas, pois quando vai ficando muito pequeno (abaixo de 10, por exemplo) seu principal movimento é ir *all-in* em todas as mãos que for jogar.

Depois que o Harrington divulgou essa teoria em seu livro, ela deixou de ser de conhecimento apenas dos mais estudiosos: hoje a maioria dos jogadores já ouviu falar do M. Porém poucos estudaram a fundo sua influência no jogo ou entendem como é importante relacionar o M também aos outros jogadores da mesa.

Por último, em alguns torneios, existe uma outra teoria que diz que a melhor relação do seu *stack* não é o número M, e sim o conceito de *true big blind*.

A diferença é sutil, mas importante, pois os valores gerados são diferentes. No conceito de *true big blind*, você mede a força de seu *stack* ao dividi-lo por dois terços da soma dos *blinds* e *antes*. Ou seja, o quociente resultante é um pouco maior do que quando calculado pelo método do M.

A razão para isso tem a ver com a formação das *odds* e com os ataques realizados aos *blinds* nas fases finais de um torneio, onde os *blinds* são altos. No início de um torneio, é normal que você necessite de *raises* de três a cinco vezes o valor do *big blind* em média para roubar os *blinds*. No final de um torneio, o número utilizado como referência é entre 2,2 e 2,5 vezes o valor do *big blind*, sendo bem mais raro abrir o pote com *raises* maiores do que esses.

Assim, você na realidade arrisca menos fichas para tentar roubar os potes, o que dá a você uma condição de manobrar apostas melhor do que no início.

Não entendeu?

Vamos dizer que você chegou ao M9. (Tem apenas o suficiente para nove rodadas até ser eliminado se não jogar.)

Pela teoria do M, se o seu M for menor que 10, você está nas zonas laranja ou vermelha (abaixo de 5). Nessas zonas, o único movimento correto é o *all-in*, pois, se você der um *raise* de, digamos, três *big blinds*, já compromete uma boa parte do seu *stack*; e, se somar as apostas que você deve fazer no *flop*, *turn* e *river*, considerando-as sempre pelo menos dois terços do pote, você não terá fichas suficientes para apostar contra seu adversário e fazê-lo largar a mão.

Isso fica bem claro na zona vermelha. Imagine seu M em 5; você tem então 5BB, 5SB, que é o mesmo que mais 2,5BB e cinco rodadas de *antes*, que normalmente equivalem a mais 5BB, ou seja, um total de 12BB.

Se você sobe 3BB pré-*flop*, sobram apenas 9BB. Mas se você for chamado o pote já terá ao menos 7BB (3BB seus + 3BB do adversário + os *antes* que somam aproximadamente 1BB, considerando uma mesa com nove ou dez pessoas e ainda eventualmente o *small* e *big blinds*). Assim, uma aposta sua no *flop* teria que ser no mínimo de metade do que você ainda tem, deixando você comprometido com o pote. Se seu adversário der *raise* ou chamar a aposta, o restante de suas fichas fatalmente irá para o pote.

Já que, ao escolher aumentar três vezes você se comprometeu com o pote, por que não arriscar tudo pré-*flop* e aumentar as chances de o adversário desistir da mão? Assim sendo, você poderia ter ido *all-in* antes do *flop*, gastando potencialmente as mesmas fichas, mas colocando uma pressão maior, tornando mais difícil para um adversário chamar. Esse é um pensamento que funciona muito bem como estratégia geral, mas que sofre de um grande problema: todos já sabem disso!

Quando um jogador com M de 10 ou menos vai *all-in*, a grande maioria dos adversários já está ciente dessa teoria e sabe que ele não está necessariamente indo *all-in* com uma mão excessivamente forte. Isso, aliado ao fato de haver a garantia de não ter que enfrentar outras apostas no *turn* e no *river*, e ainda ver as cinco cartas do *board* até o final, tornam mais provável que ele seja chamado, às vezes até por mãos marginais (o que não deixa de ser bom, pois aumentam suas chances de dobrar suas fichas).

Assim, os jogadores mais avançados buscam novas alternativas para este movimento de *all-in*. A alternativa mais usada é a de *resteal* (fazer um *raise* em cima de um jogador que já deu *raise*), mas essa analisaremos em outro capítulo.

Outra é fazer o *stop and go*, que foi explicado no livro *Aprendendo a jogar poker*. Ou seja, dar um *raise* pré-*flop* e no *flop* colocar o restante de suas fichas, independente da carta que vier.

Outra que recomendo, e tem relação com este capítulo, é a análise de *stacks*: calcular o *true big blind* em vez do M, para se colocar dentro das zonas laranja ou vermelha.

Um dos motivos para o *true big blind* ser melhor é que, em torneios com os *blinds* mais altos, muitas vezes aumentos menores do que 3BB já são suficientes para roubar os *blinds*. Exemplo: em *blinds* 2.500–5.000, muitas vezes um *raise* de 12.250 (2,4 vezes o *big blind*) já é suficiente para levar o pote. Lembrando o exemplo acima, em que chegamos à conclusão de que, com um M de 5, você tem na realidade cerca de 12BB: se você usar um *raise* de 2,4BB e for chamado, o pote terá cerca de 5,8BB (2,4 + 2,4 + aprox. 1BB de *antes*), e você ainda terá 9,6BB. Na primeira situação havia uma relação de 9BB que sobravam com você, contra 7BB no pote. Agora, sobram 9,6BB contra 5,8BB no pote. Você tem um pouco mais de fichas para pressionar.

Qual a conclusão? Em fases mais avançadas, onde o *raise* pré-*flop* pode ser menor, talvez você ainda não esteja na zona vermelha quando seu M for de 5.

Assim, para estágios mais avançados, é recomendado que você use o cálculo de *true big blind*. E se o *true big blind* colocá-lo na zona laranja (ou acima dela), você pode ainda tentar utilizar uma jogada que não seja o *all-in*.

Hoje em dia, os adversários tendem a respeitar mais (ou achar mais suspeito) um *raise* simples de um jogador com M inferior a 10 do que uma *all-in bet*.

Atenção

O número M abaixo de 10 não é bom para medir a zona vermelha, e sim o valor do *true big blind*.

Exemplo prático:

Os *blinds* estão 500–1.000 com *antes* de 100, e a mesa tem nove jogadores. Assim, a soma dos *blinds* e *antes* é: 2.400. Você tem 18.000 fichas. Seu M é de 7,5, portanto bem baixo, e você deveria ir *all-in* em todas as mãos que abrir.

Pelo cálculo de *true big blind* você chega a: soma dos *blinds* e *antes* = 2.400. Dois terços de 2.400 são 1.600. Seu *stack* é 18.000 / 1.600 = 11,25. Ou seja, você ainda tem um espaço para manobra, pois, por este cálculo, está fora da zona laranja.

Quando a ação chegar a você, você poderia dar um *raise* de 2,5 vezes o *big blind* (2.500), que, como eu disse, hoje em dia assusta mais do que um *raise all-in*, e ainda ter fichas suficientes para realizar uma aposta no *flop*.

Se, por outro lado, seu *true big blind* colocá-lo dentro das zonas laranja e vermelha, a recomendação é seguir o que o Harrington diz e partir para o *all-in*.

Zonas:

Green zone (zona verde): M (ou *true big blind*) acima de 20

Yellow zone (zona amarela): M (ou *true big blind*) entre 11 e 20

Orange zone (zona laranja): M (ou *true big blind*) entre 6 e 10

Red zone (zona vermelha): M (ou *true big blind*) de 5 para baixo

Para efeitos práticos, você deve usar o cálculo de M para *blinds* baixos e em todas as situações de conforto. Quando você está próximo à zona laranja ou vermelha, o cálculo de *true big blind* se mostra mais realista com a ação que comumente acontece e dá a você opções de ser mais criativo com suas apostas do que simplesmente ir *all-in*.

Gostaria de fazer uma pausa para comentar algo bastante relevante que citei há pouco. Quem aqui já ouviu falar em sabedoria das massas?

Existe uma teoria que diz que, dadas certas opções para um grande grupo, o maior número de pessoas intuitivamente costuma escolher a melhor opção. (Este conceito é aplicado para a democracia, em que um grupo grande escolhe seus governantes dentre as opções disponíveis... O que prova que nem sempre a teoria é perfeita.) Uma leitura comum da teoria das massas diz que, mesmo sem o conhecimento teórico perfeito, dadas poucas opções, a grande maioria das pessoas tende a acertar o melhor caminho. No poker, e no tema que estamos falando, isso equivale a dizer que elas tenderão a, quando se aproximarem de um M menor do que os da zona laranja, ir *all-in*, mesmo sem saber o porquê. É a fase no torneio em que dizemos que ele vira um "All-in Fest" (festival de *all-ins*).

Esse efeito se agrava porque hoje muitas pessoas ouviram falar de M e de *pot odds*, mas não estudaram realmente os conceitos. Assim, criam-se visões deturpadas. Se você já participa de torneios ao vivo, quantas vezes já ouviu a frase "Deu *odds*, tenho que pagar"?

Nesse exato momento fica claro para você que:

1- O jogador não tem *odds* para pagar, mas acha que tem;
2- O jogador tem *odds* para pagar, mas, apesar de matematicamente correto, está claramente perdendo a mão e sem chances de ganhar, e o correto seria *fold* e não *call*;
3- O jogador tem *odds* para pagar, mas estrategicamente é errado pagar, já que comprometeria uma parte grande do seu *stack*.

O que quero dizer é que a sabedoria das massas muitas vezes engana, ainda mais num jogo como o poker. Ir contra ela é a melhor alternativa, pois isso cria uma situação em que você faz o inesperado e surpreende os adversários.

Assim, pensando como um jogador avançado de poker, muitos conceitos têm que ser jogados de forma diferente do que todos fazem.

Querem um exemplo claro?

Muitos profissionais têm utilizado hoje *raises* da posição UTG com mãos relativamente mais fracas, por considerarem que um *raise* dessa posição costuma ser mais respeitado do que um *raise* do *button* ou do *cut-off*. O motivo é que a massa de jogadores já espera *raises* do *button* e do *cut-off* com mãos mais fracas, mas não os espera de um jogador subindo em uma posição desfavorável.

Indo mais adiante nesta teoria: conforme mais e mais pessoas perceberem que os *raises* de UTG estão sendo feitos com mãos mais fracas, a massa começará a usar essa estratégia e ela deixará de ser boa, e será necessário adotar outra (quem sabe até mesmo o *raise* do *button*, que agora não é mais tão respeitado, voltará a ser?).

Pense nisto

Conceitos amplamente divulgados, mas em geral mal-estudados, servem para serem explorados por quem realmente se dispõe a gastar tempo para entendê-los.

Agora que já entendemos a importância de ter consciência do tamanho de seu próprio *stack* e do de seus adversários, e também que suas apostas devem sempre levar em conta essas proporções, que tal começarmos a brincar um pouco com as apostas feitas no *flop*, no *turn* e no *river*?

Em outras palavras, agora que temos consciência da importância dos *stacks*, como conseguir o *stack* inteiro do adversário numa mão que você está ganhando ou poupar fichas numa que está perdendo? Os conceitos de controle de pote e alavancagem discutidos no próximo capítulo o ajudarão a entender esse processo.

Capítulo 6

Como tomar as rédeas: controle de pote e alavancagem

"O que desencoraja os oponentes ao ataque é a perspectiva do dano."

Sun Tzu

O objetivo deste capítulo é abordar temas práticos que o jogador avançado precisa dominar. Vou falar de controle do pote (ou seja, como manter o pote no tamanho adequado para a força de sua mão) e de alavancagem. Esses tópicos organizarão seu pensamento em relação ao modo de apostar.

Um jogador avançado nunca pode realizar uma aposta sem saber exatamente por que está arriscando aquele valor. Toda aposta, por menor que seja, tem que ter justificativa e um tamanho calculado em relação ao pote atual. Quem aposta sem saber quanto já tem no pote está cometendo um erro primário e precisa voltar aos fundamentos do poker.

Você pode apostar mais do que o pote, o que é chamado *overbet*, mas deve ter um motivo para isso. Você pode até apostar bem menos do que o pote (*underbet*), mas tem que saber o porquê. A maioria das suas apostas será uma fração do pote (aproximadamente metade, dois terços, ou ainda um terço).

Um dos princípios que todos os jogadores iniciantes tentam aplicar é o de que, no Texas Hold'em, principalmente no estilo *no-limit*, é fundamental esconder a força de sua mão.

A maioria das pessoas acredita que o melhor caminho para realizar isso é jogando a mesma mão de maneiras diferentes, ou seja, eventualmente dando um *raise* grande com AA ou KK, e dando *limp* em outras. Esse tipo de tática tem até um nome pomposo: "*mixing your play*", ou seja, misturar suas jogadas.

O jogador avançado pensa de uma maneira diferente. Para ele, a maneira de esconder a força de sua mão é jogar mãos diferentes do mesmo modo. Entenderam?

Temos outro termo interessante para definir o que é isso: "*spreading your range*", ou, ainda, "*balancing your range*", que basicamente significa aumentar seu leque de opções.

Um jogador entra de *raise* e outro faz um *reraise*. Você tem AA. O que você faz?

A resposta é simples, não? Torna a aumentar, fazendo o que chamamos de *4-bet*. Seus adversários claramente vão ler AA para você, pois essa jogada é típica de AA. Só que desta vez você tem na sua mão 78, e faz o mesmo *reraise* grande com ela. Seus adversários pensam que você tem AA. É capaz de você conseguir que até mesmo uma mão como AJ, JJ ou QQ saiam da jogada.

> **Atenção**
>
> Não confundam esse *reraise* com um *reraise all-in* para dar *resteal*. O tipo de aumento que estou comentando aqui é realizado com um percentual de seu *stack*. Esse movimento funciona apenas quando os *stacks* estão *deep*, como na fase inicial de um torneio ou em *cash games*, em que a quantidade total de fichas do jogador ultrapassa de 50BB (torneios) a 100BB (*cash games*).

O mesmo *raise* grande poderia ser feito com KQ*s* ou com um par menor. O que você está fazendo assim é tornar suas jogadas mais imprevisíveis e aleatórias e ao mesmo tempo disfarçar a força de sua mão.

O problema é que, se um jogador iniciante tentar fazer o mesmo, provavelmente acabará perdendo um grande pote, pois, se for chamado e jogar um *flop*, não conseguirá ler bem o *board* (as cartas que estão na mesa) para retirar o time de campo quando a mão estiver perdida, insistindo em manter apostas fortes e blefando.

Outra jogada característica é dar *limp* em posições iniciais com pares pequenos. Todos os jogadores mais experientes leem esta jogada como o que ela costuma ser: o tal do *pair* baixo.

E se você de vez em quando der um *limp* com JK nesta posição? Com o *flop* vindo lá no alto, você pode surpreender um adversário dando um *check*, com ele colocando você num par baixo e fazendo uma *continuation bet*, e você então pode voltar com um *raise*. Ou ainda, pode sair apostando e algum adversário pode chamar achando que o flop não ajudou você.

Prestem bastante atenção, pois estamos tratando aqui de conceitos avançados. Não estou afirmando em hipótese alguma que um jogador iniciante deva jogar uma mão como KJ fora de posição, abrindo com *limp*.

O que quero dizer é que, para disfarçar a força de sua mão, você pode escolher jogá-la diferente do modo que naturalmente faria, para confundir seus adversários e aumentar as suas chances pós-*flop*. Ou seja, expandir seu *range* de mãos e o modo como as joga, de modo a confundir seus adversários e tornar seu jogo menos previsível.

Nesses casos você pode:

- Representar a mão que parece que está jogando e fazer seus adversários correrem quando o *flop* vier favorável (representar um AK tendo 78 na mão e, quando o *flop* vier com um A ou K, sua aposta parecerá uma aposta com jogo, e o adversário pode correr);
- Jogar sua mão de um modo escondido, sem que seus adversários desconfiem que você tem outras cartas (com o mesmo exemplo do 78: se o *flop* viesse 8♦4♠2♥, seu adversário nunca imaginaria que você tem *top pair*).

Acabei de comentar sobre dar um *limp* com uma mão fora de posição. Também é de conhecimento geral que, quando você entrar primeiro no pote, deve evitar entrar de *limp*, dando na maioria das vezes *raise* (no poker evite dizer as palavras "sempre" ou "nunca"). Só que, como eu disse, estamos falando de confundir os adversários, fazê-los ler você de modo errado.

O *raise* é a melhor opção quando se é o primeiro a entrar no pote. Se você sempre dá *raise*, não diz a força de sua mão. Assim, coloca pressão nos *blinds* e nos jogadores que agem depois, além de limitar o número dos que entram na mão. Porém, para variar seu jogo, fazer o inesperado é sempre importante.

Agora, não importa quão avançado um jogador seja, variar seu jogo não é desculpa para jogar com lixo nas mãos. As vezes em que um profissional vai entrar com cartas muito fracas como J3*o* apenas para tentar passar um blefe são contadas nos dedos de uma mão. Ele pode até fazer isso várias vezes, mas sabe que, em todas elas, está jogando suas cartas com a exclusiva intenção de blefar. Algumas vezes, até certas cartas que aparentemente são boas podem ser transformadas e jogadas como um blefe.

Digamos que você tem um par baixo, como 44, e está no *button* de um *cash game*. Um jogador de *middle position* dá *raise*, e você faz um *reraise* com 44. Basicamente, você está transformando sua mão num blefe. Se for chamado, você não está esperando ganhar essa mão com *top pair*, nem está jogando para acertar um *set*. Independente do *flop*, você tentará apostar de novo. Se eventualmente acertar um *set*, maravilha, mas sua intenção foi blefar com o *reraise*. Portanto, suas cartas pouco importavam.

Muitas vezes, por trás de uma imagem aparentemente *loose* (ou perdedora), de um jogador profissional está uma pessoa altamente ciente da necessidade de selecionar suas mãos e jogadas, assim como da expectativa que cada uma tem de ganhar um pote contra um ou mais adversários com cartas aleatórias. Ou seja, o que para o iniciante parece um estilo de jogo com duas cartas quaisquer apenas *loose* pode, na realidade, ser uma estratégia para balancear o *range*, e assim ficar imprevisível, de forma a ganhar muitas fichas quando realmente tiver jogos fortes na mão.

Saber controlar o pote é uma das habilidades fundamentais para conseguir jogar este estilo, em que você tenta variar suas jogadas, esconder a força de suas mãos e ser lucrativo, arrancando o máximo dos adversários quando eles têm jogo e sabendo não se expor com combinações fracas.

Atenção

Para fazer o controle de pote, ou *pot control*, é preciso saber dosar em cada rodada de apostas o quanto deve entrar de fichas para o pote, de modo a tanto proteger seu *stack* como extrair o máximo de fichas de acordo com a força de sua mão, dependendo de sua situação.

O problema é que não basta você querer que o pote seja pequeno ou grande; suas ações têm que induzir seus oponentes a ficar dentro dos seus planos e, para conseguir isso, você deve utilizar diferentes técnicas. As principais estão relacionadas ao valor de suas apostas, mas lembre-se também de usar pausas, sua postura e até mesmo a fala na mesa, para sugerir a ação desejada.

Vou tentar dar uma explicação detalhada de como aplicar controle de pote na prática. E também falar sobre outra habilidade necessária, que é a de alavancagem do pote visando extrair o máximo de fichas de seu adversário.

No próximo capítulo falo sobre estratégias *small ball* e hiperagressivas. Embora elas se utilizem das táticas de controle de pote e alavancagem como pilares, este capítulo vai ensinar táticas de jogo e seus modos de aplicação; já o outro capítulo vai descrever a estratégia, a teoria.

Muitos amigos me contam histórias tristes de eliminações precoces de torneios, onde tinham AA, KK, e acabaram saindo no primeiro ou segundo nível de *blinds*.

Nos grandes torneios em geral, os *blinds* começam muito baixos em relação ao seu *stack* inicial. Nos torneios internacionais do tipo WPT e EPT, seu *stack* gira em torno de 200BB (exemplo: *stack* 20K e *blinds* 50–100), assim como em alguns torneios a exemplo do BSOP, pois você recebe 15K em fichas para *blinds* 25–50, ou seja, 300BB. Em outros, apesar da relação não ser tão *deep*, o *stack* inicial ainda é muito alto em relação aos *blinds*.

Fica claro, então, que arriscar uma porcentagem alta do seu *stack* sem ter um jogo *nuts*, o melhor jogo possível, pode ser um erro estratégico, não importam as cartas que os adversários tenham, principalmente porque você não precisa correr para atingir um *stack* monstruoso muito rápido. Vale lembrar que o melhor momento para ter este tipo de *stack* é do meio para o final do torneio, quando a pressão que você consegue colocar nos adversários com um *stack* grande é muito maior.

Mas se engana quem imagina que o controle do pote só serve para início de torneio, quando você deve evitar grandes confrontos. O controle é ainda mais importante com *blinds* altos.

Um exemplo prático: no início de torneio com *blinds* ainda baixos, é normal vermos jogadores subindo entre três e oito vezes o valor do *blind* pré-*flop*. Apesar de ser arriscado e ir contra o princípio de controle, subir oito vezes o *big blind* quando seu *stack* é de 200 não parece tão grave, certo?

Mas, no meio do torneio, sua relação de número de *blinds* cai drasticamente. Com um *stack* médio, você deve ter algo em torno de 20 a 25BB. Assim, por que subir 3BB, se você consegue o mesmo feito com um aumento de 2,2 a 2,5BB? Esse tipo de pensamento é o cerne do controle de pote.

Qual o tamanho de aposta necessária para surtir o efeito desejado (*call*, *fold*) sem comprometer mais fichas do que for preciso? Essa pergunta deve ser pensada e respondida por você sempre antes de agir em uma mão. A resposta, obviamente, é subjetiva, e com a experiência você melhorará nesse exercício. Uma boa dica é observar a ação de outros jogadores na mesa, e reparar qual o tamanho de *raise* mais comum, e se ele está sendo pago ou não.

Jogadores iniciantes em começo de torneio não costumam fazer as contas e pagam *raises* grandes, pois, apesar de os valores representarem um número alto de *big blinds*, o *raise* em si é pequeno perto de seu *stack*. Essa falsa noção de que o *raise* foi baixo, comparado ao valor absoluto de fichas, é uma das coisas que tornam tão difíceis os torneios que se iniciam com *stacks* pequenos, como 1.500 fichas. Os jogadores iniciantes pagam apostas pré-*flop* de 150 a 250 no primeiro nível de *blinds*, comprometendo mais de 10% do seu *stack*. Bastam duas ou três jogadas em que você pague um *raise* deste tamanho pré-*flop* e depois largue a mão no *flop*, quando não acertar nenhuma carta, para comprometer mais de um terço do seu *stack* inicial.

Vale lembrar que cada ficha poupada no início pode ter um valor maior depois. Explico: se você dobrar numa jogada tendo 1.500 no seu *stack*, pula para 3.000. Se você desperdiçou 300 fichas dando *limp* no início, ao dobrar, vai apenas para 2.400. Ou seja, essas 600 fichas fazem uma grande diferença no início de um torneio, psicológica e matematicamente.

Assim, em torneios em que você começa com poucas fichas, evitar entrar em potes que não pretende brigar se não acertar o *flop* é uma jogada com expectativa negativa para sua estratégia. Repare que esse conceito se perde conforme os *stacks* vão ficando maiores no meio do torneio. Portanto, erroneamente as pessoas não querem ver *flops* em estágios mais avançados, quando aí sim deveriam evitar os *all-ins* e trabalhar o jogo depois do *flop*.

O controle do pote que estou descrevendo, e que é o mais difícil, é aquele em que você tentará manter o pote pequeno. Até mesmo porque fazer apostas grandes é mais fácil do que achar o tamanho correto para uma aposta não parecer pequena demais, e ainda assim surtir efeito.

Apostar forte todos sabem. Não é difícil fazer apostas altas. O difícil é achar o valor correto para o tipo de aposta que você deseja fazer.

O maior problema com o controle do pote para os jogadores iniciantes é que normalmente eles cometem erros primários. Enquanto escrevia este capítulo, participei de dois torneios on-line. Um com uns cinquenta participantes, a maior parte de brasileiros, e outro maior, com cerca de oitocentos jogadores e 35K garantidos em prêmios. Em ambos observei as mesmas coisas. Os jogadores mais inexperientes, quando faziam uma mão boa, realizavam sempre apostas pequenas, querendo ser chamados, e perdendo a chance de extrair mais fichas dos adversários. Por outro lado, bastava terem um *draw* ou então uma mão marginal como segundo par, ou *top pair* com *kicker* (ou carta de desempate) baixo, para fazerem apostas extremamente altas, às vezes maiores do que o pote, caracterizando as *overbets*.

Apostas grandes nas mãos de jogadores iniciantes normalmente indicam *draw* ou jogo fraco. Apostas baixas ou *check* costumam indicar jogos fortes.

Aliás, já repararam como os iniciantes gostam de fazer *slow play*, dando *check* em vez de apostar, e sempre dão *check* em mãos boas buscando o *check-raise*? Além de perderem a chance de fazer uma aposta que vai crescendo o pote aos poucos (já falaremos disso quando tratarmos da alavancagem), ainda dão chance para o adversário ganhar uma carta de graça.

Lembre-se de algo que já disse no primeiro livro: mãos grandes, potes grandes. Mãos pequenas, potes pequenos.

Assim sendo, não cometa este erro de apostar forte com mãos fracas e dar *check* ou fazer apostas pequenas com mãos grandes. Não facilite o trabalho dos bons jogadores contra você, nem deixe os maus jogadores escaparem ilesos. Aproveite-se da inércia e tome a ação com suas melhores mãos. Um dos pontos importantes para se entender é que, num nível de jogo avançado, você deve planejar o que vai fazer com uma mão no início.

Quando você aumenta, já tem que decidir o que fazer no *flop* caso seja chamado. E quanto vai apostar no *flop*. Dependendo do *flop*, você vai decidir se segue ou não adiante com seu plano pré-traçado. Você deve pesar os fatores: textura do *flop* (mais sobre esse tema adiante) e perfil do seu adversário.

O bom jogador se antecipa à próxima carta e traça seu plano.

Qual a diferença do craque para o jogador mediano nos esportes? Um ponto interessante é que o craque parece que entende o jogo melhor que os outros jogadores. Ele parece prever o que vai acontecer, e por isso, tem um tempo de reação mais rápido. Quando no futebol a bola está chegando para o craque, ele já sabe como vai matá-la e o que irá fazer com ela. Por isso os passes ou chutes de primeira, os dribles de corpo e as arrancadas fenomenais. Esperar a bola no pé para depois pensar o que vai fazer com ela é a marca de um mau jogador.

Algumas jogadas só funcionam bem se você as tiver planejado anteriormente. Uma delas, conhecida como *float*, depende disso.

Fazer um *float* significa chamar uma aposta no *flop* sem ter jogo algum, com a única intenção de roubar o pote no *turn*, independente da carta que venha, com um *raise* ou uma aposta forte. Para realizar um *float*, você precisa planejar de antemão sua ação no *turn*: de quanto será sua aposta, quais cartas fariam você desistir dessa ideia caso aparecessem no *board*. Visualizar suas ações à frente é uma das habilidades que você deve desenvolver para ser um bom jogador.

Curiosidade

Uma vez me aconteceu uma jogada curiosa, que mostra como o planejamento é necessário.

Na mesa semifinal daquele torneio com brasileiros que estava jogando quando escrevia este capítulo, me vi envolvido numa mão com o Jefferson Christian Vieira, vice-campeão do Tower Cruise II e jogador que sempre participa dos torneios ao vivo em São Paulo como o CPH.

Estávamos com cerca de 7K em fichas, e ele estava no *big blind*. Eu resolvi dar um *limp* com 68**s** para tentar surpreender no *flop*. *Blinds* 300/600.

Todos deram *fold*, o SB completou a aposta, e Jeff deu *check* no BB.

Após esta ação eu já havia planejado que, independente do *flop*, se os dois dessem *check* eu faria uma *continuation bet* de dois terços do pote.

O *flop* veio:

Após pensar um pouco o SB deu *check*, e em seguida Jeff também. Nessa hora, já não estava mais pensando na minha aposta, e sim no que fazer se um dos dois me chamasse ou me desse *raise*. Pensei que se o SB me desse *raise* eu largaria, pois ele poderia ter completado com um A com *kicker* fraco. Se ele desse *call*, eu não apostaria mais na rodada. Porém, se Jeff me desse *call*, eu apostaria novamente no *turn*, pois não achava que ele tinha um A. Pensei que se ele tivesse um A teria dado *raise* pré-*flop*.

Mas, conhecendo o Jeff, me passou outra hipótese pela cabeça: e se ele desse *raise* na minha aposta? Eu largaria dando o A para ele? Nem pensar. Ele não tem esse A; se ele der *raise*, eu faço o *reraise* nele. Como Jeff não é um jogador fraco, ele é capaz de fazer *raises* como esse para me tirar do pote.

Com tudo isto já previamente pensado, apostei cerca de 1.100. Ele voltou 2.200 na mesma hora. Eu imediatamente voltei cerca de 3,9K com 68! Ou seja, não tinha absolutamente nada. Até um par 22 dele ganharia de mim. Porém, havia planejado a mão, traçado uma estratégia e confiado na minha leitura.

Ele pensou por um tempo, e acabou largando a mão. Eu venci com 68, mas graças ao planejamento de quanto deveria apostar e do que fazer com antecedência. Se eu espero meu adversário dar o *raise* no *flop* e depois paro para pensar, esse intervalo de tempo deixaria claro para ele que eu não tinha o A e seria mais fácil ele chamar o meu *reraise*.

Você entendeu tudo sobre planejamento e a ideia de controlar o pote, mas como fazê-lo na prática?

Em primeiro lugar, só é possível controlar o pote se você for a pessoa que está puxando as apostas. Ou melhor, isso é o ideal, pois se der *check*, provavelmente terá dificuldade em induzir o seu adversário a apostar o valor que você quer ou dar *check*.

Para exercer controle no pote, é preciso ser o jogador que vai ditar o valor das apostas a cada rodada, sempre escolhendo o percentual do pote mais baixo que ainda surta o efeito desejado.

Essa última questão é importante. Controlar o pote não é simplesmente fazer apostas baixas. Se sua aposta for baixa demais em relação ao pote, você terá alguns problemas:

- Pessoas com mãos piores do que a sua podem continuar na jogada e acabar ganhando, melhorando a mão com as próximas cartas;
- Com a aposta muito baixa, as pessoas passam a querer aumentar você, pois leem sua aposta como fraqueza;
- E, principalmente, você permite que as pessoas que estejam esperando cartas para *flush* ou sequência não pensem duas vezes antes de continuar na mão.

Controlar o pote vai depender da mão que você tiver. Se fez um jogo muito bom, tente alavancar, com o objetivo de colocar todas as suas fichas no meio. Se sua mão é mediana ou fraca — mas vale a pena tentar ficar na mão e ganhá-la —, aposte uma fração menor do pote que ainda possa fazer seu adversário sair da mão.

O controle do pote é também uma habilidade necessária para fazer seu adversário continuar na mão. Digamos que você fez um jogo muito bom no *flop*. Algo como uma trinca. Um sonho, não? Você nessa hora quer o *stack* todo do seu adversário, mas uma aposta muito grande pode tirá-lo da jogada. O controle do pote, nesse caso, coresponde a fazer uma aposta alta o suficiente para ser lucrativa e baixa o suficiente para que ele não saia da mão.

Vamos falar primeiro do controle do pote para mantê-lo pequeno, sem arriscar uma parte grande do seu *stack*.

Existem duas estratégias básicas para início de torneio: na primeira, você joga ultra-*tight*, só entrando em mãos realmente fortes como AA, KK, QQ, AK, JJ; e na segunda você joga mais mãos de forma barata, ou seja, em potes que não foram aumentados.

Na introdução do livro *Every Hand Revealed*, Gus Hansen comenta sobre essas duas estratégias, e se pergunta qual é a melhor. A resposta foi o que mais me impressionou. Nem mesmo ele sabe.

Ambas já funcionaram com ele em situações distintas. Além disso, ele conhece jogadores bem-sucedidos com as duas estratégias. Não preciso nem dizer que os jogadores que dão muitos *limps* têm que ser especialistas em jogo pós-*flop*. Não recomendo aos iniciantes.

Vamos analisar uma situação em que você recebe J♦J♣ e não faz o controle do pote.

Digamos que estamos no início de um torneio no formato do BSOP, só que com 10.000 fichas iniciais. Dois jogadores entram no pote na sua frente, você está no *cut-off* e decide subir a aposta. Com os *blinds* em 25–50, você sobe para 350, explicando para mim que o motivo é porque já há dois *limpers* e você quer tentar isolar pelo menos um ou levar os *blinds* (por que tentar roubar essas migalhas eu não sei, mas continuemos). O *dealer* paga sua aposta assim como os outros dois jogadores. O *flop* vem:

Os dois primeiros jogadores dão *check*. O pote tem 1.475, e você tem uma trinca de J, mas em um *board* perigoso, com chances de sequência e *flush*, além, claro, de alguém poder ter um improvável par AA ou QQ (normalmente teria sido dado *reraise* pré-*flop* com essas mãos). Você decide apostar o valor do pote: 1.500.

Dois jogadores chamam a sua aposta de 1.500. O pote tem agora 5.975. O *turn* vem um 9 de copas, fazendo o *board* ficar:

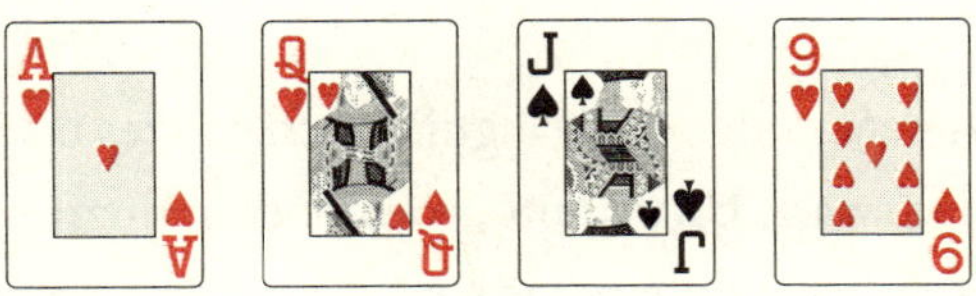

Os dois primeiros novamente dão *check*, e você aposta 2.800, ou seja, aproximadamente meio pote. Um jogador chama imediatamente, e o outro desiste. O pote já tem 11.575, e a você restam 5.350 fichas.

O *river* vem:

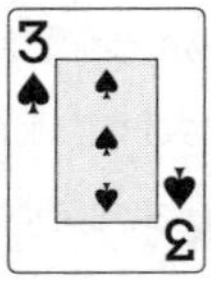

Mas dessa vez seu adversário sai apostando 2.500. Num pote de 11.575, essa aposta é ridiculamente baixa, pois você tem que pagar 2.500 para tentar ganhar 14.075. *Pot odds* de mais de 5,5 para 1. Você tem que pagar com sua trinca. Você paga e perde para uma sequência, sobrando com apenas 2.850 no seu *stack*.

Você conseguiu numa única mão queimar 71,5% do seu *stack*! Isso é má administração. Em situações como esta, é normal ver jogadores sendo eliminados do torneio por arriscar fichas demais numa mão perigosa.

Como resolver esta situação e fazer o pote ficar sob controle:

- Planeje a mão. O que fazer com seu JJ;
- Após cada carta comunitária, sua aposta deve estar na cabeça. Comece a planejar o que fará na próxima rodada se seus adversários chamarem;
- Sempre aposte pensando em duas coisas:
    - » Percentual do pote;
    - » Percentual do seu *stack*.

Para fazer o controle no caso citado, seu objetivo é que o percentual do pote seja o menor possível. Sugestão: entre 30% a 45% do pote atual.

Se esse valor ultrapassar 20% do seu *stack*, considere a opção de dar *check* — e *call* ou *fold* para uma aposta do seu adversário se sua mão for mediana (*check-call*, ou *check-fold*).

- Pré-*flop* a aposta pode seguir o guia de três vezes o *big blind* mais uma vez por cada *limper*. Entretanto, você pode reduzir este valor para 2,5 vezes para manter o pote menor, enquanto ainda atinge o objetivo de reduzir o *field*. Em caso de *reraise*, obviamente largue a mão se você não estiver disposto a jogar um pote grande.

Você também pode usar o recurso de fazer a menor aposta possível (*minimum bet*). Isso pode confundir o adversário, porém os experientes lerão fraqueza na sua ação e voltarão com um *raise* em cima de você.

Atenção: apostas baixas não são o mesmo que *blocking bets*. A *blocking bet* é uma aposta que você faz calculando o máximo que estaria disposto a pagar se seu adversário apostasse, na esperança de que ele só chame você. A *blocking bet* pode ser até maior que uma aposta para controle do pote. Ou seja, uma *blocking bet* não é necessariamente menor do que sua aposta de controle.

A aposta de controle é simplesmente um percentual do pote para ajudar a mantê-lo num crescimento lento.

Atenção

Nunca cometa o erro infantil de repetir o valor da aposta da rodada anterior.

Este é um dos erros mais comuns cometidos por iniciantes. O pote está crescendo a cada rodada, e a aposta constante, que cada vez mais representa um percentual menor do pote, perde totalmente o sentido.

Vamos voltar ao exemplo do JJ e aplicar o método que expliquei para controle do pote.

Com dois *limpers* você vê JJ. Por que aumentar para 350 com JJ? Qual o seu objetivo? Tirar adversários da mão? Ir *all-in* com eles? Ou tentar ganhar um pote pequeno e se afastar de confusões? Já vimos que você deve ter traçado uma estratégia antes do jogo e que deve se ater a ela, independente das cartas que receber.

Se for tirar os adversários, subir de 50 para 350 é muito pouco, pois em início de torneio e com *stacks* de 10K apostas pré-*flop* menores do que 500 não assustariam os jogadores que já entraram no pote.

Como seu objetivo é tentar não se envolver em grandes potes, você resolve apenas chamar a aposta. Se quiser evitar que outros jogadores entrem no pote depois, pode fazer um *raise* mais modesto, algo em torno de 225. Este *raise* não tem a intenção de tirar os dois *limpers* que já entraram, pois eles vão pagar essa aposta. Por outro lado, esse pequeno aumento pode inibir outros jogadores que falam depois de você de entrarem no pote (*dealer*, SB e BB).

Se os dois *limpers* e o *dealer* chamarem seu *raise* como no exemplo dado, o pote total será de 975, em vez dos 1.475 que aconteceriam com o *raise* pré-*flop* para 350. Ou seja, o pote está quase na metade do que estaria com o outro aumento.

Você então já planeja que no *flop*, se você resolver que vale a pena apostar, irá colocar entre 35% a 45% do pote.

Assim, no *flop* citado, se você quiser fazer uma aposta, pode fazer uma de cerca de 350 a 450 fichas, em vez de ter que fazer uma aposta, como no exemplo, sem controle de pote de 1.400.

Mas por que essa aposta de 35% a 45% agora, se na primeira situação a aposta foi do tamanho do pote? Porque, com a textura perigosa do *board*, você pode estar colocando fichas no pote, numa situação em que praticamente já é o perdedor (alguém fez uma sequência no *flop*).

Apostando 400 e sendo chamado pelos dois, o pote vai para 2.175.

Neste ponto, você já deve estar pensando no *turn* e percebe que uma aposta de 1K surte o mesmo efeito que uma de 2,5K. Ou seja, você não precisa apostar o pote no *turn*, pois, se você quer tirar os adversários sem comprometer muito do seu *stack*, 1K é suficiente.

Dica

No *turn*, 45% do pote seriam menos de 1K, porém, toda vez que suas apostas ultrapassam certos "marcos psicológicos", elas causam um impacto na reação dos seus adversários. Ou seja, neste caso, uma aposta de 1.025 tem um efeito psicológico muito maior do que uma de 975, pelo simples fato de ter quebrado a barreira do milhar. Aproveite-se disso!

Após o *turn* ser virado você faz sua aposta de 1.025. É chamado por um adversário. O pote total agora tem 4.225.

Vocês lembram que, no primeiro exemplo, ao chegar no *river*, o pote já tinha 11.575? É bem mais que o dobro!

No primeiro exemplo, após o *river* seu adversário fez uma aposta de aproximadamente um quarto do pote. E você foi obrigado a chamar pelo *pot odds* também na esperança de ter a melhor mão.

Se o raciocínio do seu adversário fosse o mesmo, aqui um quarto do pote é apenas 1.050 fichas. Chamando essa aposta e perdendo, você acaba perdendo na mão apenas 2.650 em fichas! Na outra situação, você gastou 71,5% do seu *stack*, e aqui, 26,5% aproximadamente. Que diferença!

Claro que, neste exemplo, você achava que podia estar à frente com sua trinca e chamou. Mas nunca é tarde para lembrar: nem sempre ter *odds* para chamar significa que o *call* é a jogada correta. Aprenda a largar mãos em que esteja claro que você está perdendo!

Curiosidade

Essa história ocorreu no WSOP de 2006. Na primeira mão do torneio, na mesa que estava sendo televisionada, aconteceu uma eliminação. Os jogadores começavam com 10.000 fichas, e os *blinds* eram 100–200.

Sammy Farha, famoso profissional que foi vice-campeão mundial em 2003 levando US$1,3 milhão (mesmo ano em que Chris Moneymaker ganhou o WSOP), entra na mão dando *limp* do meio da mesa com A♥T♦.

Oliver Hudson (que é filho da Goldie Hawn e irmão da atriz Kate Hudson) vê T♣T♠ e anuncia *raise* para 450, sendo chamado por Sammy Farha.

O *flop* vem:

Um desastre. Oliver tem *full* de T com A (T♣T♠T♥A♣A♦), e Sam Farha tem *full* de A com T (A♣A♦A♥T♦T♥), ou seja, o *nuts*.

Que fique claro neste ponto que 99% dos jogadores, e provavelmente até eu mesmo, acabariam caindo nesta mão, pois dar *fold* em um *full house* no *flop* na sua primeira mão é quase impossível.

A ação segue da seguinte maneira: ambos dão *check* no *flop*, e no *turn* aparece um Q♣. Hudson aposta 300, e Sammy Farha aumenta para 1.300. Neste momento, sem hesitar um segundo, Hudson vai *all-in* com suas 9.250 fichas restantes num pote que tem apenas 2.500.

Acredito que, se nessa mão as posições estivessem invertidas e Sammy Farha estivesse do outro lado, ele provavelmente só chamaria a aposta se estivesse ciente da possibilidade de o adversário ter um AQ, por exemplo (mais provável do que AT).

Nessas horas é importante controlar o pote. Ele poderia ter perdido menos fichas nesta mão fazendo o *call* no *turn*, e no *river* esperando uma aposta de Sam que ficaria provavelmente em torno de 3K (com o pote tendo 3,8K), e ele chamaria. No total perderia cerca de 4.750 nessa mão, restando com 5.250 fichas, o suficiente para continuar no jogo.

Que bela maneira de ser eliminado nos primeiros minutos de jogo, jogando os US$10 mil de inscrição fora. Se algum leitor duvida que o controle do pote é fundamental, em 2003, ainda no início do torneio principal, Farha perdeu um pote grande para Barry Greenstein. Porém, evitou o *all-in* e conseguiu sobrar com 10% das fichas iniciais. Já contei o final dessa história: vice-campeão mundial e US$1,3 milhão mais rico.

Eu poderia seguir dando exemplos de controle do pote para deixá-lo pequeno, mas acho que o conceito já foi bem-passado. Vamos então pensar agora no inverso. E quando quiser que o pote seja grande? Quando quiser tirar o máximo de fichas do adversário?

Neste caso, você deve usar um método em que suas apostas sejam progressivamente maiores, de acordo com uma proporção relativamente fixa, para no final ter o *stack* inteiro do seu adversário para você (ou o *stack* efetivo, caso seu *stack* seja o menor).

O nome utilizado em inglês é *leverage*, que numa tradução livre significa ter alavancagem. Este termo é utilizado também no mercado financeiro, em outra das muitas semelhanças entre o mundo dos negócios e o poker.

Para simplificar, seria fazer apostas constantes e relativamente baixas, que aumentam a cada "*street*". Você faz a aposta no *flop* num tamanho constante variando entre metade e dois terços do pote, e seu adversário sabe que se chamar sua aposta terá que enfrentar uma aposta maior (de metade a dois terços do pote atual) no *turn* e ainda maior no *river*.

A alavancagem pode ter dois objetivos diferentes:

1- conseguir todo o *stack* do seu adversário;

2- fazer seu adversário perceber que, se ele chamar a aposta no *flop*, terá que chamar uma maior no *turn* e uma ainda maior no *river*. Ou seja, a alavancagem pode criar *fold equity*, fazendo seu adversário ter medo de chamar suas apostas.

Assim, você deve sempre pensar qual seu objetivo com a alavancagem. Se for o de controlar o pote e tirar todo o *stack* do seu adversário, você não pode utilizar esse tipo de progressão a toda hora, seus adversários mais atentos perceberão e sairão da mão. Por isso, tem que usar a técnica de alavancagem menos vezes, e variar os valores das apostas.

Se, por outro lado, seu objetivo é adicionar ao seu arsenal o medo dos adversários de quanto será sua próxima aposta e fazê-los sair do jogo, use sempre valores semelhantes para suas apostas e tente manter este padrão sempre crescente. Deixe claro que quando você entra num pote é para arrebentar (mas sem usar *overbets*!).

Se você estiver realizando essas apostas como um padrão, seus adversários perceberão, e terão sempre que avaliar se querem jogar a mão para enfrentar apostas cada vez maiores.

Reparem algumas premissas:

- Para a estratégia de alavancagem funcionar, você precisa estar jogando contra adversários que percebam um padrão nas suas apostas e, por isso, terão consciência de que enfrentarão apostas sucessivamente maiores;
- Não se preocupe tanto em variar sua estratégia de alavancagem se estiver num jogo que jogará apenas eventualmente contra adversários que não conhecem você.

> A ameaça de apostas crescentes é que dá a você a vantagem na mão em que você utiliza a alavancagem.

Compare essa estratégia com um jogador que age da seguinte maneira:

Blinds 25–50. Primeiro nível de *blinds* de um torneio que começa com 3.000 fichas.

Jogador A (3.000) no *cut-off* aumenta para 350 após um *limper*. Todos dão *fold*, e o *limper* (jogador B, com 4.100 fichas) chama. O pote tem 775. O *flop* vem:

O *limper* dá *check*, e o jogador A aposta 1K.

Atenção

Esse jogador aposta 1.000 por ser uma aposta que considera forte. Jogadores desse tipo muitas vezes utilizam uma ficha de valor alto para intimidar o adversário. Lembre-se sempre de tentar entender as razões por trás de uma aposta, pois isso pode ajudar a formular um contra-ataque.

Só que, para surpresa do jogador A, o adversário (*limper*) dá *call* em sua aposta. Aí reside o problema. Após subir 350 pré-*flop* e apostar 1K no *flop*, o jogador A sobrou com apenas 1.650 fichas, e esse valor é insuficiente para fazer o adversário largar a mão no *turn* ou no *river*. Na realidade, se ele repetir a aposta de 1K no *turn*, não terá nem isso para apostar no *river*. E, se apostar tudo no *turn*, o adversário terá que pagar apenas 1,6K para ver duas cartas num pote que já teria quase 4,5K, ou seja, 3 para 1 em *odds*.

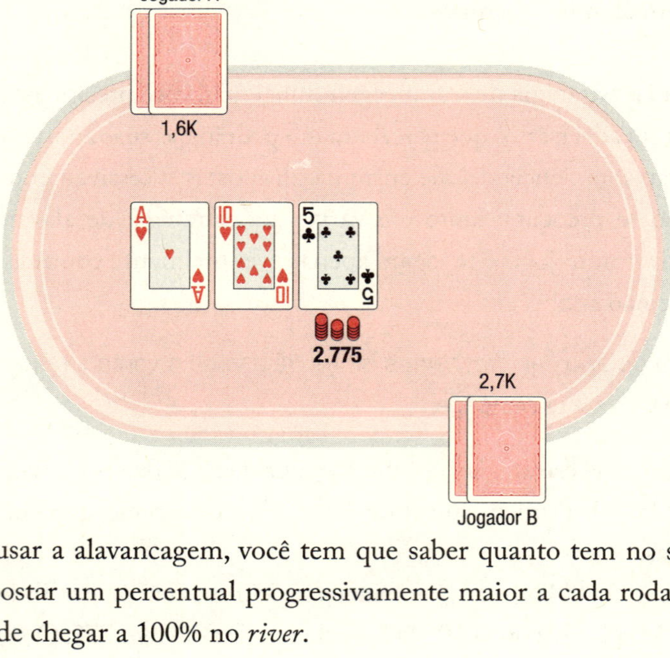

Para usar a alavancagem, você tem que saber quanto tem no seu *stack* e tentar apostar um percentual progressivamente maior a cada rodada, com o objetivo de chegar a 100% no *river*.

Exemplo:
8% pré-*flop*, 15% no *flop*, 30% no *turn* e 47% no *river*
ou
5% pré-*flop*, 10% no *flop*, 30% no *turn* e 55% no *river*.

Você deve planejar de acordo com o quanto os *blinds* representam do seu *stack* atual. Então, a partir da sua aposta percentual pré-*flop*, suas apostas vão crescendo a cada rodada de acordo com o plano para chegar a 100% do seu *stack* até o *river*.

Você deve, como regra, sempre fazer apostas maiores a cada rodada de apostas, nunca repetindo a anterior; para isso precisa controlar o que tem no seu *stack*.

No exemplo que dei acima, imagine que o jogador A tinha Q♠Q♥ e o jogador B (*limper*) tinha A♠7♣. Como o *kicker* é fraco, ele poderia até largar a mão no *turn* e no *river*, caso a aposta fosse grande em relação ao que há no pote e dependendo das cartas que aparecessem. Por exemplo, se no *turn* viesse um J♥, deixando o *board* com A♥T♥5♣J♥, o jogador com A7 poderia ficar com medo do *flush*, sequência ou de dois pares, e largar seu par de ases com *kicker* no 7.

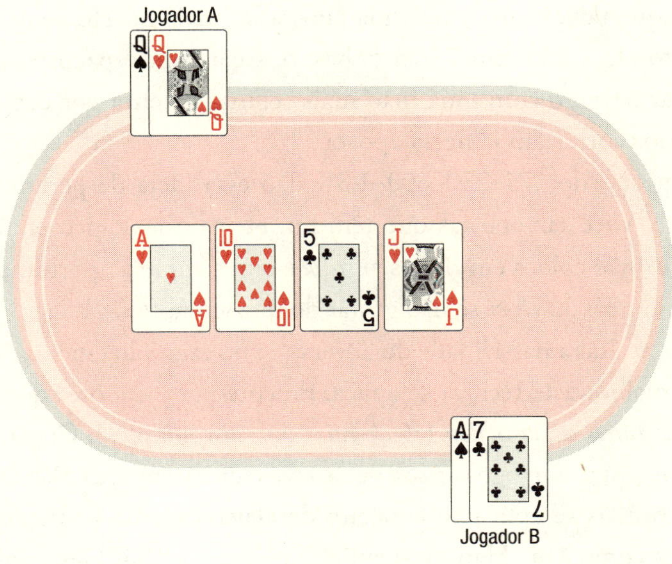

> Apostar um percentual muito grande do seu *stack*, não deixando fichas suficientes para fazer uma aposta maior nas rodadas seguintes, é um dos maiores erros no poker: confundir agressividade com o ato de apostar sem controle do pote implica perda de sua alavancagem (oportunidade de assustar o adversário com apostas crescentes).

Vamos ver esse pote jogado com os conceitos de controle do pote e alavancagem em mente.

Blinds 25–50. Jogador B (A♠7♣) dá *limp*, e o jogador A (Q♠Q♥) aposta 175. Todos *fold*, e o jogador B chama. O pote tem 425. No *flop* vem:

Após o *flop*, o jogador B dá *check*, e o jogador A aposta 250 (entre metade e dois terços do pote). O jogador B pensa e paga.

O *turn* traz o J♥. O jogador B dá *check* novamente com seu par AA *kicker* no 7. O jogador B aposta então 600 (o pote tem 925).

Você agora deixou seu adversário em dúvida: ele sabe que terá que chamar 600 agora (ele já gastou 175 + 250 = 425) e ainda pensa que no *river* terá que talvez enfrentar uma aposta de mais de 1K, sendo que nesse momento ele ainda tem 2.575 fichas, ou seja, tem espaço para dar *fold* e continuar no jogo com uma mão mais segura. Setenta por cento dos bons adversários correriam já nessa aposta.

As apostas de 175–250–600–1,3K dão essa ideia de perigo crescente e constante. Você faz apostas que têm um efeito psicológico efetivo sobre o adversário, não coloca em risco seu *stack* e tem sempre a oportunidade de não apostar no *turn* ou *river* se não gostar do que viu no *board*.

Vale ressaltar a passividade do adversário no exemplo citado. Quanto mais passivo, melhor esta técnica se aplica. Procure por jogadores que não costumam dar *raises* após o *flop* (*check-raise* ou *raise* simples). Contra jogadores agressivos, entra em jogo o risco de os *raises* alterarem seus planos.

Muito mais se aplica ao conceito de alavancagem, ou *leverage*; é como jogadores como Gus Hansen, Daniel Negreanu e Phil Ivey ganham vários potes. Eles sempre colocam pequenas apostas em que não se arriscam, mas com o aviso de que a aposta vai crescer em seguida. Dessa maneira, apostam praticamente em todos os *flops* quando a textura e situação ajudam, independente de que cartas têm nas mãos. Suas cartas passam a importar pouco na hora de apostar. Elas voltam a ter importância quando encontram resistência (um *call* ou um *raise*), e aí usam a experiência para conseguir fugir de uma mão em que não têm jogo ou ganhar todas as fichas dos adversários quando o têm.

Ouvindo uma entrevista com Daniel Negreanu, ele comentava que uma das maiores qualidades do jogo de Phil Ivey é que ele consegue jogar com duas cartas quaisquer e dosar suas apostas de modo a colocar pressão nos adversários.

Você já encontrou na sua frente um adversário que, quando começa a apostar, deixa você acuado? Alguns jogadores têm a habilidade de fazer os adversários se sentirem encurralados, enquanto outros não conseguem fazer suas apostas terem esse efeito por não saber alavancar os valores gradualmente.

Para a alavancagem funcionar, as apostas têm que ser aproximadamente as mesmas em percentual, não importando as cartas que você tem na mão. Sua estratégia é ser agressivo. Sua tática é utilizar a alavancagem. Assim, se você tem AA ou está num blefe ou com cartas baixas como 45s deve seguir seu plano. O importante é o padrão de apostas.

Como disse, sua experiência deve indicar a você que precisa parar quando encontrar resistência. Mas não se esqueça de que é muito comum os adversários chamarem a primeira aposta no *flop* e depois largarem para uma segunda aposta no *turn*. É o que chamamos de "*fire the second barrel*", ou seja, atirar pela segunda vez. É importantíssimo, para usar a alavancagem, ter a coragem de atirar pela segunda vez, pois sabemos que a aposta no *flop* ainda é muito baixa, e o medo só se instala no adversário quando aumenta o percentual do seu *stack* que está indo para o meio da mesa.

Vamos relembrar: se você apostar aproximadamente 5% pré-*flop*, 10% no *flop*, 30% no *turn* e 55% no *river*, somente a partir do *turn*, colocando 30% do seu *stack* inicial no meio da mesa, é que seu adversário começará a ficar assustado, porque perceberá que terá que chamar os outros 55% no *river*.

Vale lembrar que, que para surtir um efeito ainda melhor, o *stack* do seu adversário não pode ser muito maior do que o seu ou a percepção de perigo diminui.

Se pensarmos num percentual progressivo como: 8%, 15%, 30%, 47%, novamente é a aposta no *turn* que acorda o adversário para o fato de que metade do seu *stack* já entrou no pote e que o restante virá no *river*. Ou seja: com a alavancagem você também está dando um aviso para seu adversário de que está *pot committed*. Assim, a pessoa está tão comprometida com o pote (ou seja, o pote já é tão grande em relação às fichas que sobraram no seu *stack*) que se sente na obrigação de colocar todas as outras fichas independente da ação do seu adversário ou das cartas que surgirem.

Mas eu não gostaria de entrar na discussão sobre comprometimento agora. Mais à frente farei considerações sobre os erros relativos a este conceito que se espalharam entre os jogadores, fazendo-os colocar no pote fichas preciosas, quando poderiam facilmente largar as mãos e continuar no jogo.

Entendemos agora as técnicas para alavancagem e para controle do pote. Mas falamos apenas da definição de quanto se deve apostar a cada rodada proporcionalmente. Como colocar isso dentro de uma estratégia?

Em setembro de 2008, Eduardo "Sequela", jogador de São Paulo, teve sua primeira experiência num torneio do EPT, em Barcelona. Sequela foi muito bem, usando um jogo agressivo, e chegou a eliminar Dario Minieri, jovem italiano, vencedor de um bracelete do WSOP conhecido por seu estilo de jogo ultra-agressivo. Quando Sequela retornou ao Brasil, brincou dizendo que agora poderiam chamá-lo de "Dudu Minieri", pois aprendeu muito com Dario.

Com isso, Sequela queria dizer que viu como Dario, com apostas que cresciam a cada rodada, utilizava a pressão de suas fichas para fazer os adversários largarem mãos. Esse estilo, muito difícil de dominar, vem trazendo bons resultados a Sequela, que conseguiu ganhar eventos como o Brasil Poker Fest e o 150K do Espaço Zahle, entre outros. No próximo capítulo, falarei um pouco sobre esse estilo superagressivo do Minieri e também do praticado por Daniel Negreanu, o *small ball*, e de como ambos necessitam de uma boa leitura do "jeitão" ou textura das cartas comunitárias (*board*).

Exercícios sugeridos:

- Reveja algumas das mãos que você jogou, pensando de que maneira poderia ter reduzido a aposta em cada rodada para diminuir o seu risco na jogada.
- Partindo de diferentes valores de *stack* inicial (100, 500, 1.000, 3.000, 5.000), treine o valor que você deveria dar às apostas em cada *street* (pré-*flop*, *flop*, *turn* e *river*) para que todas as suas fichas sejam apostadas usando o conceito de alavancagem e apostas progressivas.

Capítulo 7

Textura do *board* e estratégias *small ball* e hiperagressividade

"Retroceda como uma montanha em movimento, avance como uma tempestade. Ataque e esmague com força impetuosa, vá à batalha como um tigre."

Zhuge Lian

No capítulo anterior falamos sobre os meios de controlar o pote, tanto para torná-lo grande quanto para mantê-lo pequeno. Porém é muito importante criar um padrão para utilizar essas táticas. É claro que o que define qual delas empregar são as cartas que você tem na mão e o poder de seu jogo.

O objetivo de todos os jogadores num torneio é ser campeão. Por isso, traçar uma estratégia para acumular fichas é fundamental. Parece algo óbvio, mas, na prática, vejo muitos jogando suas mãos sem se preocupar com a dinâmica do jogo, não sabendo mudar de marcha (*shifting gears*) e dominar a mesa nas horas corretas.

Esses jogadores cometem erros como entregar o torneio numa mão perigosa logo no início ou não se arriscar quando dobrar as fichas seria fundamental. Tudo porque não têm um plano traçado para o campeonato em questão. Além disso, costumam jogar apenas suas próprias mãos e de forma errática, sem um padrão de apostas definido, colocando fichas demais em potes pequenos e deixando de ganhar fichas em potes grandes.

Atenção

Jogos grandes — potes grandes

Jogos pequenos — potes pequenos

Para quem ainda tem dúvidas, *top pair* com *top kicker* (conhecido como TPTK em fóruns internacionais) não é uma grande mão, e até hoje vejo muitas pessoas perdendo potes gigantescos com ela.

O exemplo clássico é com AK.

Doyle Brunson diz que sua mão preferida é AK, porque ele sabe largá-la quando sente resistência de um adversário. Entretanto, muitos jogadores jogam AK da mesma maneira que jogam AA.

Normalmente os jogadores apostam forte pré-*flop*. Quando acertam no *flop* um par, não há santo que os faça largar a mão! E acabam perdendo o *stack* inteiro contra alguém com dois pares ou jogos melhores. Um jogador experiente sabe que nesta situação deve-se manter o pote sob controle se o adversário estiver mostrando força.

Não perca todas as suas fichas com apenas um par. É uma situação que sempre se repete, e recebo muitas perguntas que giram em torno de pessoas dando valor excessivo a apenas um par. Esse conselho serve também para os *overpairs*, os pares maiores do que as cartas na mesa. Poucas pessoas reparam que o *overpair*, quando não melhora no *flop*, é apenas um par, e acabam pagando grandes apostas *all-ins* sem antes considerar a possibilidade de jogos como dois pares e trincas na mão dos adversários.

Na minha opinião, jogos grandes que merecem potes grandes começam em *sets*, passando por *flushes*, *full houses* e jogos mais altos. Perceba que, apesar de sequências estarem entre *sets* e *flushes* em termos de valor, procuro jogar com mais cuidado com uma do que quando acerto um *set* no *flop*.

Outro ponto a ressaltar é que obviamente um *set* tem uma força muito maior do que uma trinca para construir potes grandes, pelo simples fato de que os *sets* são mais difíceis de serem lidos pelo adversário.

Sua estratégia ao entrar num jogo pode determinar qual tipo de tática vai usar com maior frequência. Há duas que considero mais importantes para um jogador dominar: *small ball* e hiperagressividade, ou *long ball*. Existem diversas variantes entre elas, e você pode criar sua própria versão.

Mas não confunda essas táticas com estratégias básicas de jogo, ou seja, de iniciantes. No primeiro livro, cheguei a comentar que você pode escolher jogar *tight* ou *loose*.

Em uma primeira olhada pode-se dizer: "Leo, já sei: a estratégia *small ball* é o mesmo que jogar *tight*. E a de hiperagressividade é o mesmo que jogar *loose*, certo?"

Ou cometer um erro de julgamento ainda pior e interpretar de forma inversa: "*Small ball* é o mesmo que jogar *loose*, e hiperagressividade é o mesmo que jogar suas mãos de forma *tight*, mas forte, não é?"

São errados os dois pensamentos. *Small ball* e hiperagressividade são duas estratégias difíceis de serem aplicadas pelos iniciantes, pois ambas dependem, entre outras coisas, de uma tremenda habilidade na leitura de mãos e dos padrões de apostas.

O jogador que cunhou a expressão *small ball* e que é conhecido por defender essa tática é Daniel Negreanu. Em seu livro *Power Hold'em Strategy*, Negreanu escreve um longo capítulo sobre como aplicar *small ball* a seu jogo. Outros jogadores conhecidos utilizam frequentemente este tipo de tática: Eric "sheets" Haber, SCTrojans, Jon "Apestyles" Van Fleet (que quase virou um brasileiro ao se relacionar com a jogadora do PokerStars, "Maridu" Mayrinck, e acabar ficando amigo de vários outros brasucas que participam do circuito internacional), Gavin Smith e outros.

Exemplos de hiperagressividade? A estratégia utilizada por Dario Minieri, Sorel "Imper1um" Mizzi, Kevin "BeL0WaB0Ve" Saul, Annette "Annette_15" Obrestad, Gus Hansen, Joe Sebok e Scott Clements.

Se você não tiver uma habilidade imensa para jogar pós-*flop*, é melhor se manter no feijão com arroz: *tight* pré-*flop* e apostando forte pós-*flop*. *Tight* em *blinds* baixos, ficando mais *loose* com os *blinds* subindo.

O grande princípio por trás das duas estratégias está concentrado na habilidade após o *flop*, e portanto depende de uma boa leitura do *board* e do adversário. Essas duas estratégias dependem de saber largar as mãos pós-*flop* quando se está perdendo.

A grande maioria dos livros de poker explica como jogar antes do *flop*. Quais mãos você deve jogar, como usar o *raise* pré-*flop*, quando fazer *reraise*, *squeeze play*, *resteal* e outras manobras baseadas no número de *big blinds* que você tem. Desta maneira, a grande maioria dos jogadores sabe jogar bem antes do *flop*. Por outro lado, após o *flop*, poucos o sabem.

Para jogar com habilidade no pós-*flop* é preciso saber identificar certos tipos de *board*. Ou seja, a leitura da mesa é fundamental. No livro *Aprendendo a jogar poker*, propus um exercício em que o leitor, dado um certo *board*, tinha que dizer em ordem decrescente quais eram os jogos possíveis de serem feitos, imaginando que o adversário podia ter quaisquer outras duas cartas. Esse exercício serve para determinar qual é o jogo *nuts* e listar os outros em ordem de probabilidade. Apesar de fundamental para o aprendizado, este é um exercício básico e temos que passar para o próximo passo: avaliar o *board* não com as cinco cartas, e sim com o *flop* e com as mãos possíveis de seus adversários, já tomando decisões baseadas nas probabilidades das cartas que ainda estão por vir.

Por quê?

Porque sabendo ler o *board* você poderá apostar ou até mesmo dar *raise* em adversários sem que você tenha acertado um jogo sequer.

Essa próxima parte é muito importante. Estudem com atenção cada tipo de *board* que explicarei. Saber como explorá-los é fundamental.

Vamos começar pelos mais simples:

Boards secos

"*Dry boards*" em inglês, literalmente "mesa seca". Acontece quando as cartas do *flop* são desconexas, não dando chance para sequências prováveis ou para *flushes*. Além disso, os *boards* secos não costumam conter A ou K.

Exemplos:

7♠ 2♣ J♦ T♣ 6♦ 2♠ 7♦ Q♥ 3♠

Os *boards* secos geralmente não melhoram a mão dos adversários (e nem a sua). Portanto, quem estava na frente antes do *flop* muito provavelmente segue na dianteira após o *flop*. Esse tipo de *board* é excelente para você apostar e em alguns casos até aumentar o adversário, mesmo sem ter jogo, como uma forma de *steal*.

Se o adversário demonstrar força, você pode colocá-lo em quatro tipos de jogos:

- *overpair*;
- *set*;
- blefe;
- um par.

Portanto, como as opções são poucas, este é um *board* muito bom para você apostar. Como o único desses jogos que realmente poderia preocupar você é o *set* (mais difícil de conseguir ganhar com as cartas seguintes ou tirar o adversário da jogada), esse *board* é excelente para ganhar com uma aposta seca. Mesmo se chamado por alguém com um par ou *overpair*, existem muitas cartas que podem aparecer no *turn* e no *river*, podendo assustar o adversário que não tiver um jogo forte.

Lembre-se, entretanto, de que ao apostar como um blefe você está se apoiando principalmente no fato de o adversário provavelmente não ter feito um bom jogo. Porém, ele próprio pensará o mesmo a seu respeito. Assim, os blefes podem encontrar resistência se você sempre apostar com esse tipo de *board*. Todo bom blefe precisa de um enredo convincente, e neste caso a história para um bom blefe não está bem-contada. Você deve contar com o fato de que ganhará a maioria das vezes em que for o agressor pré-*flop* ou em que os adversários não se interessarem em defender o pote.

Com um pensamento inverso, quando o *board* for do tipo "seco" e você vir um adversário apostando contra você, pense em variar seu jogo e algumas vezes fazer um *raise*, como um blefe. O adversário muitas vezes largará sua mão imediatamente.

Board dobrado

Quando duas cartas têm o mesmo valor de face e naipes diferentes no *flop*.
Exemplos:
5♠ 5♥ K♠ 8♦ 8♣ J♠ K♠ K♦ 3♠

Ao contrário do que muitos fazem na prática, os *boards* dobrados são bons exemplos de situações em que se deve apostar quase sempre. As chances de seu adversário ter acertado uma carta do *flop* são menores e, com a carta dobrada, ele pode ficar com medo da sua aposta, por achar que você tem a trinca.

Vale lembrar de um conceito que expliquei no livro *Aprendendo a jogar poker*: quando um adversário tem duas cartas não pareadas na mão, ele fará pelo menos um par no *flop* uma a cada três vezes, se o *flop* contiver três cartas diferentes. Porém, quando vem dobrado, isso diminui ainda mais a chance do adversário ter acertado.

A grande sacada nesta situação é perceber que a grande maioria dos adversários, mesmo que não acredite que você tem um pedaço do *board*, não terá condições de chamar sua aposta, pois não acertou nada. Você deve evitar apenas o risco de ser pago por alguém com um par de mão ou uma trinca. Mas, se encontrar resistência, reavalie no *turn* se vale a pena continuar apostando.

Uma jogada mais refinada é tentar o *check-raise*, demonstrando ainda mais força. Faça isso apenas contra jogadores experientes, que seriam capazes de blefar com um *board* dobrado.

Note que este conceito vale para quando é dado o *flop*. Quando uma carta dobra no *turn* ou no *river*, proceda com muito mais cuidado. Se o adversário já vier apostando desde o *flop*, as chances de esta carta ter melhorado a mão dele são maiores, posto que ele já parecia interessado nas cartas do *board*.

Curiosamente, sua aposta tende a ter menos valor quando feita fora de posição neste *board*. Isto porque os adversários pensam que, se você tivesse trincado, sua tendência natural seria o *slow play*, e não sair apostando. Assim sendo, apostar em *board* dobrado como blefe é mais eficaz quando feito em posição ou como um *check-raise*, caso você seja o primeiro a agir. Quando você fizer uma trinca nesse tipo de *flop*, sair atirando fora de posição pode ser lucrativo por esse mesmo motivo.

Outro ponto importante quando o *board* for dobrado é tomar cuidado com possíveis *draws* para *flush* e sequência. Jogue-os mais devagar, controlando o pote. Um adversário com um *pocket pair* na mão poderá fazer um *full house*, e já vi muitos perderem seus *stacks* jogando agressivamente nesse tipo de *board*.

Uma regra básica é apostar que você não deve encontrar resistência a princípio. Se o adversário chamar sua aposta, jogue com mais cautela em *turn* ou *river*, de preferência apostando o mínimo.

Draw heavy board

São os *boards* com várias opções que podem encaixar com o jogo de adversários. É particularmente perigoso em potes com muito jogadores. Normalmente as cartas são próximas e de naipes semelhantes, dando chance para sequências e *flushes*.

Exemplos:

A♠ Q♠ 8♦ K♦ J♦ 7♠ T♠ J♠ Q♣ 8♠ 9♠ Q♦

Em *boards* com muitos *draws*, se o pote for *multiway*, com mais de dois jogadores pós-*flop*, não vale a pena apostar, exceto se houver uma grande diferença de fichas entre você e os outros jogadores. Contra apenas um jogador, o correto é realizar uma aposta alta para não dar *odds* e punir os jogadores que resolvam caçar *flushes* e *full houses*.

Lembre-se de um fato importantíssimo: com quatro jogadores na mão, fatalmente algum deles acerta algo. Numa distribuição normal de mãos, em *boards* com três cartas médias/altas, é quase impossível que algum dos jogadores não tenha acertado ao menos um par com uma chamada para jogo melhor. Por isso, o cuidado ao jogar esse tipo de *board* deve ser redobrado.

Se você tiver um AA em *board* "*draw heavy*" (quando as cartas comunitárias permitem vários tipos de chamadas para *flushes* e sequências), recomendo cautela, e em algumas situações até mesmo *fold*, pois sua mão pode deixar de ser a favorita com facilidade.

Esse é o tipo de *board* em que mais se perde no poker. Quando você for o agressor pré-*flop*, diminua o ritmo no pós-*flop* e inclusive aprenda a desistir da mão. Tente fazer o controle, evitando situações de risco.

Lembre-se de que contra certos adversários não importa o valor da aposta que você fizer, ele não largará um *draw*. Sabendo disso, você pode optar por:

- ser agressivo e arriscar perder uma boa parte do seu *stack* caso o *draw* do adversário entrar;
- ser cauteloso e arriscar diminuir suas chances de lucrar, mas perdendo menos, quando seu adversário não acertar o *draw*.

Em um *cash game*, quase sempre opto pela primeira opção. Já num torneio, vários outros fatores entram em jogo, incluindo minha posição atual, em qual fase do torneio se está e o quanto de fichas posso arriscar.

Board com ás

Vamos imaginar um *board* que contenha um A, mas não necessariamente chamadas prováveis para sequência ou *flushes*. Exemplos:

A♠ 9♥ 5♦   3♠ A♦ 8♣   A♦ T♥ 4♣

Todas as vezes em que você for o agressor e o *flop* vier com um A, é esperado que você saia apostando. Seus adversários geralmente dão *check* para você, já que você apostou pré-*flop* e, portanto, está representando um A.

Tendo ou não esse A, é esperado que você aposte. Nesse caso, sua maior dúvida será se o adversário tem ou não o maior par.

Sua leitura depende do tipo de adversário e de quais mãos você acredita que ele poderia ter chamado o seu *raise* pré-*flop*. Quanto maior o número de mãos que ele joga, menos provável que tenha chamado com um ás na mão, e mais provável que seu *range* inclua *suited connectors* e pares mais baixos. Por outro lado, quanto mais *tight*, maiores as chances de você se deparar com um A.

Se você for o jogador chamando as apostas, tente dar um *raise* em cima do jogador que aumentou pré-*flop*, já que ele aposta com ou sem o ás fazendo *continuation bet*. Caso sua leitura esteja correta, com frequência ele largará. Lembre-se de que nesse *board*, na maioria das vezes, você só precisa que seu adversário não tenha o ás para ganhar a mão. E ele pode largar até mesmo um par de mão inferior como KK, QQ etc.

Uma dúvida comum é se devemos atirar novamente quando o adversário chama a aposta no *flop* num *board* com A. Eu prefiro fazer um *second barrel* num *board* seco do que neste caso aqui. Se não tenho o A e o adversário me chama neste tipo de *board*, sem *draws* aparentes, devo estar perdendo, e dependendo de minha leitura desisto da mão.

Board com *flush*

Quando a mesa vem com três cartas do mesmo naipe, o mais importante é saber que, neste caso, raramente uma pessoa que tenha a carta que complete o *flush nuts* dificilmente irá largar a mão para qualquer outra aposta (A ou até um K em certos casos). Por outro lado, muitos ficarão assustados se você representar o *flush*.

Exemplos:

5♦ 9♦ Q♦ 8♥ J♥ A♥

A recomendação nestes casos é atirar forte uma única vez, e no *turn* ver se o adversário irá chamar sua aposta. Se até o *river* uma quarta carta do naipe não aparecer, você deverá avaliar se vale ou não a pena apostar para tirar o adversário, que pode não ter acertado o *flush* com duas cartas na mão.

Se você tiver um *flush* pequeno, essa é uma mão bastante arriscada. Vejo muitas pessoas perdendo *stacks* inteiros, pois fazem apostas muito altas no *flop* e no *turn*, às vezes indo até *all-in*, só para se decepcionarem quando um outro jogador chama as apostas tendo um A ou K do naipe na mão, e quando veem a quarta carta do naipe surgir entre as comunitárias no *river*. Aconselho a jogar fazendo o pote ficar pequeno, pelo menos do *flop* para o *turn*. No *turn*, você pode arriscar uma aposta maior se achar que tirará o adversário. Lembre-se de que é mais fácil ele desistir enfrentando uma aposta grande num pote pequeno no *turn* com uma carta apenas por vir do que no *flop*, quando existe a promessa de um pote maior e as chances de ele completar o *flush* são maiores com duas cartas faltando.

Por outro lado, façamos um cálculo simples. Se você tem o *flush* com duas cartas na mão e três no *board*, e o seu adversário tem uma carta na mão para completar o *flush nuts*, isso significa que, das 13 cartas deste naipe, é certo que seis estão na mão de jogadores. Ou seja, seu adversário tem apenas sete *outs* para completar um *flush* maior do que o seu. Do *flop* ao *river*, isso corresponde a cerca de 30% de chance de acertar a mão. Ou seja, você é aproximadamente 70% favorito para ganhar. Se você estiver num *cash game* e jogando dentro de sua *bankroll*, pode justamente fazer o oposto do sugerido acima e entrar com tudo, tentando colocar todo o seu *stack* no meio até o *turn*, fazendo o adversário pagar caro se quiser ver o *river* e tentar o *flush*.

Muito cuidado com este tipo de *board* quando você for o jogador que segura apenas uma carta que completa o *flush nuts* e necessita de uma quarta carta no *board*. O *board* é perigoso e de uma maneira geral pouco lucrativo, pois, se você tem a carta que completa o *flush nuts*, quando a quarta carta do mesmo naipe aparecer, dificilmente os adversários pagarão qualquer outra aposta. Por isso, ou o seu *stack* entra para o meio antes de a quarta carta aparecer, ou o pote não vale a pena do ponto de vista das *implied odds*.

Low board (cartas comunitárias baixas)

Um *board* com todas as cartas baixas é geralmente lucrativo quando jogado de forma correta. O principal perigo é estar jogando contra jogadores que gostam de *suited connectors*. Sua leitura dos adversários neste caso é muito importante.

Exemplos:

5♦ 6♥ 2♠ 8♠ 4♥ 3♦

Existe outro problema, que é a tendência de os jogadores, segurando mãos como AK, AQ ou AJ, não largarem após uma aposta no *flop*. A solução neste caso é atirar mais de uma vez.

Muito cuidado com *calls* rápidos de jogadores em posição. O risco de um *set* é grande, e você só verá no *turn* a possível tentativa de um *raise*. Os jogadores com *sets* raramente aumentam no *flop*.

A sua estratégia em *flops* baixos é imaginar que os adversários não acertaram suas mãos e apostar forte tanto no *flop* quanto no *turn*, tomando cuidado apenas com as armadilhas citadas. É um tipo de *board* perfeito para blefes, e você não precisa ter feito um jogo forte, pois mesmo quem acertou um par poderá largar pensando que você tem um *overpair* se você puxar as apostas com força. Você também pode representar um *set* jogando da forma que citei, com *raise* forte no *turn* quando possível.

Após todos esses exemplos de *boards*, já podemos imaginar várias jogadas que você pode explorar. Comece a se permitir jogar sem cartas, aproveitando-se da leitura desses *boards* e das respostas mais comuns dos adversários.

Tente o *raise* quando a mesa mostrar um A e cartas descoordenadas. Aposte quando vier carta dobrada. Aposte quando for um *board* seco e ninguém parecer ter acertado nada.

O mais importante da leitura de *boards* é sempre pensar onde você pode atacar os adversários ou representar uma mão que não tem. Há quem diga que todo *flop* em que uma carta vier dobrada deve ser apostado, pois as chances de alguém ter feito um jogo neste *flop* são bem menores e, além do mais, poderão lhe dar crédito pela trinca.

Como as estratégias que citei neste capítulo (*small ball* e hiperagressividade) dependem em grande parte de sua habilidade pós-*flop*, esse tipo de leitura é essencial para você. Você poderá pegar os *boards* com maiores chances de blefe e adaptá-los a sua estratégia.

Small ball

Vamos falar primeiro de como jogar a estratégia *small ball*.

A ideia básica é tentar ver vários *flops* baratos e ganhar potes pequenos.

Repito e friso: *vários* potes pequenos.

Em outras palavras, construir seu *stack* pegando as fichas que ninguém parece querer. Para esse tipo de estratégia, é importante saber identificar os *boards* secos, e evitar ao máximo os *boards* com muitos *draws*. Outros tipos favoráveis de mesa para esse tipo de estratégia são o dobrado e o com *low cards* (cartas baixas).

O iniciante acha que jogar *small ball* significa apenas dar *limp* com *suited connectors* e pares baixos, tentar "flopar" um monstro e aí atacar! Errado! Essa é uma tática de jogo, mas não uma estratégia. Você pode utilizar isso também no *small ball*, mas não é tudo.

No *small ball* você vê vários *flops* baratos, procurando na medida do possível ter posição. Você entra no pote sempre que a tiver e perceber que os jogadores que falam depois de você estão dando *tells* de que vão fugir, e que aqueles que entraram antes no pote não estão demonstrando força. O segredo aqui é: não importam as suas cartas.

Atenção

Para jogar *small ball*, posição é muito importante.

No *small ball*, o que importa é sua leitura da mesa.

O pote está pequeno? Sim.

Alguém mostrou força? Não.

Você tem boa posição? Sim.

Tem um bom jogo pós-*flop*? Sim.

Está então usando o *small ball*.

No *flop*, se seus adversários derem *check*, você tentará roubar o pote deles com sua aposta.

Se você acertar o *flop*, melhor ainda. Só que aí, neste caso, você tentará fazer o pote crescer.

Ou seja, no *small ball*, se você não acertar o *flop*, tentará ganhá-lo, utilizando sua leitura e o controle do pote para tentar mantê-lo baixo. Se acertar, tentará fazê-lo crescer por meio da alavancagem.

Eventualmente, você receberá mãos muito boas, como AA, KK, QQ. Só que, se você vinha vendo vários *flops* baratos e, de uma hora para outra, faz um *raise* alto, isso é o mesmo que gritar para todos ouvirem que você tem AA. Por isso, jogar o *small ball* não é tão simples. Você terá que tentar disfarçar seu AA, tentando não dar um *raise* muito alto que faça as pessoas desconfiarem, ou até mesmo jogar um *flop* barato com esse monstro na mão.

Mais uma vez a sua habilidade pós-*flop* se faz importante. Pois neste caso saber largar uma mão como AA pós-*flop* é bem mais difícil, e, se você não está protegendo sua mão pré-*flop* com *raises* grandes, vários jogadores com mãos medianas podem entrar no pote.

Não confundam essa estratégia com ser passivo com mãos boas. O *small ball* não depende apenas de suas mãos, e sim de toda uma leitura da mesa. O objetivo básico é conseguir ganhar muitos potes, a maioria pequenos, e acumular fichas rapidamente desta maneira.

Uma vantagem é que, como você está dando muita ação no início do torneio, quando os *blinds* subirem e você modificar sua estratégia, ficando mais *tight* e entrando em menos potes, a sua imagem já estará fixada como a de um jogador *loose*, que entra com qualquer carta no jogo.

Acho que já deixei claro que para jogar o *small ball* você não pode ficar mostrando suas cartas. Resista a mostrar blefes e tente evitar os *showdowns* ao máximo. Tente ganhar o pote com suas apostas antes do *showdown*. Se o adversário estiver mostrando resistência, dê *check* e depois *fold* para as apostas dele. Ou seja, mantenha sempre seus adversários se perguntando: "Como ele pode estar recebendo tantas cartas boas? Eventualmente, você pode mostrar um jogo forte de propósito, apenas para deixar gravado na cabeça dos seus adversários.

Hiperagressividade (*long ball*)

Passando para a segunda estratégia, vamos falar de hiperagressividade ou como jogar *long ball*. O nome já diz tudo, não? É claro que não. Usar essa estratégia não é o mesmo que simplesmente apostar forte, ou excessivamente forte, quando estiver na mão.

O *long ball* é jogar baseado em *raises* e *reraises*, em vez de *check* e *call*. Você pode usar essa estratégia sendo *tight* ou *loose* pré-*flop*. Fica a sua escolha. O importante é que, assim como no caso do *small ball*, a leitura pós-*flop* é fundamental.

Quando você está dando *raises* e *reraises*, o que está fazendo basicamente é mandar um recado de que seu jogo é forte e de que você puxará a ação ao longo de toda a mão. Ou seja, é esperado que seus adversários deem *check* para você e esperem sua *continuation bet*. Em muitos casos, eles estarão esperando para realizar *check-raises*.

É um *approach* quase que diametralmente oposto ao *small ball*. A ideia é que, quando decidir entrar numa mão, seja com jogo forte ou fraco, seus *raises* e *reraises* conquistarão o pote. Você deve usar essa estratégia apenas contra jogadores que sejam fracos ou que saibam largar suas mãos ao encontrar resistência. Jogar *long ball* contra *calling stations* acaba sendo mais difícil.

Atenção

Utilizar a estratégia de hiperagressividade pressupõe os seguintes princípios:

- você não pode ter medo de arriscar seu *stack* inteiro no início do torneio (ou a qualquer momento). Isso significa dizer que os jogadores que usam táticas de hiperagressividade estão sujeitos a uma desestabilidade maior, muitas vezes sendo eliminados precocemente e poucas vezes chegando às fases finais com *stacks* gigantescos. Por outro lado, colocam-se em posição de ganhá-los quando chegam à mesa final;
- você tem que aprender a não ter medo de dar *reraise* com mãos medianas e até mesmo com ar (*raising air*, ou seja, aumentar com cartas absolutamente ruins). Dar *reraise* com AA e KK todo mundo sabe fazer, e isso não é ter uma estratégia hiperagressiva.

A estratégia hiperagressiva deve ser utilizada de modo a, quando você entrar com um *reraise*, seus adversários não saberem se você tem um jogo muito bom ou se está apenas blefando.

Para ser hiperagressivo, você deve sempre procurar utilizar *raises* maiores do que o padrão da mesa (se a mesa estiver dando *raises* de 3x, puxe 5x).

É preciso aprender a apostar sempre no limite, entre dois terços e o pote inteiro, e até fazer *overbets* em alguns casos (entretanto não abuse dela, pois é na maioria das vezes matematicamente incorreta).

Alguns dos melhores jogadores brasileiros que conheço jogam constantemente assim: Leandro "Brasa", Edu "Sequela", Celso Almeida, Cristiano Domeneghetti, Salim Dahrug... Se você reparar bem, a grande maioria que citei ou sai no início do torneio, ou acaba chegando às fases finais com *stacks* monstruosos.

O princípio básico da hiperagressividade é irritar progressivamente seus adversários, fazendo com que queiram pagar você. Por isso, é importante mixar cartas ruins com jogos fortes e bons, mantendo o mesmo padrão de apostas nos dois casos.

Para ser hiperagressivo, marque quem são os jogadores mais *tight* da mesa. Procure fazer seus movimentos em cima deles. Quando mostrarem resistência, você deve dar a chance de puxarem uma aposta ou fazer um *check-raise*. Aí você dá uma longa pausa, se não tiver jogo, e larga sua mão contrariado. Porém, contra os adversários *tight*, você terá mais oportunidades de fazê-los largar a mão com *reraises*.

Não posso calhar de encontrar um AA pela frente na mão de um jogador *tight* (ou até na de um *loose*)? Sim, por isso, para jogar hiperagressivo, você tem de lembrar que uma mão tem mais de uma rodada de apostas, e deve aplicar bem os conceitos de alavancagem e controle do pote. O ideal é que suas apostas sejam fortes, mas que sempre deixem espaço para o seu *fold*. Ou seja, não é hiperagressivo ir *all-in* pré-*flop*. Fazê-lo, na realidade, tira a sua vantagem no jogo. O que mais intimida os adversários é o medo de suas apostas crescentes. Colocar todas as suas fichas no meio antes do *flop* facilita a ação de seus oponentes, que passam a ter uma decisão matematicamente fácil, à qual todos os jogadores hoje em dia já estão habituados.

Lembre-se de que o jogo pós-*flop* é a fraqueza da maioria dos iniciantes, e de que, na grande maioria dos casos, eles temem apostas grandes nesta fase, pois não sabem como responder a elas. Fica claro que para jogar nesse estilo é necessário uma grande habilidade para trabalhar com percentuais do seu *stack* e do adversário. Portanto, aprender como empregar a alavancagem é fundamental.

Um bom exercício é tentar imaginar valores de *raises* e *reraises* pós-*flop* em cima de um adversário dado determinado *stack* para você e para o adversário pré-*flop*. Trabalhe com a possibilidade de você ter o maior *stack* e estar tentando empurrá-lo para fora do pote, e também com a de você ter o menor *stack*. Repare que a força de suas apostas nos dois casos deve ser diferente. Quanto maior o seu *stack*, mais fácil aplicar o *long ball*.

Além disso, o *long ball* é uma estratégia de alta variância. Ou você acumulará rapidamente um *stack* grande, ou será logo eliminado. Há chances ainda de ficar *short* a ponto de não poder mais usar essa estratégia e ter que recorrer ao *all-in*.

O maior cuidado que você deve ter com essa estratégia é evitar os jogadores que realmente tenham grandes jogos na mão. Mais uma vez, tenha como alvo favorito os jogadores passivos, não necessariamente *tight* ou *loose*, mas sim aqueles que não costumam mostrar resistência a aumentos de apostas.

Até agora fiquei concentrado em números e em estratégias relacionadas às apostas. Porém o poker não pode ser visto apenas pelo ponto de vista de cartas e fichas. Uma das grandes características do esporte, principalmente quando praticado ao vivo, é a possibilidade de interação com outras pessoas, que, apesar de oponentes, dividem a mesa com você. Será que não seria importante entrar em harmonia com esses adversários? No próximo capítulo, vamos olhar o poker de fora para dentro, pensando nesse equilíbrio do ambiente de jogo.

Capítulo 8

Colocando a harmonia a seu favor

"Tudo é baseado na mente, liderado pela mente, disfarçado pela mente. Se você falar e agir com uma mente poluída, o sofrimento virá em seguida."

Buddha

O poker é um jogo individual, em que a estratégia (e, portanto, a lógica) tem um papel gigantesco. Por ser individual, depende essencialmente de você criar o ambiente necessário para sua vitória.

Concentração, foco, treino e raciocínio. Só isso? Basta jogar as cartas e as situações aparecem? Claro que não. E o ambiente a seu redor? E os demais jogadores? Será que eles também querem que você ganhe e vão criar um espaço harmonioso?

Dominar o poker é tentar transformá-lo num desafio de grupo.

Por quê? Se é um jogo individual, no qual meu objetivo é eliminar meus oponentes um a um (em um torneio), por que motivo criar um ambiente de grupo?

Este é um daqueles capítulos do livro em que os conceitos parecem simples e banais, mas diria que ao compreendê-lo me tornei um jogador mais experiente e avançado. Apreender esses conceitos pode fazê-lo dar um salto maior do que se aprofundar em contar *outs* e afins.

A matemática é fundamental para você perceber como a habilidade é importante no poker e deixar de lado a ideia de que é um jogo baseado apenas na sorte. Porém, depois que a matemática básica é compreendida, outros fatores mais abstratos devem ser levados em conta. Aqueles que farão de você um vencedor.

Jogadores reconhecidamente talentosos acham pouco importante fazer contas à mesa. Annette_15 (Annette Obrestad, de 19 anos, campeã do evento principal do World Series Europa que a tornou a mulher que mais ganhou dinheiro com poker na história, e uma das jogadoras que mais ganhou torneios on-line) diz que é péssima em matemática e que para jogar poker é necessário apenas contas básicas e muita estratégia. Já muitos jogadores jovens de internet defendem que o conhecimento matemático é fundamental e brigam com unhas e dentes em fóruns como o Two Plus Two, argumentando que hoje em dia, com os softwares de análise e estudos matemáticos, nenhum profissional "das antigas" consegue ganhar de um jogador profissional criado no ambiente on-line.

Barry Greenstein, ph.D. pelo Massachusetts Institute of Tecnology e profissional do PokerStars que joga profissionalmente há mais de vinte anos, diz que, jogando poker ao vivo, é importante saber matemática, mas que há uma gama muito maior de elementos não matemáticos a se prestar atenção.

Quem está correto? O poker avançado depende mais da matemática e de softwares ou do *feeling* de jogador aliado à teoria?

Como o tema é abstrato e fala muito de relações interpessoais e de psicologia, vou passar exemplos para tentar ajudá-los na compreensão.

Harmonia. Esta é uma palavra-chave. Grave esta palavra e a repita para si mesmo durante um torneio.

Uma das metas que se deve ter no poker é: "O restabelecimento da harmonia deve ser o objetivo após todos os conflitos."

Pensar nisso no seu dia a dia é fácil: a cada discussão que você tem com alguém, seu objetivo deve ser reconquistar a paz. Brigas com o(a) parceiro(a) e com colegas de trabalho, por exemplo. Sem recuperar a harmonia, como continuar produzindo?

Isto é fácil de entender, mas ainda não está claro como esse conceito se insere no poker, ou seja, qual é o real impacto que terá numa jogada. E aí está o pulo do gato.

Jogadores avançados se diferenciam pelo seu alto poder analítico. Com os conhecimentos que você adquiriu, provavelmente já acompanha uma jogada tentando narrar para si mesmo o que está acontecendo. Refaz em sua cabeça cada ação do seu adversário, a contextualizar com as cartas que estão aparecendo, coloca-o numa mão (ou num *range* de mãos) e, de acordo com a sua análise, decide se sua melhor atitude é sair, chamar, fazer uma aposta ou ainda aumentar a aposta dele.

Por exemplo:

Você está num torneio com nove jogadores na mesa, e os *blinds* estão em 100–200. A média da mesa está em torno de 10.000 fichas, e você tem cerca de 13.000. Seu adversário nesta mão está no *small blind* e tem cerca de 10.000 fichas.

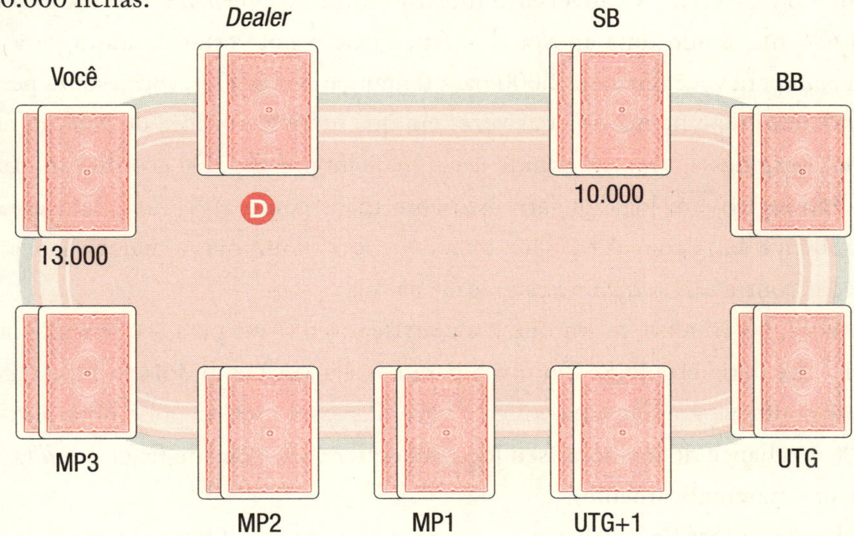

O jogador em MP1 dá *limp* na mão, você no *cut-off* dá *limp* também, e o jogador no *button* dá *fold*. O jogador no SB aumenta em cinco vezes o BB. Para sua surpresa, o BB chama o aumento, assim como o jogador em MP1. O pote tem 3.200, e você precisa chamar mais 800 para continuar na mão.

Você tem 8♥9♥. Como ainda tem quase 13.000, precisa chamar 800 e tem três adversários na mão com o pote dando 4:1 de *odds* para você, acaba se decidindo que pela matemática deve chamar esta mão.

O *flop* vem:

Com essas cartas você tem *top pair* e um *inside straight draw*. O SB sai apostando 2.000 num pote que era de 4.000. Os outros dois adversários dão *fold*, e a ação vem para você. (Pote de 6.000.)

O que você faz?

Neste momento você já deve estar usando a lógica, e a atitude correta aqui é o *fold*, certo? O adversário mostrou força no pré-*flop* e não fraquejou no *flop*, mantendo uma aposta alta. Apesar de o pote estar dando 3 para 1 em *odds* para você (chamar 2.000 para tentar ganhar 6.000), você estaria perdendo essa mão na maioria das vezes em que um jogador fora de posição no *small blind* desse um *raise* grande dessa maneira pré-*flop*. De acordo com um padrão lógico, um jogador faria isso com mãos como AA, KK, QQ e JJ. Também o faria com AK, claro, uma *continuation bet*, mas a maior chance é você ir contra um *overpair* e estar atrás na mão.

Você, no entanto, pensa que pode arriscar seu *draw* para sequência, pois um 7 lhe daria este jogo. Ou um 8 para colocar você com dois pares, ou até mesmo um 9 para dar uma trinca a você. Pensando ter cerca de nove *outs* e 36% de chance de melhorar seu jogo até o *river*, você decide fazer o *call* (até correto matematicamente).

Então, apesar de achar que está perdendo, paga os 2.000, restando a você 10.000 em fichas. (Pote de 8.000.)

O *turn* vem um 2, não mudando a situação, e o SB aposta 5.000 (uma ficha de valor cinco mil que ele tinha, deixando para trás cerca de 1.000 fichas somente).

Novamente a lógica diz para sair da mão, pois o adversário continua mostrando força. E você finalmente o faz, largando seu *top pair*.

Neste momento seu adversário se levanta, olha para você com raiva, jogando as cartas na sua frente, mostrando um blefe, e diz: "Eu sabia que eu ia pegar você. Quem é que está jogando mal agora?"

Eu não contei no início da história, mas poucas mãos antes este mesmo adversário entrou num pote grande contra um outro jogador da mesa e acabou perdendo, fazendo uma jogada que pareceu errada para você. Neste momento, você comentou com o jogador a seu lado como havia sido amadora aquela mão e que o *call* foi "burrice". Quase vinte minutos se passaram, e este jogador resolveu que passaria um blefe em você e o empurraria para fora deste pote.

Você acabou de perder 3K em fichas, quase um quarto do seu *stack*, para um blefe.

Que lições podemos tirar disso?

Para começar, você não percebeu o ânimo e as intenções dos seus adversários, não sentiu a tensão que você criou e a mudança de atitudes do oponente em relação a você.

Além disso, olhando esta mão pode-se inferir que sua atitude anterior de criticar o adversário foi errada e criou um desequilíbrio emocional na mesa que se voltou contra você.

O poker é um jogo social. Se você demonstrar respeito pelos outros jogadores, eles estão mais propensos a enxergá-lo como um competidor avançado, e não como um alguém egocêntrico e interesseiro.

Assim, eles estão mais propensos a respeitar suas jogadas e seus aumentos. Também estão menos inclinados a fazer jogadas caóticas e não previsíveis que desafiam a lógica. Por incrível que pareça, diria até que certos jogadores terão uma tendência menor a passar um blefe em você.

Isso não quer dizer que eles vão jogar fora a melhor mão e não pagar suas apostas quando tiverem mãos decentes. Apenas que vão jogar de uma maneira mais lógica. Ou seja, estabelecer essa relação de respeito à mesa traz estabilidade e harmonia.

Pense nisto

O respeito mútuo torna algumas ações mais previsíveis. É mais fácil jogar contra um adversário que respeita você, porque as mãos são jogadas baseadas na lógica e por razões elementares, o que facilita a leitura da situação.

O não previsível é o que deve ser temido — *tilt*, raiva, desconhecimento do jogo, inimigos à mesa tendem a ser muito mais difíceis de lidar.

Você nunca consegue ter certeza se o jogador está fazendo aquela jogada — sendo agressivo e blefando, queimando fichas devido a seu estado emocional — ou se ele realmente tem o jogo que você pensa que tem. Ou pior, você pode imaginar que a jogada se deve à irritação e ao nervosismo, mas na verdade ela é lógica e forte. Fica, assim, perdido no meio do caos emocional de seus adversários.

Um bom exemplo disso ocorreu no WSOP de 2007, quando o Leandro "Brasa" chegou em 4º lugar no evento de NL1500 com 3.150 jogadores. Algo que ele me disse no intervalo do segundo para o terceiro dia, quando finalmente jogaria a mesa final, me marcou. Perguntei ao Leandro sobre estratégia, se tinha feito algo diferente, e a resposta foi inesperada:

— Fiz muitas amizades nas minhas mesas.

— Como assim? — perguntei.

— Procurei falar com todos na mesa, estabelecer contato, dizer "*Nice hand*" quando alguém ganhava uma mão, ou então "*Well played*" quando via uma jogada boa. Isso fazia com que todos me notassem à mesa — respondeu ele.

Acho que eles viam o Leandro como aquele brasileiro simpático. E o respeito só aumentava. Vi vários *raises* dele não serem pagos. Ele roubava vários potes e brincava.

Na transmissão da mesa final, até os comentaristas internacionais falaram da atitude do Brasa, dizendo que ele trazia alegria à mesa. E até mesmo que era imprevisível qual seria sua jogada seguinte.

O Leandro buscou a harmonia na mesa, como uma forma de diminuir a hostilidade contra ele. E essa atitude se pagou de tal maneira que, um ano depois, durante o WSOP 2008, estava com o Leandro quando ele se encontrou novamente com Taylor Douglas (vice-campeão daquele evento) e com Ray Spencer (7º lugar). Ambos pararam e cumprimentaram o brasileiro efusivamente, e os três ficaram conversando por um longo tempo. Ray estava próximo de nós após a vitória do Alê Gomes e comentou como os brasileiros mereciam esse título. Ponto para a atitude do Leandro, que transformou adversários em amigos.

Da mesma forma, vejo o exemplo do Felipe "Mojave", que, após jogar algumas etapas do EPT, já é tratado carinhosamente pelos outros profissionais. Lembro até quando estávamos no LAPT e Vanessa Rousso (profissional do PokerStars casada com Chad Brown, outro *pro* famoso) veio conversar com ele. Não levou muito tempo para conquistar a simpatia dos colegas profissionais.

É claro que os brasileiros jogaram muitos outros torneios, e hoje muitos já são reconhecidos pelos adversários internacionais e até temidos. Essa interação é excelente, e o Brasil mais uma vez ganha pontos graças a nossa cultura tão aberta.

Pense nisto

Há um trecho do livro *A arte da guerra* que diz: "Bons guerreiros diminuem o número de seus oponentes, maus guerreiros aumentam. Aqueles que conseguem diminuir seus inimigos florescem, e, por outro lado, os que aumentam seus inimigos um dia morrem."

Alguém então pode pensar que uma boa postura na mesa é passar despercebido (assim ninguém vai atacar você) ou ainda se mostrar um "profissional" sério, calado, pensando cada jogada longamente, como vemos alguns jogadores na televisão. Na minha modesta opinião, essas duas posturas são ruins.

Pergunta: numa mesa você tende mais a atacar um amigo, alguém com quem simpatiza, ou um cara que está quieto no canto, e com quem não estabeleceu nenhum contato? Nem que seja no âmbito subjetivo e inconsciente, tende a ir com mais força em cima do desconhecido.

Essa, por exemplo, costuma ser uma vantagem de mulheres numa mesa contra homens. Por incrível que pareça, a maioria dos homens tende a jogar de forma menos agressiva com as mulheres. Elas sabem aproveitar e usar essa imagem a seu favor, abusando do direito de fazer charme e serem simpáticas para receber menos tiros nas apostas.

Citei a Vanessa Rousso, muito charmosa à mesa, e poderia lembrar também da Isabelle Mercier, com quem joguei no LAPT do Rio de Janeiro. Isabelle foi muito simpática, distribuiu sorrisos pela mesa e foi pouco atacada. E se a Shannon Elizabeth, atriz de *American Pie*, sentar à sua mesa? Difícil não ficar impressionado com sua beleza e simpatia. Concentração e foco. Elas conhecem seu poder de sedução, e o usam como mais uma arma no poker.

E o jogador com a atitude de "profissional de televisão"? Calado, pensativo, a jogada chega nele e, antes de dar *fold*, pensa sempre por uns 15 segundos. Antes de qualquer ação, para e pensa, encara o adversário e mexe nas fichas. Não fala com os companheiros de mesa.

A maioria das pessoas fica ressabiada contra esse tipo de adversário, algumas com medo de entrar num pote com ele, outras prestando bem mais atenção a seu jogo, mas de um modo geral todas ficam com uma predisposição de, ao entrar em uma mão com este oponente, jogar de uma forma mais cuidadosa, mas ao mesmo tempo mais agressiva. Este oponente gera um desejo nas pessoas de derrotá-lo. Ou seja, ele acaba chamando a atenção de todos de uma forma negativa.

Durante o WSOP de 2008, vi os jogadores lançando uma nova gíria. Quando alguém parava para pensar por um tempo antes de cada jogada, principalmente em *blinds* baixos, eles diziam: "*He is doing an ESPN.*" [Ele está fazendo uma ESPN.] Ou seja, está se mostrando para as câmeras.

A mesma coisa se aplica ao jogador muito ativo, que puxa várias apostas na mesa, ou àquele que fala excessivamente, o tempo todo. Esses jogadores atraem o foco para si, muitas vezes de uma maneira que pode irritar os adversários e deixá-los predispostos a tentar eliminá-los.

Eu diria que a postura ideal é a mais harmônica delas. É o jogador que senta à mesa e tenta, com atitudes e palavras, ser cortês com os adversários, respeitá-los e elogiá-los. Um oponente terá uma menor inclinação a tentar destruí-lo se sentir que você está de alguma forma tentando protegê-lo. Proteger seu adversário é uma atitude que pode assumir várias formas. Por exemplo, ouvir sua história de *bad beat* num intervalo do jogo, ou ressaltar como ele jogou bem uma mão.

Outro ponto importante é resistir à tentação de, quando você ganhar uma mão, dizer que seu adversário jogou mal e cometeu um erro.

Se ele fez algo incorreto, por que você faz questão de dizer isso a ele? Para que ele não erre mais contra você? Em que isso ajuda você? Você realmente acredita que apontar o erro de seu adversário vai aumentar a sua lucratividade, ou ainda evitar que você tome *bad beats*?

O termo utilizado para descrever a atitude de "ensinar" a jogada correta a um adversário é conhecido como "*schooling*". Você não deveria fazê-lo durante um jogo, pois pode irritar seu adversário, ofendê-lo, ou ainda realmente ensiná-lo e fazer que ele não cometa mais erros. Outra gíria utilizada é *don't tap the tank*, algo como "não bata no aquário", que alerta para o cuidado que devemos ter de não afastar os *fishes* (peixes, jogadores fracos) da mesa.

Atenção

Evite ser arrogante na hora do triunfo. O adversário derrotado tende a não esquecer esses momentos.

Você poderia me perguntar se já aprendi a fazer tudo isso e se estou em perfeita harmonia com os adversários em minhas mesas. A resposta é: eu já me conscientizei da importância disso para meus resultados. Infelizmente ainda não consigo ter sucesso absoluto neste quesito, mas sei que tenho campo para melhorar, ainda mais agora que já tenho consciência do que preciso trabalhar. A maturidade tem me deixado cada vez mais próximo do que considero um jogador ideal. É um treinamento e aprimoramento contínuos, em que tenho que abafar pontos de minha personalidade e me recordar o tempo todo de que devo buscar a harmonia, mesmo quando alguém muito chato está à mesa.

Algumas vezes, inclusive, eu usei estratégias diferentes, como tentar irritar um adversário com comentários para tirá-lo do sério. Na maioria das vezes o tiro saiu pela culatra, seja a curto ou a longo prazo.

A longo prazo é quando eu consigo tirar o adversário do torneio. Mas ele sai tão irritado comigo, me culpando pela sua eliminação, que acaba guardando aquilo contra mim pelos próximos cinco, dez, vinte torneios. Ou seja, um saldo bem negativo. Imagine mais e mais adversários se sentindo assim a seu respeito. Qualquer dia, você sentará numa mesa em que não conseguirá nem jogar, pois todos estarão à sua caça.

Obviamente, esse tipo de harmonia é muito mais fácil de conquistar no ambiente ao vivo do que no on-line, onde o distanciamento acaba tornando as pessoas naturalmente mais agressivas. Quantas vezes você tentou ser simpático com alguém e recebeu uma resposta atravessada no chat on-line? Ou ainda recebeu críticas e xingamentos ao seu jogo? Não estar encarando o adversário traz uma força e uma coragem muito grandes. Assim sendo, não estabelecer relações on-line pouco modificará seu resultado.

Entretanto, isso tem um impacto enorme ao vivo. Vou falar de dois ídolos de todos aqui:

- Daniel Negreanu: falante e brincalhão, sem nunca perder a concentração ou a força de seus ataques. É quase impossível não gostar dele, ou ainda não respeitar seu estilo. Com seu jeito amistoso, consegue ir jogando o que chamamos no capítulo anterior de *small ball*, entrando em vários potes pequenos e ganhando sem contestação;

- Phil Hellmuth: conhecido como The Poker Brat, fala pelos cotovelos e critica as jogadas de seus adversários. Chama pessoas que estão em sua mesa de amadoras e faz questão de ressaltar como jogaram mal tal mão e como ele é muito superior na técnica. Resultado: todos querem jogar potes contra ele e tirá-lo de torneios. Quem não quer ter a honra de dar um *bad beat* em Phil Hellmuth e vê-lo sair do salão reclamando e dando show? Isso gera uma energia ruim. Quebra a harmonia que falei ser necessário estabelecer.

Curiosidade

Um dos vídeos de poker mais engraçados que já vi, e que retrata muito bem esse tópico sobre harmonia, aconteceu no programa norte-americano *Poker After Dark*. Numa determinada mão com *blinds* 300–600, Phil Hellmuth deu *raise* com A♥T♦ para 1.800 e recebeu um *reraise* de Annie Duke, que tinha K♠K♥ para 5.800. Nesse momento, Phil Hellmuth começa a pensar se paga ou não a aposta. Os outros jogadores na mesa começam a falar entre si, sem se dirigirem diretamente a Phil. Então, Gus Hansen pergunta:

— *Could this be one of those unsuccessful Phil's traps?* [Poderia ser esta mais uma daquelas armadilhas malsucedidas do Phil?]

Steve "Z" Zolotow rebate, defendendo Phil:

— *I think we should now let him think. Give him a break. He has had a tough day.* [Acho que devíamos deixá-lo pensar. Dar um tempo a ele. Ele teve um dia difícil.]

Gus Hansen e Shahram "Sheiky" Sheikhan continuam a falar, e Phil pede então para Sheiky ficar quieto.

— *Please be quiet!*

Sheiky se cala, e Phil então começa a falar:

— *So, four thousand more, ah?* [Então, 4.000 fichas a mais, né?] — diz, dirigindo-se a Annie Duke.

Huck Seed, que estava quieto até então, resolve fazer uma piada:

— *Please be quiet so as only Phil can talk!* [Por favor, fiquem quietos para que só o Phil possa falar!]

E todos caem na gargalhada.

Phil então fica nervoso, se levanta e começa a perguntar ao diretor do programa se ele não vai dar uma punição aos jogadores (a todos eles?!). Os jogadores continuam a rir. Algumas frases de Phil chegam a soar ridículas, principalmente se tratando de um programa de televisão entre profissionais amigos.

— *You gonna get penalties for this here or what? I played poker for the last 20 years and never someone broke my talk when I have a key decision. Cause you know, I might not play another one if it is going to be like this. Do you understand?* [Você vai dar penalidades para isso aqui ou não? Eu jogo poker há vinte anos e nunca alguém interrompeu minha fala quando tenho uma decisão importante a tomar. Porque eu posso não jogar outro programa desses se as coisas continuarem assim, sabe?] — diz Phil, sempre falando com o diretor do programa, que não aparece no vídeo. — *I am trying to make a tough decision about all my chips, and I got everybody talking...* [Estou tentando tomar uma decisão difícil em relação a todas as minhas fichas, e todos ficam falando...]

E a pérola do dia:

— *This is not poker! I am not playing anymore if I cannot use my reading abilities*. [Isso não é poker! Não jogarei mais se não puder usar minhas habilidades de leitura.]

E todos riem novamente.

Phil então se estressa ainda mais e fala um palavrão para Sheiky, que então pergunta ao diretor se Hellmuth pode usar linguagem imprópria na tevê e aponta que ele saiu da linha.

Phil então se faz de bobo, ignorando sua própria falha de conduta, e continua:

— *I have been playing poker for 20 years and this has happened to me, you know how many times? Zero. Zero times. I have made 20 million dollars on my reading abilities.* [Eu venho jogando poker há vinte anos, e sabe quantas vezes isso aconteceu comigo? Zero. Zero vezes. Eu fiz US$20 milhões com as minhas habilidades de leitura.]

Novamente todos riem. E ele continua:

– *That is gonna cost me the pot against Annie. She is moving all-in with any ace, I already know that. I have* AT. *I can't even make a decision anymore. This is bullshit. Now I have to lose a pot for someone with* A8 *because I can't even think anymore.* [Isso vai me custar o pote contra a Annie. Ela está indo *all-in* com um A, eu já sei disso. Eu tenho AT. Não posso nem ao menos tomar uma decisão. Isto é uma palhaçada. Agora vou perder o pote para alguém com A8 porque não consigo nem mesmo pensar.]

E ele então larga a mão e abandona a mesa e a área do torneio.

Annie mostra o par de reis, mostrando que a leitura de Phil baseada nas suas "*reading abilities*" estava totalmente errada.

A apresentadora então pergunta a Sheiky numa entrevista o que ele acha que fez Phil explodir assim. Sheiky responde:

— Jogar mal. Ele está jogando mal. E ele não suporta isso. Ele é um bebezinho, é pior do que uma criança de três anos. Ele e o Matusow, os dois pertencem à mesma escola.

A confusão ainda continua por uns dez minutos. O torneio prossegue, e Phil volta reclamando, dando entrevista, e os outros jogadores dizem que ele só está querendo aparecer na tevê.

Na realidade, se analisarmos a história inteira, Phil tem razão em reclamar que não o deixaram pensar. Tem razão também quando fala que todos deveriam ficar quietos quando alguém está pensando. Entretanto, as reações à mesa, incluindo todos rindo e fazendo graça com a situação, aconteceram porque ele costuma estourar e agir de forma infantil. Todos conhecem a fama que ele tem e riem de seu comportamento.

Phil é um dos melhores da atualidade e talvez de toda a história, tendo sido o campeão mundial mais jovem do *main event* do WSOP (até 2008, quando Peter Eastgate quebrou seu recorde, sendo campeão aos 21 anos) e o recordista de braceletes de todos os tempos (11). Mas esse é um exemplo claro de como, mesmo sendo um grande jogador, não se preocupar em criar uma harmonia interna e externa com os companheiros pode ser desastroso.

Quer transpor isso para o Brasil? A maioria dos leitores não deve conhecer pessoalmente os jogadores que cito ao longo do livro, mas um bom exemplo de jogador com atitudes harmoniosas é o Igor "Federal", que é respeitado e admirado por muitos, pois conversa com todo mundo, ajuda quem está começando e mantém a calma na mesa. Na mesma linha, segue o André Akkari, que está sempre brincando com todos. Uma das melhores características desses dois é que eles aprenderam a lidar muito bem com os *bad beats* e não se estressam nem se alteram na mesa, mantendo o bom humor. Felipe "Mojave", Thiago "Decano", Gualter Salles, Alê Gomes, Rafael Caiaffa, Christian Kruel e Raul Oliveira também seguem essa linha *low-profile*.

Quando estava começando a escrever este capítulo, havia acabado de participar da 10ª etapa do Circuito Paulista de 2007 (e o revisei quase dois anos depois) e, como estava pensando sobre o tema, anotei alguns comportamentos que me chamaram a atenção por destoar dessa harmonia.

Meus resultados foram ótimos, cheguei à mesa final desta etapa, só tendo entrado em situações de *all-in* em conflitos maiores e cerca de cinco ocasiões no máximo até a mesa final. Em 90% do meu torneio, meus *raises* e *reraises* foram respeitados, e eu ganhei a maioria dos potes sem *showdown*, e credito parte disso ao jogo harmonioso.

Antes de continuar, é importante fazer uma ressalva aqui: as pessoas que vou citar são grandes jogadores, altamente capazes e com grande conhecimento técnico (até por isso chegaram tão longe no torneio). Porém, me chamaram a atenção por terem destoado dessa harmonia, e isso pode de alguma forma ter contribuído para seus resultados.

O primeiro que me veio à cabeça foi o Rodrigo Garrido. Ele terminou este torneio na 4ª posição, um resultado até melhor do que o meu, já que caí em 7º. Quando estávamos na mesa final, Rodrigo, já calado e jogando poucas mãos há algum tempo, ganhou um pote gigante de AA contra TT de Rubens Proença. O que me chamou a atenção, entretanto, era que ele não conversava na mesa. Lembro claramente de tentar puxar assunto e brincar com o fato de ele estar sisudo e calado. Era o estilo dele, sempre muito calmo, tranquilo e reservado. Já no ano de 2007 era sua terceira mesa final. Excelentes resultados. Por outro lado, ele não interagia com a mesa. Será que isso o prejudicou nesse torneio? Não sei dizer... O resultado foi excelente, mas fiquei com essa imagem na cabeça. Rodrigo até ganhou nesse ano uma passagem para Las Vegas, dada pelo Circuito Paulista, e foi jogar o WSOP 2008, onde nos encontramos algumas vezes.

Na mesma mesa, estava sentado o Ernest Kajiura, que acabou ganhando a etapa. O Ernest também faz o tipo calado. Mas, ao contrário do Garrido, estava em harmonia com a mesa. Falava na medida certa, e até fazia algumas brincadeiras. Quando ia *all-in* dizia: "Agora vai *la casita de mi mama*", como quem diz que está apostando tudo...

Ernest tinha um *stack* pequeno, mas conseguiu dar vários *all-ins* seguidos sem que ninguém o pagasse. Foi se mantendo e chegou à mesa final com o quarto menor *stack*. E ganhou o torneio.

Eu tinha a nítida sensação de respeito por ele durante o jogo, e em um de seus *all-ins* cheguei a dar *fold* num par 55. Como falei, existia a propensão menor a entrar em embate com o jogador que está em harmonia com a mesa.

Vi dois jogadores muito bons neste dia caírem antes da mesa final e acredito que um dos fatores responsáveis foi essa desarmonia. Um deles é conhecido e querido por todos em São Paulo, Salim Dahrug. O Salim é um jogador extremamente agressivo em suas apostas e com um jogo muito sólido. Já ganhou diversos torneios on-line e ao vivo, tendo feito uma boa quantidade de mesas finais no próprio Circuito. É uma pessoa brincalhona e se utiliza disso ao longo do torneio. Quando entra *all-in* com um adversário, brinca, fala alto, diz que vai enfartar, agradece aos céus quando ganha e assim por diante. Sempre de modo respeitoso com os adversários, porém de uma forma expansiva, às vezes histriônica. Digo isso, pois mesmo quem não está na mesma mesa que Salim percebe sua presença pelo salão quando ele ganha um grande pote (ou quando perde um).

Só que, seguindo o raciocínio deste capítulo, o que isso gera? Chama a atenção dos outros para ele. Gera uma tensão que no inconsciente dos adversários faz com que eles queiram enfrentá-lo e quebrá-lo.

Salim nesta etapa era *chip leader* com quase 200K em fichas, enquanto o 2º lugar naquele momento tinha aproximadamente a metade disso, e só restavam cerca de vinte jogadores. Ele acabou caindo em 12º lugar (ou algo parecido) e ficou fora da mesa final. Vários jogadores que tinham *stacks* entre 30.000 e 80.000 se seguraram e foram para a mesa final. Como Salim conseguiu perder 200.000 fichas em pouco tempo? É claro que as cartas não ajudaram e que alguns *bad beats* contribuíram, mas o fator principal foi: as pessoas queriam dar jogo para ele. Em vez de criar um ambiente calmo e tranquilo, Salim agitou e incitou as pessoas ao combate.

Salim tem um dos melhores níveis de jogos para a fase do meio de um torneio que já vi. Seu estilo o permite acumular muitas fichas neste momento do jogo. Ele aposta pesado e faz *check-raises* e *raises* grandes que as pessoas não estão inclinadas a chamar. Porém acredito que falta uma adaptação para a fase final, quando ele continua se arriscando em excesso.

No início, os bons jogadores não estão a fim de pagar apostas altas e de se envolver em confusões com todo o seu *stack*. Dessa forma, Salim consegue tirar adversários fortes de mãos. Porém, existe um ponto num torneio em que as pessoas começam a se sentir pressionadas pelos *blinds*. É difícil de perceber, mas o limiar dos jogadores se modifica, e eles começam a ficar mais propensos a pagar apostas e a voltar *all-in*. Neste momento, você deve adaptar seu jogo.

Um exemplo parecido aconteceu em 2008, durante a 8ª etapa do BSOP em Curitiba. Quando faltavam vinte jogadores, um campeão despontava. Dando *calls* fabulosos, o jogador em questão chegou a ter quase um quarto das fichas em jogo e foi para a mesa final praticamente *chip leader*. Como vinha dando muitos *calls* com cartas não tão boas e jogando muitos potes, virou um alvo na mesa final. E acabou saindo "tiltado" na quarta posição. Um belo resultado, mas acho que ele poderia ter ido ainda melhor se não tivesse entrado em *tilt*. Isso aconteceu por conta de embates seguidos contra os adversários. Ele perdeu o controle sobre o jogo na fase mais importante do torneio. Sua técnica o levará a outras mesas finais, e espero que trabalhe os relacionamento com os adversários. Ah, esse jogador era uma pessoa extremamente calma e tranquila, o oposto do Salim. Mas ambos atraíram a atenção para si, e pagaram o preço.

Três jogadores que, na minha opinião, se harmonizam muito bem são Sergio Braga, Caio Fan e Eduardo Marra. Eles jogam de forma ultracautelosa no início e hiperagressiva no final. Mas o segredo é a harmonização. O Sergio Braga está sempre calmo e tranquilo na mesa, relacionando-se bem com todos e dando vários *folds*, sem incomodar ninguém. Quando ele muda a marcha e começa a agir, poucos reparam e muitos respeitam, e nesse momento ele começa a aumentar seu *stack* rapidamente.

Lembro-me de um torneio em que conversei com o Felipe "Mojave" sobre ele ser agressivo em excesso no início de torneio, quando devia estar fazendo um jogo cauteloso. Às vezes era um dos primeiros a ser eliminado. Acho até que houve uma etapa do BSOP que ele foi o primeiro a cair. Sua evolução foi gritante. Mojave, hoje, é um dos melhores do país, tendo sido 4º no *ranking* do BSOP em 2007. Ganhou uma das etapas deste torneio e atualmente canaliza sua agressividade para o final. Só em 2008, chegou quatro vezes na faixa de premiação de um torneio do EPT, tendo chegado a uma mesa semifinal e depois no PCA de 2009, ficando na 22ª colocação de quase 1.400 jogadores. Felipe sempre mantém a calma na mesa, fala baixo e é simpático com todos. Pratica esta harmonização, consciente ou não da importância do que está fazendo.

Um fato importante é notar que, para o Salim, o fato de atrair o foco e desarmonizar não é necessariamente ruim, pois com isso ele pode atrair cada vez mais fichas e ficar gigante, caso as cartas o ajudem, facilitando seu trabalho na mesa final. Porém, este acaba sendo mais um fator que ele tem que computar em suas decisões: seus adversários vão proporcionar mais jogo contra ele nas fases finais.

Atenção

Sua relação com os outros jogadores da mesa não é um fator de pouca importância. Sem seus adversários, o próprio jogo não existiria. Ou seja, você é forçado a se relacionar para que o jogo aconteça.

Saindo um pouco do ambiente de torneio, imagine que você esteja participando de um jogo na casa de um amigo, desses que acontecem uma vez por semana. Quando é iniciante, visto como um estranho, é muito mais difícil ganhar. Quando você é vencedor, o grupo mais antigo tende a olhar para você com desdém. Mas, ao se misturar ao grupo, as coisas ficam mais fáceis.

Você participa deste jogo na casa dos seus amigos, procurando sempre se relacionar bem, fazer amizades e aos poucos ir ganhando. Mesmo se tratando de seus amigos e o ambiente sendo o melhor, seu objetivo é ganhar, da mesma forma que em Las Vegas ou em uma competição esportiva.

Entretanto, você se harmoniza a este ambiente.

Por que é mais fácil perceber a necessidade de se relacionar bem nessa situação? Por que não levar esta ideia para as mesas profissionais ou para os torneios esportivos?

Sucesso no poker, como em qualquer outra área, é baseado num conjunto de conceitos predefinidos, que incluem o caráter e a personalidade. O que de modo algum quer dizer que alguém sem caráter não consiga ser um vencedor. Sabemos que em todas as áreas, e no poker também, ainda mais por envolver dinheiro, encontraremos pessoas com comportamentos moralmente questionáveis.

Porém lealdade, jogo limpo e respeito ao grupo de jogadores ajudam muito a fazer com que você seja um jogador admirado pelos colegas.

O conhecimento estratégico se torna uma ferramenta para as habilidades que o jogador já tem. É claro que alguns conseguem criar uma persona para efeitos de autopromoção, mas, no fundo, a maturidade para trabalhar os conceitos básicos ajuda a construir um bom jogador.

Como exemplo, o próprio Phil Hellmuth, que dizem não ser, fora dos torneios, nem um décimo do chato que é nas mesas. Ele está sempre envolvido com eventos de caridade, faz grandes doações e ajuda muitas crianças.

Muitas vezes o orgulho, a autoconfiança excessiva e a arrogância podem destruir um jogador. Alguns se consideram tão bons que esquecem que sempre se aprende neste jogo, que tanto mimetiza a vida. Estamos até mesmo desatentos para enxergar jogadores ainda melhores do que nós, os quais poderiam nos ajudar a continuar evoluindo.

Por último, vale uma lembrança importante. Em 2007, o comportamento histriônico do jogador Hevad Khan no evento principal do WSOP foi a gota d'água que levou os organizadores do campeonato a inserir uma nova regra. A partir de 2008, quaisquer comemorações que fossem excessivas (falar alto, gritar ou de alguma forma quebrar a harmonia da mesa) poderiam ser punidas com advertências e suspensões, principalmente em casos recorrentes. Curiosamente, Khan, hoje profissional do PokerStars, atualmente está sempre calmo e quieto às mesas, apesar de sua figura ainda impressionar por ser muito alto e ter uma voz grave.

É claro que o objetivo não é acabar com comemorações espontâneas, e sim fazer com que elas não sejam desrespeitosas com os adversários. No Brasil, excessos têm se tornado comuns. Alguns jogadores se transformam em personalidades pelo comportamento mais cômico e espalhafatoso. Embora eu mesmo me divirta com algumas das comemorações, temos que lembrar que na mesa existem outros jogadores, e que o respeito é essencial.

Quando digo que trabalhando esses conceitos básicos de humildade e harmonização com os adversários nos tornamos melhores jogadores é porque estabelecemos um canal e um vínculo que nos permite receber mais informações e trocar experiências.

Percebam que para se tornar um jogador mais avançado é necessário dominar certos aspectos do jogo que não são apenas técnicos, mas comportamentais e psicológicos. Se você está se tornando um profissional, pense nisso como a importância de ter um bom ambiente de trabalho.

Não é fundamental trabalhar num ambiente harmonioso? Por acaso a mesa de poker não é seu escritório? Harmonia é a palavra-chave.

Prestar mais atenção em se harmonizar permitirá que você desenvolva um outro tipo de sensibilidade muito importante para o jogador de poker. Perceber o tempo de resposta de cada jogador, ou seja, quão rapidamente ele age nas mãos, e a diferença no tempo de ação quando ele tem um jogo forte, uma chamada ou um blefe. No próximo capítulo vamos analisar esse tempo de resposta.

Capítulo 9

Tempo de resposta on-line e as *3-bets*

"Quando você perceber que o inimigo está vazio, prossiga. Quando perceber que ele está cheio, pare."

Zhuge Lian

Neste capítulo vamos discutir algumas situações práticas relacionadas ao tempo que um adversário leva para agir quando é a vez dele. A velocidade de resposta, que classificaremos como rápida, normal ou lenta, pode ser um *tell* importante sobre a mão do adversário. Abordaremos também a importância de aplicar o que chamamos de *3-bet* (reaumentar alguém que acabou de aumentar sua aposta) e discutir jogadas importantes, como a *killing limpers* (aumentar, mesmo com mãos fracas, quando vários jogadores entraram no pote apenas dando *limp*) e por que aumentar numa situação de *blind* contra *blind*.

O motivo de as táticas de *3-bets* estarem presentes já neste capítulo foi o fato de termos falado de hiperagressividade num capítulo anterior. Mais à frente, falaremos de *resteals*, tipos de *3-bets* específicos que costumam acontecer pré-*flop*.

Um dos *tells* mais importantes no ambiente on-line (mas também ao vivo) se relaciona com o tempo que o adversário leva para agir quando é a vez dele, que chamarei de tempo de resposta. Como em tudo no poker, você não deve considerar esse *tell* uma verdade absoluta, pois muitos adversários se utilizam desse conceito para fingir ter o que não têm. Mas, em geral, é muito importante analisar esse tempo.

Ao vivo, temos uma variedade enorme de *tells* para tentar ler um jogador. Podemos olhar direto para o adversário e observar sua postura, seu modo de segurar as cartas, sua ansiedade. On-line, não temos essas dicas. Não sabemos nem ao menos se o adversário está prestando atenção ao jogo. Assim, o tempo de resposta é uma das poucas ferramentas que temos para ler o adversário mais a fundo. Mesmo assim, devemos considerar que ele pode simplesmente ter uma conexão de internet lenta ou ruim. Como estamos falando do tempo em geral, e os conceitos se aplicam também para o jogo ao vivo, vamos considerar que os adversários estão atentos e têm conexões boas.

O princípio básico é que, quanto mais tempo um jogador demora para retornar com uma aposta, mais forte é a mão em questão, ou seja, ele tem mais jogo. O grande motivo é que o adversário precisa parar para pensar qual o melhor modo de extrair fichas suas.

Digamos que o adversário tem apenas um *draw*. Assim que ele viu a chamada na mesa, muito provavelmente já fez a cabeça sobre se irá pagar para ver o *turn* ou o *river*. Assim, quando você aposta, rapidamente ele faz o *call* se sua aposta não for muito alta (acima do pote). Normalmente, em casos de *draw*, o *call* é bastante rápido, pois não há necessidade de pensar com uma mão que ainda não está pronta.

Outro motivo para *calls* muito rápidos é quando o adversário tem uma mão considerada fraca, algo como *top pair* ou até mesmo *middle pair* em alguns casos.

Interessante notar qual deve ser sua estratégia contra esses *calls* rápidos. Se a próxima carta no *board* não completar nenhum *draw* óbvio, você deve fazer uma aposta bem alta. De preferência, utilize o tempo a seu favor; faça o contrário do seu adversário, use um pouco do seu tempo antes de agir. Essa demora em fazer a aposta, somada a seu alto valor, servirá para quebrar seu adversário psicologicamente, fazendo-o parar para pensar no que você tem. Os jogadores que estão em um *draw* tendem a largar a mão.

Esta parte foi fácil, não? Agora, o inverso é muito mais importante e perigoso: o jogador leva muito tempo pensando, às vezes até entrando no *time bank*, o tempo que tem para agir numa jogada (em sites, se não agir em X segundos, tempo este que varia de um para o outro, você leva *fold* automaticamente). Se ele gasta todo esse tempo em alguns casos e depois aplica um *raise* em você, prepare-se, pois este jogador na maioria das vezes tem o *nuts* ou uma mão muito forte e, se você próprio não tiver o nuts, é hora de largar. Essa é a situação em que mais vejo jogadores perdendo dinheiro nos *cash games* on-line.

Algumas pessoas podem argumentar que, se a pessoa demora, pode retornar com um blefe. Esqueça isso. De cada dez pessoas que agirem assim, usando o tempo e depois aplicando um *raise* (normalmente no *turn* ou no *river*), nove estarão com um jogo melhor do que o seu, ou pelo menos acham que estão (às vezes *você* terá o *nuts*).

Pense nisto

Se você der *fold* em quase 100% das vezes que não tiver certeza de ter o melhor jogo, não estará perdendo dinheiro.

Alguns jogadores mais avançados argumentarão que este pensamento é muito conservador. E estão certos. Mas quem disse que ser conservador não pode ajudar você a perder menos?

Lembre-se de que, no processo para se tornar um campeão, primeiro é bom ficar esperto no feijão com arroz. Depois você ficará cada vez mais antenado e começará a pegar alguns blefes baseado na sua experiência.

Dica preciosa para seu dinheiro: se um adversário, em *cash game*, para por um tempo e depois aplica um grande *raise*, dê *fold* se não tiver um jogo muito forte, pois você deve estar perdendo. Não cace blefadores, não é lucrativo.

Mesmo quando não se trata de um *raise*, seu adversário parando para pensar normalmente deve deixá-lo alerta, principalmente se isso vier seguido de uma aposta alta. Isso porque seu adversário simplesmente usa esse tempo pensando: "Quanto será que eu aposto de modo a fazer com que ele me chame?" Ou seja, fazer uma *value bet* não é algo tão simples para maioria. Todos param para pensar por um tempo qual o melhor valor para apostar.

Já quando o adversário se decidiu por blefar, suas apostas são altas e imediatas. Assim, com mãos não tão boas, porém simples, como *overpair* ou *top pair* com *top kicker*, as apostas costumam ser altas. Já com mãos como dois pares, trincas, *flushes* e *full houses*, a aposta demora um pouco mais a ser feita, pois ele está pensando em como extrair o máximo de fichas suas.

Um exemplo no qual se pode usar o tempo para ler o adversário.

Cash game. NL2/4, *6-handed*.

Você está na posição UTG+1 com um *stack* de US$492 e tem J♠K♦. Você decide subir a aposta para US$18 após o jogador UTG (US$331) dar um *limp*. Como não tem certeza do que significa esse *limp*, você faz o *raise* para tentar jogar o pote somente contra ele e talvez pegar uma leitura da força de sua mão.

Só que o jogador no *button* (US$380) rapidamente resolve chamar sua aposta. Estranhamente, os *blinds* e o próprio jogador UTG largam a mão. Digo que é estranho porque colocar US$4 de *limp* UTG e depois largar para um *raise* de US$18, tendo um outro jogador que também chamou, é uma jogada fraca. Por que dar *limp* UTG se você não pretende chamar um *raise* de um jogador em posição? Guarde também este conceito: não entre em um pote com *limp* se você não pretende continuar no caso de um aumento; a longo prazo este é um *leak* para seu jogo, algo que o fará perder dinheiro.

Continuando: vamos nos concentrar em quem chamou a aposta. O *button* em posição apenas deu *call* e não fez *reraise*. Além disso, como falei, ele chamou rapidamente a aposta. Eu o classificaria num *range* de mãos de força média, provavelmente um AJ, AQ, ou algo semelhante. Pares baixos e *suited connectors* também são opções.

O *flop* vem:

Esse *flop* foi relativamente bom para nós. Não vieram cartas altas que encaixariam com o jogo que damos para o nosso adversário; não veio *draw* para *flush*; e a chance de ele ter feito um *set* diminui pelo 8 dobrado na mesa.

Decido fazer uma *continuation bet* e aposto US$36 num pote que já tinha US$44. Rapidamente, e aí está todo o segredo desta mão, o adversário faz um *raise* para US$108.

Agora, paremos para pensar: com que mão ele faria um *raise* tão rápido? Um 8 na mão provavelmente o faria esperar o *turn* para dar *raise*. Além disso, se ele tem um 8, provavelmente vai parar para considerar como tirar fichas de mim quando eu apostar. Ou seja, no mínimo se perguntará se este é o melhor momento para dar *raise*. Antes de chegar à conclusão de que vale a pena dar um *raise* agora, ele provavelmente passaria algum tempo pensando.

Além disso, este foi um *flop* complicado para uma *continuation bet* como eu fiz, pois qualquer adversário percebe que o *flop* não deve ter me ajudado.

Lembrem-se do que comentei no capítulo em que falamos sobre a textura do *board*. Neste *board* de carta dobrada, minha recomendação era apostar, pois dificilmente o adversário acertou uma trinca. Se o adversário sabe disso, sabe também que um *raise* nessa posição leva o pote 80% das vezes.

Eu paro, penso por um tempo e decido voltar com uma *3-bet*, ou seja, dar *reraise* ali no *flop* mesmo. Subo então a aposta para US$222.

Ele larga a mão sem pensar muito.

Essa mão pode ser difícil de visualizar num livro, mas o ponto mais importante dela foi a rapidez com que o adversário realizou o *raise*. Sempre esteja pronto para analisar os *tells* relacionados à velocidade das apostas no poker on-line.

Além da questão do *tell* relacionado ao tempo, temos outro ponto interessante para *cash game* nesta mão, que foi o fato de eu ter feito uma *3-bet*, ou seja, ter dado um *reraise* no adversário. Se sua decisão for *fold* ou apenas *call* toda vez em que apostar e alguém der um *raise*, você ficará marcado como um jogador *weak* e passivo, e os melhores adversários tentarão passar por cima de você sempre (em inglês, "*run over you*").

Existem alguns motivos para que uma *3-bet* seja necessária neste ponto:

- Você precisa voltar por cima de seus adversários para gerar neles o temor de que está preparado para fazer isso em diversas situações;
- Às vezes precisa estar pronto para voltar sem ter uma mão sólida, pois assim, quando tiver uma mão realmente forte e fizer o mesmo tipo de aposta, terá a tendência maior a ser chamado;
- Se você só faz essa *3-bet* com as melhores mãos, quando o fizer com o desejo de ganhar fichas não receberá ação de seus adversários;
- Se você não colocar esse *move* nas suas jogadas, seus adversários irão passar por cima de você com os *raises*, que muitas vezes não indicam força.

A mão que vou ilustrar agora aconteceu num *cash game* NL2/4. Ela reúne exemplos claros tanto de *tells* relacionados ao tempo de aposta quanto da necessidade de fazer uma *3-bet*.

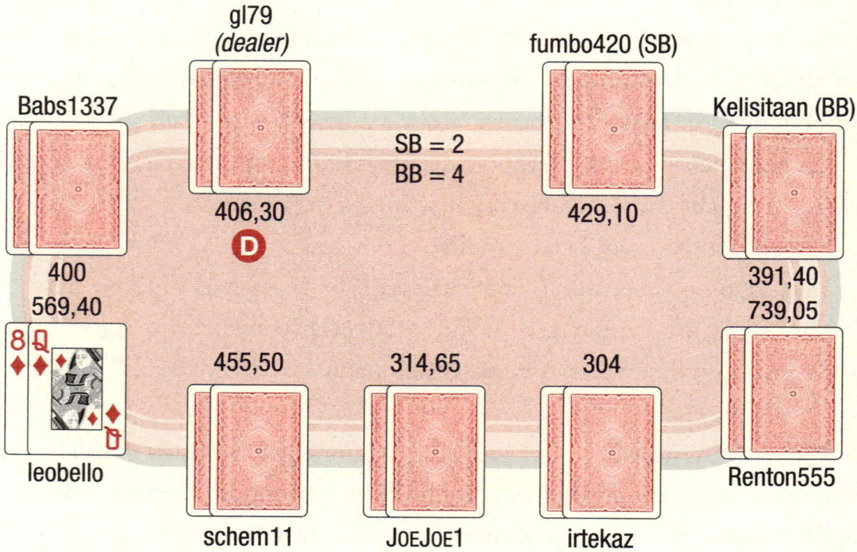

Renton555, irtekaz e JoeJoe1 saem da mão. Schem11 aumenta para US$16. Eu decido chamar os US$16. Babs1337 e gl79 saem da mão, assim como o *small blind* fumbo420. O *big blind* Kelisitaan chama os US$12. No pré-*flop* resolvi chamar o *raise* com duas cartas do mesmo naipe, principalmente para usar minha posição. Entretanto, já estava pensando no *call* do jogador no *big blind*, que era o mais *loose* da mesa, e eu sabia que, se eu chamasse o *raise* pré-*flop*, ele entraria no pote. No *flop* vem:

Kelisitaan dá check
schem11 aposta US$24

O *flop* não me ajudou, mas quando vi aquele 9 ali resolvi representar a carta. Após o *check* do Kelisitaan, o schem11 começou a pensar por um tempinho relativamente grande. Pensei: "Esse cara tem jogo. Não deve ser um *overpair*, senão ele teria agido rápido; talvez um AK. Já sei o que vou fazer: vou marcar o botão de *call any*, pois, assim que ele apostar, meu *call* parecerá imediato e ele vai me colocar num 9." Dito e feito:

leobello chama US$24
Kelisitaan sai da mão

O *turn* vem:

Que carta linda esse *turn*! Justo a que eu precisava para blefar neste pote. Com o 9 dobrado, espero que ele desconfie que trinquei. Vou fazer então uma aposta baixa, representando uma *value bet* (aposta de valor) para que ele tenha certeza de que este é meu jogo. Ele tem que largar sua mão.

schem11 dá *check*
leobello aposta US$36

Eu aposto US$36 num pote com US$94. Uma aposta de menos da metade do pote, mas que normalmente seria suficiente contra alguém sem um bom jogo. Não arrisco muito até o momento, pois penso que com este valor ele vai largar. Mas, para minha surpresa...

schem11 aumenta US$76 para US$112

E agora? O *raise* dele mostra que tem uma mão boa... Acho que a mão acabou... Não, espera... O *raise* dele não foi aquele *check-raise* instantâneo de quem tem jogo. Foi um *raise* de quem desconfia que estou roubando. Ele levou um tempo — não o tempo de quem está calculando como tirar o máximo de fichas de mim, e sim o tempo de quem está fazendo um *move* pelo pote. Mas eu não posso me demorar muito. Tenho que agir rápido para representar esse 9, afinal quem tem o 9 ficaria na mesma hora animado com esse *raise* do adversário e faria um *reraise* rápido. Mas não quero perder mais fichas do que o necessário caso ele me chame.

leobello aumenta US$160 para $272

Meu *raise* me deixou ainda com cerca de US$300 no meu *stack*, mas indicava muita força, pois se ele voltasse eu pareceria estar *committed* neste pote.

schem11 sai da mão
leobello ganha US$319

Esta mão, mais do que um blefe, mostrou o poder de utilizar o terceiro *raise* como mais uma arma no seu arsenal. Agora lembre-se: esse tipo de movimento só funciona contra adversários que raciocinam o poker de modo avançado. Fazer uma jogada como essa num jogo de *low stakes* é suicídio. Aquele jogador pensou na jogada e fez o que lhe parecia um excelente *laydown*. Poucos teriam esse sangue-frio quando confrontados com um terceiro *raise*. Palmas para esse competidor, capaz de fazer esse *laydown*.

Percebam que enquanto explicava essa mão usei os conceitos de tempo de resposta de forma inversa ao que expliquei anteriormente, tentando agir rápido para demonstrar força e entendendo que a demora do adversário no *raise* como uma tentativa de blefe, e não como um jogo forte. Vale lembrar que a análise da situação como um todo é importante.

Uma postagem muito interessante no fórum Two Plus Two (forums.twoplustwo.com/showthread.php?t=1788) propunha a seguinte situação: você está jogando um *cash game* NL25/50. Um jogador *tight* agressivo, com bom conhecimento técnico, dá um *raise* na posição de *highjack* para 175. Você, no *button*, dá *reraise* para 650. O vilão chama sua aposta.

Pergunta: em ordem de preferência, qual dessas mãos você preferiria que fosse a sua mão nesta jogada e por quê, tendo como possibilidades A2*s*, KJ*o*, 75*s* e 88.

Essa é uma daquelas horas no livro em que devo avisar: não há uma resposta certa ou uma verdade absoluta, tudo é situacional. Mas vou aproveitar para colocar aqui vários argumentos importantes para sua análise e interpretação.

Primeiro, vamos entender o que é *showdown value*. Toda mão inicial no poker tem um valor intrínseco de chegar até o *showdown* ainda estando na frente. Vamos aos extremos para compreender isso: com AA na mão, mesmo que as cartas no *board* não melhorem sua mão, pode ser que num *showdown* você ganhe. Justamente por isso, você está disposto a ir *all-in* com AA pré-*flop*. Você percebe o valor da mão em ganhar potes. Porém com 23*o* você não ganhará de nenhuma outra mão se as cartas do *board* não ajudarem você. No máximo empatará, mas na maioria das vezes perderá. Entre estes dois extremos todas as mãos tem seu *showdown value*, e você tem que pensar quais têm maiores chances de melhorar ao longo das mãos, ou de chegar no *river* sem uma melhora e ainda assim ganhar da mão do seu adversário.

Voltando à pergunta sobre qual mão você preferiria ter ao fazer uma *3-bet*, tente colocá-las em ordem.

A2*s*, KJ*o*, 75*o*, 88*s*

Os argumentos na postagem variaram entre KJ*o* e 75*s*, como a melhor mão. Em terceiro lugar ficou 88. E, por último, na maioria das opiniões ficou o A2*s*.

Vamos começar por baixo: por que o A2 foi considerada a pior mão para voltar em *3-bet* se é a única que contém um A e ainda faz sequência? Em primeiro lugar, pelo aspecto da sequência, o A2 é considerado um *3-gapper*, ou seja, três cartas específicas precisam aparecer para dar sequência (3, 4 e 5), então esse aspecto não é visto como uma vantagem devido à pequena probabilidade de ganhar com sequência. Quanto ao A, o problema é que, quando você for chamado pelo adversário, o *range* de mãos dele pode conter um A melhor do que o seu. Se aparecer um no *flop*, você apostar e ele chamar, você está perdendo para todos os *kickers* possíveis do adversário.

O 88 foi considerado uma mão ruim para voltar em *3-bet* pelo mesmo motivo. Todas as mãos que chamarem você na *3-bet* tendem a ter uma *overcard* pelo menos (na maioria das vezes as duas) ou a serem pares maiores. Assim, suas maiores chances de ganhar com um par são *all-in* contra *overcards*, em que você terá 50% de chances aproximadamente. O valor de um *set* para uma *3-bet* é muito pequeno, tendo em vista que você só acertará um oitavo a um décimo das vezes em média (você acertará um *set* em 12% dos *flops*).

Como 88 tem um *showdown value* maior do que A2, ela é considerada uma mão melhor para fazer a *3-bet*.

Interessante notar que, em um torneio, o valor de *3-bet* de um par é sempre gigantesco. Já num *cash game*, com *deep stacks*, esse valor cai.

Agora vem a grande discussão: KJ tem um *showdown value* melhor que 75?

Temos que analisar os dois lados. Hoje em dia, com as constantes mudanças e com todos os livros de teoria dizendo para as pessoas não jogarem com AX em potes que foram aumentados, jogar com um K num pote com *3-bet* paradoxalmente passou a ser bom. Poucas pessoas chamariam com um K na mão. Assim, se o seu K aparecer no *board*, você tem boas chances de ganhar o pote, exceto, é claro, contra AK, AA e KK. Só que existe uma vantagem: a grande maioria das pessoas com estas três mãos irá retornar *all-in* pré-*flop* na sua *3-bet*. Ou seja, as melhores mãos aparecem ainda no pré-*flop*, e você pode então largar o seu KJ ou 75 em face de um quarto aumento (*4-bet*) vindo do adversário.

Ou seja, *3-bet* com A e carta baixa oferece um alto risco de ser dominado se for chamado. Já a mesma aposta com um K na mão oferece uma possibilidade bem menor de ficar em desvantagem com um adversário com uma carta igual se você for chamado. Por outro lado, KJ compete com cartas que fazem sequência para as mãos possíveis dos adversários.

Por último, o KJ pode ganhar como carta alta quando o adversário também gosta de chamar com *suited connectors*.

A favor do 75*s*, alguns argumentos fortes. Digamos que você faz a *3-bet* com 75*s*, e o *flop* vem sem nenhum *draw* forte (sem chance de sequência ou de *flush*), mas com uma carta alta, digamos um A. Uma aposta sua no *flop* pode tirar da mão cartas tão boas quanto KK, QQ, JJ e TT. Se alguém der *raise* nessa sua aposta, você não terá dúvidas em jogar seu 75 fora.

Por outro lado, quando o *flop* vem com cartas baixas e você acerta algum jogo (dois pares, uma sequência ou uma chamada), no momento em que você aposta seus adversários com *overcards* ou pares maiores que os seus tendem a pagar. Ou seja, você costuma lucrar mais se o *flop* vier baixo, e ainda consegue roubar uma parte dos potes quando o *flop* vem alto.

Com KJ e *flop* alto, o risco da mão aumenta muito. Se você for chamado terá uma dificuldade maior em definir se o seu *kicker* é o melhor ou se o adversário tem algum jogo superior.

Da mesma forma, com KJ*o*, se o *flop* vier baixo e você fizer uma *continuation bet* e for chamado, terá mais dificuldade para largar a mão e tenderá a perder mais. Assim, 75*s* costuma ter um potencial de retorno maior quando acerta e quando erra a mão, e ainda facilita para você largar quando estiver perdendo pós-*flop*.

Para realizar uma *3-bet* eficiente você deve pensar:

- na sua mão;
- na mão do adversário;
- na chance de fazer uma mão melhor do que a sua sair (*fold equity*);
- na chance de uma mão pior do que a sua acompanhar as apostas.

Curiosamente, quando você está fazendo uma *3-bet*, sua posição não importa tanto. Quando em *late position*, a grande maioria dos adversários vai dar *check*, seja para dar *fold* depois ou para fazer um *check-raise*. Assim, o primeiro a ter ação após o *flop* costuma ser você, tendo ou não posição.

Outro exemplo de *raises* que funcionam bem acontece quando alguém completa o *small blind* jogando contra você no *big blind*. Quando o *flop* vem, seu adversário sai apostando. Nesta situação, é correto que você, pelo menos 80% das vezes, faça um *raise* forte mesmo que não tenha acertado o *flop*. O principal motivo é que seu adversário vai apostar no *flop* muitas vezes, mesmo sem ter acertado nada muitas vezes. O segundo motivo é que seu adversário não consegue ler sua mão no momento, e seu *raise* serve para confundi-lo ainda mais.

Em 2007, escrevi um artigo para o meu blog sobre dar ação para receber ação. Em outras palavras, para que você possa ganhar os potes grandes, deve estabelecer de vez em quando uma imagem um pouco mais *loose* e fazer algumas apostas maiores e *3-bets*, mesmo sem ter jogo forte.

Atenção: o segredo está nas palavras "de vez em quando". Você deve fazê-lo apenas quando o momento for propício e, quando o fizer, faça questão de atrair a atenção de seus alvos para as suas apostas *loose*. Ao vivo, fale durante esta jogada, atentando a mesa para o fato de sua aposta ser alta e de você estar dando *reraise*. É importante que notem que você está tentando ser agressivo e *loose*.

On-line, chamar a atenção é mais difícil, então um dos truques é tentar isso num pote com muitos *limpers*. Espere acontecer uma daquelas mãos em que quatro ou cinco jogadores entram de *limp*. Então, quando em posição, faça um grande aumento. Para este aumento, o melhor é que ou você tenha uma mão *premium* (AA, KK, QQ), o que vai acontecer raramente, ou uma mão bem ruim (em vez de uma mediana), algo como 74, J2, Q5 e por aí vai. Existem grandes chances de que, independente da mão, você ganhe todas as fichas.

A grande vantagem de jogar com cartas ruins é que, quando sua aposta grande for chamada, sua leitura do *board* fica mais fácil. Você prefere jogar com cartas das quais você tem certeza de que não estão também nas mãos do adversário.

Desta maneira você deve evitar ter na mão que escolheu para fazer o aumento um A ou um K com um *kicker* baixo, pois essas cartas com *kickers* maiores provavelmente estão no *range* de quem chamaria seu grande *reraise*. Lembre-se de que, por outro lado, é improvável que um adversário apenas chame você com AA ou KK, pois com essas mãos no próprio pré-*flop* a maioria das pessoas acabaria colocando um quarto *raise*, ou até mesmo indo *all-in* pré-*flop*.

Esta jogada não tem um nome específico, mas poderíamos chamá-la de "*killing limpers*". Lembre-se de não aplicá-la com mãos potencialmente dominadas como AQ, AJ, KJ e KQ, e preferir mãos mais fracas, como J4, 85 e T5.

Quando você está fazendo a sua *3-bet*, dependendo de sua intenção, pode dosar o tamanho do seu aumento. Pós-*flop*, essa habilidade é muito importante.

Você já ouviu alguém falar em *3-bet light*?

Na prática, é realizar um *reraise* com mãos bem fracas, quase como se fosse um *resteal*, que abordaremos no próximo capítulo. A diferença básica é que a *3-bet light* pode funcionar tanto pré-*flop* quanto pós-*flop*, além de possuir outras nuances. No *resteal* você pode fazê-la com quaisquer duas cartas, e seu objetivo é ganhar o pote ali mesmo, sem nem ao menos jogar o *flop*.

Quando você faz uma *3-bet light*, está usando um *range* maior de cartas para fazer a *3-bet*, mas pretende jogá-las pós-*flop* contra seu adversário e sair vitorioso. Normalmente os jogadores menos experientes só fazem *3-bet* com mãos como AA, KK, QQ, JJ, AK e outras no gênero. Ao fazer *3-bet light*, você abre o seu *range* para pares menores, *suited connectors* e cartas naipadas como AX*s* ou KX*s*.

A *3-bet light* tem muitas utilidades:

- aumentar o pote atual;
- buscar informações sobre o adversário;
- dar *odds* para que o adversário chame o seu aumento ou tirar essas *odds*;
- retirar da jogada adversários que estavam jogando com blefes;
- agir como se fosse um semiblefe.

Ao fazer uma *3-bet light*, você está jogando sem focar tanto nas suas cartas, tentando se aproveitar da situação contra um adversário que tem um *range* grande para aumentar pré-*flop* e depois do *flop*. Suas cartas, porém, têm um certo valor se você tiver que jogar pós-*flop*. Procure fazer *3-bet light* quando estiver com boa posição relativa em relação a seu adversário pós-*flop*.

Vamos voltar aos *tells* relacionados ao tempo de resposta do seu adversário. Vou usar agora outro exemplo em que as cartas no *board* dobraram. Mas, para vermos outro cenário, este será de uma mão jogada on-line, em NL 75/150.

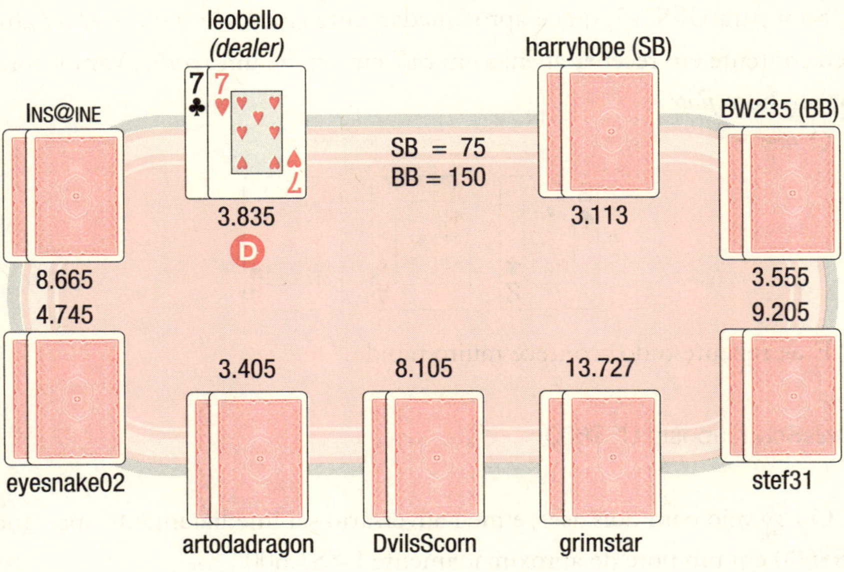

Com os *blinds* em 75/150, não estamos bem no torneio com apenas 3.835 em fichas, mas também não estamos desesperados, pois nosso M está acima de 15. Temos cinco jogadores na mesma situação, perto de 4K, três que estão na faixa de 8K a 9K e um com 13K na mesa.

stef31 e grimstar saem da mão
DvilsScorn chama US$150
artodadragon, eyesnake02 e Ins@ine saem da mão

Recebemos um *pocket pair* estando no *button*, e temos duas opções após o jogador em MP1 (DvilsScorn, com 8.105 em fichas) dar *limp*. A primeira é dar *limp* atrás esperando acertar um *set*. A segunda é tentar isolar, e jogar com um par contra apenas um jogador, situação em que provavelmente estamos à frente. Vamos pela segunda opção.

leobello aumenta US$627 para US$777
harryhope e BW235 saem da mão
DvilsScorn chama US$627

Subi para US$777, que é aproximadamente cinco vezes o *big blind* atual. Fico contente em receber apenas um *call*, em vez de um *reraise*. Vamos torcer por um bom *flop*:

O *flop* é:

E de repente tudo acontece muito rápido:

DvilsScorn aposta US$600

O *flop* veio com dois ases, e meu adversário sai imediatamente apostando US$600 em um pote de aproximadamente US$1.600.

Por quê? Se ele tem um A, o natural não é dar *check* e esperar pelo *check-raise*? Mais ainda, não pararia para pensar qual a melhor maneira de ganhar fichas em vez de sair apostando?

Eu paro, penso um pouco e resolvo que ele não tem esse A. Agora é minha vez de fingir ter esta carta. Decido dar um *raise*, porém um *raise* simples deixaria transparecer que estava apenas testando se ele tem o A. Opto por voltar *all-in*, confiando apenas na minha leitura baseada no tempo de resposta dele.

leobello aumenta US$1.458 para US$3.058 e está *all-in*
DvilsScorn sai da mão
leobello coleta US$3.979 do pote

Como esperava, ele acabou dando *fold*, e eu levei o pote ficando então com mais de 5.000 fichas, entrando na briga pelo torneio.

Minutos depois jogo outra mão contra o mesmo oponente. Desta vez, eu tenho as ferramentas, ou seja, saio com KK.

Só que resolvo aproveitar meu histórico com este adversário.

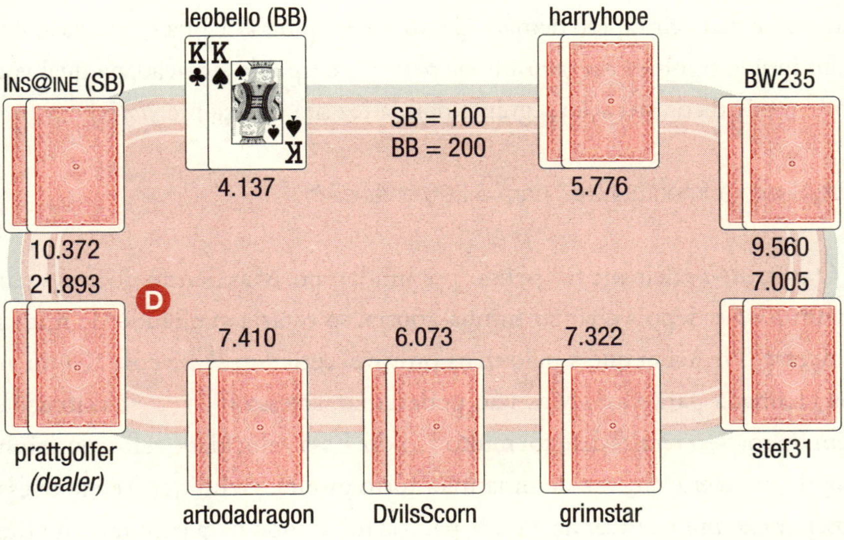

Os quatro primeiros a agir saem da mão. DvilsScorn chama 200. Artodadragon e prattgolfer saem da mão, Ins@ine chama 100, e eu, no *big blind*, aumento para 777. DvilsScorn chama 577, e o Ins@ine, que era o *small blind*, dá *fold*.

A ação foi semelhante à da outra mão. O mesmo jogador resolve entrar de *limp*, do meio da mesa. Novamente, não acredito que ele tenha uma mão forte, baseado no que vimos anteriormente. Eu tenho KK no *big blind*, mas sei que ele deve estar com a outra jogada ainda na lembrança, sem saber se eu blefei naquele *flop* com os dois ases. Lembre-se de que quando um jogador acha que foi blefado, mas não tem certeza, começa a ficar irritado com o adversário. Aproveite-se disso.

Resolvi aumentar a mesma quantidade de fichas da outra vez, 777, justamente para ajudar ainda mais a reavivar a memória da outra mão, mesmo sabendo que os *blinds* subiram de 75–150 para 100–200. No *flop*:

leobello aposta 999

O *flop* é excelente para mim, e eu resolvo fazer uma *continuation bet*. Tomo o cuidado de não agir rápido demais. Lembra que eu disse acima que uma aposta muito rápida significa *overpair* ou *top pair* neste tipo de situação, na qual você não tem dúvida da sua ação seguinte pois já fez sua cabeça pré-*flop*?

DvilsScorn aumenta 4.297 para 5.296 e vai *all-in*.

O *raise all-in* dele me fez pensar por um tempo. Mas dentro do *range* para dar um *limp* e depois chamar minha aposta, só estaria ganhando de mim se ele tivesse 89. Achei que a mão mais provável seria um *draw* com TJ ou até uma chamada para *flush*. Mas não poderia largar essa mão nessas situações. Além do mais, o *reraise* dele foi muito rápido. Essa velocidade reforçou minha ideia de um *draw* em vez de uma mão forte pronta. Acho que, se ele tivesse feito, por exemplo, um *set* de 8 ou 9, pararia um tempo para pensar como tirar fichas minhas.

leobello chama 2.361 e está *all-in*

No *turn* vem:

No *river*:

No *showdown*:

leobello mostra K♣K♠

DvilsScorn mostra T♦Q♣

leobello coleta 8.474 do pote

Com a leitura, correta acabei ganhando um belo pote e dobrando minhas fichas mais uma vez.

Uma outra jogada interessante, na qual os *tells* relacionados ao tempo me fizeram ganhar uma mão que parecia perdida, aconteceu num *ring game* NL2/4. A mão em si pode não ter nada de espetacular, mas o interessante nela foi que, em vez de jogar as minhas cartas, o tempo todo usei a leitura de que o adversário não tinha jogo e de que eu acreditava numa aposta no *river* que o tiraria da mão.

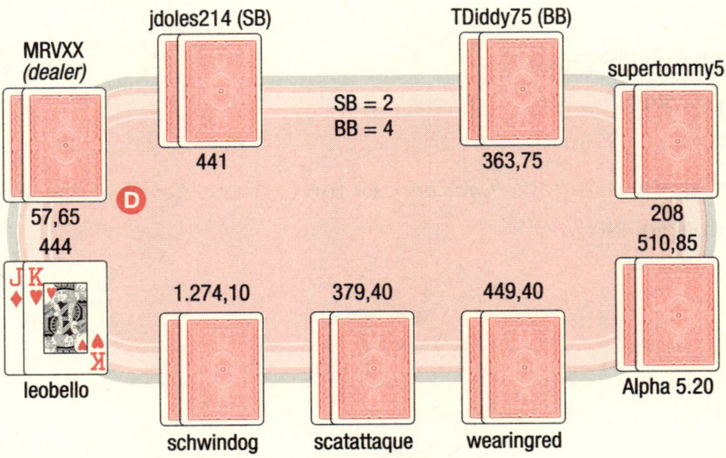

supertommy5 aumenta US$12 para US$16

O jogador que fez o primeiro *raise* estava com metade do *stack* inicial e já tinha mostrado fraqueza em suas apostas algumas vezes. Eu o havia tirado de um pote grande quando tinha KK umas três rodadas antes, e mostrei a mão após ele dar *fold*. Lembro que nessa hora ele me cumprimentou e agradeceu por ter mostrado a mão. Fiquei com uma boa imagem para ele. Decidi então chamar o *raise* de US$16 com apenas JK*o*, uma mão que normalmente não chamaria.

Os quatro jogadores seguintes saem da mão. Eu chamo os US$16, e MRVXX também chama. Jdoles214 e TDiddy75 dão *fold*. No *flop* vem:

supertommy5 aposta US$20

Esse foi o momento mais delicado da mão. Após este *flop*, em que não achei que o supertommy tivesse acertado nada, poderia tentar roubar o pote dando um *raise*. Porém, havia um jogador falando depois de mim. O que me chamou a atenção na aposta do supertommy foi a rapidez com que ele fez a *continuation bet*. Achei que ele não tivesse nada. Usei um pouco do meu tempo e resolvi chamar a aposta, rezando para que o outro *caller* saísse da mão e eu ficasse *heads up*.

leobello chama US$20
MRVXX dá *fold*

Pronto, agora estávamos *heads up*, e eu torci por um *turn* que não alterasse muito a situação. No *turn*:

supertommy5 aposta US$32

Dito e feito, o outro *caller* saiu da mão, e no *turn* veio outra carta que não ajudava o supertommy, e ele dessa vez hesitou um tempo antes de fazer nova aposta. Reparem que o pote já tem US$94 e ele está apostando US$32, que é aproximadamente um terço do pote. Uma aposta pequena e fraca. Eu novamente usei um pouco do tempo, não muito, para tentar criar uma tensão, e chamei a aposta querendo roubar o pote no *river*. Eu tinha quase certeza de que viria um *check* se o *river* não o ajudasse.

leobello chama US$32

No *river* vem:

supertommy5 dá *check*

No *river*, um T. E o melhor: um *check* ultrarrápido do meu adversário. Desta vez usei um pouco mais do meu tempo para pensar numa aposta que o fizesse largar, mas que não fosse excessiva para o caso de ele chamar.

Decidi apostar US$64 num pote já com US$158. Nem tanto pelo pote, mas por dar uma cara de *value bet* à aposta final e por ser aproximadamente metade do que restava ao supertommy.

leobello aposta US$64
supertommy5 dá *fold*
leobello coleta US$155 do pote

Temos aí uma mão jogada apenas com leitura baseada no tempo de resposta em cada turno. Utilizei, ainda, os mesmos artifícios, tentando passar uma impressão de força de minha parte para o adversário ao usar meu tempo antes de cada ação.

Se alguém for analisar esta mão pelo ponto de vista técnico, pensará apenas que foi uma mão maljogada. Porém a leitura do adversário e o *feeling* durante o jogo são imprescindíveis para colocar em prática esses conceitos.

Para quem tem dúvidas de que a jogada foi baseada na leitura deste adversário em particular, olhe a mão que aconteceu pouco tempo depois, em NL 2/4:

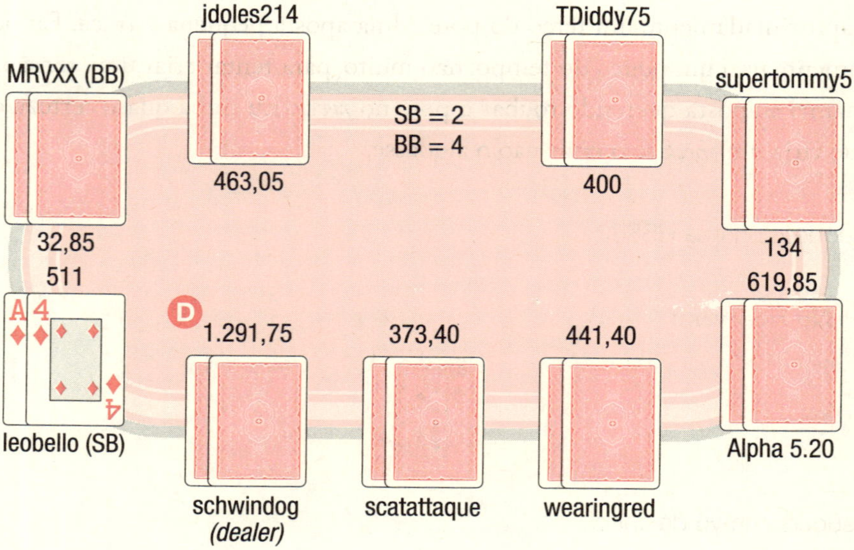

jdoles214 e TDiddy75 dão *fold*
supertommy5 aumenta US$12 para US$16
Alpha 5.20, wearingred, scatattaque e schwindog dão *fold*
leobello e MRVXX chamam a aposta

Eu recebo A♦4♦ no *small blind*, e o supertommy5 (aquele mesmo) sobe pré-*flop* para US$14. Como o jogador que aumentou já era conhecido e eu estava com a leitura do tempo de aposta dele, decido chamar para tentar acertar um *flush*, e o *big blind* também paga. No *flop* vem:

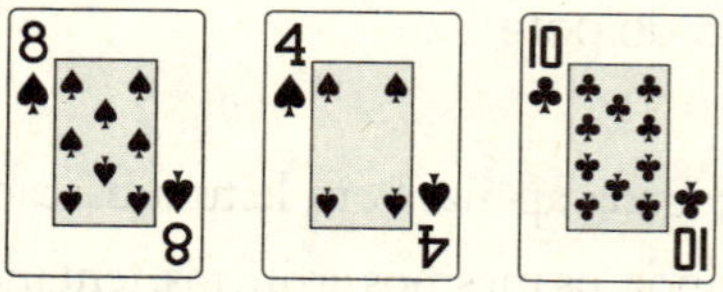

O *flop* não me ajudou, trazendo duas cartas de espadas e me dando apenas o menor par da mesa. Por outro lado, a não ser que um dos dois tenha o 8 ou T, posso ainda ter a melhor mão (não estava dando *pocket pair* para ninguém).

leobello e MRVXX dão check
supertommy5 aposta US$24
leobello chama US$24, e MRVXX dá *fold*

Depois que nós dois demos *check*, supertommy5 sai apostando US$24 rapidamente. Uma aposta de meio pote que não me convenceu. Além do mais, pensei que, se uma carta de espadas viesse, eu poderia representar o *flush* no *turn* contra ele. Decidi chamar a aposta e ver o *turn*:

Essa carta foi péssima, pois acreditava piamente que o supertommy5 pudesse ter um J. Levei um tempo pensando e decidi sair da mão caso ele apostasse. Dei *check* e, para minha surpresa, ele imediatamente pediu mesa também. Pronto, foi o suficiente para me encher de coragem para o *river*, que, para minha surpresa, ainda teria sido perfeito caso minha leitura estivesse errada, pois me deu uma trinca.

leobello dá *check*
supertommy5 dá *check*

No *river* vem:

leobello aposta US$94
supertommy5 dá *fold*
leobello coleta US$93 do pote

O *river* foi uma grata surpresa. Tentei algo que não funcionou: fiz uma aposta alta na última *street* para tentar passar como um blefe. Ele pensou um tempo e largou, provavelmente por não ter nada também. Até aí a leitura desse adversário e de seu *timing* para apostas estava indo muito bem.

Após o 4 no *river*, eu poderia ter reavaliado meu plano e decidido tentar uma aposta de valor menor. Mas se ele não tivesse nenhum jogo minha aposta provavelmente teria o mesmo resultado.

Interessante notar que, conforme vamos nos aperfeiçoando, os jogadores costumam ficar mais atentos a esses *tells* relacionados ao tempo de resposta. Em torneios de *buy-in* maiores ou com profissionais, esses *tells* são menos confiáveis. Mas num torneio de US$30, como é o caso deste em que dei os exemplos, apoiar-se nesta leitura pode ajudá-lo.

É claro que o princípio geral do que falamos aqui também serve para os torneios ao vivo. Quando um jogador chama rapidamente uma aposta sua, em geral isso indica um *draw* ou uma mão fraca, como *top pair* ou *middle pair*. Ou provavelmente um *draw* para *flush* ou sequência.

Da mesma forma, as pausas antes de *raises* significam mãos mais fortes. Uma exceção importante acontece nos *check-raises*. Um *check-raise* muito rápido, feito de forma quase ansiosa, normalmente indica uma mão forte. É esse sentimento de ansiedade que você deve tentar pescar.

> Volto a lembrar que no poker tudo é circunstancial. Embora muito do que foi dito aqui se aplique na maioria dos casos, avalie a ação no jogo em que você está. Quanto mais alto o nível dos adversários, mais as ações deles costumam se afastar do previsível.

Vale contar uma história que ocorreu comigo. Em meados de 2007, após dar uma boa melhorada na *bankroll*, comecei a jogar *ring games* apenas em NL5/10, algumas vezes indo até a 10/20. Apesar dos bons resultados iniciais, o nível que estava jogando era bem mais difícil, com vários jogadores bons. Uma das grandes diferenças é que eu sempre encontrava os mesmos jogadores nas mesas, e embora isso fosse ótimo, porque tinha anotações sobre o estilo de jogo deles, isso também significava que eles acompanhavam meu jogo. Eram adversários, de maneira geral, mais fortes do que eu. Depois de três meses jogando neste nível, tive uma sequência de resultados ruins que abalou minha confiança. No geral, não estava perdendo muito, mas sentia que estava retrocedendo, dando dois passos à frente e depois três para trás. Ganhava uma sessão e, no dia seguinte, entregava o lucro. Lutava para permanecer *breaking even* e ficar no zero a zero.

Decidi, então, dar uma pausa e retornar um nível. Assim, em vez de jogar 3/6, resolvi jogar NL2/4 on-line.

Que mudança!

De um dia para o outro, tudo virou uma maravilha. Usando as estratégias do NL5/10 e sendo agressivo, passei a ganhar muito mais. Mais até do que ganhava quando meu nível de escolha era o próprio 2/4.

Alguns motivos contribuíram. No 5/10, estava acostumado a chamar *raises* pré-*flop* de US$30, e até mesmo de US$70. No 2/4, os *raises* de US$16 ou US$20 não me assustavam mais. E o melhor: dar um *reraise* para US$50 era natural (em vez dos *raises* de US$140 necessários para isolar no NL5/10). Ou seja, até mesmo ir *all-in* com todo um *buy-in* não me gerava ansiedade. Estava habituado ao nível que estava jogando.

Outro motivo era porque os adversários eram infinitamente mais fáceis de lidar. Eram mais previsíveis e davam esses *tells* de tempo que comentei. Quando davam *raise* pós-*flop*, era claro que eles tinham jogo.

Isso não aconteceu apenas uma vez. No final de 2008, passei por uma fase ruim no poker on-line, não conseguindo obter lucro nos *cash games*. Além disso, tinha retirado uma boa parte do minha *bankroll* on-line para outros projetos. Portanto, não hesitei em começar a jogar NL200. Também existiu outra motivação para essa redução nos *stakes*: eu resolvi começar a jogar em mesas com cinco ou seis jogadores em vez de jogar nas *full rings*, com nove ou dez jogadores. Como tinha que passar por um processo de ajuste no meu jogo, abaixei o nível para arriscar menos minha *bankroll*. E foi uma boa escolha. Durante uns dois meses, ainda continuei perdendo enquanto me adaptava ao novo formato. O importante é que tudo foi feito pensando em meu objetivo e nos passos para tornar lucrativo este novo desafio.

Não importa há quanto tempo você joga, nem mesmo quanto dinheiro já tem. Você deve jogar num nível em que sua lucratividade seja a maior possível, mesmo que isso signifique jogar num nível abaixo do que acha ser o seu. Lembre-se de que em níveis mais altos os tombos também são maiores e de que, para aguentar os altos e baixos naturais do poker, é necessário ter bastante paciência também.

Neste capítulo abordei um pouco sobre a *3-bet*, que nada mais é do que dar *reraise* nos adversários. Este tipo de jogada pode ser feito como um puro roubo, o chamado *resteal*, ou ainda quando você realmente tem um jogo forte. Vamos pensar um pouco sobre cada caso no próximo capítulo.

Capítulo 10

Resteal: ladrão que rouba ladrão

"Não é o ladrão que é enforcado, mas sim aquele que é pego roubando."

Provérbio tcheco, autor desconhecido

Definitivamente, o movimento que diferenciou e consagrou muitos jogadores de torneios *multitable* foi o *resteal*. O motivo é simples: roubar os *blinds* garante a você uma rodada inteira de valor em fichas. Ou seja: o que você ganha ao roubá-los dura exatamente um giro pela mesa. E, então, você está de volta à situação inicial. Sendo assim, para crescer em fichas, você precisa roubar pelo menos dois *blinds* por volta, o que, com a competição acirrada de hoje em dia, não é nada fácil de manter a cada rodada.

O *resteal* permite, numa única jogada, tentar colocar na sua pilha os *blinds*, os *antes* e o *raise* do seu adversário, o qual normalmente vale algo em torno de 2,5 a 3BB pelo menos. Ou seja, um valor total em fichas maior do que duas roubadas simples de *blinds*.

Porém, muitas pessoas têm medo de fazer o *resteal* ou não sabem calcular o tamanho correto para este tipo de *raise*. Muitos só utilizam o *resteal all-in*, mas não chegam nem mesmo a levar em conta o tamanho do próprio *stack* e de seu adversário antes de voltar com todas as fichas. Em alguns casos, o *resteal all-in* acaba gerando uma situação em que o *call* por parte do adversário é obrigatório, e neste caso o seu *resteal* não foi bem-sucedido.

Atenção

Steal é a palavra em inglês para "roubo". Em teoria, o *resteal* é uma jogada na qual você está tentando roubar os *blinds* mais o *raise* do seu adversário. Portanto, o *resteal* bem-feito é aquele que o coloca em situações em que o adversário sai da mão —antes ou depois do *flop* — preocupado com a força de suas cartas.

E naquelas situações em que você pode querer um *call*? Por exemplo, quando tiver AA? Neste caso, não se trata de um *resteal*, é simplesmente um *reraise* normal. É claro que essa distinção tem fins meramente educativos.

Mas, salvo a nomenclatura, há alguma diferença entre eles?

Claro que sim. Se sua intenção é ser chamado, suas apostas podem diferir bastante de quando você está realizando um *resteal* puro. Isto, no entanto, não pode ser transparente para seus adversários.

Vou tentar fazer uma classificação teórica, que na prática inexiste, para facilitar o estudo e o início do treino dos seus *resteals*.

O primeiro ponto a ser esclarecido é o de que a todo momento você deve estar atento a quantos *blinds* tem o seu *stack* e o dos adversários da mesa. Para um *steal* ser eficaz, ele tem que cumprir os seguintes requisitos:

- sua aposta precisa ser, em geral, pelo menos quatro a seis vezes maior do que a aposta do seu adversário em termos de *big blinds*. Por exemplo: em *blinds* 500–1.000, se ele sai apostando 2.750, sua aposta para um *resteal* deve estar em torno de 6.500 a 8.500 (quatro a seis vezes mil a mais). É claro que um *steal* menor pode funcionar, mas será bem mais difícil;
- Essa aposta não pode corresponder a todo o *stack* do seu adversário. Se a decisão dele for baseada em todo o *stack*, fica mais fácil, pois só existem duas opções: *call* ou *fold*. Por outro lado, se com o seu *raise* sobrarem fichas para um pós-*flop*, ele tem três opções: *call*, *fold* ou *reraise*. E pior, se decidir por apenas chamar pré-*flop*, ainda terá que tomar novamente a decisão no *flop*, quando tiver que enfrentar outra aposta sua.

No pós-*flop* você tem uma segunda chance de tirar o adversário da mão, pois sabemos que ele não acertará um par no *flop* dois terços das vezes.

> Já expliquei no *Aprendendo a jogar poker* que um jogador com duas cartas não pareadas na mão irá, em média, acertar um par no flop apenas em um terço das vezes, sendo que nos dois terços restantes ele não fará nenhum par.

Mas você só consegue fazer este tipo de jogada se o adversário tiver pelo menos mais da metade do valor atual do pote para trás. Do contrário, não há espaço para o *resteal* bem-sucedido, pois o adversário estará comprometido com o pote, e é capaz de chamar sua aposta mesmo com mãos não tão boas. Esta aposta também não pode corresponder a mais que 50% do seu próprio *stack*.

Simplificando: o *resteal* funciona melhor se o *raise* inicial do seu adversário for menor do que um sexto do *stack* total dele. Isso permite que você coloque um *reraise* de 1/3 (dois sextos) a 1/2 (três sextos) aproximadamente do restante do *stack* pré-*flop* e crie a ameaça de o que sobrar de seu *stack* ser apostado no pós-*flop*.

Alguém pode perguntar: e se os *stacks* forem muito maiores do que esses números?

Uma situação com *stacks* tão altos não é comum. Na grande maioria das vezes, os jogadores num torneio trabalham com *stacks* entre 10BB e 30BB no máximo. Apenas os *chip leaders* conseguem manter uma relação maior entre o total do *stack* e os *blinds*. Porém, caso você e o adversário sejam felizardos de terem um *stack* grande acima de 30, a situação fica ainda melhor.

Quer dizer, até um certo ponto. Fazer *resteal* em cima de jogadores com mais de 100BB pode não funcionar tão bem. Se o *stack* for muito grande, o adversário pode achar que chamar sua aposta não é tão difícil assim.

É o que acontece em *cash games*. Para este tipo de jogo, se você quiser eliminar jogadores da mão, o *resteal* inicial tem que ser muito maior do que 4 a 6BB. Essa, inclusive, é uma grande reclamação dos jogadores brasileiros quando encontram jogos *pot-limit*. Com *raises* limitados, muitas vezes vários adversários chamam apostas pré-*flop* por considerarem que o *reraise* não foi forte o suficiente.

Para você ter uma ideia, vamos dar um exemplo numérico em um NL2/4:

O primeiro *raiser* aumenta o valor total no pote, que chega à soma de 14 fichas. Você, no *cut-off*, resolve fazer o *resteal*. Se colocasse mais 4 a 6BB, seu *resteal* seria de 30 a 38. Na prática, um bom *resteal* neste caso seria algo em torno de 46 a 60 (ou pelo menos o valor que costuma funcionar como *resteal* em *cash games*), mais próximo de 8 a 12BB.

Ao vivo, numa mesa com *blinds* 5/10, um jogador faz um *raise* para 35. Um *resteal* de seis *blinds* a mais faria com que sua aposta fosse próxima de 100. Porém, se você aumentar este valor levando-o a 135, terá grandes chances de ser chamado pelos adversários. Agora, coloque algo em torno de 175 e 200, e essas chances diminuem. Ou seja, o *resteal* em *cash games* ao vivo costuma ser mais difícil de ser realizado. E cá entre nós, o *resteal* puro é menos utilizado em *cash games*, nos quais seu objetivo é obter valor de suas boas mãos em vez de tentar blefar o tempo todo, já que os *blinds* não aumentam e, portanto, não geram uma pressão para que você faça *moves* pré-*flop*, podendo esperar mais por cartas. Já on-line, o *resteal* é usado com frequência na forma de *3-bet lights*, que discutimos no capítulo anterior.

Isso também acontece quando se tenta aplicar essa tática em cima de jogadores *chip leaders*. A "gordura" extra no *stack* permite que esses jogadores chamem *resteals* sabendo que na grande maioria das vezes o *resteal* é um roubo, ou ainda façam *reraise* em cima de você sem arriscar um percentual muito grande do *stack* deles. Ou seja, podem colocar a pressão de volta em cima de você. Quem tem um *stack* grande tem que saber jogar dessa maneira.

Por esse motivo, em cima de jogadores com *stacks* muito grandes, o mais eficiente são *resteals all-in*. Ou ainda simplesmente não fazê-los e apenas usar os *reraises all-in* com jogo forte na mão (AA, KK, QQ, JJ, AK).

Vale lembrar que estes jogadores normalmente têm mais liberdade para abrir potes com *raises* tendo mãos mais fracas do que o normal. Assim, dar um *reraise* nestes jogadores não é uma escolha ruim. Porém, o risco de ser chamado ou reaumentado é maior.

> *Reraise* em cima de *stacks* pequenos: risco grande de receber um *call all-in*. *Reraise* em cima de *stacks* grandes: risco maior de ser chamado ou receber um quarto *raise* de volta.

O ideal, portanto, é ter como alvo o jogador com *stack* mediano. O *reraise* deve ser de um tamanho tal que deixe seu oponente em dúvida. Chamar sua aposta tem que significar um risco impactante para o *stack* do adversário.

Num capítulo anterior, falei de *3-bets*. Não é a mesma coisa?

> Todo *resteal* é uma *3-bet*, mas nem toda *3-bet* é um *resteal*.

Como já disse, os motivos por trás de uma *3-bet* são inúmeros. Ao fazer uma aposta como essa você pode ter como objetivo:

- acrescentar valor (*raise for value*);
- blefar;
- conseguir informações;
- pressionar o adversário;
- disfarçar a força da sua mão;
- forçar um *fold*.

Já o *resteal* tem um objetivo claro: roubar o pote. De preferência, sem ver o *flop*, forçando o *fold* do adversário.

Chegamos então a uma conclusão importante: suas cartas são o que menos importa no *resteal*. Se seu objetivo é não ver o *flop*, não importa se você tem AA ou 72 na mão.

Já na *3-bet* simples, dependendo da sua intenção, é importante que você tenha uma saída, um jogo com potencial de crescimento, ou ainda um jogo já feito, realmente forte.

No *resteal*, o mais importante são as cartas do seu adversário. Você tem que trabalhar suas habilidades de leitura e colocar seu oponente num *range* plausível de mãos em que ele estaria fazendo um aumento. Depois de definir esse *range*, você pode fazer seu *resteal* com duas cartas quaisquer e, se for chamado, sabe o que esperar no *flop* baseado nos tipos de cartas que você imagina que seu adversário tenha.

Procure por sinais de fraqueza no adversário, tais como:

- *Tells* de tempo: se o adversário fez um *raise* imediato ou demorou muito pensando, maior a probabilidade de ele ter jogo. Um *raise* com um pequeno atraso normalmente é realizado em casos de mãos mais fracas. Discutimos esse conceito no capítulo anterior;
- A habilidade do seu adversário: você não pode fazer jogadas refinadas em cima de iniciantes, e também deve tomar cuidado com os cobras (no ambiente on-line, são conhecidos como "*regs*", termo que vem de "jogadores regulares", frequentadores habituais). Prefira o

jogador que tem um entendimento do jogo, apesar de relativamente inexperiente. Você consegue ver isso pelas próprias jogadas que ele faz. Quando o *resteal* começa a funcionar, lá pela fase do torneio em que os *antes* começam a aparecer, você já teve tempo suficiente para observar o tipo de jogada que os oponentes na mesa estão fazendo. Observe quem fez *3-bet* até o momento, quem mostrou mãos fortes, quem entende de *pot odds*, quem faz apostas condizentes com o valor que está no pote... Quanto mais acertar nestas categorias, mais experiência o jogador demonstra.

- O valor do *raise* inicial:
  - » apostas muito grandes (cinco ou seis vezes o *big blind*) normalmente indicam mãos medianas. Já as apostas muito baixas normalmente indicam força.
  - » mini-*raises* podem indicar fraqueza ou força; você deve observar a frequência com que o adversário os faz. Um único isolado no meio ou no final de um torneio indica um monstro. Vários mini-*raises* do mesmo adversário indicam um jogador que sobe com mãos medianas, querendo ver um *flop* barato e ao mesmo tempo tirar adversários da jogada.

Vocês repararam como é importante observar e se lembrar das ações do adversário? O modo como ele aumenta, o tempo que leva e como realiza apostas são alguns dos mais importantes indicadores que você precisará para aplicar suas jogadas em cima de determinado jogador.

Prestando atenção a esses pontos, você começará a encontrar situações em que o *resteal* é uma boa jogada.

Estude um torneio em fase avançada num site de poker on-line. Observe as mãos em que você viu um *resteal* bem-sucedido. Em seguida, se pergunte quantos dos pontos abaixo foram atendidos:

1- Quanto ao *stack* do adversário: era pequeno, mediano ou grande?

2- Quanto ao *stack* do *restealer*: era pequeno, mediano ou grande?

3- Qual o valor do *raise* inicial?

4- Qual o valor do *reraise*?

5- Houve *tell* de tempo no *raise* inicial?

6- Sobraram fichas suficientes no *stack* dos dois jogadores após o *raise* e o *reraise*?

Lembre-se de que ler sobre um tema (neste livro ou em outras fontes), observá-lo acontecendo na prática e analisar os pontos que fizeram a tática funcionar são algumas das melhores maneiras de aprender.

No título deste capítulo está a frase "ladrão que rouba ladrão". Esse é um dos princípios do *resteal*; a situação ideal é aquela em que você dá o flagra no *raiser* inicial, que tentava roubar o pote.

Por este motivo, um dos *resteals* que melhor funciona é aquele realizado do *small blind* em cima de um jogador abrindo com *raise* no *cut-off* ou na posição de *dealer* (*button*).

Em potes em que ninguém entrou na mão até o *cut-off* ou o *button*, e em que um desses jogadores aumenta, você de uma maneira geral não deve considerar este *raise* como vindo de mãos muito fortes. Isso porque todas as situações favorecem que esse *raise* aconteça sem cartas boas.

Assim, voltar com uma aposta forte, do SB, com duas cartas quaisquer, passa a ser uma grande oportunidade. Este movimento ainda é percebido com muita força por seus adversários, pois os jogadores menos experientes se limitam a concentrar-se na posição. Assim, quando alguém fora de posição acorda com uma aposta grande, eles automaticamente atribuem este movimento a uma mão muito forte.

O *resteal* pode ser feito fora de posição sem problema algum, pois, como já dissemos, seu objetivo é que o *flop* não aconteça. Se for bem-realizado, ou seja, pegando o adversário tentando um roubo, provavelmente você não precisará se preocupar com o *flop*.

Além disso, estar fora de posição aumenta a força do seu movimento na visão de adversários atentos e até de jogadores menos experientes.

Vamos observar este exemplo de um torneio on-line com *blinds* 250/500.

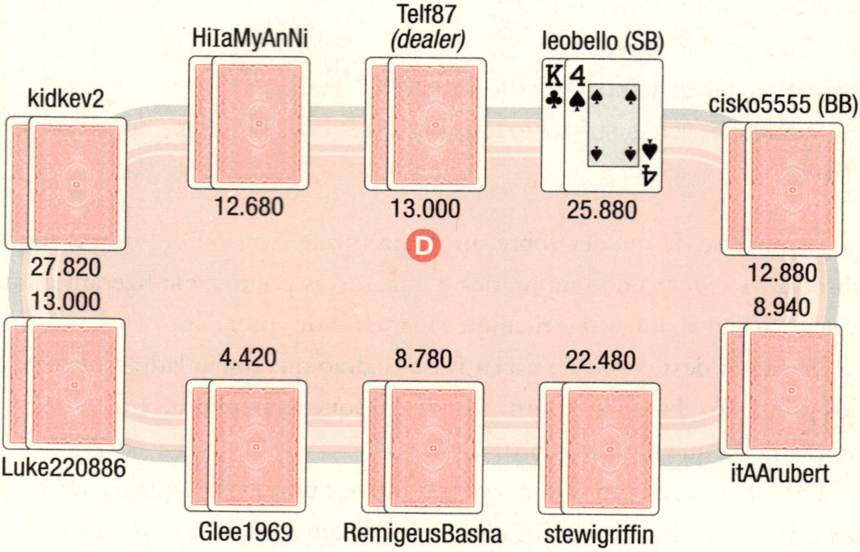

itAArubert sai da mão
stewigriffin chama 500
RemigeusBasha dá *fold*
Glee1969 chama 500
Luke220886 chama 500, e kidkev2 aumenta para 1.500

Após três jogadores entrarem na mão pagando os US$500 do *blind*, o jogador kidkev2 aumenta para US$1.500. Um aumento estranho, que não mostrou força. Achei que esta fosse uma boa oportunidade para fazer um *resteal*. Eu estava no SB e conseguiria aumentar a aposta sem comprometer meu *stack* nem colocar o kidkev2 em posição que se comprometesse também. Se ele voltasse *all-in*, eu poderia largar a mão.

HilaMyAnNi e Telf87 dão *fold*
leobello aumenta para 5.340
cisko5555, stewigriffin, Glee1969 e Luke220886 dão *fold*
kidkev2 chama 3.840

Conforme planejado, fiz o aumento de mais US$3.840, e todos deram *fold*, menos o kidkev2, que chamou a aposta. Nesta situação, uma *continuation bet* acaba levando o pote na maioria das vezes. No *flop* vem:

leobello aposta 9.560
kidkey2 dá *fold*
leobello não mostra as cartas
leobello ganha 21.740 fichas

Neste exemplo, apesar de ter cartas bem fracas, K4, observei um padrão com muitos jogadores dando *limp*, seguido de um *raise* fraco de um jogador relativamente passivo na mesa. Minha leitura acreditava que com um *raise* não muito forte eu conseguiria levar o pote ainda no pré-*flop*, não importando minha falta de posição, já que isso seria visto como força por este jogador.

Resolvi não fazer um *steal* muito forte, e demorei-me um pouco antes de colocar a aposta, para gerar uma ansiedade nos oponentes. Contrariando minha expectativa, fui chamado pré-*flop*. Porém, o adversário levou um tempo pensando. Ou seja, não foi uma decisão fácil. Coloquei-o num *range* que incluía pares pequenos (22 até 88) e alguns ases com *kickers* como Q e J (AQ, AJ, AT, 77, 66, 55).

O *flop* não trouxe nenhum A. Por outro lado, o *board* veio coordenado, o que aumentava as chances de o adversário ter acertado a mão. Normalmente, o correto seria dar *check* e depois *fold* para o adversário, mostrando força. Porém, como ele era muito passivo, achei que valia a pena fazer a *continuation bet*, apoiado ainda no fato de eu ter acertado *top pair* e de isso diminuir a chance de ele ter um K na mão. Além disso, minha aposta deixava uma grande parte do *stack* dele sobrando.

Acabei fazendo a *continuation bet* e levei o pote. Foi necessário coragem para a segunda aposta, pois sabia que meu *top pair* não era uma mão forte o suficiente para a situação.

Esta mão tem um fato interessante para ressaltar: quanto mais adversários entrarem de *limp*, mais difícil será para você conseguir tirar todos eles da mão. O ideal seria você tentar o *resteal* em mãos com poucos jogadores. Apenas a passividade da mesa me permitiu arriscar este movimento no exemplo citado.

Só consideramos a teoria do *resteal* no pré-*flop*, quando acontece de você ser chamado no seu movimento. Neste caso, a continuidade da sua aposta após o *flop* dependerá da sua leitura do *board* e do seu adversário.

Para fazer o *resteal*:

- use um pouco do seu tempo, não aja nem muito rápido nem muito lentamente. Uma pausa cria expectativa no adversário que aumentou e também confere força a sua mão;
- não se preocupe com posição nem com as suas cartas. Ou melhor, se suas cartas forem boas, não faça o *resteal*; calcule um *raise* para ser chamado: ou *all-in* e, ou menor que um *resteal*, para atrair o adversário;
- tenha total controle sobre seu *stack* e o do adversário. Faça a aposta com valores pensados para criar pressão pré-*flop* e manter a pressão pós-*flop* se o oponente resolver chamar;
- não tente *resteal* se houver mais de dois jogadores já pagando o primeiro *raise*. Passar o *resteal* contra apenas um jogador é o mais fácil. Contra dois adversários, é o chamado *squeeze play*, que é uma forma de *resteal*. Contra mais de três adversários, é quase impossível conseguir passar a sua aposta sem receber um *call*.

Este último ponto não pode ser confundido nem com o *limp-raise*, nem com o *squeeze play*. O *limp-raise* já foi explicado anteriormente. É aquela situação em que você, com posição no pré-*flop*, seja como no *button*, *small blind* ou *big blind*, faz um grande *raise* em cima de vários jogadores que entraram de *limp*. Essa jogada geralmente tira a maioria, se não todos os jogadores. O princípio é que os primeiros jogadores que entraram de *limp* terão medo de pagar o seu *raise*, por conta daqueles que ainda vão falar depois e que podem dar um *reraise*. Os últimos jogadores normalmente só entraram na mão porque, como já havia vários outros no pote, valia a pena pagar mesmo com cartas mais fracas em posição, e provavelmente não pagarão um aumento também.

A melhor defesa contra o *limp-raise* é o *reraise*. Quando o SB ou o BB fizer um *raise* como esse, aplique um *reraise* nele. Isso demonstra muita força na sua mão. Além disso, todos os outros jogadores tendem a sair do pote, e você terá posição no *flop* sobre o SB ou o BB. Por incrível que possa parecer, vejo poucas pessoas aplicando a *3-bet* nessa situação.

Uma das coisas interessantes é que este *limp-raise-reraise* pode ser um simples *resteal*, ou seja, você não precisa ter uma mão forte para fazê-lo. A única diferença real é que o *call* pré-*flop* é mais provável. Entretanto, pela experiência, você ganhará o pote no *flop* com uma *continuation bet* na maioria das vezes.

O *squeeze play* já ficou famoso em todo o Brasil, e o vejo com frequência em torneios. Ele é aplicado quando existe um *raise* seguido de um ou mais *cold calls* (quando você resolve chamar apenas um *raise*) no primeiro *raiser*. A tática consiste em fazer um *resteal*, que neste caso é frequentemente uma aposta *all-in* para aumentar a força. Feita no momento apropriado, esta jogada costuma ser muito lucrativa, garantindo um bom reforço ao seu *stack*.

Para o *squeeze play* ser eficiente, o valor da sua aposta deve ser, de preferência, maior do que uma vez e meia o pote antes da sua aposta. Se sua aposta for menor, as chances de a jogada não funcionar são muito grandes.

Não confundam movimentos de *short-stacked* indo *all-in* com *squeeze play*. Quando um *short-stacked* vai *all-in*, costuma ter uma mão forte, principalmente se já houver mais de um jogador no pote previamente aumentado. Cuidado ao chamar esse tipo de aposta de *short-stacked*.

Um *squeeze play* clássico é o que ocorre quando o jogador que o faz tem um *stack* de mediano a grande. Uma característica interessante apreendida na observação de jogadas como essa é que a maioria dos *squeeze plays* on-line é quase instantânea (imediata) e normalmente por todo o *stack*.

Outro fato que noto é que é mais difícil ver os jogadores fazendo *squeeze plays* eficientes em torneios ao vivo. Com exceção dos jogadores naturalmente agressivos, a grande maioria dos competidores tende a ser mais tímida na hora de fazer um *resteal*, e observamos apenas *3-bets* com jogos fortes.

Um dos principais motivos pelo qual esta é uma arma poderosa no arsenal de muitos jogadores é que, apesar de ser fácil evidenciar quando um adversário está fazendo um *squeeze play*, ainda assim é bastante difícil chamar este tipo de aposta, mesmo desconfiando de que possa ser apenas um roubo.

Os maiores erros que você pode cometer ao fazer um *resteal*:

- fazer um aumento com valor muito baixo;
- estar *short-stacked*, não deixando fichas suficientes para apostar no pós-*flop*;
- usar esta técnica muito frequentemente;
- realizá-la em fases iniciais de torneios, quando os jogadores chamam mais apostas e os potes não são vantajosos para justificar o risco do movimento;
- usá-la em fases finais de torneios contra jogadores desesperados com *stacks* pequenos, que chamam a aposta mesmo sem jogo.

O tamanho do *stack* é a informação mais importante a ser levada em consideração quando estiver fazendo um *resteal*. Antes de fazer a jogada, tenha certeza de que você tem *fold equity* em cima dos outros jogadores e de que não está comprometendo todo o seu stack com o seu *raise*.

Sorel "Imper1um" Mizzi escreveu um texto sobre *resteal* no qual ele relaciona o que considera mais importante para lançar mão do movimento: "*It takes guts.*" Traduzindo: "É preciso ter estômago para isso."

Para fazer o *resteal*, você deve estar preparado para colocar todo o seu *stack* em jogo. Você precisa entender que sua vida no torneio não tem valor algum, exceto se você realmente conseguir chegar entre os primeiros colocados. Precisa se convencer de que você quer ganhar o torneio, e de que nada além da primeira colocação importa. Tem que aceitar que poderá parecer um tolo se sua aposta for chamada e todos virem a mão ridícula que você tinha.

O *resteal* pode ser o diferencial. Com a chance de conseguir pelo menos três vezes mais fichas do que conseguiria com uma tentativa inicial de roubar os *blinds*, o jogador é alavancado para uma posição que o permitirá lutar pelos primeiros prêmios. Usando esta tática, você não precisa se colocar tantas vezes em risco quanto faria com uma estratégia de *steals* simples. Na realidade, fazer o *resteal* uma vez a cada três órbitas e não jogando nenhuma outra mão é uma tática *break-even* (que mantém você na mesma situação, sem perder ou ganhar fichas). Isso é importante principalmente nos momentos do torneio em que você não recebe cartas boas e não tem oportunidade para roubar *blinds*.

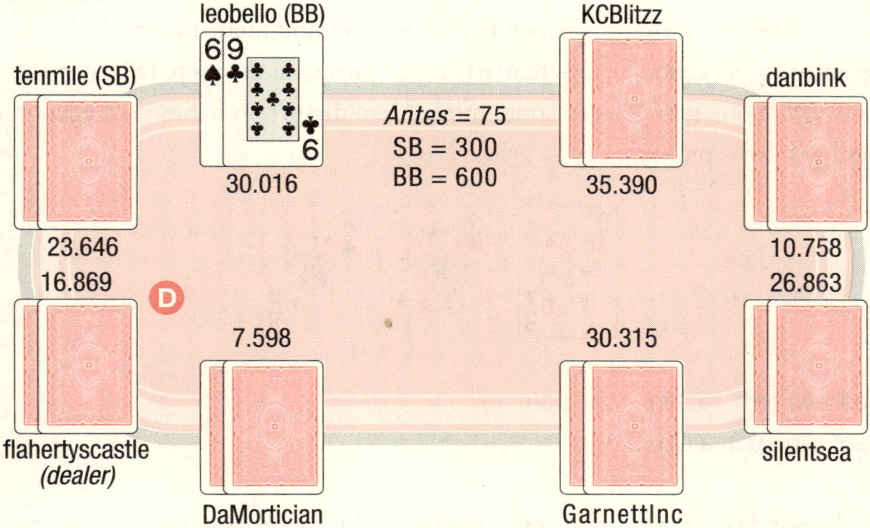

KCBlitzz aumenta para US$1.425

Danbink, silentsea, GarnettInc, DaMortician, flahertyscastle e tenmile dão *fold*. A ação chega até mim após o aumento UTG do KCBlitzz, que é o *chip leader* da mesa.

Antes de falar sobre minha ação, vamos entender um pouco da história deste torneio e desta mesa. Este é um torneio on-line com *rebuys*. Estamos com 25 jogadores, e a bolha será no 18º. Neste momento, estou entre os cinco primeiros assim como o KCBlitzz, que está em segundo. O ponto mais importante desta mão é que, nas últimas cinco rodadas, ele aumentou nada menos do que quatro vezes estando UTG. Ele tem um *stack* maior do que o meu, porém não tão grande para deixá-lo tranquilo. Ele não deve querer se bater contra mim, a não ser que tenha um bom motivo.

Apesar de eu ter uma mão muito fraca, decido que o *range* de abertura UTG dele é muito grande e que as chances de ele estar tentando roubar o pote por ter um grande *stack* e a bolha estar se aproximando são grandes. Decido fazer um *resteal*.

leobello aumenta para US$5.189
KCBlitzz chama US$3.764

Infelizmente o tiro não foi certeiro, e ele chamou meu aumento. Mas não desanimo, pois acho que ele chamaria com mãos mais fracas para tentar acertar o *flop*, já que tem posição sobre mim. Além disso, tem fichas para aguentar chamar o *raise* pré-*flop*. O *flop* veio:

leobello tem 15 segundos para agir
leobello aposta US$9.370

Apesar de o *flop* ter vindo com cartas altas e que o tornam perigoso, ele também me ajuda, pois coloca um K, que poderia estar na minha mão se ele estiver me lendo com AK. Outra vantagem é o *flop* não conter um A, o que elimina a chance de ele ter acertado mãos como AQ, AJ, AT e até ases mais fracos. Acho que com AK, AA, KK ou QQ ele teria voltado pré-*flop*. Resolvo fazer uma *continuation bet* de US$9.370 num pote que já tem 11,3K.

KCBlitzz tem 15 segundos para agir
KCBlitzz diz: "nh AQ." [Boa mão (*Nice hand*), eu tenho AQ.]
KCBlitzz dá *fold*
Aposta não chamada de US$9.370 retorna para leobello
leobello dá *muck* na mão (não mostra)
leobello ganha o pote (US$11.278)

Após pensar por um tempo, ele dá *fold* dizendo no chat que tinha AQ. É bem provável que ele estivesse falando a verdade, mas, como pudemos reparar, o que Sorel Mizzi falou é verdade: para fazer o *resteal* é preciso ter a coragem para realizar as apostas e saber que seu torneio pode estar em perigo. É saber que você pode parecer um tolo se for chamado. Mas o principal é saber que você pode ser o vencedor se o fizer corretamente. Eu acabei ganhando o torneio em que fiz o *resteal* do exemplo.

Isso me lembrou de algo importante. Quando comecei a contar a mão, fiz uma pausa para falar do torneio e da minha situação nele. Somente ouvindo toda a história é que se consegue imaginar e opinar. Se no exemplo anterior eu falasse que estava em quinto, mas que faltavam cem pessoas caírem para chegar na bolha do torneio, provavelmente minha jogada seria diferente da que fiz, quando faltavam apenas sete jogadores para a faixa de premiação.

Sempre que formos estudar uma mão ou até mesmo ouvir uma história, devemos tentar nos cercar do máximo possível de informações. Percebo que muitos jogadores sentem dificuldade em revisar uma jogada do início ao fim. Decidi escrever um capítulo dedicado a costurar essas informações, um guia de como extrair o máximo desse tipo de estudo. Abordo também o uso de ferramentas auxiliares como softwares e calculadores de *odds* e equidade. O objetivo do próximo capítulo não é ser um roteiro fixo, e sim servir de orientação sobre como revisar seu jogo.

Capítulo 11
Como estudar uma mão

"Eu não falhei. Apenas encontrei dez mil maneiras que não funcionaram."

Thomas Edison, sobre a importância de analisar uma situação sob diferentes perspectivas

Uma das principais técnicas para ajudá-lo a desenvolver seu jogo é saber revisar uma mão, analisando etapa por etapa qual a melhor conduta a seguir. Este capítulo propõe uma abordagem prática, um roteiro para ajudá-lo nesta tarefa. Obviamente, é baseado na minha própria experiência e deve servir como um guia, mas você pode encontrar maneiras diferentes de fazer o mesmo.

Para ilustrar este capítulo, vou usar uma mão que gerou muita discussão num fórum do Two Plus Two. Na ocasião, o herói acabou dando *fold* num *set* de K (trinca de reis), num *board* relativamente seco, suspeitando que o vilão tinha AA e que também tinha feito um *set*. O surpreendente da mão é que ele estava certo e deu um belo *fold*. Não sei se eu seria capaz de ter feito essa leitura no calor do momento; na verdade, poucos jogadores que conheço saberiam sair desta mão.

Vou publicar o *hand history* já convertido pelo site LeggoPoker.com. Para usar esta ferramenta de converter arquivos de *hand history* para um formato agradável para leitura, não é preciso nenhuma experiência específica com informática.

Primeiro pegue o arquivo .txt com o *hand history* do site de poker on-line e a coloque no conversor (basta copiar e colar o texto). O conversor apresentará então um código HTML (ou específico para certos tipos de mídias) como resultado, e você poderá postá-lo em fóruns ou observar no próprio site.

Por que usar um conversor? Como os *hand histories* vêm com excesso de informações, existem ferramentas que tornam o arquivo de texto mais palatável e fácil de ler, formatando-o e colocando símbolos de naipes para ajudar a interpretação. Exemplos: leggopoker.com/converter/, pokerhand.org e poker-tools.flopturnriver.com/Hand-Converter.php

O site brasileiro MaisEV.com tem um conversor próprio, em português, que adapta as mãos para serem postadas em fóruns.

Full Tilt Poker, $1/$2 NL Hold'em Cash Game, seis jogadores UTG: US$169,90 MP: US$224 CO: US$220 BTN: US$183,95 Herói (SB): US$268 BB: US$195,30	**Pré-*flop*:** K♦K♠ distribuído para o Herói (SB) UTG dá *fold*, MP chama US$2, CO aumenta para US$8, *button* dá *fold*, Herói chama a aposta US$7, BB dá *fold*, e MP chama US$6 ***Flop*:** (US$26) K♣4♣A♥ (três jogadores) Herói, MP e CO dão *check* ***Turn*:** (US$26) 6♠ (três jogadores) Herói e MP dão *check*, CO aposta US$12, Herói chama US$12, MP dá *fold* ***River*:** (US$50) 3♠ (dois jogadores) Herói aposta US$27, CO aumenta para US$200 e está *all-in*, Herói dá *fold* **Resultados:** pote de US$104 CO deu *muck* e ganhou US$101

Está aí: a mão inteira com o *hand history*. Você acha que já pode começar a analisar a mão apenas com o que está escrito numa transcrição como esta?

Antes de começar, é bom você se perguntar se possui mais informações a respeito da situação de jogo. Por exemplo, existe alguma leitura ou histórico da atividade e do comportamento dos jogadores envolvidos na ação? Se foi você quem jogou a mão que está estudando, isso é fácil. Se alguém estiver lhe contando a mão ou se você a estiver lendo num fórum e essas informações não estiverem lá, pergunte sobre elas.

Se você gosta de contar suas histórias de *bad beat* ou pedir análises de amigos, não se esqueça de que, para uma boa interpretação, é necessário o máximo de informações. Inúmeras vezes já se aproximaram de mim fazendo perguntas como: "Leo, olha só. Eu XX, subo para tanto, fulano paga. *Flop* A, B e C. Eu *all-in*, fulano paga, *turn* e *river* vêm D e E, e ele me ganha com YY. Você acha que joguei certo?"

Não sei!

Analisar uma jogada depende de diversos fatores. Para começar, temos que saber:

- o *stack* dos envolvidos;
- a posição na jogada;
- os *blinds* atuais;
- a situação geral:
    - » Torneio: que nível, quantos jogadores restam, quantos são premiados, média de fichas;
    - » *Cash game*: que nível, quem está dominando a mesa, há quanto tempo você está nela;
- o estilo de jogo dos adversários, como seu adversário percebe você na mesa (importantíssimo);
- as suas cartas;
- o *range* de cartas que você deu para o adversário;
- o desenrolar da ação;
- outros fatos pertinentes: comentários feitos à mesa durante a jogada, leitura de outros jogadores, alterações no ambiente...

No caso da mão que estamos estudando, o vilão (adversário do herói na mão) era um jogador bastante *tight*, com estatísticas 14/4, ou seja, jogava apenas 14% das mãos, sendo que só subia 4% das vezes. Ou seja, era um jogador *tight* e passivo.

Ademais, o herói (jogador que apostou a mão e de quem o *hand history* mostra as *hole cards*) disse que o vilão costumava dar *check* quando acertava uma mão forte e raramente colocava todas as suas fichas em jogo.

Quanto ao outro jogador (MP2), que deu *limp* pré-*flop* e depois deu *cold call* no *raise*, ele é *tight* também, porém agressivo, com um índice de 13/9. Por ser um jogador que sobe a maioria das mãos em que entra (9% para um total de 13% é o equivalente a dizer que ele sobe pelo menos três em cada quatro das vezes que entra no pote). O fato de não subir desta vez costuma indicar uma mão de força mediana.

O herói não revelou o *agression factor* de nenhum dos oponentes, número que softwares como o PokerTracker e o Hold'em Manager também geram. O *agression factor* é um número baseado no percentual de vezes que o jogador aposta ou aumenta em cada rodada (pré-*flop*, *flop*, *turn* e *river*) em vez de dar *call*, *check* ou *fold*.

Vale uma pausa para falar dessas estatísticas. Esses números se aplicam bem para o ambiente on-line, mas ao vivo você não conseguirá classificar adversários dessa forma, pelo simples fato de que não há um computador analisando cada movimento dos seus adversários. Os puritanos costumavam pensar que por esse motivo essas estatísticas não eram importantes. Bastava tentar classificar o jogador como *tight* ou *loose*, não vendo necessidade de saber o percentual das mãos que ele gosta de jogar. Porém, entenda da seguinte forma: ter essas informações é mais um passo à frente da concorrência. Por que não aprender a utilizá-las? Você pode acabar confiando mais nos seus instintos do que em números, mas é bom aprender a utilizar a matemática que traduz as ações dos adversários.

Voltando para a mão, agora que já traçamos um perfil básico dos adversários, vamos olhar os *stacks*.

Herói: 268
Vilão: 220
MP: 224

Na prática, o *stack* efetivo da jogada é o do vilão, com 220. Portanto, menor do que o seu. É importante determinar esse número antes de começar a mão, principalmente se houver grande diferença entre os *stacks* dos envolvidos, para você não se deixar envolver por um *stack* muito grande, quando na realidade ele não está todo em jogo.

Vamos à ação.

Pré-*flop*: K♦K♠ distribuído ao Herói (SB)
UTG dá *fold*, MP chama US$2, CO aumenta para US$8, BTN dá *fold*, Herói chama US$7, BB dá *fold*, e MP chama US$6

Antes do *flop* você tem uma das piores posições. O SB terá desvantagem durante toda a mão, sendo o primeiro a falar.

Sua mão: KK é a segunda melhor mão possível, portanto o único motivo para o herói ficar infeliz é o fato de estar em posição ruim.

Um jogador *tight* e agressivo em posição inicial dá *limp*. O *range* dele pode ser enorme. Vamos pensar nele depois.

O CO (*cut-off*), jogador *tight* e passivo, que não aumenta muito pré-*flop*, coloca um *raise* de quatro vezes o *big blind* mesmo com outro jogador já no pote. Ou seja, deve ter uma mão muito forte, pois jogadores *tight* passivos, após um *limp* em posição inicial, costumam apenas dar *call* com mãos médias, largando mãos fracas.

A ação vem para o herói, ou melhor, para você, pois nesse momento você está analisando o que faria nesta mão no lugar dele. Suas opções são:

- *Fold*: fora de cogitação com KK, dada a ação pré-*flop*. Mesmo colocando o CO num *range* do tipo Grupo 1 e Grupo 2, nada indica que você deva "foldar" KK pré-*flop* para uma aposta que representa menos de 4% do seu *stack* total e do *stack* efetivo, pois além de AA o vilão pode ter várias mãos que estão perdendo neste momento para o seu KK, como AK, QQ, JJ, TT e até AQ*s* — ou o outro KK, empatando com você.
- *Call*: o *cold call* na aposta no pré-*flop* é uma opção para disfarçar a força de sua mão, principalmente se você optar por seguir a linha do *check-raise*. Esta linha, no entanto, é melhor contra um adversário agressivo do que contra um passivo, como é o vilão. Ele pode dar *check* no *flop* depois de você, atrapalhando seus planos de *check-raise*. Assim sendo, o *check* não parece ser a melhor opção contra este vilão.

  Mas, e se o adversário tiver realmente AA, não é melhor apenas *call*? A possibilidade do AA é uma entre as mãos que colocamos para nosso adversário. E mesmo nesse caso o *call* não é a melhor opção. O jogador na mão optou por usar a estratégia de *call* para não correr o risco de perder muitas fichas. Não funcionou pelo simples fato de que em momento algum ele testou o adversário, ou seja, não pegou informações.

- *Raise*: num primeiro momento, parece a opção mais viável. KK é uma mão que pede um *raise*; além do mais, você dando o *raise* tem uma chance maior de isolar o adversário, jogando apenas contra um, enquanto que, se você chamar, o jogador que deu *limp* também tende a entrar no pote.

> Atenção
>
> Vale lembrar que pares altos funcionam melhor quando têm menos adversários na mão, pois têm suas chances aumentadas. Ou melhor, muitos adversários na mão diminuem as chances de vitória entre todos os jogadores.

Mas quanto aumentar?

Neste caso, como queremos ver o *flop* e, ao mesmo tempo, temos medo de que nosso adversário esteja com AA, um *reraise* não tão grande é melhor. Eu sugiro algo em torno de US$20, já que o *raise* inicial foi de US$8. Se eu optasse pelo *raise* forte, colocaria no pote pelo menos de US$36 a US$40.

O *raise* também nos ajudaria a ter a informação sobre a força da mão do adversário, pois com AA existe uma possibilidade de ele fazer um novo *raise*, algo que dificilmente faria com outra mão, já que é um jogador *tight* passivo.

Após a revisão, chegamos à conclusão de que jogaríamos de modo diferente, dando *reraise* nesse momento. Se fôssemos o herói já teríamos aprendido algo, e em uma próxima vez agiríamos de outro modo pré-*flop*. Mas como temos que continuar analisando a mão do modo como a ação se desenrolou, vamos verificar o que aconteceu no *flop* de acordo com o *hand history* original.

Flop: (US$26) K♣4♣A♥ (três jogadores)
Herói, MP e CO dão *check*

O pote agora tem 26 fichas e três jogadores, sendo o *stack* efetivo 212 fichas (220 - 8 do *raise* pré-*flop*). O primeiro a falar é você.

Primeiro vamos analisar o seu jogo: você trincou!

Excelente resultado! Não poderia ter sido melhor. Porém o *board* mostra duas cartas de paus, o que pode ter dado a alguém um *flush draw*. Além disso, apareceu o A, e, se alguém tiver AA, você estará numa situação complicada.

Qual o seu raciocínio para os adversários?

Quem tinha QQ, JJ e TT agora está preocupado por conta das duas *overcards* que apareceram. Se o vilão tiver essas mãos, deverá provavelmente dar *check*, e se você apostar talvez ele corra na mesma hora.

Com AK, o vilão ficará superconfiante e você estará na frente dele por uma larga distância, com um *set* contra dois pares.

Com AA, o vilão está muito a sua frente. O maior problema do AA é que, se o vilão fizer uma aposta de continuação, você não conseguirá saber qual mão ele tem. Mas vamos pensar num nível mais avançado. O que seu adversário pode estar pensando neste momento sobre o jogo, se ele tem AA e trincou? Ele está pensando que, se apostar forte, todos vão correr, pois o seu jogo é claramente o melhor. Assim sendo, com este *set* de AA, o raciocínio do vilão fará com que ele tenta a dar *check* neste *flop*.

Quem tinha mãos como *suited connectors* e pares baixos provavelmente vai desistir da mão de imediato. Exceto, claro, que tivesse um par 44, porque também teria feito um *set*.

Mesmo aqueles jogadores que saem apostando quando fazem um *set* (apenas os melhores têm a percepção da necessidade de sair apostando em vez de tentar *slow play* com um *set*), quando têm um jogo tão superior como *top set* sem nenhuma *overcard* optam por esperar um pouco antes de agir e costumam dar *check* nessa situação.

Desta maneira, chegamos a três possibilidades:

- Você quer manter o pote baixo. Dê *check*, e seu adversário dará *check* atrás. Problema: você continuará sem informação;
- *Check-raise* seu. Improvável, pois como vimos ele deve dar *check*;
- Aposta sua, o que chamamos de *leading bet*. A maior chance de ter uma resposta da força do seu adversário, apesar de o normal ser ele apenas dar *call* nessa situação. Você tem a trinca de K e provavelmente seria pago não só por AA, mas também por AK e AQ. O outro jogador no pote, ao qual demos um *range* ainda maior, poderia até chamar com uma mão ainda mais fraca como AT e AJ. Ou um *flush draw*.

Sua *leading bet* tinha que ser pelo menos de metade a dois terços do pote, pois poderia tirar os jogadores com *flush draw* e ao mesmo tempo manter o pote pequeno para o caso de você estar contra um *set* de AA.

Chegamos, assim, à conclusão de que a melhor jogada seria sair apostando.

Neste momento, já que estamos estudando a mão, vamos usar uma ferramenta interessante, o PokerStove, que é gratuito e pode ser instalado pela internet (www.pokerstove.com). Este programa, a partir de sua mão e de um *range* de mãos para um ou mais adversários, e junto com as cartas do *board*, calcula as chances de vitória e a equidade de cada um no pote.

Após colocar cada uma das variáveis da mão que estamos estudando (suas cartas, as comunitárias do *flop* e o *range* dos adversários), o programa apresentou os seguintes resultados:

1.178.415 jogos 0,031s 38.013.387 jogos/s

Board: Kc 4c Ah

Cartas mortas:

	equidade	vitória	empate	potes coletados	potes repartidos	
Mão 0:	75,373%	75,36%	0,01%	888.076	126,00	{KdKs}
Mão 1:	16,412%	16,30%	0,11%	192.107	1.290,5	{JJ+, AQs+, AKo}
Mão 2:	8,216%	8,10%	0,12%	95.399	1.416,50	{88+, ATs+, KTs+, QTs, JTs, AJo+, KJo+}

Ou seja, colocando você com KK e o *range* dos dois adversários — sendo o do vilão com apenas AA, AK*s*, AK*o*, QQ, JJ e AQ*s*, e o do terceiro jogador na mão com um *range* mais amplo —, temos que a sua mão é a favorita para vencer em 75,36% das vezes.

Mais um motivo para você apostar. Matematicamente, você ganha nesta situação a maioria das vezes.

Dica

Pratique com várias situações usando o PokerStove. Você começa a descobrir quando é favorito numa mão, e poderá aplicar em um jogo futuro. Coloque diferentes cartas para você, e *ranges* distintos para os adversários, variando entre menores (mais *tight*) e maiores (mais *loose*). Verifique como o seu percentual aumenta ou diminui de acordo com as diferentes cartas que seus adversários podem ter.

É fundamental começar a decorar qual percentual de cartas corresponde a que *range*. Por quê? Se um adversário entra em cerca de 15% dos potes, você subentende que ele joga um *range* de 15% das mãos; se ele dá *raise* com 12%, você tem que imaginar a que tipo de *range* isso equivale. Fica ainda mais claro quando você encontra um adversário que só aumenta, digamos, 5% da mãos. Claramente, ele só está aumentando AA, KK, AK, QQ, JJ, ou seja, apenas as melhores mãos. Essa informação pode ajudar você a definir sua ação contra este tipo de jogador.

Vamos analisar o *turn*:

Turn: (US$26) 6♠ (três jogadores)
Herói e MP dão *check*, CO aposta US$12, Herói chama US$12, e MP dá *fold*

Novamente, nosso herói optou por dar *check*, seguindo de uma maneira passiva. É uma escolha curiosa, pois já vimos que no *flop* a matemática e a lógica diziam para apostar. Quando todos deram *check*, no *turn*, era necessária uma aposta, principalmente porque a carta 6♠ não parece ter ajudado ninguém.

O MP dá *check* novamente. Da mesma maneira, ficou claro que o MP não deve ter acertado o *flop*. Pois não apostar nem no *flop*, nem no *turn* mostra fraqueza. Eu tiraria do *range* dele as melhores mãos.

O *cut-off* sai apostando US$12.

Fazendo uma análise, isso nos ajuda a eliminar JJ e QQ do *range* do vilão. Ele não apostaria com essas mãos. Da mesma forma, torna mais provável AA, AK e, talvez, AQ.

Vamos analisar no PokerStove essas novas informações:

13.860 jogos 0,009s 1.539.999 jogos/s						
Board: Kc 4c Ah 6s						
Cartas mortas:						
	equidade	vitória	empate	potes coletados	potes repartidos	
Mão 0:	61,147%	61,15%	0,00%	8.475	0,00	{KdKs}
Mão 1:	36,277%	36,28%	0,00%	5.028	0,00	{KK+, AQs+, AKo}
Mão 2:	2,576%	2,58%	0,00%	357	0,00	{QQ-88, QTs, JTs}

Veja como, eliminando mãos do *range* dos adversários, a situação ficou mais perigosa contra o CO. Ainda assim, o PokerStove dá vantagem para você. Após a aposta do adversário e com a leitura que temos, qual a melhor ação?

Novamente analise as três opções: *fold*, *call* ou *raise*.

- *Fold*: não dá para dar *fold*. O pote já tem US$38; você precisa chamar US$12 e tem uma equidade de 61% segundo o PokerStove;
- *Call*: só será uma boa jogada se você tiver certeza de que o adversário tem AA. Mas, nesse caso, você daria *fold*, então o *call* é incorreto também;
- *Raise*:
  - » Opção 1: você está ganhando — o *raise* caracteriza uma aposta de valor — e aumenta o pote, dando menos chance para mãos como *flush draw* ganharem de você;
  - » Opção 2: você está perdendo — o *raise* nesse caso serviria para informação, pois no *turn*, nesta situação, o adversário dificilmente apenas chamaria o seu *raise*. Pelo menos 90%

> com AA ali dariam *reraise*, por pensar que você mesmo pode ter um *flush draw* e querer colocar o dinheiro no meio com a melhor mão. O grande problema é que AK, que é uma mão que você está ganhando, daria *raise* neste ponto da mesma maneira que AA. A única mão que um *reraise* ajudaria a eliminar é AQ.

Assim, a jogada correta teria sido: aposta no *turn*. Do modo jogado: o correto seria *raise* na aposta do CO.

De acordo com o *hand history*, o herói não fez nenhuma das ações que consideramos correta. Não saiu apostando no *turn*, nem deu *raise* na aposta do adversário. Deu apenas *call*.

Vamos ver a carta que veio no *river*:

River: (US$50) 3♠ (dois jogadores)

A situação não mudou com o 3♠. O *flush draw* não caiu, e a carta não parece ter ajudado ninguém. Você resolve analisar a ação que tomaria no lugar do herói:

a- *Fold*: sem até o momento o adversário ter mostrado força e sem ter o *flush*, *fold* está fora de questão.

b- *Check*: dar *check* no *river* com o que você acredita ser a melhor mão é ruim.

c- *Bet*: a opção mais viável. Considerando os US$50 no pote e a suspeita de que você está na frente, deve fazer uma aposta de valor, querendo ser chamado por AK, principalmente. Aposta então meio pote.

Herói aposta US$27, CO aumenta para US$200 e está *all-in*, e Herói dá *fold*

Conclusão: acerto do herói.

Só que o adversário voltou US$200 num pote que tinha US$77. Uma aposta muito grande, que não seria feita por alguém com AQ. O *range* do seu adversário agora fica apenas em AA e AK. Vamos ao PokerStove de novo:

132.286 jogos 2,573s 51.413 jogos/s						
Board: Kc 4c Ah 6s 3s						
Cartas mortas:						
	equidade	vitória	empate	potes coletados	potes repartidos	
Mão 0:	49,982%	50,01%	0,00%	66.154	0,00	{KdKs}
Mão 1:	50,017%	50,05%	0,00%	66.204	0,00	{AA, AK*s*, AK*o*}

Vemos que agora a situação é de praticamente 50% para cada um, com uma vantagem insignificante para o adversário. Se a expectativa é ligeiramente negativa, o correto é dar *fold* para o adversário. Lembre-se de que o dinheiro que já está no pote não importa, pois não é mais seu. O importante é não colocar seu dinheiro restante numa aposta sem expectativa positiva de ganho. Por incrível que possa parecer, o *fold* é uma boa jogada.

E o *call* é errado? Não, pois temos que incluir na conta o número de vezes que seu adversário vai blefar o *river* por achar que você está fraco. Podemos incluir pelo menos 5% de blefe. E você estaria tornando este *fold* incorreto não levando isto em conta.

Resultados: pote de US$104 (*rake* de US$3)
CO deu *muck* e ganhou US$101 (lucro de US$54)

O herói acabou dando *fold*, lendo o AA na mão do adversário, que, por sua vez, não mostrou suas cartas. O herói veio então perguntar no fórum se o *fold* foi incorreto. Como vimos no PokerStove, não dá para dizer que foi. Por outro lado, o herói jogou mal em várias passagens, não conseguindo extrair informações mais completas da mão.

Atenção

Para estudar uma mão, devemos usar o máximo de ferramentas possíveis. A cada novo acontecimento (aposta ou carta distribuída), devemos tentar atualizar o *range* do adversário com as novas informações, observar sua equidade com informações do PokerStove ou outra ferramenta similar, e analisar seus três movimentos táticos possíveis (*fold*, *call* ou *raise*), decidindo qual parece ser o melhor, tanto matemática quando estrategicamente, pela situação do jogo.

Curiosamente, o livro *Ace on the River: An Advanced Poker Guide*, de Barry Greenstein (um dos jogadores mais conhecidos e respeitados do mundo do poker), analisa uma mão muito semelhante à que usei de exemplo. Ele tem QQ, faz um *set* no *flop*, mas acaba dando *fold* no *river*, porque acredita que o adversário fez um *set* de A no *flop*. Ele também usa uma análise mais simples da mão para definir o *range* do adversário e usa a lógica dentro das atitudes do oponente para se decidir pelo *fold*. Barry não usa ferramentas como o PokerStove no seu exemplo, mas sim o raciocínio lógico, limitando o *range* do seu adversário a cada aposta feita.

Vale a pena ressaltar um padrão que acontece neste exemplo e que você deve identificar, pois se repete em adversários menos experientes:

O adversário tem AA e faz um *reraise* pré-*flop*. O *flop* traz um A. A sequência de ações fica assim:

1. Pré-*flop*: *reraise*, agressão forte;
2. *Flop*: acertou o *set*. *Check*;
3. *Turn*: uma aposta pequena em relação ao pote (250 num pote de 1.000, por exemplo);
4. *River*: uma grande aposta, ou até *all-in*.

Toda vez que você vir este padrão: *raise*, *check*, pequena aposta e grande aposta, leia que seu adversário tem uma mão muito forte, provavelmente feita no *flop*, como um *set*.

Em um dos próximos capítulos falaremos de padrões nas apostas que ajudarão você a ler o jogo dos adversários, então vá tomando nota deste.

Ace on the River é uma leitura diferente da que normalmente encontramos em livros sobre poker. Não dá para dizer que é um livro de estratégias, pois ele aborda poucas situações de jogo. Por outro lado, é leitura quase que obrigatória para quem quer se desenvolver como jogador. Greenstein aborda o lado psicológico do jogo, assim como a cultura do esporte. Ele fala de ética à mesa, do equilíbrio família-trabalho, de regras de etiqueta, de administração de *bankroll*, de como ganhar dinheiro com poker etc. O autor fala até mesmo sobre teoria do caos. Para quem não conhece, é aquela que diz que o bater de asas de uma borboleta na América do Sul pode causar um furacão na América do Norte (o "efeito borboleta", descrito por Edward Lorenz numa palestra em 1972). De acordo com a teoria do caos, chegar um minuto antes ou um minuto depois num local pode mudar totalmente o seu destino. Greenstein descreve como chegar num torneio e ter seu local sorteado pode determinar sua vitória ou derrota.

Mas você não deve se preocupar com casualidades e superstições, e sim se concentrar em pontos que aumentem sua probabilidade de sucesso. Estudo, disciplina, estratégia!

Minha sugestão é que você pegue outros *hand histories* e aplique o mesmo tipo de análise estruturada. Tente criar um método e procure, após cada sessão, principalmente on-line, analisar pelo menos de três a cinco mãos jogadas. Pegue uma mão em que ganhou bem, uma em que perdeu um grande pote, e outras aleatórias, mesmo que pouco importantes. Tente descobrir de que maneira jogar diferente poderia ter influenciado no resultado. Sempre faça os cálculos de *range* do seu adversário após cada nova carta que for dada (pré-*flop*, *flop*, *turn* e *river*).

A disciplina para estudar essas mãos é fundamental para o seu desenvolvimento como jogador. Jogadores de xadrez e gamão costumam ser grandes jogadores de poker. Acredito que um dos motivos para isso é o fato de estarem habituados a realizar estudos e revisões como essas. Eles desenvolvem a disciplina necessária para estudar e aumentar o que chamo de "biblioteca pessoal" de jogadas.

Quanto mais você vivenciar em seus estudos situações comuns de jogo — como ter um *draw* com alguém apostando contra você, ou fazer um *set* no *flop* —, melhor conseguirá lidar com elas quando aparecerem no futuro. Por isso é tão importante estudar as mãos jogadas por você e por outras pessoas em fóruns, conversas ou a partir do uso dos softwares de poker que vou abordar num próximo capítulo.

A revisão sistemática ajuda em três pontos:

- reforçar a jogada na sua memória;
- descobrir novas maneiras de jogar a mesma mão;
- aprender estatísticas, probabilidades de vitória.

Muitas pessoas perguntam se eu consigo fazer todos os cálculos na mesa, durante a ação. Claro que não. Os cálculos no poker devem ser feitos, na sua maioria, durante seus estudos. Você deve conhecer as probabilidades, os números, fora da mesa. O máximo de matemática necessário durante um jogo é elementar: soma, subtração, divisão e multiplicação simples. Grandes jogadores pelo mundo afirmam não serem bons em matemática, porém fazem seus estudos fora das mesas. Não é preciso saber fazer cálculos complexos na hora, apenas lembrar que para uma determinada situação há uma jogada mais lucrativa do que outra.

Revisar jogadas também adiciona ao seu repertório um pouco mais de criatividade. Nesses momentos você pensa em jogadas alternativas que poderia ter realizado. Os grandes jogadores conseguem surpreender e agir de um modo diferente do que é esperado pela maioria. E isso os torna tão bons: a imprevisibilidade. Eles sabem nadar contra a maré, sempre progredindo. No próximo capítulo abordo a mudança nos principais conceitos ao longo do tempo: como o UTG passou a ser uma boa posição para roubar *blinds* e sobre como ser o primeiro a falar pode ter suas vantagens.

Capítulo 12

UTG é o novo *button*: como verdades mudam quando mais pessoas aprendem

"Sempre que vir sucesso num jogador de poker que faz coisas que você considera erradas, pense que alguma coisa ele deve estar fazendo direito e que, provavelmente, vale a pena perder o seu tempo para entender que coisa é essa."

Barry Greenstein, profissional de poker, autor de Ace on the River

O poker é um esporte em evolução constante. Enquanto o xadrez é um jogo de informações completas — ou seja, você sempre tem a totalidade das peças a sua frente, tanto as suas como as do seu adversário —, no poker cada jogador precisa trabalhar com apenas parte das informações. No caso do Texas Hold'em, você sabe sua mão e as cartas comunitárias, desconhecendo tanto o jogo dos seus adversários quanto as cartas que ainda serão distribuídas.

Essa falta de informações é o que permite a criatividade, além de nos fazer descobrir formas diferentes de jogar o mesmo conjunto aparente de cartas, e até aprender a forma mais lucrativa ou a que seja mais vantajosa naquele momento.

Durante muito tempo, apenas os profissionais dominavam os meandros do poker. Por isso, foi um choque para todos quando Doyle Brunson resolveu publicar seu livro *Super System: A Course in Power Poker*, no qual contava muitos de seus segredos de matemática por trás do jogo, e como era possível jogar *suited connectors*, trabalhar posição e dividir mãos em grupos mais ou menos lucrativos.

Tente voltar no tempo. Imagine-se na década de 1970, sem internet, quando para jogar poker você tinha que viajar a Las Vegas ou a outros locais onde já era permitido praticar. Chegando lá, sentava-se em mesas cheias de profissionais. Os iniciantes e novatos perdiam, pois não sabiam nada sobre teoria do poker. Acreditavam que era um jogo no qual só a sorte influenciava.

Os profissionais se aproveitaram disso e fizeram fortunas. Doyle começou a mudar esse panorama com seu livro. Novatos passaram a entender o que deviam fazer para obterem lucro. Assim, mais e mais jogadores se tornaram profissionais.

Aos poucos, bem aos poucos, as pessoas começaram a jogar de uma maneira mais *tight*. Escolhendo suas mãos e se utilizando de posição. Phil Hellmuth era excessivamente *tight* e agressivo quando foi o campeão mundial mais jovem de sua época, aos 24 anos.

Outro jogador *tight* era Dan Harrington, considerado o mais bem-sucedido em torneios ao vivo da história (obviamente não em relação a ganhos absolutos, mas sim à frequência de resultados positivos que alcançou na carreira, notadamente antes da explosão de popularidade do poker, mas também, em menor escala, após).

Stu Ungar, que surpreendeu o mundo e foi campeão mundial três vezes, era um jogador explosivo, *loose* e extremamente agressivo. Isso surpreendia os jogadores *tight*. Poucos conseguiam se adaptar à velocidade de jogo de Stu. Ele quebrava a legião de jogadores que aprendeu a ser *tight* com um estilo totalmente diferente do que era praticado. Um talento.

Quando a internet começou a explodir e a atrair novos jogadores, a primeira leva era constituída por aqueles sem noção alguma de teoria. Jogavam mãos em excesso. A competição era fraca, e uns poucos que liam teoria e participavam de fóruns pela internet se sobressaíam e ganhavam. Isso foi em 2002/2003, época em que comecei a praticar. Lembro como, mesmo jogando em mesas de centavos, bastava usar o poker que chamamos de ABC (participando só com as melhores mãos em posição, dando *fold* no resto) que minha *bankroll* ia crescendo.

Sit and go's então, nem se falava. Era só entrar, ficar *tight* nos níveis iniciais e ir *all-in* roubando *blinds* no final. Era fácil ser lucrativo. Por incrível que pareça, a informação já estava disponível, com os livros do David Sklansky (que eu tratei de ler logo que comecei a jogar), do Doyle Brunson e todos os fóruns, mas poucos sabiam onde encontrá-la. Ou pior, muitos não viam a necessidade de estudar e de se aprimorar.

Os jogadores *loose* perdiam muito para os jogadores *tight*, que eram uma minoria. Ser *tight* e agressivo era o correto. Era realmente fácil jogar on-line e lucrar.

Depois de um tempo, talvez um ou dois anos, todos começaram a ver o poker na tevê, ler livros e aprender jogando. Os sites proliferaram, e logo as pessoas começaram a ouvir falar de posição, *ranking* de mãos, *odds* e *outs*. Aos poucos, as mesas começaram a ficar mais duras. Os iniciantes agora liam artigos que já diziam para jogar o ABC.

Assim, jogar da mesma forma não era mais lucrativo. Foi quando os jogadores *loose* e agressivos começaram a fazer a festa. Esses jogadores deixavam os *tight* malucos, ao subir todas as mãos, subir de novo e colocar vários *bad beats* em cima de AA e KK. O jogador *tight* subia forte, o *loose* largava a mão. O *tight* estava mostrando fraqueza? Os jogadores *loose* passavam por cima, com várias apostas.

Nos fóruns logo começaram várias discussões sobre como jogar de forma *loose* e ser lucrativo.

Curiosidade

Em fevereiro de 2008, me encontrei com Patrik Antonius no Rio de Janeiro. Para quem não o conhece, ele é finlandês e vem de uma escola de jogadores escandinavos muito agressivos. Hoje é considerado o melhor jogador de *heads up* do mundo e um dos melhores em *cash games* ao vivo e on-line.

Tive a oportunidade de conversar com ele por várias horas numa tarde de carnaval, e me surpreendi quando começou a contar como começara a jogar. Ele conseguia tirar cerca de US$5 mil por mês e achava que tinha alcançado o topo. Hoje a fortuna de Patrik chega à casa de milhões de dólares, alcançada apenas com o poker. E ele conseguiu tudo isso porque aproveitou essa fase inicial e se destacou com um estilo mais agressivo do que o estilo *tight* vigente na época.

Em janeiro de 2009, Patrik entrou num desafio com o jogador Tom "Durr" Dwan, que foi televisionado direto da Austrália. Ambos jogavam com cerca de US$1 milhão cada *heads up*. Durr foi outro jogador que começou jogando *cash games* com centavos pela internet e em menos de três anos se tornou milionário, hoje participando dos jogos mais caros pelo mundo. Por muitos, é considerado o melhor jogador criado apenas pela era da internet, diferente de Patrik Antonius, que começou sua carreira jogando ao vivo, antes mesmo do *boom* do poker com a internet.

Patrik me mostrou como um jogador não deve ser rotulável e previsível. Ele disse que o maior ensinamento que o poker lhe trouxe foi reavaliar constantemente suas impressões sobre outras pessoas. Elas mudam, e ele próprio muda. Isso serve para avaliar o estilo de um adversário, sua relação com sua mulher e até mesmo suas relações de trabalho.

Tempos depois, vários novos jogadores, *loose*, muitos não talentosos, surgiram. E, assim, esse equilíbrio foi se alternando. Ora era melhor ser *tight*, ora ser *loose*, sempre tentando ir contra a maré.

Alguns dos prodígios da internet ficaram famosos por ser ultra-*loose*, como BeL0WaB0Ve e Imper1um. Outros que começaram na escola do poker ao vivo, como Daniel Negreanu e Gus Hansen, jogavam um estilo que deixava os adversários perplexos e os fazia acumular muitas fichas.

Aliás, Gus Hansen é o exemplo perfeito para o que quero falar neste capítulo. Ele despontou no primeiro ano do WPT (2003). Eleito o jogador do ano, chegou a quatro mesas finais, ganhando três títulos. Seu estilo era ultra-*loose*, e ele aparecia na tevê, jogando quaisquer duas cartas de forma agressiva.

Em 2005, ouvi rumores pela internet de que Gus Hansen estava falido. Tinha perdido muito em *cash games*, pois seu estilo o fazia ter uma variância muito grande. Verdade ou mentira, Gus sumiu do circuito por um tempo. No início de 2007, ressurgiu como um furacão.

O título no torneio Aussie Millions, na Austrália, o colocou em todas as manchetes e também acrescentou US$1 milhão a sua conta bancária. No *main event* do WSOP 2007, foi *chip leader* por um longo tempo e, só no penúltimo dia, acabou perdendo a liderança e sendo eliminado. Chegou durante o torneio a ser cotado como um dos favoritos para a mesa final. Eu estava lá e vi a fera jogando. Impressionante. Ficava sempre com um pequeno gravador na mão. Após jogadas importantes na sua mesa, ele gravava o que tinha acontecido para memorizar e estudar seus adversários. Por que, entre tantos jogadores naquele salão, justamente um dos mais conhecidos estudava os oponentes e ia acumulando fichas?

Dica

Quem quiser acompanhar a vitória de Gus Hansen no Aussie Millions deveria ler o excelente livro *Every Hand Revealed*, de sua autoria, no qual ele conta mão a mão como chegou ao título. Você perceberá que ele usa os conceitos de posição, *odds* e leitura dos adversários o tempo inteiro. Uma leitura imperdível.

O que havia mudado? Gus Hansen modificou seu jogo. Refletiu e se adaptou. Obviamente mantendo sua tradicional agressividade, começou a ser mais seletivo. E quando todos achavam que ele apostava roubando, lá estava ele com um grande jogo, quebrando os adversários.

Ele percebeu que precisava mudar. Assim como Gus, você deve saber que logo precisará mudar e se adaptar novamente. Porque o poker é cíclico. O que hoje funciona logo fica conhecido e deixa de funcionar amanhã.

Os grandes profissionais estão sempre um passo à frente. Percebem quando todos começam a se comportar de uma maneira diferente e adaptam seus estilos.

Pense nisto

Os jogadores que estiverem mais preparados para se adaptar acabam sobressaindo. É a lei da sobrevivência na selva do poker.

Neste ponto você deve estar se perguntando: "Mas como posso me beneficiar com esse conhecimento?"

Neste capítulo, vou dar alguns exemplos bem práticos de verdades que caíram por terra. Paradigmas que foram e são quebrados dia após dia. O que podemos depreender disto é que, mais importante do que decorar a receita do bolo, para ser um grande jogador você deve aprender a raciocinar o jogo.

Algumas pessoas confundem raciocinar o jogo com fazer jogadas mirabolantes e sempre optar pelo mais difícil. É o que chamamos de "síndrome da beleza": o jogador quer fazer sempre a jogada mais impactante em vez de optar pelos caminhos mais simples.

Vamos pensar no seguinte exemplo: você faz um *set* (trinca tendo duas cartas da trinca na sua mão) e é o primeiro a falar. O que você faz?

a- *Check*, para tentar ganhar mais fichas com um *check-raise*;
b- Sai apostando pouco para tentar simular uma *blocking bet* (evitando que o adversário faça uma aposta maior contra você);
c- Faz uma aposta de dois terços para parecer uma *continuation bet*;
d- Depende da situação.

O leitor que está acostumado com questões de múltipla escolha e pegadinhas vai responder "depende da situação".

Uma bela fuga, mas ao mesmo tempo uma resposta vazia. É claro que no poker tudo depende da situação. Não existe receita de bolo. Mas, por outro lado, você deve ter uma estratégia básica. Atualmente, é consenso que o melhor, e o que mais engana os adversários, é sair apostando. Tentar fazer parecer uma *continuation bet* e colocar o dinheiro no pote.

E sabe por que funciona? Porque 90% das pessoas hoje em dia dão *check* com seus *sets*. No capítulo sobre padrões eu descrevo o que é mais comum: "Com um *pocket pair* médio, o jogador dá *limp*. Acerta o seu *set* e dá *check*. O outro jogador aposta, ele apenas dá *call* no *flop*. No *turn*, ele dá *check* de novo e, quando o outro jogador aposta, ele dá *raise*." Esse padrão é a base do Teorema da Beluga, sendo amplamente reconhecido como um *set* que está sendo jogado com *slow play*. (O nome original em inglês é *Baluga*, e todos os jogadores de poker usam este nome ao se referirem ao teorema. Entretanto, a revisão do livro apontou a seguinte observação: "A tradução de *baluga* para o português é "beluga". O *Baluga Theorem* se refere à beluga, ou baleia-branca. "Baluga" em português tem um significado bem diferente, e seria um erro manter a grafia do termo igual à expressão original.)

Essa é a jogada mais comum quando alguém acerta um *set* no *flop*. O problema é que, quando eu vejo esse padrão, na mesma hora sei que estou lidando com um *set*. Porém, quando um cara sai apostando num *board* A85, sempre vou colocá-lo num A e nunca numa trinca de 8. E, se eu tiver um A com um bom *kicker*, vou chamar a aposta ou até dar *raise*.

Já neste mesmo *board* com A85 e eu com AQ, um jogador que deu *limp* no meio da mesa dá *check*, eu aposto forte, e ele só paga. No *turn* ele dá *check* para mim, eu dou *check* atrás. Imagino que ele possa ter um *set* e querer fazer o *check-raise* no *turn*; assim, ao dar *check*, me protejo da jogada dele.

Por ora, sair apostando com o seu *set* é o melhor que você pode fazer. Daqui a algum tempo com certeza isso vai mudar. Assim como o *button* não é mais o melhor lugar para roubar os *blinds*.

Todos os livros de poker ensinam que, se você estiver em *late position* e ninguém abrir as apostas, pode aumentar com um número maior de mãos. Por outro lado, em posições iniciais deve agir de forma *tight*. Assim, as pessoas respeitam muito quando alguém aumenta a aposta em UTG.

Quando eu comecei a jogar ao vivo no Brasil, a grande maioria dos jogadores pagava aumentos, não parecendo perceber a diferença se eles vinham do *button* ou do jogador UTG.

Com o tempo comecei a ouvir coisas do tipo:

— *Limp* UTG? Ih, é AA...

— *Raise* na primeira posição? Tá forte...

Da mesma forma, bem aos poucos comecei a reparar que os *raises* do *button* já não impunham respeito. Você subindo do *button* era chamado pelos *blinds* com uma grande frequência.

Essa é a adaptação natural. Os jogadores mais experientes sabem que quem está subindo do final da mesa não tem necessariamente um grande jogo. Sendo assim, nada mais natural que eles comecem a defender mais os *blinds* e até a reaumentar a aposta.

Mas, como eu disse, os jogadores mais avançados sempre estão um passo à frente. E assim começaram a abrir apostas do UTG ou UTG+1, com mãos cada vez mais fracas ou menos selecionadas, como *suited connectors* e A com *kicker* baixo.

Mas prestem atenção: isso só funciona porque hoje 95% dos jogadores entendem o conceito de posição. Se, há um ou dois anos, você ficasse aumentando com A9 ou 78 UTG, provavelmente receberia vários *calls*, pois as pessoas não percebiam a força de um *raise* que viesse do início da mesa.

Hoje, aos poucos, quando alguém aumenta de uma posição inicial, começo a ouvir: "UTG sempre passa."

E é verdade. Passa, sim. Todos têm medo.

Bom, agora você já sabe que não é bem assim. O UTG é o novo *button*. É uma das melhores posições para roubar os *blinds*. Faça um aumento considerável das primeiras posições e perceberá o respeito da mesa. É claro que você corre mais riscos. Alguém pode receber um AA ou KK e reaumentar você, mas, por outro lado, você sabe que quem vier a enfrentá-lo terá necessariamente um jogo forte. Por outro lado, ao subir do *button* e ser chamado por um ou dois jogadores, você não consegue definir tão bem o *range* de mãos da pessoa que está chamando, pois ela própria não acredita que você tenha uma mão muito forte.

A outra conclusão a que podemos chegar é que você deve tomar mais cuidado ao abrir as apostas nas posições finais. Evite abrir com mãos muito fracas, principalmente se os *blinds* estiverem chamando várias apostas do *button* e do *cut-off*. Lembre-se de que no capítulo de *resteals* eu comentei que uma boa oportunidade para o *small blind* fazer um *resteal* é quando um jogador abre a aposta com um *raise* do *cut-off* ou do *button*. Os conceitos daquele capítulo se misturam com os deste.

Estar no *small blind* é uma das melhores posições para fazer *resteal* do *button* e do *cut-off* e isolar um adversário. Hoje em dia, fazer um *reraise* nesta posição garante a você um tremendo respeito. Como todos conhecem o conceito de posição e sabem que você tem a pior possível pós-*flop* (a de *small blind*), dão crédito a você por uma mão muito forte quando você faz um *reraise*. Eles pensam que, se você está disposto a dar um *raise* mesmo de uma posição tão ruim, é porque deve ter um jogo muito forte. Portanto, abuse da *3-bet* no *small blind*.

Mas não é porque estou falando sobre essas mudanças que você deve pensar que o conceito de posição não é mais tão importante no poker moderno. Este é ainda um dos conceitos mais relevantes e decisivos para o sucesso de um jogador. Mesmo com todas essas mudanças você tem de estar consciente de que, agindo fora de posição, sua leitura no pós-*flop* será prejudicada, pois você tem que agir antes.

> Num artigo do Lee Jones na *Bluff Magazine*, ele comenta uma história verídica com Daniel Negreanu, em que ele pergunta:
>
> — Daniel, se eu e você fôssemos jogar *heads up*, só que pelas regras do jogo eu sempre tivesse o *button*, quem ganharia?
>
> Apesar de o Daniel ser dez vezes melhor jogador do que o Lee Jones (palavras deste último), respondeu sem vacilar:
>
> — Você ganharia, Lee. Ter a melhor posição em todas as mãos de um duelo daria a você uma gigantesca vantagem estratégica.

Steve "gboro780" Gross, famoso jogador da internet e grande vencedor em torneios, definiu um termo que vou pegar emprestado aqui. Ele disse que algumas vezes, apesar de não ter posição absoluta sobre os adversários na mão, ele poderia ter *betting position*. Ou seja, posição de apostador.

A principal vantagem de estar fora de posição é poder colocar pressão no seu adversário por meio de uma aposta forte antes mesmo que ele aja.

Os riscos são maiores? Claro que sim. Mas a oportunidade de colocar pressão no adversário pode compensar. E já pensou em somar isto com o que disse agora há pouco? Imagine se você "flopa" uma mão gigante como um *set* e sai fazendo uma aposta. Você dificulta tremendamente a leitura do adversário.

O exemplo dado por gboro780 era de um torneio de US$150 no Full Tilt Poker. Os *blinds* estavam em 15–30. Gboro780 tinha 3.010 fichas, e o vilão 2.641.

O jogador A chamou os 30, e gboro780 aumentou para 120 com 8♦9♦. O vilão reaumentou para 370, o jogador A deu *fold*, e gboro780 resolveu chamar o *reraise*. Ele argumenta que o primeiro *raise* serviu para punir o *limper*. Por experiência, aumentar os *limpers* ajuda a definir melhor a mão dos adversários, quando forçados a chamar a aposta. Porém o tiro saiu pela culatra neste caso, pois outro jogador reaumentou. Sobre isso, gboro780 disse que na maioria das vezes daria *fold*, mas resolveu ver o *flop* e só iria continuar se acertasse um belo *flop*.

O *flop* veio:

Diz ele que, quando uma situação dessas aparecia, por um longo tempo seus instintos diziam para apenas dar *check* e tentar uma armadilha (em inglês, "*trapping the opponent*"). Um dia, no entanto, ele percebeu que sair apostando ajudava a tornar o pote maior, facilitando que a mão terminasse em *all-in*. Além disso, confundia o adversário.

Pense bem: se uma pessoa sai apostando num *flop* com T99, você não coloca um 9 na mão do adversário porque pensa que qualquer jogador com um 9 daria *check* para tentar o *check-raise*?

Claro que sim. É natural!

Além disso, apostar primeiro pode ajudar a controlar o pote, permitindo usar as técnicas de alavancagem que já expliquei em outro capítulo.

Na mão, gboro780 sai apostando 395. O vilão, sem muito pensar, reaumenta para 2.271, indo *all-in*. Gboro780 chama, e o vilão mostra A♠K♦. Gboro780 ganha a mão sem muito esforço, quando o 3♣ e a Q♠ aparecem no *turn* e no *river*.

Independente do resultado dessa mão, em que o vilão jogou muito mal com AK, gboro780 provou que sair apostando pode ser lucrativo.

Imagine se gboro780 tivesse dado *check*. Provavelmente o adversário iria fazer uma *continuation bet* menor. Neste caso, gboro780 faria o tradicional *check-raise*, até mesmo por causa do *flush draw* na mesa. A grande maioria dos jogadores respeita muito mais um *check-raise*, e nesta hora o jogador com AK poderia pensar duas vezes e "foldar" a mão, deixando gboro780 com um pote bem menor.

Revisando alguns conceitos que vêm mudando:

- Aumentos de UTG somente com mãos muito fortes;
- Aumentos do *button* com duas cartas quaisquer;
- Ter posição absoluta é fundamental para jogar uma mão;
- Procurar o *check-raise* com uma mão muito forte, *slow play*.

E quanto a blefes? E *value bets*? Há pouco tempo ninguém conhecia o conceito de *value bet*. Hoje isso vem mudando. Uma aposta de valor é aquela pequena aposta que você faz no *river* quando tem certeza de que tem a melhor mão. Seu objetivo é conseguir apostar o maior valor que seu adversário esteja disposto a pagar, com o pior jogo. Essa aposta de valor não pode ser muito alta, ou seu adversário corre da mão.

Por outro lado, uma grande aposta no *river* é uma das melhores maneiras de blefar nesta situação. Poucas pessoas estão dispostas a chamar uma grande aposta no *river*. Esse tipo de blefe ficou conhecido como *post oak*. *Oak*, em inglês, refere-se ao carvalho. Seria mais ou menos como um blefe "cara de pau". Este termo foi introduzido por Doyle Brunson no livro *Super System*, de 1979, e se referia a uma aposta pequena em relação ao tamanho do pote. Era uma tentativa de usar psicologia para obter sucesso arriscando poucas fichas. A evolução do *post oak* é que a aposta é desproporcional ao pote criado, ou seja, ou muito pequena ou grande em relação ao total. A desproporcionalidade cria o efeito para o blefe. O grande problema é que, hoje em dia, na internet, a maioria dos jogadores já reconhece uma *value bet* e também um blefe *post oak*. Assim, não chamam as pequenas apostas de valor, que passam a perder o sentido e a não funcionar. De forma análoga, algumas vezes tenho visto jogadores chamando grandes apostas no *river*, conseguindo ler o blefe.

Dica

O que você deve fazer para ficar um passo à frente?

Deve começar a fazer *value bets* grandes e blefes pequenos no *river*. Ficam assim criados o *post oak value-bet* e o blefe por valor.

Ou seja: inverta os valores. Assim, uma grande aposta de valor sua no *river* pode ser confundida com um blefe e ser chamada. Lembre-se: isso hoje em dia já funciona na internet e contra jogadores bons e atentos.

Ao vivo, ainda acho que a *value bet* não é muito percebida no Brasil e costuma ser paga.

Acho que, de todos os tipos de jogos de poker, o que mais foi influenciado pelo conhecimento geral foram os *sit and go's*. São torneios rápidos, normalmente com uma mesa e *stacks* entre 1.500 e 2.500 fichas por jogador, em que os três primeiros de nove ou dez jogadores são premiados. Por durarem em média de quarenta a cinquenta minutos, passam a ser uma alternativa boa para um jogo on-line de horário flexível, já que um torneio *multitable* costuma durar de cinco a seis horas em média.

Por um longo tempo ganhei um bom dinheiro com *sit and go's*. Em algum momento no meio do caminho, comecei a reparar que esses torneios estavam ficando mais difíceis e que minha vantagem havia diminuído. Chegou a um ponto em que eu me perguntei se era lucrativo continuar jogando. Encontrei uma barreira difícil de transpor. Lembro-me bem do jogador e amigo Vicenzo Camilotti. Um grande defensor dos *sit and go's*, Vicenzo chegava a abrir 12 mesas simultâneas e fazia sua *bankroll* jogando *sits* no PartyPoker, onde veio a liderar o *ranking* do site.

Vicenzo dizia que não havia melhor maneira de fazer dinheiro com o poker. Acredito que o próprio Vicenzo mudou de ideia com o tempo. Os jogos começaram a ficar cada vez mais difíceis. O motivo? Extensa literatura sobre o tema. Hoje quase todos os jogadores que entram num *sit and go* conhecem a estratégia básica: jogar *tight* no início e ir *all-in* quando os *blinds* estão mais altos.

Se todos estão *tight* no início, é cada vez mais difícil ganhar fichas nesta fase do torneio. Antigamente, dando *fold* eu conseguia quase entrar na grana. Quando eu começava a jogar, só restavam quatro ou cinco jogadores, pois vários se arriscavam no início. Também era comum que eu dobrasse em fichas no início do torneio.

Hoje em dia, como todos usam uma estratégia próxima a minha, ser lucrativo ficou mais difícil e imprevisível. Mas ainda hoje muitos jogadores são especialistas em *sit and go's*.

Quem atualmente não souber e praticar bastante o conceito de ICM não deve se arriscar nos *sit and go's*. Vicenzo faz uma colaboração neste livro no capítulo de ICM e *sit and go's*. Para quem não sabe, ICM é a sigla para *independent chip model*, utilizado em *sit and go's* para determinar quando é lucrativo que um jogador dê seu *all-in* com a melhor expectativa de retorno.

Por ora você deve avaliar o nível do jogo que está participando e qual o comportamento dos jogadores. Procure agir um passo à frente dos adversários. O mais importante é perceber que as mudanças que descrevi neste capítulo não são estáticas. É muito provável que, daqui a algum tempo, jogar *tight* no UTG e somente em posição pode voltar a ser estratégico.

Outra coisa: não use como desculpa para jogar mal o que acabei de explicar. Não estou dizendo que você deve jogar mais mãos do que o normal, muito menos ficar chamando apostas até o *river* com A9 só porque está UTG. Para poder se aproveitar do que expliquei neste capítulo, é essencial que você domine completamente o básico do poker.

Os fundamentos têm que ser a base do seu jogo. Uma boa seleção de mãos, leitura do *board* e dos adversários e o conhecimento dos *stacks* vêm antes de tentar fazer jogadas arriscadas.

Primeiro é necessário aprender o beabá, para depois passar a utilizar esse repertório maior. Ou seja, primeiro treine bastante jogar em posição. Puna os jogadores que dão *limp*. Evite ao máximo chamar *reraises* e entrar nos potes em que você não seja o agressor.

Para criar um pouco de confusão sobre estes conceitos, vou encerrar este capítulo com uma mão que aconteceu comigo num *cash game* e gostaria que você a acompanhasse.

O jogo era NL2/4. Os *stacks* eram:

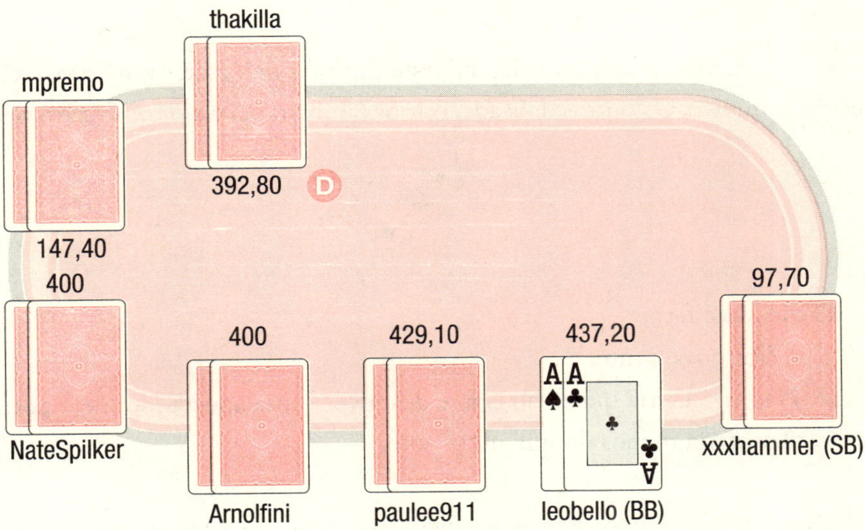

O jogador UTG paulee911 (US$429 no *stack*) abriu a aposta subindo para US$14 (valor do pote). Todos deram *fold*, até o *button* thakilla, que ressubiu a aposta para US$36. A ação chega para mim no *big blind*. O que você faria?

a- Daria apenas *call* nos US$36;

b- Aumentaria a aposta para US$73;

c- Aumentaria para US$136.

Eu resolvi apenas chamar a aposta pagando os US$36, e paulee911 entrou na mão também completando os US$22 que faltavam.

O *flop* veio:

O que você faria?

a- *Check* buscando o *check-raise*;

b- Sairia apostando meio pote;

c- Sairia apostando menos do que meio pote.

Contrariamente ao que expliquei neste capítulo, dei *check*, e em breve esclarecerei o motivo. Os outros dois adversários também deram *check*. O *turn* veio:

O que você faria?

a- *Check* novamente;

b- Não cometeria o mesmo erro e dessa vez sairia apostando meio pote;

c- Apostaria menos do que meio pote.

Dei *check* novamente, e os dois adversários também. O *river* veio:

O que você faria?

a- *Check* novamente;

b- Sairia apostando meio pote;

c- Sairia apostando o pote.

Desta vez saí apostando o pote. Uma grande aposta. Recebi um *reraise* do jogador paulee911 para US$250, e acabei voltando *all-in* com o restante do meu *stack*, após enrolar um pouco no tempo. Recebi *call* e ganhei um pote de US$900.

Neste exemplo, tenho certeza de que você vai pensar: "O Leo Bello acabou de explicar que o melhor era sair apostando com uma mão forte como um *set*, e não fez isso!"

Quero chamar a atenção para dois fatos nesta mão que mostram que o raciocínio do capítulo esteve presente durante toda a jogada.

Primeiro no pré-*flop*. Você reparou algo estranho? Quem teria dado *reraise* pré-*flop* (*4-bet*) no *reraise* do *button*?

A maioria das pessoas teria. Isso porque você estaria isolando um adversário e evitando entrar em um pote com três jogadores com AA, diminuindo suas chances.

Porém, nesta mão eu tinha certeza de que tanto o jogador UTG quanto o jogador no *button* realmente tinham mãos fortes. Ambos eram jogadores *tight*. Resolvi tomar um caminho arriscado e disfarçar a força da minha mão. Imaginei que, se eu desse *4-bet* do *big blind*, faria mãos como JJ e QQ darem *fold*, talvez até AK. Embora fosse bom ganhar os quase US$60 que já estavam no pote, queria ver se conseguia o *stack* inteiro dos meus adversários e achei que só chamar faria o jogador UTG entrar no pote, ou, se ele tivesse KK, por exemplo, talvez até reaumentar ainda no pré-*flop*. Após eu chamar, o paulee911 chamou também e fomos para o *flop*, onde tirei a sorte grande e consegui *top set*.

Aí virá sua segunda pergunta: "Você não acabou de comentar que seria interessante sair apostando para disfarçar a força da mão quando acertar um *set*?"

Não neste caso! Pense bem. Num pote com *raise* e *reraise*, é bem provável que algum adversário tenha KK ou QQ. Num pote com A, se eu sair apostando, essas mãos saem do pote na hora. Além disso, uma coisa é sair apostando com um *set* feito com um par médio quando o *board* apresenta um A, outra coisa é quando seu *set* é feito com a maior carta do *board*. Neste caso, você está representando para os adversários que tem um A e não o seu *set* ou trinca, como no exemplo anterior, no qual citei o jogador gboro780.

Nesta mão, se eu sair apostando, estarei representando AK ou AA, e os adversários com quase 100% de certeza irão sair da mão. Minha melhor chance é dar mesa. O melhor para mim é que ninguém aposte no *flop*. Se alguém fizer uma *continuation bet* e eu chamar, fica claro que eu tenho o A. Eu dei *check* e rezei para ver dois *checks* atrás!

Perfeito! Ninguém apostou. Minha leitura diz que os dois devem ter pares na mão. Talvez JJ, QQ ou KK. Talvez menos.

O *turn* veio um J. Bingo! Acho que alguém acabou de acertar um *set*. E agora? Devo sair apostando? Essa foi a decisão mais difícil. Isso porque eu só seria chamado se estivesse certo e se alguém tivesse o J. Se eles tivessem QQ e KK ou outras mãos, dariam *fold* como no *flop*, pois leriam que eu fiz *slow play*.

Resolvi optar pelo mais arriscado, algo que quase nunca recomendo: dar *check* novamente.

Os dois deram *check* atrás.

Essa foi a parte ruim. Mas, pensando bem, alguém com JJ não tentaria o *slow play* também? Não sei.

O *river* trouxe um 6. E agora, independente de a minha tática ter dado certo ou errado, eu precisava apostar para tentar ganhar algo na mão. Resolvi usar a última estratégia que descrevi neste capítulo: fazer uma aposta grande, para tentar parecer um blefe no qual estivesse tentando comprar o pote. Assim, em vez de fazer uma *value bet* pequena, optei por apostar alto. Coloquei o valor do pote.

Para minha sorte, o peixe mordeu a isca. Com JJ e fazendo *slow play*, era a hora de paulee911, confiante de que seu JJ era a melhor mão, me fazer um *raise* não muito grande, pedindo um *call*. Eu tinha o *nuts* para a mão (excetuando um improvável 53 na mão de alguém) e voltei *all-in*. Ganhei um pote grande em decorrência de ter aplicado vários dos conceitos presentes neste capítulo.

Se eu tivesse tomado atitudes como a *4-bet* pré-*flop*, provavelmente não teria ganhado um pote tão grande. Mesmo no *river*, no caso de eu ter dado uma *4-bet* pré-*flop*, o jogador com a trinca de J ficaria preocupado com a possibilidade de eu ter AA e não voltaria com o *raise*. Acredito que, nesta mão, ele se surpreendeu quando viu o meu AA. Essa mão estava bem-disfarçada.

Lembrei-me de um *podcast* chamado Cash Plays que ouvi pelo site do PokerRoad, no qual Bart Hanson, *host* do programa, comenta a diferença entre *slow play* e extração de valor numa mão. Ele deu o exemplo de um pote, em que ele tinha um A com *kicker* baixo, o *flop* vinha com este ás, e o adversário que falava antes deu *check* para ele. Neste momento, Hanson argumentou que, se apostasse direto, o adversário sem o A sairia da mão, e se ele tivesse um A, provavelmente melhor que o seu, já daria *raise*, forçando-o a sair da mão. Ele optou por dar *check* no *flop*, falando por último com seu par de ases, não para fazer *slow play*, e sim para conseguir arrancar algum valor do adversário, que ele achava que podia apostar no *turn*, pensando que o próprio Bart não tinha o ás, ou seja, ele estava disfarçando sua mão no *flop* e gerando valor para ela.

Já que falei sobre ICM, que tal revisar este conceito um pouco mais a fundo no próximo capítulo? Para isso convidei o Vicenzo Camilotti, que vai contar sobre sua experiência com os *sit and go's*, onde o conceito de ICM é constantemente aplicado.

Capítulo 13

Independent chip model e como praticá-lo

"A receita para o sucesso é a análise de todos os ingredientes."

Jamie Oliver, chef *de cozinha*

O livro *Dominando a arte do poker* se propõe a dar um passo adiante na parte teórica e estratégica do poker, e muitos jogadores associam isso a conceitos matemáticos avançados. Eu mesmo, no início, pensava muito assim. Com o tempo, comecei a reparar que muito da habilidade no poker não depende exclusivamente da matemática, e assim decidi focar o livro em aspectos psicológicos, em definição de estratégias e execução de jogadas, em vez de ficar batendo nas probabilidades matemáticas.

Por outro lado, ao longo do meu processo de aprendizado foi importante que aprendesse a fazer cálculos de expectativa, de equidade e o quanto isso poderia influenciar o meu jogo.

Em alguns capítulos deste livro chego a abordar o tema quando falo sobre $EV e chipEV (o capítulo de torneios *multitable* é um exemplo), mas sem entrar tanto no aspecto matemático. Achei que o livro, no entanto, ficaria incompleto se eu não colocasse como são feitos esses cálculos na prática e se não abordasse um nome que muitos aqui já ouviram, mas poucos realmente sabem para que serve: o ICM.

Primeiro vamos retrabalhar alguns outros conceitos.

Tournament equity: uma tradução direta é "equidade em um torneio", que nada mais é que a sua "fatia" neste. Ou seja, o quanto é esperado que você ganhe/lucre com o campeonato de acordo com o seu número de fichas e em relação aos outros adversários.

Vamos pensar no exemplo mais clássico. Um *sit and go* com dez pessoas, em que a inscrição foi de R$50. No início do torneio, todos os jogadores começam com o mesmo número de fichas e pagaram o mesmo para o total de prêmios. Assim, imaginando que todos têm as mesmas condições de ganhar, é esperado que cada um nesse momento tenha uma equidade média de R$50, ou seja, vão ganhar em média R$50 nesse torneio.

Passado um tempo, um jogador acumulou mais da metade das fichas em jogo e só restam quatro jogadores. Para facilitar os cálculos, vamos imaginar que os outros três têm ainda as mesmas 1.500 fichas iniciais e que o líder tem 10.500. Qual a equidade de cada um?

Como o líder tem 70% das fichas em jogo e os outros os mesmos 10% com que começaram, você pode ficar tentado a responder que os outros três mantêm os mesmos R$50 em média e que o líder tem R$350. Só que esse raciocínio está errado.

A probabilidade de o líder ganhar é o número de fichas que ele tem agora dividido pelo total de fichas em jogo. Da mesma forma, a probabilidade de os outros três ganharem é o número de fichas que eles têm dividido pelo total em jogo.

E como calcular a probabilidade de se chegar em segundo lugar? Bom, primeiro temos que dizer aleatoriamente quem vai ganhar. Aí ignoramos o *stack* desse jogador na conta. Depois fazemos o mesmo cálculo imaginando que os outros dois jogadores tivessem ganhado. Depois, a média do resultado desses três cálculos vai me dar a probabilidade de um jogador chegar em segundo.

Calculamos o mesmo para o terceiro lugar, só que desta vez tirando o *stack* de dois jogadores da conta, e é aí que o cálculo começa a ficar difícil de fazer na mão.

A equidade é calculada pela (probabilidade de o "jogador Y" chegar em primeiro × o quanto vai ganhar se chegar em primeiro) + (probabilidade de ele chegar em segundo × o quanto vai ganhar se chegar em segundo) + (probabilidade de ele chegar em terceiro × o quanto vai ganhar se chegar em terceiro) + (probabilidade de chegar em quarto × o quanto vai ganhar se chegar em quarto).

Eq(Y) = (Pr.Y 1º)×($ 1º) + (Pr.Y 2º)×($ 2º) + (Pr.Y 3º)× ($ 3º) + (Pr.Y 4º)× ($ 4º)

Onde:

Y = jogador

Pr. = probabilidade

$ = prêmio pela colocação

O máximo que o líder poderá ganhar é o prêmio do primeiro colocado, que é equivalente a 50% do total arrecadado. O segundo colocado leva 35%, e o terceiro colocado, 15%, enquanto o quarto colocado não leva nada.

Assim, mesmo não tendo mudado uma única ficha, os outros três jogadores têm uma equidade agora maior no torneio, baseada na média de chance atual de eles serem primeiro, segundo ou terceiro colocados.

É importante entender isto: a cada jogador eliminado, sua equidade, ou fatia do prêmio, aumenta. Muitas vezes, mesmo que você tenha diminuído o número de fichas, sua equidade pode aumentar.

Por exemplo, digamos que o líder elimine os outros dois competidores e agora ele tenha 13.500 fichas contra 1.500 suas. Sua equidade agora é no mínimo igual ao prêmio do segundo colocado. Na realidade, um pouco maior, pois você ainda tem chances de virar o jogo e ganhar do líder. E a equidade dele é bem próxima do prêmio do primeiro colocado, pois ele tem mais chances de ganhar. Porém, é um pouco menor do que este valor, pois ainda corre riscos de perder para você.

Estou evitando colocar cálculos porque acho mais importante o conceito do que aprender a calcular.

Outro ponto importante é que você nunca pode saber com exatidão sua equidade num torneio. Os motivos são vários, e o principal tem relação com a habilidade de cada oponente. Eu disse que, no início do *sit and go* com dez pessoas, a equidade de todos era igual. Mentira. Se nessa mesa um jogador fosse o Daniel Negreanu e o outro a minha mãe, que não sabe as regras do poker, é claro que o Daniel Negreanu teria uma equidade maior nesse torneio. Com uma frequência bem maior que a da minha mãe, ele chegará ao prêmio. Agora, como calcular e expressar em números essa diferença? Impossível.

Entretanto, é importante que você perceba essa discrepância, pois ela enfatiza como é fundamental saber escolher sua mesa. Quanto mais adversários fracos você tiver, maior a sua equidade.

Outro conceito diferente, que já citei no *Aprendendo a jogar poker*, e que vale lembrar aqui para conseguirmos entender ICM, é o de expectativa.

A expectativa ou EV é o quanto você espera ganhar em média ao fazer determinada jogada. Existem duas maneiras de expressar expectativa: em dinheiro — e nesse caso a notação é $EV — ou em fichas, com notação de chipEV ou simplesmente cEV.

Para calcular, você deve definir as chances percentuais de ganhar ou perder com a sua jogada e os possíveis resultados de cada situação.

Observe:

EV = (probabilidade de você ganhar uma jogada)×(quanto você vai ganhar em fichas ou dinheiro) + (probabilidade de você perder uma jogada)×(quanto você vai perder em fichas ou dinheiro)

O cálculo de expectativa é utilizado no cálculo do ICM, mas não se preocupe: apesar de longo, o cálculo de ICM é feito com o uso de softwares.

Bom, mas o que é ICM?

ICM é a abreviação de "*independent chip model*", que nada mais é do que um cálculo que usa os *stacks* atuais de todos os jogadores de um determinado torneio como dados de entrada e retorna um valor que representa a expectativa de ganhos de cada um. Em outras palavras: dado que você tem X fichas no momento, é quanto você espera ganhar no torneio em média após comparar esta quantidade com os *stacks* dos adversários.

O ICM é mais utilizado para torneios menores, como os *sit and go's*, principalmente porque seus cálculos são longos e difíceis de fazer para torneios maiores, e também porque, quanto mais jogadores restando, maior a margem de erro desse cálculo, visto que outros fatores começam a influenciar.

Assim, a maior aplicação prática se daria nas mesas finais de torneios grandes ou ainda no momento de jogar a bolha (momento anterior à entrada na faixa de premiação de um torneio) de um *sit and go* e posterior faixa de premiação.

Primeiro, são calculados a sua expectativa e a dos adversários num determinado momento. Depois, usando o mesmo tipo de cálculo, você pode calcular como sua expectativa se modifica com a sua ação numa mão subsequente. Ou seja, se você fizer uma aposta, por exemplo, indo *all-in*, você pode calcular qual será sua expectativa se todos derem *fold* e você ganhar o que está no pote; ou, se algum jogador pagar a aposta, como ela ficaria se você ganhar ou perder a mão, dada a sua quantidade de fichas atual e posterior aos possíveis resultados.

Para fazer esse tipo de cálculo, são levados em conta a sua mão e o *range* de mãos com as quais o(s) adversário(s) chamaria(m) sua aposta ou daria(m) *fold*, e a expectativa é calculada para cada resultado provável. Ou seja, qual a expectativa se você não for chamado, se você for e perder a mão, e se ganhar a mão, para cada uma das possíveis mãos dos adversários. Depois, faz-se uma média de todos os resultados, e você consegue avaliar se a melhor estratégia é ir *all-in* ou dar *fold*.

Os mesmos cálculos podem ser feitos quando um adversário vem *all-in* para cima de você. Você avalia o *range* de mãos com que ele faria isso (por meio de uma suposição do estilo dele, de sua quantidade de fichas, M etc.) e o que acontecerá com sua equidade se você ganhar ou perder a mão (ou seja, se seu *stack* aumentaria ou diminuiria). Os dois casos são levados em conta, e você observa se na média sua expectativa aumenta ou declina no torneio. Se a expectativa crescer, você deve chamar. Caso contrário, deve dar *fold*.

Você deve estar achando que só um gênio conseguiria fazer esses cálculos na mesa, certo?

Corretíssimo. É quase impossível calcular tudo isso no breve momento em que você tem que decidir se vai *all-in* ou se chama um *all-in* num ponto decisivo de um *sit and go* ou numa mesa final de um torneio *multitable*.

Assim, o ICM é mais utilizado como treinamento. Existem softwares que fazem todas essas contas para você, as chamadas calculadoras de ICM. Dois dos mais famosos são o Sit-n-Go Power Tools e o SNG Wizard, mas você encontra outros pela internet (procure ICM no Google).

O mais interessante é pegar uma determinada mão num *sit and go*, perto de uma bolha, e começar a fazer os cálculos colocando a quantidade de fichas de cada jogador e pedindo para simular situações de *push* (*all-in*) ou *call* (chamando um *all-in*) e vendo como sua expectativa muda.

O que os profissionais e bons jogadores fazem é simular situações reais várias vezes, para que inconscientemente comecem a perceber quais delas são lucrativas. Assim, eles conseguem saber na prática se empurrar com a mão X ou Y é lucrativo ou não, dados os *stacks* dos adversários.

Uma situação que serve como exemplo antes mesmo de eu entrar nos cálculos: consideremos um *sit and go* em que, restando três jogadores, meu *stack* tinha diminuído para 2.000 fichas e eu estava em terceiro. O jogador que estava em primeiro tinha cerca de 6.300, e o outro 5.200. Eu recebo A♦4♥ no *small blind* e empurro todas as minhas fichas contra o *big blind*, que era o líder. Ele, sem pensar muito, chama com K♥2♥. Um K♠ no *flop* acaba me eliminando em terceiro lugar. A primeira impressão de qualquer jogador é ficar chateado de ter sido chamado por alguém com "apenas" K♥2♥. Agora vamos pensar: o *call* dele foi correto nessa situação?

Para responder matematicamente, só usando uma calculadora de ICM para verificar a mudança na expectativa dele se me chamasse e perdesse a mão e se me chamasse e ganhasse. Esse jogador provavelmente já tinha praticado e sabia que uma mão com KX*s* era lucrativa contra o *range* que um jogador como eu empurraria, tendo apenas 2.000 fichas naquela situação.

Ele fez isso praticando antes do torneio e, na hora, já tinha a resposta na ponta da língua.

Como utilizar esse conceito para melhorar seu jogo?

Pegue um *sit and go* que você jogou a partir do momento da bolha e da zona de premiação. Para cada mão que você jogou, analise, usando um software de ICM, qual seria a alteração na sua equidade se você fosse *all-in* ou chamasse um *all-in* com as diferentes cartas que você segurou a cada mão.

Você começará a perceber que certas jogadas que fez foram erradas, pois sua equidade seria maior se você tivesse ido *all-in* em vez de jogar como jogou. Ou, ainda, teria visto que ocorreram situações em que chamou *all-in* de modo incorreto ou deixou de chamar quando deveria.

Esse tipo de treinamento muda a sua percepção de valor das cartas e ensina uma das principais verdades do poker, que é o *gap concept*, descrito por

Sklansky: "Você não precisa de um *range* de mãos forte para apostar, mas precisa de mãos muito mais fortes para chamar uma aposta."

Em resumo, acho muito importante conhecer essa ferramenta, principalmente se você joga *sit and go's*, nos quais o jogo é muito mecânico e matemático. É imprescindível jogar um *sit and go* com a matemática debaixo do braço.

Muitos jogadores fazem esses cálculos intuitivamente. Mas, com o avanço tecnológico e as competições mais acirradas, praticar o ICM e perceber as nuances das variações de *stack* passaram a ser fundamentais para traçar estratégias vencedoras.

Como jogar *sit and go's* nunca foi minha especialidade, embora eu os tenha usado várias vezes como um caminho para construir uma *bankroll* e para liberar bônus de sites, decidi chamar alguém mais experiente para escrever sobre o assunto.

Vicenzo Camilotti foi líder do *ranking* no PartyPoker por grande parte do ano de 2006, justamente por jogar até 12 mesas de *sit and go* simultâneas. Por mês eram mais de mil torneios deste tipo. Com a larga experiência adquirida nesta modalidade de competição, achei que valeria a pena trazer a visão dele sobre o ICM e a sua aplicabilidade. Embora alguns conceitos possam ser repetidos, achei o enfoque dado por ele ao texto tão bom que decidi reproduzir na íntegra.

Com vocês, o colunista da *Card Player Brasil*, Vicenzo Camilotti.

Começaria afirmando que o ICM é igual à equidade. Vamos entender ao longo do texto o porquê.

ICM é a fórmula mágica para entender qual a expectativa de se fazer um movimento de *fold/push* antes do *flop*. É um cálculo complexo de equidade. Uma forma matemática de análise, distante da natureza controversa e de pura polêmica que rodeia o poker.

O ICM não olha apenas para as suas fichas e as dos oponentes. Ele leva em consideração a escala de premiação do torneio que você está jogando. É o chamado valor relativo das fichas. Atualmente aplica-se apenas para *sit and go's* de nove ou dez jogadores, em que três chegam à zona de premiação. Poderia perfeitamente ser utilizado em torneios *multitable*, mas seu cálculo infelizmente ainda não foi desenvolvido.

O conceito de equidade para torneios é difundido e aplicado com muita intensidade no gamão, com as chamadas "tabelas de equidade", em que é avaliado se se deve pegar ou passar um dado de dobre em determinada situação de um *match* de 11 pontos, por exemplo. O conceito de equidade no gamão é idêntico ao do poker no seguinte aspecto: quanto mais próximo do objetivo, mais cauteloso você deve ser.

E no *sit and go*, o "objetivo" é chegar primeiramente à zona de premiação. E isso facilmente se explica: diferente dos MTT (torneios de múltiplas mesas), em que a premiação de verdade está entre os quatro primeiros lugares num universo de centenas ou milhares, no *sit and go* a escalada é proporcionalmente menor: 20%, 30% e 50% do prêmio total para os três primeiros.

Diferente do que ocorre nos MTT, chegar ITM (*in the money*, ou seja, ganhar algo) é um grande resultado. Claro que os softwares que analisam sua equidade consideram que ganhar um *sit and go* é melhor do que ficar em terceiro, mas eles demonstram claramente que, na maioria das vezes, melhor do que arriscar ser o "bolha" em quarto lugar é chegar ITM.

Se perguntar para o programa SNGEGT se nessa situação você, com QQ, deve dar *call* contra o *all-in* do oponente de 6.500 fichas, ele vai dizer que não.

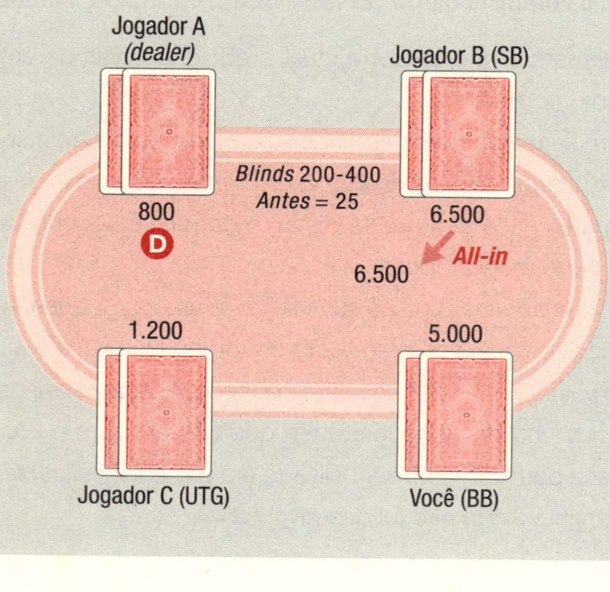

Isso soa bastante estranho e "infoldável". O oponente de 6.500 fichas está literalmente empurrando *all-in* com mais da metade das cartas do baralho (52%), eu tenho uma bazuca na mão, e devo "foldar"?! Você deve estar pensando: "Não 'foldaria' nem AQ, que dirá QQ."

O problema é que foi selecionada uma situação-limite para exemplificar a importância desse conceito de "cautela" quando se chega muito próximo ao seu objetivo. Você tem 34% das fichas do torneio. Caso ganhe o confronto, vai para 85,6% das fichas, mas, caso perca, vai para zero. E mais: a chance de você perder um confronto contra um *range* de 52% de mãos é de 25%. Em um quarto das vezes que você pagar o *all-in*, levará zero de premiação.

A vantagem extra que adquire ao ganhar o confronto não compensa a sua eliminação em um quarto das vezes. Esse é o calculo da máquina, absolutamente preciso. Desse modo, pode-se falar até que a máquina entende de conceitos complexos de poker, como o *gap concept*, em que, para se pagar um *raise*, temos que ter uma mão bem melhor do que para dar um *raise*. Será que o ICM da máquina aboliu a complexidade e a paixão pelo torneio *sit and go*?

Antes de criticar, quero registrar minha opinião de que em breve surgirão softwares que ganharão dos melhores do mundo. Já é assim no xadrez, no gamão e, com o montante de dinheiro que envolve o universo do poker, certamente será nas cartas.

É possível enumerar sete críticas a respeito da metodologia puramente matemática do ICM.

1. Não vê o quanto a equidade é favorável em alguns casos;
2. Não considera o universo total dos adversários habituais;
3. Não considera o grau de habilidade deles;
4. Não sabe o momento e a velocidade da mudança de pingo;
5. Não considera o *tilt* coletivo na mesa;
6. Não atenta para os super-*multitablers*;
7. Não leva em consideração a essência do *sit and go*.

Assim sendo:

1- A expectativa de ganho pode ser bem maior do que a que os números falam.

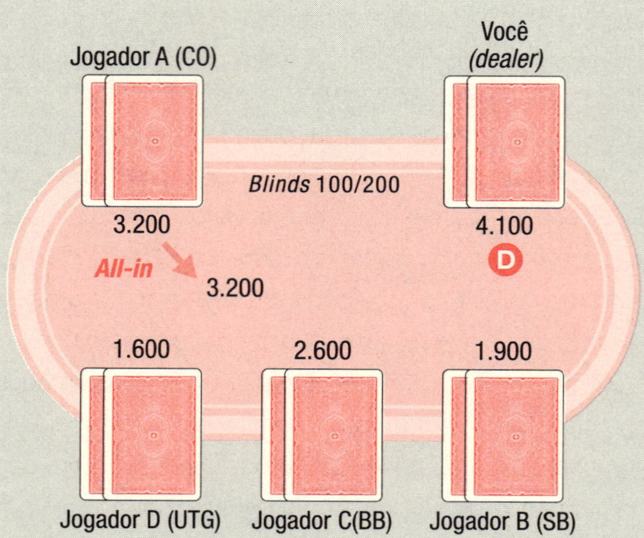

Vamos supor que você está entre os cinco jogadores restantes no diagrama acima, na posição do *dealer*, com 88 na mão. Os cálculos de ICM afirmam que você deve pagar o confronto, que lhe daria uma expectativa positiva pequena comparado à opção de "foldar".

De fato, 88 é realmente uma mão bem superior ao *range* de 51% das mãos em que o adversário está dando *all-in*. Mas, caso você perca o confronto, ficará em quarto no torneio com apenas 900 fichas. E a chance de você perder esse confronto é de 30% a longo prazo.

Dando *fold*, você continua liderando o torneio e terá inúmeras possibilidades de "fazer a limpa" nos pingos (ou *blinds*, como prefere o Leo). Jogar hiperagressivo na hora do *bubble*, quando os pingos estão altos. Isso resulta numa equidade muito maior do que o calculador de ICM é programado para avaliar.

Portanto, caso se depare com uma decisão de *call/fold* em que você nem está nos pingos, e nitidamente domine a mesa, pense que é melhor "errar" por pouco, já que a situação é bem melhor do que o programa está indicando.

2- A máquina acha que só ela tem memória, e que todos os oponentes mudam sempre.

Vamos supor que você jogue sistematicamente torneios *sit and go turbo* de US$27 num site on-line. O universo dos jogadores é enorme. Você pode seguir à risca o que o software fala para você fazer (óbvio que é impossível acertar todas, mesmo com anos e anos de prática). Mas suponhamos que você jogue em mesas mais caras do mesmo site. O universo se reduziu drasticamentre. O mesmo vale se você jogar num site em valores mais baixos, por exemplo, com apenas cinco mesas de *sit and go* no valor que você gosta de jogar.

Nestes casos, encontrará mais oponentes que conhecem você e que, portanto, sabem como você joga. O movimento "correto" muda completamente quando conhecemos, quando somos conhecidos na mesa ou quando queremos ser conhecidos na mesa.

Quando conhecemos um determinado oponente, identificamos quem só quer chegar ITM e o identificamos como alvo, ou ainda quais oponentes detestam ter seus pingos roubados, mesmo na hora do *bubble*. Isso permite a você dar *push* ou *fold* de acordo com suas próprias análises.

Quando somos conhecidos, às vezes um determinado oponente paga seu *all-in* com KJ, arriscando ser eliminado, porque viu em outros torneios você empurrando com 93*o*. Falo às vezes porque sei por experiência própria que, normalmente, mesmo que seus adversários saibam que você está assaltando os pingos sem parar, eles ainda assim não vão querer se arriscar. Quem tem que determinar cada caso é você, e não a máquina.

Quando queremos ser conhecidos, é o momento em que somos atacados. No exemplo inicial do QQ, eu dou *call* correndo, até mesmo de KJ*o* na mão, caso esteja jogando contra um oponente habitual que verei todos os dias em todas as mesas. Eu quero que ele saiba que estou disposto a pagar suas agressões aos meus pingos. O programa de ICM nunca vai identificar isso como uma oportunidade de "investimento futuro".

3- "Grau de habilidade" é um conceito semelhante ao primeiro desta lista, mas muito menos importante.

Na página 122 do livro *Sit 'n Go Strategy*, de Collin Moshman (um dos poucos, se não o único livro decente sobre *sit and go's*), ele cita isso como a única exceção de aplicação do ICM. Porém, Alan Schoonmaker, em seus best-sellers *Your Worst Poker Enemy* e *Your Best Poker Friend*, fulmina este conceito ao falar diversas vezes que quase todos os jogadores superestimam suas próprias habilidades e subestimam a dos adversários.

No primeiro exemplo, é um fato consumado que o *chip leader over-aggressive* no *bubble* tem enorme vantagem sobre os oponentes.

Para os exemplos pressupomos a situação ideal em que você é tecnicamente melhor. Na prática, no dia a dia, o mais provável é que você no mínimo superestime suas habilidades.

Então por que coloco isso como exceção e fico criticando a crítica do ICM? Porque é uma crítica teórica, e livro é basicamente isso. É um conceito perigoso, acima de tudo, porém muito útil para os 2% ou menos dos jogadores que sabem julgar se são tão bons quanto pensam.

Portanto você, que obviamente é a exceção a essa regra, pode dar *fold* a um ataque de pingo em que o software fala que é correto pagar, mas por uma pequena margem de erro.

4- Três minutos para mudança de pingo é bem diferente de trinta segundos.

O ICM calculado não considera que a situação pode ser bem mais grave do que aparenta.

Que tal o pingo em 200 *ante* 25, aumentando para 400–25 na mão seguinte? Isso deveria ser o pingo efetivo, mas é completamente ignorado pela máquina. Você pode acabar não jogando solto como deveria porque não olhou na tela do torneio que o pingo vai mudar em alguns segundos, e na próxima mão o BB pode ser você.

5- E quando você é jurado de morte na mesa?

Imaginem um *all-in* seu de J2*o* que é pago por TT, e você ganha. Em seguida continua dando mais dois *all-ins* seguidos, roubando suculentos pingos sem confronto. Criou-se o que chamo de surto coletivo na mesa.

Não só um dos oponentes perdeu injustamente um monte de fichas para um ladrão, como os outros oponentes perderam os pingos na sequência.

Você pode tirar o chat se quiser, mas caso seja como eu e goste de saber como estão os adversários emocionalmente, verá gente dizendo que vai pagar você com qualquer K na mão.

Você terá que julgar se isso é cão que ladra mas não morde ou se eles vão pagar mesmo. Geralmente é caso de vira-lata franzino gritando e protestando pelas suas frustrações, pela própria ignorância e incompetência. O SNGEGT também não pode ajudar você nesse caso.

6- Super-*multitablers* merecem tratamento diferenciado.

Quando se está jogando, digamos, seis mesas ao mesmo tempo, às vezes se identifica em todas as mesas um mesmo oponente. Então você checa no SharkScope que ele na verdade está jogando 18 (!) mesas simultâneas ou mais. Esse oponente específico merece um tratamento diferenciado.

Não estou falando em temê-lo, mas sim em ver seu ROI (*return on investment*), prestar atenção em suas estatísticas de pré-*flop raise* etc. Saber que ele não vai notar especificamente você, a não ser que seja algo como uma supermáquina humana jogando. Você é quase invisível para ele, não importa o que faça. Portanto você o conhece, mas ele não sabe da sua existência. O software não sabe que ele joga com pressa e mecanicamente o tempo todo, e que o *range* de 12% que ele dá *raise* pode não ser os 12% das mãos que o software considera os melhores.

7- Medo gera dúvida, e esta é um veneno para qualquer atividade.

Sit and go's são a modalidade mais agressiva possível do poker, e sempre defendi a tese de que se deve jogar para ganhar o torneio.

Não é um conceito essencial o de que você deve jogar de maneira inversa à mesa, seja qual for a modalidade do poker jogado? Pois se 95% dos oponentes jogam apenas para chegar ITM, jogue para ganhar. Claro que você pode adaptar isso a seu estilo.

Mas um conceito que aprendi desde o tempo do xadrez e do gamão e do qual nunca me esqueço é: "Na dúvida, seja sempre o mais agressivo."

> Espero ter ajudado a fixar a enorme importância do ICM, e ao mesmo tempo chacoalhado a sua cabeça no que tange à relatividade de sua aplicação prática.
>
> Conhecer ICM crítico > conhecer ICM > não conhecer ICM
>
> Vicenzo Camilotti

Existem jogadores tão especializados em *sit and go's* que uma piada fala que o jogador de *sit and go* não é um jogador de poker. Os mais experientes costumam dizer que o *sit and go* é o modelo de disputa no poker mais próximo de ser solucionado matematicamente, ou seja, de ter uma maneira correta de jogar cada tipo de situação.

Só que na verdade não é bem assim. Um dos defensores dessa teoria, Hevad Khan, que hoje é jogador profissional do PokerStars, fez a mesa final do evento principal do WSOP em 2007 sobrevivendo a mais de seis mil jogadores, num dos torneios mais difíceis do mundo, mostrando todo o arsenal de habilidades que um jogador de poker precisa ter para participar de um torneio em que se jogam 12 horas por dia, de cinco a seis dias quase seguidos. Khan ficou conhecido por jogar com sucesso em até 36 mesas simultâneas de *sit and go*.

No Brasil também temos excelentes jogadores que se especializaram em *sit and go's*. Um que me vem à cabeça é o Rodrigo "Zidane" Caprioli, que joga tantos *sit and go's* que foi o primeiro brasileiro a atingir o status de Supernova Elite, que é uma classificação dada pelo site PokerStars àqueles que acumularam um milhão de VPPs (*VIP Player Points*). Você ganha esses pontos quando participa de torneios e, quanto mais participa, mais pontos vai acumulando. Com esses pontos, você pode retirar prêmios e vantagens em troca. Zidane joga tantos torneios que recebe mais prêmios do que o lucro total por jogá-los.

Outro brasileiro especializado em *sit and go's* é Caio Pessagno. Ele liderou o *ranking* mundial do SharkScope no ano de 2008 nesse tipo de disputa. Da mesma forma que Zidane, o volume de seu jogo faz com que, além de ter os possíveis ganhos com a premiação direta, ele ainda receba outras vantagens e bônus em dinheiro vindo dos sites em que joga. Outro é Rodrigo Seiji, que joga em *stakes* menores mas com resultados igualmente surpreendentes.

Em resumo, se você tem uma cabeça matemática e analítica, é disciplinado e tem tempo para jogar muitos *sit and go's* por dia (e de forma simultânea), especializar-se nesta modalidade pode ser muito lucrativo.

Vou encerrar o capítulo com uma citação de Barry Greenstein que encontrei num tópico do fórum Two Plus Two, do qual ele participa ativamente: "Para vencer no poker você tem que ser bom em relação às habilidades do seu oponente. Você pode ser bem-sucedido sendo melhor administrador: jogar bons jogos, em que você tem uma vantagem sobre os adversários."

Parte desta vantagem vem de aprender a reconhecer situações que se repetem, os famosos padrões. No próximo capítulo daremos uma olhada nos comportamentos recorrentes que você deve aprender a identificar para saber como combatê-los.

Capítulo 14

Reconhecendo padrões nos adversários

"A partir de agora pode me chamar de Dudu Minieri. Minha vida como jogador mudou quando aprendi a importância da agressividade."

Eduardo "Sequela", campeão do Brasil Poker Fest em Campos do Jordão e fundador do MeBeliska.com, falando que, após jogar com Dario Minieri, um dos jogadores mais agressivos do mundo do poker, mudou seu estilo, adotando uma postura mais loose *e agressiva*

Uma das principais habilidades que você precisa desenvolver no poker é o reconhecimento de padrões. Essa realmente é a chave usada pela grande maioria dos vencedores.

Traçando um paralelo com outro jogo mental, seria como decorar posições das peças, movimentos e jogadas inteiras no xadrez. Os jogadores profissionais, quando reconhecem alguns movimentos dos adversários, já os associam a uma jogada específica (ou a mais de uma). O fato é que eles conhecem determinados padrões de movimentos de peças que indicam que o oponente está utilizando uma tática X ou Y.

No poker é possível detectar vários padrões que se repetem ao longo do tempo. Por exemplo:

Um jogador A dá *limp* do meio da mesa. O *flop* vem com cartas medianas, não conectadas, sem chance para *flush* ou sequência e um A. Exemplo: A♠ 5♥ 9♦

O jogador A dá *check*. Um jogador B no *button* aposta, e A paga rapidamente. No *turn*, vem uma carta qualquer não conectada com as cartas do *board*. O jogador A dá *check* novamente, e o B atira mais uma vez. Agora, o jogador A coloca rapidamente um *raise*.

Pergunta: qual o jogo do jogador A?

Sem muita dificuldade, a maioria responderá que é um *set*.

Por quê? Padrões.

Limp do meio da mesa normalmente indica par baixo. *Check* no *flop*, que ele trouxe pares baixos. Depois só pagou a aposta. No *turn* vem uma carta qualquer, e ele faz um *check-raise*. Em pelo menos 90% das vezes isso significa um *set*. Ou pelo menos alguém representando um *set*.

O simples fato de você reconhecer este padrão lhe permitirá duas coisas:

- simular essa situação no seu jogo contra um adversário;
- perceber quando um adversário tem um *set* e sair da mão.

Além de reconhecer os padrões de jogo, que são vários para recordarmos, também temos que estar atentos aos padrões individuais, ou seja, a como cada jogador costuma realizar suas apostas.

Neste caso, estamos falando de anotar o jogador que normalmente faz semiblefe quando tem um *flush draw*, e o tamanho desta aposta. Ou o jogador que quando está com jogo fraco aposta muito alto e, quando tem jogo bom, faz apostas menores.

Aliás, é incrível que a grande maioria dos iniciantes faça suas apostas usando este raciocínio. O pensamento correto para um jogador de poker deve ser ganhar muito em suas melhores mãos e perder pouco nas piores. Mas os iniciantes, por um paradoxo difícil de ser explicado, apostam alto para proteger seus blefes e jogos fracos como *top pair*, e apostam baixo para tentar ganhar alguma coisinha quando tem jogos como *set*, *flushes*, *full houses*.

Aqueles que já acompanham o mundo do poker de perto certamente já ouviram falar da jogadora Annette "Annette_15" Obrestad. Além de ser uma das melhores do mundo on-line, Annette ganhou o *main event* do World Series Europa, o que fez dela a mulher com maiores ganhos (somente aí US$2 milhões) em torneios na história, além da mais jovem campeã de um evento do WSOP, com apenas 19 anos. Mas para este capítulo, estou citando Annette por ela ter provado que podemos jogar apenas observando padrões.

Em 2007, por conta de uma aposta, ela jogou um torneio com 180 jogadores pela internet, um *sit and go* de apenas US$4, com suas cartas escondidas. Isso mesmo: ela nunca olhou para suas cartas o torneio inteiro. Isso, claro, criou situações engraçadas, como ela dando *fold* em AA e *raise all-in* em mãos ruins como 73. Porém Annette ganhou o torneio. Foi primeira colocada de 180 jogadores, utilizando apenas sua leitura da mesa.

Reza a lenda que Annette não resistiu e em pelo menos uma mão deu uma olhadinha em suas cartas, o que, é claro, não diminui em nada seu feito.

O que Annette fez neste torneio foi utilizar vários tópicos cobertos neste livro, como explorar a diferença entre os *stacks*, colocar pressão na mesa, *3-bets*, *resteals* (lembre-se de que para fazer *resteal* sua mão pouco importa; o que conta é a situação, a leitura de que o adversário está roubando).

Nem em meus maiores sonhos imagino ganhar um torneio on-line desta maneira. É necessário ser um prodígio, e isso descreve bem Annette. Mas mesmo eu já treinei jogar desta maneira. Existe um software chamado Poker Academy Professional em que você pode simular torneios inteiros contra adversários controlados pelo computador. Uma das opções neste software é você jogar com todas as cartas fechadas, incluindo as suas. Para treinar o reconhecimento de padrões e uso de jogadas que descrevi no livro, sem ter que se arriscar em torneios de verdade pela internet, essa é a melhor opção. Eu definitivamente recomendo o uso do programa para treinos. O único problema é que ele é um software pago, mas dá para baixar uma versão menos completa da internet para que você o experimente por tempo limitado.

É claro que Annette teve sua parcela de sorte, mas o incrível é ver a habilidade de leitura que ela demonstra, atacando os adversários nas horas certas.

Alguns padrões são extremamente simples de perceber. Por exemplo, os jogadores que dão *limp* com pares baixos, acertam o *set*, dão *check-call* e depois *check-raise* no *turn*. Ou o jogador que entra num pote com alguns *limpers* ou um aumento pequeno em posição, e num *board* com duas cartas do mesmo naipe, dá um *call* rápido numa aposta de um adversário (esse *call* rápido indica um *flush draw* na maioria das vezes).

Existem outras observações importantes que vêm muito de *cash games*, mas se aplicam também a torneios. Quando um jogador que chamou um *raise* pré-*flop* fora de posição sai apostando no *flop*, normalmente ele tem uma mão mediana e está tentando protegê-la. Por exemplo, *top pair*. Isso porque, se ele tiver uma mão realmente forte como um *set*, faz *check* no *flop* e só vai aumentar no *turn*. Se ele tiver uma mão como dois pares, normalmente dá *check* e faz o *raise* no próprio *flop*.

A única ressalva é perceber que alguns adversários mais experientes podem sair desse padrão e apostar com mãos fortes. Basta lembrar de fazer uma anotação quando você vir ele liderando a aposta no *flop* com mãos fortes. Mais à frente, haverá um capítulo sobre liderar a aposta no *flop* e sobre as chamadas *donk bets*.

Preste atenção nestes três novos padrões quando um jogador fora de posição chama o *raise*. Se ele no *flop*...

- sai apostando: *top pair*;
- faz *check-raise*: dois pares;
- faz *check*, depois *call*, e no *turn* faz *check-raise*: *set*.

Outro tipo de padrão que não podemos esquecer, e que também tem relação com o tempo de resposta, são os *check-calls* rápidos, que normalmente indicam *draws* se o *board* trouxer essa possibilidade (cartas conectadas ou do mesmo naipe). Em *cash games*, os jogadores com *draws* também tendem a apostar fora de posição ou ainda a fazer *check-raise* no *flop*.

Além dessas jogadas nas quais o desenvolvimento da mão diz muito sobre o jogo dos adversários, temos também que procurar os padrões nas apostas individuais. É importante perceber os padrões de cada jogador.

A primeira coisa é reparar no pré-*flop*. O jogador sempre aumenta a mesma proporção? Por exemplo: três vezes o *big blind*? Ou varia a aposta? Quando varia, as diferenças de valores são significativas (uma muito alta e outra quase um mini-*raise*)? Perceba se quando ele aumenta muito forte tem jogo ou não. E quando faz um *raise* pequeno? Está tentando ver um *flop* barato ou mascarando cartas altas?

A segunda coisa importante, e que você deve tentar observar quando não estiver na mão, é se o jogador tende ou não a fazer *continuation bet*, e o tamanho dela. Uma *continuation bet* que normalmente indica roubo é aquela em que o valor da aposta é quase o valor do pote.

Também é importante notar quando, após aumentar pré-*flop*, o jogador busca o *check-raise*. É essencial notar quem faz *slow play*. Esse jogador é ótimo para você jogar contra. Só que o interessante é ter posição sobre ele, e tentar pegar *free cards* para quebrar par de ases e reis que não apostam no *flop* fazendo *slow play*.

Saber que o jogador faz *check-raise* pode evitar que você faça uma aposta sendo o último a falar e tome um *raise* que você não tem condições de pagar.

Um padrão que todos devem ficar atentos acontece em torneios. Você vê um jogador *short-stacked*. Ele sabe da própria situação desesperadora e está indo *all-in* quando a ação chega a ele sem ninguém ter aumentado. De repente, em uma mão, ele faz um *raise* pequeno, em vez de ir *all-in*. O mais provável é que ele tenha um jogo muito forte (normalmente um AA ou KK) e esteja tentando chamar alguém para o jogo.

Atenção

Mais um padrão para guardar: *short-stacked* em torneio fazendo mini-*raise* representa AA ou KK.

Tem até um pensamento importante em relação a esta estratégia. Quando me via nessa situação e recebia um AA ou KK, pensava: "Não vou aumentar pouco, pois todos vão ler que é AA. Vou simplesmente ir *all-in* mesmo, pois já vinha fazendo isso, e ninguém vai ler minhas cartas."

Porém, tenho minhas dúvidas se essa é a melhor estratégia. Isso porque, mesmo sendo tão óbvio que o cara que faz esse pequeno aumento tem AA, ainda assim vejo muitos jogadores chamando essa aposta sem reparar que é uma armadilha.

Às vezes, jogar de modo simples é mais eficiente do que tentar entrar na cabeça dos adversários. Muitos na fase final do torneio estão tão ansiosos com seus próprios jogos que se esquecem de prestar atenção aos *stacks*.

Para entrarmos na parte prática do reconhecimento de padrões, vamos jogar juntos uma mão.

Torneio *multitable*, *blinds* 1K–2K com *antes* de 200, você tem 98.000 fichas e está no *big blind*. Todos na mesa dão *fold*, até o *button*, que tem um pouco mais de fichas do que você, cerca de 110.000. Até o momento, ele está jogando de uma maneira agressiva quando recebe boas mãos, subindo cerca de três a quatro vezes o *big blind*, mesmo nesse nível mais avançado do torneio. Você já o viu fazendo *3-bet* algumas vezes, mas sem excessos. Até o momento, mostrou mãos decentes quando foi ao *showdown*. Esse jogador dá apenas *limp* no *button*, e o SB sai da mão. Você tem 8♣5♣.

Qual a sua ação?

a- *Check*;

b- *Raise* de três vezes;

c- *Raise* de cinco vezes;

d- *Raise all-in*.

Depois de pensar em aumentar por um tempo, você decide apenas dar *check* e ver o *flop*, que vem:

Você é o primeiro a agir. O pote possui 6.600. Qual sua linha de ação com *top pair* aqui?

a- *Check*, planejando chamar uma aposta do adversário;

b- *Check* e *fold* para uma aposta do adversário;

c- *Check* e *raise* no adversário;

d- Sair apostando cerca de 3.000 fichas;

e- Sair apostando entre metade e o valor do pote (3.300 a 6.600).

Sua decisão é sair apostando 3.000. Seu adversário quase que automaticamente chama sua aposta. O *turn* vem J♠, e o pote tem agora 12.600. (Perceba que, no exemplo, usei o padrão de *top pair* sair liderando no *flop* mesmo fora de posição.)

Qual a sua ação?

a- *Check* planejando dar *fold*, porque o adversário tem uma mão melhor;

b- *Check* e *call*, acreditando que seu par 88 está na frente;

c- *Check* e *raise*, acreditando que seu par 88 está na frente;

d- Sair apostando até meio pote (6.300);

e- Sair apostando entre 6.300 e 12.600;

f- Apostar mais do que o pote.

Você dá *check*, e seu adversário aposta 7.000. Você decide chamar a aposta fazendo o pote chegar a 26.600. Você ainda tem 84.000 em fichas para trás. O *river* vem um K♠. (De uma maneira fraca, essa é a linha que muitos seguem quando têm *top pair* no *flop*: dar *check* no *turn* após ter liderado no *flop*.)

Qual a sua ação?

a- *Check* e *fold* para uma aposta qualquer ou maior do que o pote;

b- *Check* e *call* para uma aposta até o valor do pote;

c- *Check* e *raise*;

d- Sair apostando até meio pote;

e- Sair apostando entre a metade e o valor total do pote;

f- *All-in*.

Você dá *check* novamente, e seu adversário aposta 10.000 num pote de 26.600. Você chama a aposta e ganha com seu par 88.

Antes de dizer a mão do adversário, vamos tentar discutir o raciocínio nessa jogada.

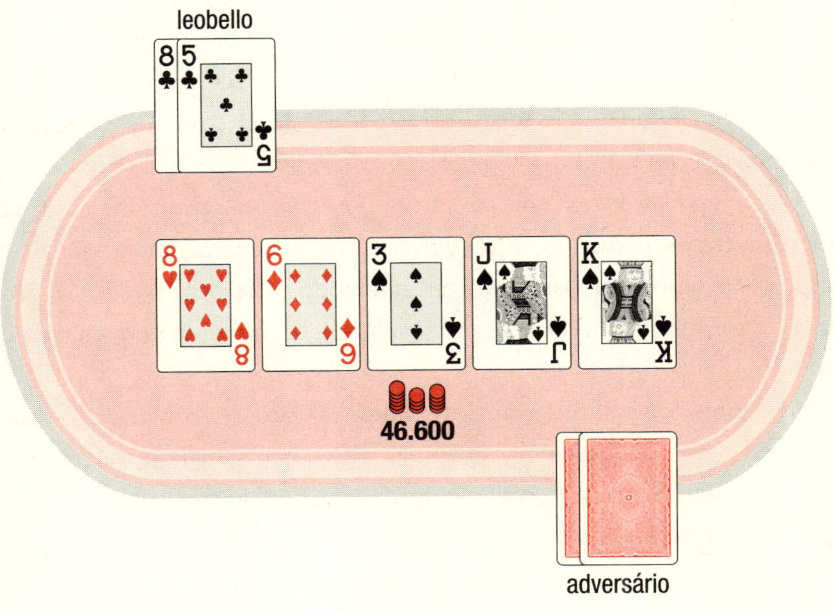

Estamos jogando contra um adversário agressivo que tem mais fichas do que eu, e que no *button* tende a aumentar com um *range* bem grande. Só que, surpreendentemente, ele não aumenta e apenas completa o valor do *blind*. Temos duas opções aqui: ou ele simplesmente tem um monstro e está esperando que eu aumente para jogar um pote grande; ou ele tem uma mão mediana, querendo ver um *flop* barato, algo como um *suited connector* ou um par baixo.

Penso um pouco antes de dar *check* pré-*flop* por dois motivos:

1- minha mão não é boa para aumentar;

2- não acredito que ele entraria com um monstro dando *limp*. Acho que um jogador agressivo e que até agora jogou de forma direta com seus *raises* e *3-bets* não ia arriscar entrar com um par grande só de *limp* a esta altura e perder para uma mão mais fraca.

Resolvo dar *check*, e o *flop* vem com 8♥6♦3♠. Um *flop* que provavelmente não acertou nenhuma carta que meu adversário teria entrado na mão, exceto, talvez, 98*s* ou trincas de 3 e 6. Com par 88 na mão, um jogador agressivo com certeza abriria *raise* no pré-*flop*. O mais provável é ele ter uma mão como TJ ou 9T, ou uma série de outros pares (22, 44, 55, 77). Mesmo com um A na mão, acho que ele teria subido pré-*flop*, então descarto mãos como A8, A6. Existe a opção de duas cartas altas, como KJ ou QJ. Decido que a melhor linha é sair apostando, porque acho que estou na frente. E assim ainda sigo o padrão que disse ser mais comum. O adversário deve ler nesta hora que tenho *top pair*, mas não uma mão forte, o que poderia fazer com que ele resolvesse chamar e ver o *turn*.

Resolvo apostar pouco comparado ao pote. Apostar muito não tem valor, pois, se eu estiver perdendo, meu adversário vai me chamar ou aumentar, e eu comprometi muitas fichas. Se estiver ganhando e ele não tiver nada, provavelmente vai dar *fold* mesmo a aposta sendo relativamente pequena. Aposto 3.000 dos 6.600 do pote.

Ele chama a aposta relativamente rápido. O fato de não ter dado *raise* ou ter tomado um tempo maior me ajuda. Penso que é mais provável que ele esteja com algum tipo de *draw* ou um par menor do que o 6 e não queira largar. Acho que, neste ponto, com o *board* coordenado com o 8 e o 6, se ele tivesse um *overpair* teria me aumentado. Não dá ainda para tirar um *set* da lista dele.

O *turn* traz um J. Apesar de parecer uma carta ruim para mim, fico feliz com ela. Primeiro porque não completou nenhum *draw* possível. Depois, porque as mãos que meu adversário poderia ter pré-*flop* e que contivessem um J (como KJ e JT) provavelmente não teriam chamado minha aposta no *flop*. Por outro lado, ainda receio que ele tenha um *set* ou algo parecido. Resolvo tomar um caminho arriscado, mas baseado na minha leitura. Vou dar *check* e *call* em qualquer aposta até meio pote. Eu dou *check*, e como previa, após um tempo ele aposta meio pote.

Essa aposta soa muito suspeita. Acho que com um *set* ele apostaria mais, com um J também. Mantenho minha ideia de que ele está em um *draw* ou de que tem um pedaço deste *flop*. Acho que ele está apostando por achar que o meu *check* significou fraqueza, mas ele mesmo não tem uma mão melhor do que o meu par 88. Neste caso, posso até estar atrás, mas bem pouco. Resolvo chamar e me ater a minha leitura do adversário. O motivo de não colocar um *raise* é não querer jogar um pote muito grande tendo um jogo tão frágil. Prefiro adotar a linha de fazer o *call* no *turn* e reavaliar no *river*.

Neste ponto, o reconhecimento do padrão de apostas do oponente é fundamental. Meu *call* foi baseado principalmente em ter visto que um adversário agressivo apostaria mais fichas para proteger uma mão pronta. Além disso, minha leitura do *range* dele dando *limp* pré-*flop* também é importante.

O *river* trouxe um K. À primeira vista, esta carta foi horrível para nós, pior ainda que o J no *turn*. Agora temos duas *overcards* no *board*. Mas vamos parar e pensar. A não ser que o nosso adversário tenha feito um *float*, que é uma técnica que ainda discutiremos no livro, podemos eliminar um K do *range* de mãos que nosso adversário ainda está segurando.

Apesar de toda a leitura dizer que estamos à frente, ainda é uma mão arriscada, e temos um *stack* grande o suficiente para largar a mão caso venha uma aposta muito forte no *river*. Resolvo dar *check*. E então, nosso adversário faz uma aposta de 10.000 num pote de 26.600.

Só existem duas opções para esta aposta:

- Uma *value bet*. Ele está ganhando de nós e quer extrair valor da mão;

- Um *missed draw* ou mão que não acertou. Lembra-se do capítulo "UTG é o novo *button*", em que falei do pequeno blefe no *river* que hoje dá mais certo do que um grande blefe?

Vale lembrar que estamos falando de um adversário agressivo. Se tivesse um *set*, ele teria apostado mais no *turn* e, com certeza, mais no *river*, não teria perdido essa oportunidade com apostas pequenas. Até porque a carta do *turn* abriu nova possibilidade de sequência e um *flush draw*, então ele precisa apostar para me tirar da mão ou ganhar mais.

Pensando bastante na mão, imagino o *range* dele em T9*s*, 77, 55, 56, 67, 89 e 87 (estaríamos perdendo nos dois últimos).

Tenho que pensar no padrão de apostas dele. E claro que o padrão que vem à cabeça é o do blefe *post oak* no *river* em vez de uma aposta de valor, que acho que seria até um pouco maior. Resolvo chamar a aposta, e nosso adversário mostra T9*o*. Tendo uma chamada para sequência que não acertou o *draw*, ganhamos um belo pote num momento delicado do torneio.

Essa mão também mostrou um outro padrão típico realizado por mim, e que também foi explorado por ele.

O padrão é:

Aposta baixa no *flop*, *call*.

Check no *turn* dando leitura de fraqueza, aposta do adversário. *Call*.

Check no *river*. Aposta do adversário.

A única diferença é que, neste padrão, normalmente a aposta no final deveria ser um pouco mais forte para gerar um *fold*.

Ele se aproveitou do padrão *bet flop/check turn*, que normalmente indica fraqueza por parte de quem apostou no *flop*, porque apostar no *flop* e dar *check* no *turn* é normalmente um sinal de que a mão não é tão forte. Só que eu estava preparado para imaginar como ele estava pensando e por isso chamei a aposta, acertando a leitura.

Conhecer os padrões e os comportamentos permite que você arrisque algumas jogadas. Vou dar um exemplo que pode ser facilmente utilizado em um torneio. Hoje em dia, é muito comum vermos jogadores em posição fazendo *3-bets* e *resteals* quando os *blinds* já estão altos. Por que não se aproveitar deste fato para tentar induzir uma *3-bet* quando na realidade você a quer?

Foi o que aconteceu nesse torneio do PokerStars. Era o 100 com *rebuys*, torneio bem disputado, com cerca de duzentos jogadores. Nesse momento restavam cerca de cem jogadores, e a premiação era só para os 27 primeiros. Eu tinha cerca de 9,1K em fichas, e os *blinds* estavam 150/300. Recebi AK em MP2. O jogador que estava UTG saiu apostando 750. Meu primeiro instinto foi de dar *raise* na aposta dele. Só que, em seguida, uma outra ideia me passou pela cabeça.

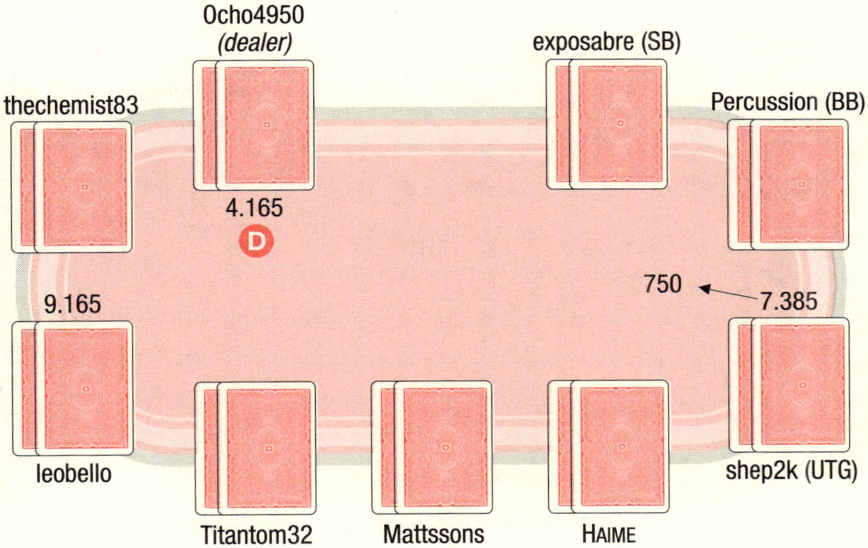

O que aconteceria se eu desse *raise*? Provavelmente todos largariam a mão e a ação retornaria para o jogador UTG, que neste caso, dependendo da força da mão, me pagaria ou sairia da jogada.

Mas e se eu apenas chamasse a aposta? Chamar a aposta estando em MP2 é errado, pois, além de não me dar informação, permite que outros jogadores resolvam entrar no pote também. Mas e se formos além neste raciocínio? E se dermos apenas *call*, esperando que alguém tente se aproveitar para fazer um *squeeze play*? Não é a situação perfeita para alguém fazer um *squeeze*? Um jogador sobe um valor não muito grande, outro só acompanha, e então um jogador em posição na mesa volta com um grande *reraise*...

A ideia era perfeita. Eu pegaria meu AK e só pagaria a aposta, esperando que alguém viesse de *squeeze* achando que eu estava fraco, e então poderia chamar o *all-in* com AK (ou voltar *all-in* em quem fez o *squeeze*).

Dito e feito, apenas dei *call* na aposta, e o jogador no *big blind* voltou *all-in*. O primeiro jogador saiu, e eu fiz um *insta-call* com meu AK e ganhei a mão, subindo para mais de 15K em fichas.

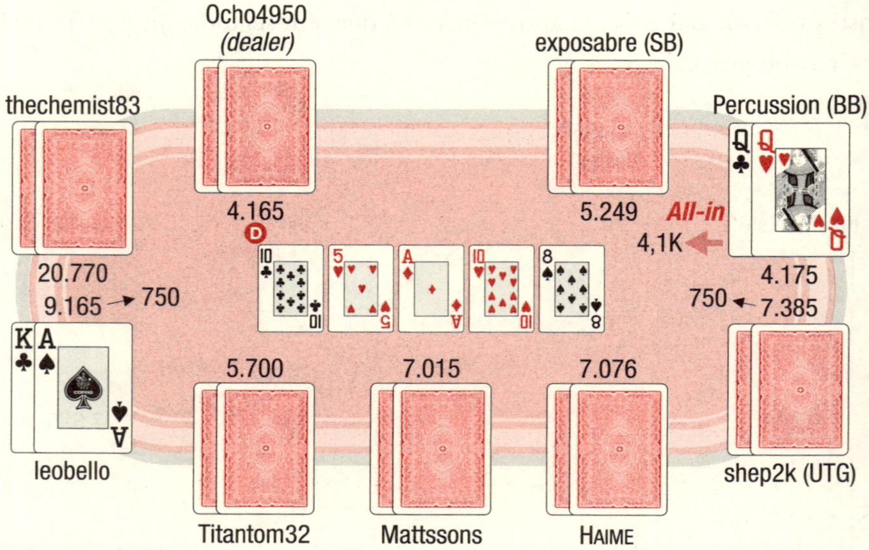

De negativo nesta história tem o fato de que, apesar de o meu plano ser bem interessante, não contava que o jogador fazendo o *squeeze* realmente tivesse uma mão boa. Ele tinha QQ, e acabei num *coin flip*, que tive a felicidade de ganhar. Minha expectativa era pegar alguém fazendo um *squeeze* com uma mão um pouco mais fraca.

Porém, independente do resultado desta mão específica, esta é uma boa jogada para colocar no seu arsenal: se aproveitar de uma situação em que você sinta que um *limp* poderá estimular um *raise* de um adversário para então disputar um pote grande ou *all-in*.

Seria como induzir um *raise* recheando o pote com fichas por meio do seu *cold call*. Você está criando a oportunidade perfeita para um *squeeze* por parte de algum dos oponentes, porém intencionalmente.

Temos dois problemas nesta ação: o primeiro é o risco de ninguém aumentar e você acabar vendo um pote com mais jogadores do que queria. O segundo é que você pode ser colocado numa situação ruim se mais de um jogador for *all-in*. Muitas vezes, com AK contra dois jogadores *all-in*, a ação correta é largar a mão.

Nesta jogada em questão, mesmo que eu tivesse dado *raise*, acabaria em *all-in* com o QQ. Mas este não é o ponto importante. Deve-se aproveitar de situações em que os padrões de ações possam ser explorados.

Outra mão na qual o padrão foi importante para a ação aconteceu numa mesa de *cash game*. Aqui, o padrão importante, e que não ficará claro para você apenas com a descrição de uma única jogada, era sobre o jogador. Ou seja, nesta mão joguei as informações que eu tinha sobre o comportamento do oponente em vez de pensar apenas nas cartas que eu segurava.

Costumo jogar *cash game* utilizando o banco de dados do Hold'em Manager (ou do PokerTracker). E na mão que vou mostrar, o jogador apenas chama meu *raise* pré-*flop* estando no *big blind*, e no *flop* me faz um *check-raise* após eu fazer uma *continuation bet*. O *raise* foi forte, mas na mesma hora eu olhei as estatísticas deste jogador na minha tela e vi um valor alto de agressividade no *flop*, que indicava muitos *raises* e *bets* e poucos *calls*. Além disso, o valor de *check-raise* dele era maior do que a média, beirando os 5%, enquanto a maioria tem um valor próximo de 1,5%.

Para você ter uma ideia, essa diferença é gigantesca. De todas as ações possíveis no *flop* (*check*, *fold*, *bet*, *raise*, *check-call*, *check-fold* e *check-raise*), ele tem 5% de *check-raise*. É um número anormal. A minha conclusão, aliando isto à agressividade dele, era que meu adversário poderia fazer este *check-raise* mesmo sem jogo.

Vamos à ação:

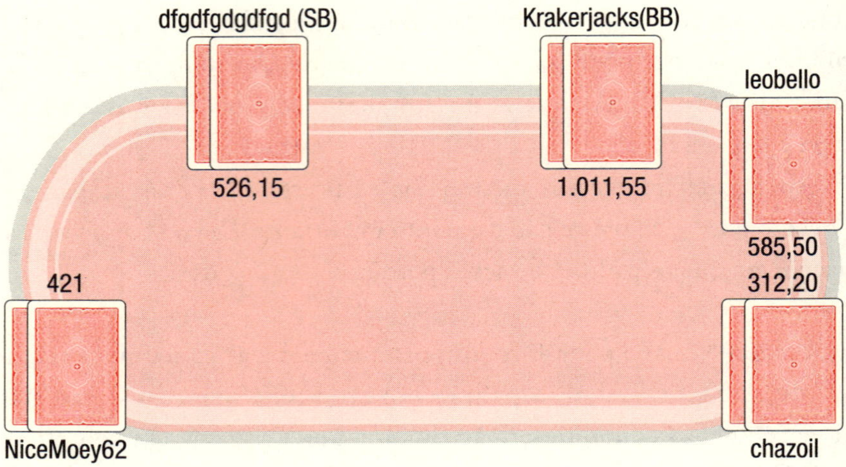

Repare que neste momento somos apenas cinco na mesa. Com tão poucos jogadores, temos que soltar um pouco o nosso *range* de mãos que merecem *raise*.

Minha mão:

leobello no UTG aumenta para US$14
chazoil dá *fold*
NiceMoey62 dá *fold*
Krakerjacks diz: "*The retards are out now*"
dfgdfgdgdfgd dá *fold*
Krakerjacks chama US$10

Interessante reparar que deixei propositalmente uma parte do texto do chat acima. Krakerjacks diz: "Agora os retardados estão fora", ou seja, ele acabou de fazer um comentário que mostra que estava irritado com alguns jogadores na mesa. Um jogador agressivo irritado é igual a um jogador ainda mais agressivo.

Krakerjacks resolve chamar meu aumento. Até o momento o *range* dele para chamar esta aposta é grande. Mas, por incrível que pareça, não deve ser uma mão forte. Com mãos fortes ele provavelmente daria *reraise* pré-*flop*.

O *flop* veio:

Krakerjacks dá *check*
leobello aposta US$22
Krakerjacks aumenta para US$66
leobello chama US$44

Resolvi reavaliar e pensar nas mãos pré-*flop* que ele poderia ter chamado meu *raise*. Com AA, KK, AK, AQ, QQ, JJ, TT e 99, acho que ele teria reaumentado minha aposta. Como disse, ele é um jogador muito agressivo e costuma fazer *3-bets* e *raises*. Como eu somente aumentei pré-*flop*, um aumento considerado padrão em relação ao valor do pote, com essas mãos ele provavelmente aumentaria e não chamaria. Após pensar por um tempo, resolvi chamar a aposta achando que minha mão era a melhor.

O *turn* fez com que o *board* ficasse:

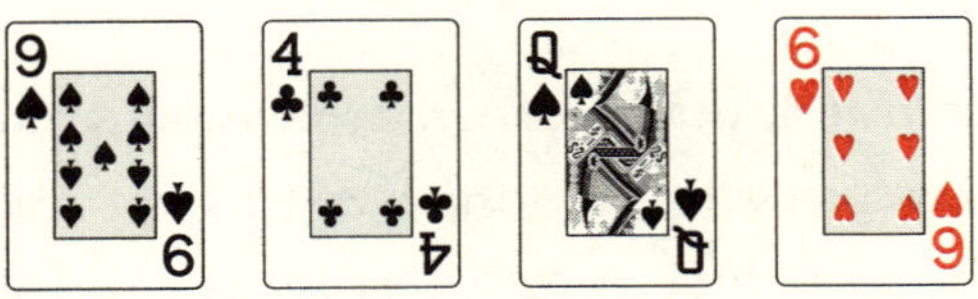

Krakerjacks usa um pouco do seu tempo e sai apostando:

Krakerjacks aposta US$120
leobello chama US$120

O *turn* não modificou a situação. Esse 6 dificilmente melhorou sua mão. Porém ele saiu apostando um valor alto do *big blind*.

O problema é que, se minha leitura estava correta no *flop*, eu continuo ganhando a mão. A única mão que penso que pode estar me ganhando é Q9.

É bem mais provável que ele esteja fazendo um *raise* com um *draw* forte. Pensando bem, TJ se encaixa muito bem nessa situação. Ele chamaria minha aposta pré-*flop* com essa mão sem reaumentar. E no *flop* ele teria uma chamada para a sequência, o que justificaria o *raise* e a aposta no *turn*. Uma opção menor seria um A9 ou a possibilidade remota de um *set* de 4.

Ele saiu apostando US$120. Mas como eu acreditava estar na frente, a decisão agora era se eu aumentaria a aposta, indo *all-in*, ou aguardaria o *river*. Analisando bem a situação, o *raise* era ruim, pois eu podia já estar perdendo (improvável) ou poderia ser chamado pelo *draw* e arriscar muitas fichas apenas com *top pair*. Decido chamar a aposta.

O *river* trouxe:

Krakerjacks dá *check*

O *river* não completou *draw* algum nem mudou a situação da mão. Krakerjacks então dá *check*. Ponto! Ele provavelmente não acertou a sequência ou estava num blefe e desistiu de tentar atirar uma terceira vez no pote.

Agora vinha a decisão difícil. Dou *check* atrás? Faço uma *value bet* pequena? Aposto forte?

Devido às características desse jogador, resolvo apostar tudo. Ele é do tipo agressivo, e jogadores agressivos não gostam de ter a sensação de que estamos tentando empurrá-los para fora do pote. Usando esse raciocínio, uma aposta alta no *river* pode ser chamada se ele tiver pelo menos um segundo par.

Com o *straight draw*, ele não chamaria nem uma aposta grande, muito menos um aposta pequena. Ou seja, não importa o tamanho, e sim o que ele tem neste caso.

leobello aposta US$308
Krakerjacks tem 15 segundos para agir
Krakerjacks pede tempo
Krakerjacks dá *fold*

Aposta não chamada de US$308 retorna para leobello
leobello dá *muck*
leobello ganha o pote (US$399)
Total do pote: US$402 | *Rake*: US$3
Board: 9♠ 4♣ Q♠ 6♥ 7♥

Krakerjacks acaba dando *fold*, e eu ganho o pote. Revendo a mão percebemos dois tipos de padrão:

- Relacionado ao jogador: agressivo, costuma fazer *check-raise* e continuar no *turn*. Mas diminui no *river* se não acertar;
- Relacionado ao jogo: era um provável *straight draw*; portanto, apenas *call* pré-*flop* com *connectors*, *check-raise* como semiblefe no *flop*, *bet* no *turn* e *check* no *river* quando não acertou a mão.

Se você estiver atento a esses padrões, pode ganhar muito dinheiro quando perceber que o *river* não o acertou. Curiosamente, nesta mão eu tinha *top pair*. Mas perceba que o meu jogo não importa. Quando o *river* não completou a sequência, ele não chamaria nenhuma aposta.

E se ele fizesse uma aposta muito grande no *river*? Eu também tenderia a chamar. E mais uma vez por causa dos padrões. Ao blefar no *flop* e no *turn*, alguns jogadores tendem a não desistir do blefe no *river* mesmo sem ter acertado a mão. Se eu já tinha fechado no meu raciocínio que ele estava num *draw*, eu deveria chamar mesmo uma aposta grande no *river*. Na maioria das vezes ganharia, o que tornaria o *call* lucrativo, mesmo descontando as vezes em que ele tem dois pares ou um *set*.

Eu poderia continuar dando vários outros exemplos, mas acho que o mais importante para este capítulo é que você se conscientize da existência desses padrões que citei e comece a procurar outros que não mencionei. Quando jogamos mais de cem mil mãos em alguns meses, que é o que muitos jogadores on-line fazem ao longo de um ano, devemos começar a reparar que as situações se repetem.

Em uma viagem para Las Vegas cheguei a jogar mais de 12 horas diárias de poker, por vários dias, em torneios e *cash games*. Essa experiência ao vivo começa a abrir ainda mais os seus olhos para os padrões. Se você estiver atento verá que muitas situações se repetem e que você pode se aproveitar delas.

Uma mão que joguei numa sessão de *cash game* em Las Vegas em junho de 2008 é um bom exemplo de como aproveitar padrões pode funcionar para o seu lado.

Numa mesa NL 5/10, onde eu tinha cerca de 2,5 vezes o *buy-in* naquele momento, saio UTG aumentando 4,5 vezes o *blind*. Havia um *live straddle* acontecendo. Para quem não conhece o termo, *live straddle* é quando o jogador UTG coloca, antes de as cartas serem distribuídas, uma aposta com valor dobrado em relação ao *big blind*, no escuro. A partir daí ele passa a ter direito a ser o último a falar pré-*flop*, ou seja, o primeiro a falar é o UTG+1 e por último, na ordem, o *small blind*, o *big blind* e só então o UTG.

Todos dão *fold*, e o jogador que tinha feito o *straddle* me pergunta por que eu aumentei, e reaumenta minha aposta em 2,5 vezes. A ação volta para mim, e decido jogar minha mão como se fosse AA, mesmo não a tendo. O que eu faria ali com AA? Ressubiria *all-in*? Estávamos com muitas fichas em relação ao valor apostado, e eu corria o risco de ele ter uma mão realmente boa e me chamar. Eu arriscaria muito num blefe.

Pensei então num padrão. Com AA, eu poderia fazer um terceiro *raise* (*3-bet*) com um valor pequeno, como quem quer ser chamado. Resolvi reaumentá-lo um pouco mais do que um mini-*raise*.

Funcionou. Na mesma hora ele me perguntou:

— Você tem AA? — E ainda completou: — Só com AA ou KK você reaumentaria minha aposta.

Após pensar ele pagou. O *flop* trouxe:

Ele pensa por um tempo, dá *check*, e eu aposto dois terços do pote. Ele pensa mais um pouco e larga, mostrando AK.

Ele estava à frente, mas largou dizendo que eu tinha AA. Melhor ainda, mais dois caras na mesa falaram o mesmo:

— Só pode ser AA, só com essa mão ele daria o terceiro *raise* pré-*flop*.

Ou seja, usei o padrão conhecido de aposta com AA em posição inicial para simulá-lo e ganhar um bom pote. Minha mão? 5♣6♣. No *flop*, eu fiquei até com um *gutshot draw*, mas estava perdendo para o AK.

Já repeti essa mesma jogada diversas vezes. Entretanto, você tem que tomar alguns cuidados. Ela só funcionará uma única vez na sessão; o seu adversário deve ser capaz de largar a mão e perceber o padrão que você está tentando passar. Não abuse dessa jogada, pois acabará ficando marcado por ela.

Gavin Smith, profissional norte-americano, campeão de WPT e vice-campeão de um torneio do WSOP, que é conhecido por seu estilo altamente agressivo, diz: "A diferença principal entre um profissional e um amador é que o primeiro rapidamente percebe os padrões na mesa e se utiliza deles para ganhar fichas em cima dos jogadores que mostram fraqueza."

Não poderia concordar mais com Gavin. Depois que comecei a jogar torneios ao vivo, tentando pegar padrões nos primeiros níveis de *blinds*, passei a acumular fichas muito mais rápido.

Em torneios on-line, tenho que confessar que ainda tenho dificuldades para colocar isso em prática. Principalmente porque os *fields* de torneios on-line são muito grandes, e mudamos de mesa muitas vezes no início. Além disso, acredito que, on-line, os jogadores variam bastante o jogo. No final de um torneio é bastante útil conhecer padrões, principalmente de jogadores. O *range* com que eles seriam capazes de fazer uma *3-bet* ou um *resteal* passa a ser de fundamental importância para suas decisões.

Por outro lado, num *cash game*, em que você fica na mesma mesa que os adversários por uma ou duas horas on-line e se está jogando todos os dias num mesmo site, muitas vezes já jogou algumas centenas de mãos com os mesmos jogadores. Pegar esses padrões passa a ser fundamental.

Eu diria que 50% do seu lucro num *cash game* virão do seu aprendizado sobre esses padrões de jogo e de jogadores. Os outros 50%, das mãos realmente fortes que fizer (como *sets* e *full houses*).

Vale lembrar algo que não vou me cansar de repetir para o leitor: esses conceitos ajudarão você contra 90% dos seus adversários. Obviamente, os jogadores mais experientes, que conhecem o jogo a fundo, farão o possível para que você não identifique padrões em seu jogo, ou quando este padrão estiver presente, provavelmente o fazem para que você aja de uma determinada maneira. Mas como o objetivo é entender a regra e não a exceção, procurar meios de ganhar dos jogadores previsíveis, encontrando e identificando padrões, pode ser a chave para o seu sucesso.

Sigo repetindo ao longo dos capítulos a importância de encontrar padrões, rever mãos e aplicar os conceitos corretamente. Vejo muitos jogadores talentosos, que realmente aprendem e sabem de cor cada um dos pontos discutidos aqui. Ainda assim, acabam como perdedores a longo prazo, pois se desviam das estratégias traçadas. Para ser vencedor no poker, uma das principais virtudes é a disciplina. A importância de aliar seus estudos a ela será abordada no próximo capítulo. Não se esqueça de que, para se desenvolver como jogador, não basta praticar as apostas, é necessário trabalhar a parte psicológica e se preparar para vencer.

Capítulo 15
Disciplina e estudo

"Se um homem tem talento, mas não sabe como usá-lo ou desenvolvê-lo, ele fracassa."

Tom Wolfe

Muitos jogadores de poker não se preparam ou não o fazem de modo suficiente. Acredito que uma grande parcela do sucesso de um jogador vem da preparação para o jogo. Recebo muitas perguntas sobre como estudar poker. É uma pergunta difícil de responder, pois a capacidade de retenção e aprendizado varia de pessoa para pessoa, assim como a facilidade de lidar com diferentes métodos de ensino.

Enquanto alguns adoram ler e conseguem fazer marcações no texto, praticar, voltar e reler, outros não têm paciência para textos grandes. Para essas pessoas, assistir a um vídeo educativo, em que um jogador narra uma mesa, pode ser uma forma melhor de aprender.

Particularmente, prefiro a leitura aos vídeos, por um motivo curioso. Quando estou lendo consigo dedicar minha atenção por um tempo. Se for preciso interromper, paro e retorno depois. No caso dos vídeos, a maioria dura entre trinta e sessenta minutos, e é interessante que você os veja do início ao fim, sem muitas interrupções, até porque eles normalmente mostram um jogo acontecendo em tempo real. Tenho dificuldades para conseguir prestar atenção por mais de meia hora nestes vídeos pela internet, sem fazer outra atividade ao mesmo tempo. Porém, por hábito, quando sento para ler, me isolo, às vezes nem mesmo escutando alguém me chamar. Outra razão é que os vídeos raramente cobrem um assunto específico, e sim vários assuntos, de acordo com o desenrolar da ação nas mesas que estão sendo mostradas. Ainda assim, assino três sites internacionais de vídeos — o PokerXFactor, o CardRunners e o DeucesCracked. Existem outros internacionais no mesmo nível como o PokerVT, do Negreanu, o BluefirePoker, do

Phil "OMGClayAiken" Galfond e o StoxPoker. No Brasil temos o Universidade do Poker.

Em 2009, André Akkari, Alexandre Gomes e Gualter Salles iniciaram um projeto chamado TV Poker Pro. É um canal pela web que mostra diversos vídeos deles em eventos internacionais, e também uma escola de poker, com vídeos ensinando as técnicas deles e de outros jogadores profissionais brasileiros.

Outras pessoas gostam de aprender com aulas particulares, treinadores (*coaches*), ou discutindo mãos com amigos. Nos últimos dois anos venho dando cursos para grupos ou individuais e, ao mesmo tempo em que ensinei, aprendi muito com a experiência. É uma oportunidade de entrar na cabeça de um iniciante e ver o raciocínio de poker se desenvolvendo e evoluindo. É importante pensarmos que à mesa encontraremos jogadores com diferentes níveis de habilidade e que precisamos conseguir raciocinar em todos esses níveis. Tentar passar um blefe refinado num jogador iniciante é como tentar discutir física quântica comigo. Você escolheu a pessoa errada para tentar. As aulas são talvez a melhor maneira de ir direto ao ponto, ou seja, trabalhar dúvidas específicas do seu jogo. Um bom *coach* pode assistir ao seu jogo e discutir as razões de cada aposta, orientando estratégias e ajudando-o a analisar seu jogo com um olhar neutro.

No entanto, um professor não consegue sozinho fazer o seu aprendizado avançar. Um *coach* é como um guia: aponta os caminhos, tenta corrigir os erros, mas o avanço depende do que você conseguir levar para o próximo nível, colocando em prática o que foi ensinado. Afinal, se você não levar dúvidas para o *coach*, como ele pode ajudar?

As aulas têm um problema para o iniciante: costumam ser caras. Em média, um *coach* cobra algo em torno de US$100 a US$200 por hora, pois é um trabalho direto e personalizado. Para quem está dando os primeiros passos, o *coach* não representa o melhor método de aprendizado. Eu o recomendo mais para a pessoa que já se desenvolveu em nível básico, e intermediário e agora quer corrigir erros no seu jogo, já tendo condições de pagar por esse tipo de treinamento com o dinheiro arrecadado pelo próprio jogo. É investir no seu desenvolvimento, como quando um homem de negócios faz um MBA ou contrata um consultor de carreiras para ajudá-lo.

Atenção

Muitas pessoas são relutantes em investir tempo e dinheiro em seu desenvolvimento próprio e usam como argumentos:

- Não gostar de estudar;
- Acreditar que são talentosas demais para precisarem de estudo;
- O fato de que jogadores que foram campeões mundiais no passado não tinham acesso a livros, revistas, fóruns, vídeos, programas de computador ou aulas particulares.

Todos são argumentos falhos, que vão contra o desenvolvimento pessoal. Para alcançar sucesso profissional é necessário estudo e dedicação em qualquer área que necessite de habilidade, talento e desenvolvimento. Se você ficar parado no poker, o jogo evolui e você fica para trás.

Lembre-se de uma coisa importante: seus oponentes estão usando essas armas, e para ser competitivo você também tem que fazê-lo.

Alan Schoonmaker, *coach* norte-americano especializado nos aspectos psicológicos do jogo, autor do famoso livro *Psychology of Poker*, afirma: "Lutar as batalhas do poker sem essas ferramentas é como entrar numa guerra moderna armado de arco e flecha." Ele ainda completa:

> *"Na verdade, como os jogadores de hoje em dia investem tempo e dinheiro para dominar essas ferramentas, eles sabem infinitamente mais poker do que grandes campeões do passado, como Johnny Moss. As pessoas são românticas em lembrar que os ídolos do passado eram grandes jogadores, mas se olharmos para dados objetivos, os atletas modernos simplesmente quebraram todos os recordes. Eles correm e nadam mais rápido, pulam mais alto e levantam mais peso. Se os atletas que detinham os recordes há vinte anos competissem nas Olimpíadas de hoje sem usar as ferramentas modernas, eles seriam massacrados. O progresso é ainda mais evidente nas atividades mentais. Os estudantes de física de hoje sabem mais que Isaac Newton, o maior gênio de sua época. Um adolescente com um computador resolve problemas que antigamente desafiavam gênios."*

Pense nisto

Em 2006, um jovem que começou na internet, Jeff Madsen, surpreendeu o mundo ao ser eleito o melhor jogador do WSOP daquele ano, tendo apenas 21 anos. Ele ganhou um bracelete num evento de NL2000, e chegou em mais duas mesas finais. Nolan Dalla, que é o responsável por toda a mídia do WSOP, comentou na época: "Na idade de Jeff, Stu Ungar ainda jogava apenas Gin (outro jogo de carteado) em clubes de Nova York, Johnny Chan lavava louça na casa dos pais e Phil Hellmuth estudava na universidade."

O acesso aos novos meios de informação permite aos jogadores jovens acumular experiências que os jogadores do passado levavam anos para adquirir.

É claro que é impossível comparar eras. Como falar que Pelé é melhor do que Maradona, Zico ou Ronaldinho Gaúcho? Cada um jogou e brilhou numa época diferente. Pelé marcou mil gols, mas tem jogos contra times obscuros no interior do Brasil em que chegou a marcar dez vezes numa única partida. Romário também fez mil gols, mas encontrou defesas muito mais fortes, com zagueiros de alto vigor físico e táticas avançadas. Isso quer dizer que Romário foi melhor que Pelé? Não há como comparar.

Pelo mesmo motivo não dá para dizer que Ayrton Senna é melhor ou pior que Schumacher ou Fangio. Senna e Schumacher correram juntos por muito pouco tempo, e justo quando Schumacher disputava o primeiro título com Senna, o acidente acabou com a vida do piloto brasileiro. Quem será que nos anos seguintes seria o campeão? Será que com Senna vivo Schumacher teria sido sete vezes vencedor do título mundial e pulverizado todos os recordes?

Somente se todos competissem na mesma época, com o mesmo arsenal tecnológico, conhecimento e contra os mesmos adversários, poderíamos afirmar quem é o melhor.

No poker estamos vivendo neste momento um fenômeno em que os jogadores vindos da internet, conhecidos como "*Internet wizards*", estão se destacando no cenário ao vivo. Annette "Annette_15" Obrestad ganhou o WSOP Europa, Kevin "BeL0WaB0Ve" Saul ganhou uma etapa do WPT, Eric "Rizen" Lynch foi campeão do WSOP Circuit, Cliff "JohnnyBax" Josephy tem uma etapa do WPT nas costas, Paul Wasicka foi vice-campeão mundial, Bertrand "Elky" Gospelier venceu o PokerStars Caribbean Adventure em 2007 e também o WPT Festa ao Lago em 2008, e outros vieram da internet para as mesas finais dos principais torneios ao vivo do mundo. Isso sem falar que três dos últimos cinco campeões mundiais se classificaram para o WSOP pela internet. Alexandre Gomes, o Allingomes, com apenas 25 anos e dois anos de poker on-line, levou um bracelete de campeão mundial para o Brasil.

Mais ainda, quase 95% dos jogadores brasileiros que estão se destacando no cenário internacional on-line e ao vivo podem ser considerados cria dessa geração digital, tendo tido seus primeiros contatos com o mundo dos torneios por meio do poker on-line.

Esses jogadores usam todas as ferramentas disponíveis. Vou citá-las neste capítulo, e é bom que você aprenda a usá-las. Leia os livros e artigos, conheça os fóruns, use os históricos das mãos jogadas on-line para análise e pelo menos conheça o funcionamento dos softwares de auxílio ao aprendizado.

Há uma maneira particular de proceder para os diferentes métodos, mas cada pessoa tem que descobrir o que funciona para si mesma por meio da prática e da observação. Devemos desempenhar um papel efetivo em nossa educação. Ou seja, não aprendemos quando temos uma atitude passiva. Apenas assistir a um vídeo ou passar os olhos num fórum não significa que aquele tópico esteja aprendido. Isso serve para o poker assim como para qualquer outra área do conhecimento humano.

Atenção

Melhorar nosso processo de tomada de decisões é como estudar nossa língua materna. Exige pensamento consciente sobre um ato que realizamos de maneira inconsciente, a fim de melhorarmos algo que fazemos a vida inteira. Ou seja, jogar poker pode ser algo tão natural para você como andar ou falar. Entretanto, para corrigir seus erros, você precisa se esforçar.

Avaliar uma jogada vai muito além de olhar para o seu resultado. Este é como o produto de uma equação que primeiro precisa ser compreendida e desenvolvida. Você precisa analisar todos os fatores relevantes e explorar as formas de resolver cada passo, até chegar a um resultado. Mesmo o resultado negativo não significa um erro no poker, pois seu método pode ter sido correto. E o pior: o resultado positivo não significa necessariamente que você jogou bem uma mão.

A melhor dica que posso dar é tentar utilizar um pouco de cada uma dessas ferramentas. Eu vejo vídeos, leio livros, discuto com amigos, participo de fóruns, pratico e reviso meus jogos, peço opiniões, assisto a jogadores bons em ação e tento interpretar suas jogadas. Porém, sem organização e sem conhecer as ferramentas disponíveis, esse estudo tende a ser caótico e pouco produtivo. Como a oferta de material é enorme, não basta sair fazendo tudo desordenadamente.

Vou dar exemplos do que tenho como fontes de consulta e estudo:

- Quase sessenta livros de poker em casa;
- Coleção das revistas *Card Player* e *Bluff* há dois anos;
- Assino o serviço on-line CardRunners, PokerXFactor e DeucesCracked;
- Possuo os softwares: PokerTracker, Hold'em Manager, The SitNGo Wizard, Sit-n-Go Power Tools, Poker Academy Professional, PokerStove e PokerGrapher;
- Participo ativamente (lendo e postando) de fóruns como o Two Plus Two e o MaisEV;
- Ouço *podcasts* sobre poker como os do PokerRoad.com e agora o da *Card Player Brasil*;
- E claro, sempre discuto com amigos conceitos novos e mãos que tenho dúvida.

Como dividir meu tempo e saber como usar essas ferramentas? Muitas outras estão disponíveis, e você tem que saber separar quais as que se encaixam melhor ao seu perfil. Existem pelo menos uns seis sites com vídeos educativos internacionais famosos, e já temos até alguns sites nacionais, como o Universidade do Poker, que possui vídeos em português, feitos por alguns dos melhores profissionais brasileiros na área, como Leandro "Brasa", Christian Kruel, Jorge Breda, Rodolfo Lacerda, Marcos "XT", Roberto Riccio, entre outros, e o TV Poker Pro, do Andre Akkari, Alexandre Gomes e Gualter Salles.

Dos sessenta livros que tenho, apenas uns 15 realmente fazem diferença para o aprendizado. Muitos são repetitivos ou básicos demais. Por outro lado, alguns dão *insights* sobre a cultura do poker e o desenvolvimento do esporte, mas não sobre técnicas, como *Bigger Deal*, *Positively Fifth Street*, *Aces and*

Kings, *The Biggest Game in Town* e *The Professor, the Banker, and the Suicide King*. Nenhum deles o ensinará a jogar poker, mas ainda assim são leituras essenciais para o seu desenvolvimento.

Não consegui ler toda a minha coleção de revistas *Card Player* e *Bluff*. Vários artigos interessantes passaram desapercebidos. São três revistas que chegam mensalmente na minha casa (duas edições da *Card Player* e uma da *Bluff*). Isso sem falar nos artigos escritos por brasileiros para a *Card Player Brasil* e para a *Flop*.

No meu iPod tenho vários *podcasts* sobre poker. *Podcast* é como um programa de rádio sobre determinado tema. Esses que assino gratuitamente são *talk shows* de aproximadamente uma hora trazendo entrevistas com os principais nomes do poker mundial, tanto ao vivo quanto on-line. Os que mais gosto são os do PokerRoad.com, apresentados pelo Joe Sebok (filho do Barry Greenstein) e pelo Gavin Smith (campeão do WPT), que já entrevistaram Doyle Brunson, Daniel Negreanu e vários campeões do WPT e do WSOP, além de grandes astros da comunidade on-line e do PocketFives. Eles basicamente falam da comunidade on-line. Em 2008 estreou o *podcast* do fórum Two Plus Two chamado PokerCast, patrocinado pelo PokerStars. Todos são em inglês e são excelentes para ouvir no carro enquanto dirijo. O domínio da língua inglesa é, portanto, fundamental para aproveitar esses programas.

O primeiro *podcast* brasileiro de poker estreou no final de 2008, realizado por Guilherme Kalil e Marcelo Lanza para a revista *Card Player Brasil*. Você pode ouvi-los diretamente do site www.cardplayerbrasil.com.

Porém acredito que não há tempo hábil para ler e assistir a todo este material. Nem se o meu dia tivesse o dobro de horas, conseguiria ler todas as revistas e fóruns, ouvir e assistir aos *podcasts* e vídeos, jogar e revisar minhas sessões.

E você deve evitar ao máximo o chamado *burnout*, que nada mais é do que pensar obsessivamente sobre poker de modo a ficar cansado do tema, com uma tendência a ficar irritado e desatento, e até mesmo a passar a jogar mal, sem se divertir. Prezo muito meu tempo livre e adoro estar com minha família, ler outros livros, ir ao cinema, praticar esportes e dormir. Separo um tempo na semana, como um horário de trabalho, para o poker. Desse horário, uma parte dedico ao estudo.

Lembre-se sempre: quer seja uma profissão ou um hobby, o poker deve ser sempre algo prazeroso para você. Se começar a virar um fardo, está na hora de dar uma parada.

Sendo assim, precisamos filtrar o que é importante para o aprendizado. Como seguir aprendendo com toda a oferta que existe aí fora?

Bom, um conselho útil é continuar lendo os meus livros, já que aqui faço um resumo do que acumulei em todas essas fontes. Tirando esta autopropaganda rasgada, pensei em criar um roteiro com o que considero mais importante para quem está estudando poker.

Como eu já disse, você mesmo terá que encontrar sua fórmula de estudo. Mas vou mostrar como usar os principais programas que podem ajudar você a melhorar seu jogo e conhecer seus adversários. E falar de algumas ferramentas on-line como o SharkScope e o PokerDB.

Antes de começar a explicar as ferramentas de auxílio no estudo, faz-se necessário que todos saibam como utilizar os chamados *hand histories*. Quando jogamos ao vivo e queremos rever uma mão, precisamos recontar a situação e quase sempre nos esquecemos dos detalhes (e algumas vezes nossa mente nos prega peças, ao diminuir as fichas de um adversário ou ao esquecer como a mão foi jogada do início ao fim após levar um *bad beat*, por exemplo). On-line este problema inexiste, já que a grande maioria dos sites permite que você grave no seu computador um registro de todas as mãos que jogou.

Se você joga poker on-line e não conhece esta opção, procure em seu software a opção *hand history*. Ela grava, no diretório do programa, um histórico completo de toda a ação, incluindo os *stacks* dos adversários, posições na mesa, *blinds* e como as apostas se desenrolaram. Dependendo do site você encontrará formatos diferentes, mas as informações estão todas lá.

Em alguns programas é necessário que você habilite esta opção para gravar o histórico de mãos. Mas, se você perdeu alguns históricos, basta solicitar ao suporte do site um relato das mãos de que participou, e eles o enviarão por e-mail. Eu já pedi ao PokerStars para que me enviassem o histórico de um ano inteiro de jogo e o recebi sem problema algum.

Esses históricos são fundamentais para alimentar os bancos de dados de programas como o PokerTracker, Hold'em Manager e PokerOffice, e você também deve utilizá-los para criar tópicos em fóruns de discussão, pedindo opiniões sobre como você jogou.

Muitas vezes o formato de um *hand history* pode ser difícil de ler por ser um texto muito longo e com muitas informações. Algumas ferramentas convertem o arquivo .txt com o histórico da mão num formato visualmente mais agradável. Um site muito bom para fazer essa conversão é o Pokerhand.org.

Nele você cria uma conta, e depois pode copiar e colar o histórico em uma área específica do site para que ele faça a conversão. O site então transforma a mão num relato mais visual, com o desenho das cartas em formato grande, e dá a você um link, que você pode enviar a seus amigos para a visualização da mão (ou postar num blog, num fórum ou enviar por e-mail). O site permite que você armazene em sua conta várias mãos e inclusive que adicione uma descrição para elas. Outro site bom para conversão é o próprio MaisEV, que já citei num capítulo anterior.

Esses históricos de suas mãos serão seu principal aliado para o estudo. Além da facilidade de permitir revisar suas jogadas passo a passo, outra característica importante que nem todos os jogadores sabem é que neles é possível ver as cartas que seus adversários esconderam quando perderam uma mão no *river* (as chamadas *mucked cards*).

Ao vivo, quando um adversário dá *muck* em suas cartas ao perder no *river*, você nunca saberá quais cartas ele jogou. On-line, com os *hand histories*, você pode checar o arquivo da última rodada assim que a mão acaba e descobrir informações sobre seu oponente. Poder ver com qual jogo ele pagou até o *river* pode ajudá-lo a entender o modo de pensar deste jogador.

A melhor maneira de se aproveitar dessa comodidade é ter um programa que capture automaticamente os arquivos de *hand histories* (com um comando seu) e faça análises estatísticas dos seus jogos e dos de seus adversários. Os dois mais conhecidos no mercado com essa função são o PokerTracker e o Hold'em Manager.

Se eu tivesse que elencar uma ordem para o auxílio no seu estudo, esses softwares ficariam no topo da minha lista. Muitas pessoas pensam nesses dois programas como uma maneira de ter um banco de dados em que as estatísticas dos adversários apareçam na sua tela. Neste ponto os dois softwares são ótimos, com o Hold'em Manager sendo até mais eficiente no modo como mostra a informação na sua tela e ainda sugere as melhores ações para cada passo.

> Dica
>
> Os chamados HUDs (*heads-up displays*) sobrepõem na tela do seu software de poker, ao lado do nome do adversário, várias informações estatíticas sobre as ações dele. Essas informações podem ajudar no seu processo de tomada de decisão em relação a cada tipo de jogador.

Porém muitos se esquecem do que considero a melhor função destes programas: a revisão sistemática de suas sessões.

Muito mais importante do que ver as estatísticas dos seus adversários enquanto está jogando é poder retornar ao histórico de uma sessão e estudá-lo, vendo onde errou ou acertou, rever passo a passo uma mão, calcular *odds* e chances de vencer a mão em cada rodada de apostas e ver suas estatísticas e as dos adversários, tanto com filtros para uma ou algumas sessões como para todo o seu histórico de sessões.

Ainda assim, esses programas não são fáceis e intuitivos para quem os abre pela primeira vez. É importante visitar o fórum do PokerTracker e do Hold'em Manager e ler alguns guias para iniciantes, a grande maioria em inglês, que ensinam você a configurá-los.

As possibilidades de estudo com eles são tão numerosas que, mesmo usando-os há mais de três anos, até hoje descubro funções novas quando começo a trabalhar com as informações. Comecei pelo PokerTracker 2, depois passei pelo PokerOffice, e, em 2008, o Hold'em Manager (meu favorito) e o PokerTracker 3.

Ao mesmo tempo em que é uma ideia simples, um programa que grava seu histórico de mãos e cria estatísticas sobre elas, os softwares são muito complexos, sendo, portanto, complicado explicar seu uso de modo sucinto e rápido. Eu poderia escrever um livro inteiro somente sobre estes softwares.

O Hold'em Manager é tão customizável, e você pode analisar seu banco de dados de tantas formas diferentes, que só sua imaginação é o limite. Por exemplo, você pode estudar apenas as mãos que saiu com 78*s* UTG e fez *top pair* no *flop*. Ou, usando outros filtros, escolher analisar apenas as mãos que tinha uma chamada para *flush* e o adversário fez *check-raise* no *turn*, para ver no conjunto das mãos qual foi sua ação frente a este *raise* e o resultado geral. Ou, ainda, escolher rever apenas mãos em que perdeu ou ganhou acima de X. Como disse, infinitas possibilidades.

Dica

A melhor sugestão para quem resolver usar softwares para poker é ler os fóruns dos próprios sites que os hospedam. Lá, você encontrará várias dicas de funcionamento e, em caso de dúvida, poste sua pergunta.

No meu site você encontra como adquirir estes programas.

www.leobello.com.br

Usando o Hold'em Manager (HM) e o PokerTracker (PT), copio absolutamente todas as mãos que jogo on-line. Existe um botão para cada site (todos os principais estão lá), em que você configura qual a localização no seu computador do *hand history* do site específico, e clica para que o programa procure a intervalos predeterminados, que podem ser até de minuto em minuto, gerando estatísticas praticamente em tempo real. Os programas podem ser configurados para capturá-las automaticamente enquanto você joga, já acrescentando-as ao seu banco de dados.

Para você ter uma ideia, tenho mais de um milhão de mãos distribuídas em cinco bancos de dados desde que comecei a jogar, em 2003. E isso é considerado pouco pelos jogadores mais "*hardcore*". Quem joga *cash games* diariamente muitas vezes faz cem mil mãos no espaço de um mês. Num mês bom, jogo uma média de cinquenta mil mãos.

Na época do PokerTracker 2, durante uma sessão de *cash game* ou até mesmo de torneio, eu tinha que abrir um programa acessório chamado PokerAce HUD em conjunto com o PokerTracker. No PokerTracker 3 e no Hold'em Manager, esse programa já vem embutido no software principal e funciona automaticamente. O PokerAce é um *heads-up display* (HUD), ou seja, um programa que coloca na sua tela de jogo informações predeterminadas escolhidas por você sobre os adversários, como número de mãos que eles jogam, quão agressivos são, quanto estão ganhando ou perdendo na sessão, entre muitas outras. Essas informações são extraídas direto do seu banco de dados, que está a cada minuto capturando os *hand histories*.

Como não vou conseguir explicar o funcionamento dos programas, acho que pelo menos poderia falar das principais informações que todos os jogadores deveriam conhecer e suas siglas.

As três siglas que aparecem como padrão na tela ao lado do nome de cada jogador enquanto você joga em tempo real são:

VP$IP: significa a porcentagem de vezes que um jogador colocou fichas voluntariamente num pote, ou seja, sem ser obrigatoriamente como um dos *blinds* (*Voluntarily Put $ In The Pot*).

Qualquer jogador que tenha um VP$IP acima de 20 é considerado *loose* numa mesa com oito ou mais jogadores. Se esse número for superior a 30, ele é ultra-*loose*. Entre 13 e 20, o jogador é considerado *tight*, sendo mais *tight* quanto mais baixo for este número. Abaixo de 13, o jogador é ultra-*tight*.

Você deve manter este número entre 13 e 16, pois é considerado o percentual ideal de mãos que devem ser jogadas. Se você tem um VP$IP acima de 16, está jogando mãos em excesso pré-*flop*, e isso pode ser considerado uma falha.

Lembrando que esses valores são maiores se o jogo for *short-handed*, ou seja, com seis jogadores ou menos. Nesses casos você poderá manter algo entre 18 e 25 de VP$IP.

PFR%: significa a porcentagem de vezes que um jogador aumentou a aposta pré-*flop* (*Pre-Flop Raise percentage*). Já sabemos pelo VP$IP a porcentagem de vezes que um jogador entra no pote. Quando associamos os dois dados (VP$IP e PFR%) conseguimos ver quantas dessas vezes o jogador foi agressivo e aumenta a aposta ao entrar no pote. Quanto mais próximos forem os números, mais agressivo o jogador é. Idealmente, seu PFR% deve ser maior do que a metade do seu VP$IP. Nesse caso, quanto mais próximo melhor. (Obviamente, seu valor máximo é igualar ao VP$IP.)

Usando os HUDs, você consegue classificar seus adversários em *tight*, *loose*, passivo e agressivo usando apenas essas duas estatísticas. Daí a importância de usá-las durante o jogo on-line. Porém ainda existe uma falha, pois essas duas estatísticas apenas definem o jogador antes do *flop*, faltando caracterizá-lo pós-*flop*.

Para isso chegamos à terceira estatística-padrão.

AF: significa fator de agressividade. Ele é calculado dividindo o número de vezes que você dá *bet* ou *raise* numa determinada rodada de apostas (*flop*, *turn* ou *river*) pelo número de vezes que você dá *call*.

Obviamente um jogador agressivo é aquele que aposta ou aumenta apostas mais do que as chama. O *check* ou o *fold* não são considerados para fins do cálculo do fator de agressividade. Um fator de agressividade acima de 1,5 indica um jogador agressivo; abaixo de 1,5, passivo.

Por exemplo: se você saiu apostando ou deu *raise* 150 vezes e chamou apostas cem vezes, dando *check* ou *fold* 250 vezes em quinhentas mãos no *flop*, seu fator de agressividade no *flop* será de 1,5 (150/100). A estatística que os softwares apresentam é uma média do fator de agressividade no *flop*, *turn* e *river*, porém você também pode analisar a agressividade de um jogador escolhendo estatísticas específicas e independentes para cada rodada de apostas.

Assim, você agora consegue fazer uma classificação básica dos seus adversários com base na porcentagem de vezes que ele viu o *flop*, aumentou pré-*flop* e na agressividade pós-*flop*.

Para servir de guia (os números não são fixos, sendo apenas uma ideia de como você poderia usá-los para classificar adversários):

- *Tight* agressivo: VP$IP entre 14% e 18%, PFR% acima de 8% e AF acima de 1,5;
- *Tight* passivo: VP$IP entre 14% e 18%, PFR abaixo de 8% e AF abaixo de 1,5;
- *Loose* agressivo: VP$IP acima de 20%, PFR acima de 10% e AF acima de 1,5;
- *Loose* passivo: VP$IP acima de 20%, PFR menor do que a metade do VP$IP e AF abaixo de 1,5.

Esse é apenas um guia básico. Para ter uma ideia, no PokerTracker há uma função para rotular os jogadores do seu banco de dados de 16 formas diferentes utilizando essas estatísticas. Lá os jogadores são classificados, por exemplo, em: sLA-P, que, traduzindo, é ligeiramente (o "s" é de *slightly*) *loose* agressivo pré-*flop* e passivo pós-*flop*, que seria um jogador com VP$IP entre 13% e 18%, PFR próximo a 10%, e AF inferior a 1,5.

A última estatística-padrão que os HUDs colocam na sua tela é o número de mãos jogadas pelo adversário que existe no seu banco de dados. Não se importe muito com as estatísticas de adversários dos quais você tenha registrado menos de cem mãos. Idealmente você precisa de pelo menos mil mãos de um adversário antes de poder classificar seu estilo com uma certeza maior. Quanto menor a amostra de mãos, maior a chance de suas estatísticas não refletirem o estilo de jogo do adversário. Por exemplo, se eu, em 25 mãos jogando numa mesa, entrar em cinco potes, meu VP$IP será de 20% para quem estiver olhando. Mas eu posso ter pegado nestas últimas cinco mãos uma boa sequência de cartas. Se eu fico na mesa durante mais duzentas mãos e no final acabo jogando 26 mãos, meu VP$IP cai para 13%, mais próximo de um jogador *tight*. Quem olhar para minhas estatísticas com uma amostra de apenas 25 mãos irá me classificar de forma errônea.

Dica

Existem sites que vendem bancos de dados completos sobre jogadores de diversos softwares de poker. Você pode comprar uma base de dados com um milhão de mãos, por exemplo. A vantagem é que quando você abrir o programa já terá estatísticas mais fidedignas dos principais jogadores regulares do site. Eu nunca utilizei essas bases de dados prontas, preferindo eu mesmo recolher as informações enquanto jogo nos sites, mas achei importante comentar que você pode utilizar esse atalho para formar um banco de dados maior.

Fora estas quatro estatísticas básicas, você pode ir acrescentando outras diversas ao HUD. Por exemplo, números como percentual de *check-raise*, *continuation bet*, *3-bet*, *4-bet*, *cold call* e tentativas de roubo de *blinds*.

Para *cash games* on-line, acho de extrema importância números como o percentual de vezes em que o adversário faz *3-bet* pré-*flop*, *4-bet* pré-*flop*, e também quantas vezes ele dá *fold* quando recebe uma *3-bet*. Dessa forma, sei quais adversários têm maior propensão a chamar minhas *3-bets*, e só faço *3-bets* neles como jogos fortes. Quando percebo que o adversário dá muito *fold* quando recebe *3-bet*, reaumento ele com jogos mais fracos, pois tenho grandes chances de ganhar a mão ali mesmo. Quando sou eu que tenho que decidir se chamo ou não uma *3-bet* de um adversário, se o vejo fazendo muitas vezes tendo a reaumentá-lo ou ainda a chamar e ver o *flop*, pois sei que o *range* dele é grande, não se restringindo às melhores mãos.

A mesma coisa acontece ao ver o percentual de vezes em que ele faz *continuation bet*: se este número for alto, não vou dar tanto valor a esse tipo de aposta. Se for baixo, entretanto, darei *fold* nas minhas mãos no *flop*, respeitando mais a *continuation bet* do adversário.

Contra um jogador com uma estatística alta de *check-raise* no *flop*, quando eu estiver em posição para agir depois que ele der *check*, pensarei duas vezes antes de apostar, decidindo pegar uma *free card* e ver o *turn* de graça. Contra jogadores com baixo indíce de *check-raise*, tendo a apostar e respeitar mais se levar um *check-raise*.

Tem também estatísticas sobre *flop*, *turn* e *river*, número de vezes que foi ao *showdown* e se ganhou dinheiro quando chegou lá. O Hold'em Manager tem mais de cem estatísticas diferentes que você pode customizar para aparecerem ao lado do nome de cada jogador.

As quatro básicas que citei já permitem ter uma ideia e classificar o tipo de adversário. E por que é importante classificar o adversário?

Simples: se um jogador *loose* aumenta contra você, você terá uma resposta diferente de outra em que um jogador *tight* esteja aumentando. Imagine então no caso de um *reraise*.

Você chamaria um *reraise* de um jogador com VP$IP de 8%?

O VP$IP de 8% significa que esse jogador só joga 8% das mãos iniciais. Para vocês terem uma noção, o *range* desse jogador é 88+, AT*s*+, KT*s*+, AQ*o*+ (ou seja, qualquer par acima de 88, AT*s*, KT*s* e de AQ*o*). Apenas as melhores mãos.

Já um jogador com VP$IP de 20% está jogando 20% das mãos iniciais, e o seu *range* é 66+, A4*s*+, K8*s*+, Q9*s*+, J9*s*+, T9*s*, A9*o*+, KT*o*+, QT*o*+, JT*o*. Ou seja, qualquer par acima de 6, qualquer ás naipado de A4 para cima, qualquer K naipado de K8 para cima, qualquer Q, J ou T naipados com *kicker* 9 para cima, qualquer A com *kicker* 9 para cima, e K, Q e J com *kicker* T para cima.

Atenção
É importante que você associe mentalmente e saiba de cor qual tipo de mão o adversário está jogando baseado na porcentagem de mãos que ele joga. Como fazer isso? Faça o *download* do programa PokerStove. Dentro do programa, escolha um número percentual e verifique a seleção de mãos que corresponde àquele valor.

Usando os HUDs você tem as estatísticas em tempo real na sua mesa. Porém, essa análise deve continuar depois que acabar sua sessão, e você deve ir até o PokerTracker ou Hold'em Manager e analisar outras estatísticas sobre seus adversários. É claro que você também pode configurar os HUDs para mostrar ainda mais dados. Os HUDs são configuráveis para mostrar quantos dados você quiser, e no caso do Hold'em Manager, além dos dados que já ficam visíveis diretamente, se você clicar com o mouse sobre as estatísticas de um adversário, ele abre um *pop-up* com novos dados. Deixo para você experimentar quais dados acha importantes.

A interface principal desses programas possui várias abas com informações diferentes sobre seu banco de dados. Existem duas telas principais, uma para torneios (*sit and go's* e *multitables*) e outra para *ring games* (*cash games*). De acordo com a evolução dos softwares, a disposição de informações pode mudar. Vou falar de modo geral sobre informações que você pode extrair a mais desses softwares, mas na localização varia em cada um deles.

Tomando como exemplo o PokerTracker 2, e sem entrar em maiores detalhes, uma aba mostra dados com os níveis que você jogou (NL1/2, NL2/4 etc.), número de mãos em cada nível, lucratividade representada pelo número de *big bets* (duas vezes o valor do *big blind*) que você ganhou (ou perdeu) por hora de jogo ou por cem mãos (BB/h ou BB/100), o VP$IP, PFR%, AF e outras estatísticas como:

Folded blinds to steal: a porcentagem de vezes que você dá *fold* nos seus *blinds* quando alguém tenta roubar. Idealmente esse número deve ser alto, acima de 80%. Isso significa que você não está tentando defender seu *blind* com lixo e perdendo dinheiro, principalmente em *cash games*, onde defender os *blinds* não é tão importante quanto num torneio;

***Att. to steal blinds*:** porcentagem de vezes que você tentou roubar *blinds* (ideal entre 15% e 20%);

***Won $ WSF%*:** porcentagem de vezes que ganhou quando viu o *flop*. Ideal que esteja acima de 40%, ou seja, sua escolha de mãos pré-*flop* levando a um alto índice de vitórias. Se o número estiver abaixo de 40%, você provavelmente está jogando mãos demais;

***Went to SD%* e *won at SD%*:** porcentagem de vezes que você foi até o *showdown* (seguiu na mão até o *river*), e quantas dessas vezes ganhou no *river*. Ir até o *showdown* tem que ser obviamente em torno de 25% a 40% e ganhar acima de 55%. Se estiver ganhando menos que 50%, é porque você está sendo o que chamamos de *calling station*, jogador que chama apostas até o final tendo a pior mão.

Além disso, nessa aba você também vê estatísticas sobre todas as mãos que recebeu. Por exemplo, quantas vezes recebeu AA, quantas vezes jogou essa mão e quanto ganhou ou perdeu com ela. Você pode fazer análises interessantes nesta sessão. Irá reparar, por exemplo, que o grosso dos seus ganhos vem das melhores mãos (AA, KK, QQ, AK) e que mãos que você achava que eram lucrativas normalmente são perdedoras, tais como KJ, KQ, A8, A7 etc. Essa aba ajuda a reforçar o porquê de uma boa seleção de mãos ser importante. Nesta seção existe uma opção de filtro, pelo qual você pode ver apenas mãos específicas (exemplo: visualizar apenas *pocket pairs* ou *suited connectors*).

Na parte de baixo desta aba fica a informação individual sobre as últimas mãos jogadas, com as cartas selecionadas na parte do meio (mãos individuais). Por exemplo, se você selecionar AK na parte do meio, na parte inferior surgirão todas as últimas vezes que você jogou com AK, com estatísticas sobre a jogada. Se você clicar no número da mão, abrirá uma janela com o *hand history* completo, e a opção de visualizar uma animação de como a mão foi jogada. Dessa maneira, você pode facilmente revisar mãos em que tenha perdido.

Um exemplo da utilidade desta seção: selecione o AA e veja uma mão em que você perdeu com AA na parte inferior. Clique no número da mão, e depois em *playback hand*. Observe a cada rodada de apostas o que você poderia ter feito de diferente para perder menos na mão.

Neste "*replayer*" (função que faz a animação da mão), você tem opções para fazer anotações sobre o adversário ou sobre sua jogada, verificar a porcentagem de chances de cada um ganhar a mão a cada rodada de apostas, verificar os *pot odds*, salvar a mão como favorita e dar um nome a ela, exportar o *hand history* para outro programa, entre outras funções.

O *replayer* é uma das principais ferramentas do PokerTracker 2 e também está presente no Hold'em Manager. É com ele que consigo rever as mãos que joguei e tentar encontrar erros para corrigir depois.

Costumo fazer assim: após jogar uma sessão de *cash game*, abro o PokerTracker e vou na segunda aba, chamada de SESSION NOTES (fica ao lado direito da aba inicial, GENERAL INFO). Ali, tenho na parte central minhas últimas sessões, com detalhes como o tempo de duração, quantas mãos joguei, se ganhei ou perdi, qual foi meu VP$IP para aquela sessão e o pote médio. Selecionando com o cursor uma sessão, aparecem na parte inferior da tela todas as mãos que joguei ao longo dela, em ordem. Consigo, então, clicar na primeira mão e ir revisando as principais mãos jogadas. Presto atenção especialmente nas que perdi ou ganhei grandes potes.

Clicando no número de cada mão, abre-se a tela com o *hand history* e a opção para ativar o *replayer*.

A próxima aba, GAME NOTES, tem estatísticas sobre cada mão jogada. Nela aparecem as cem últimas mãos que você jogou, e você tem opções para pesquisar mais para trás na sua base de dados.

A aba seguinte mostra suas estatísticas em cada posição. Idealmente seu VP$IP deve ser maior quanto mais próximo do *button* você estiver. Se o seu VP$IP for maior em posições iniciais, este pode ser uma falha em seu jogo a ser corrigida. Seus maiores ganhos também costumam vir de posições finais, pois nelas você pode ganhar com o melhor jogo, ou apostar usando de sua posição favorável quando o adversário mostrar fraqueza. Se seus ganhos não forem maiores, você não deve estar aproveitando a vantagem que a posição oferece. Da mesma forma, os *raises* pré-*flop* devem ser maiores quanto mais próximo do *button* você estiver. Idealmente, você deve estar positivo em todas as posições. Se alguma posição estiver negativa, reveja que tipo de mãos você jogou naquela posição.

Se olharmos a aba MISC STATS (estatísticas em miscelânea), veremos cada tipo de jogo (*high card*, par, dois pares, trinca) e o quanto você ganhou com cada um. Neste ponto ficará claro para você que suas mãos mais lucrativas são aquelas com mais que uma trinca e até um *full house*. A tendência é você estar negativo com *high card* e *top pair*. Mas nesse caso recomendo marcar um campo no canto direto superior dessa aba que diz: "*Show only hands that were not folded.*" Com essa opção marcada, seus números para todos os jogos devem ser positivos, incluindo *high card* e *top pair*, pois estas são as mãos que você elegeu jogar até o final, mesmo quando não tinha jogos tão fortes.

Nesta aba você também vê de quais jogadores ganhou mais dinheiro e quais ganharam mais de você (seus carrascos). Esse tipo de análise é boa tanto para você procurar ativamente jogadores que mais deram dinheiro para você como para evitar cruzar com um adversário que frequentemente ganha de você.

Na parte inferior, um resumo dos seus ganhos e perdas por cada nível jogado mês a mês.

A aba SUMMARY [sumário] é um resumo de todos os jogadores que estão na sua base de dados. Você consegue ver os ganhos e perdas de cada um deles, e quanto são vencedores e perdedores.

A aba GAMETIME é utilizada para que você possa visualizar os dados de todos os adversários da sua mesa numa só tela quando estiver jogando. O ideal é usar o botão "*View Outside PT*" [ver fora do PokerTracker], pois aí ele abre uma janela externa ao programa que você pode posicionar ao lado da mesa. Essa função se tornou desnecessária no PokerTracker 3 e no Hold'em Manager, pois eles já têm os HUDs que mostram os dados embutidos automaticamente nos programas.

A última aba oferece a opção de filtrar várias de suas preferências de sua base de dados e é autoexplicativa.

Como disse anteriormente, existe uma janela exclusiva para torneios, dividida nas mesmas abas com estatísticas ligeiramente diferentes, adaptadas para este tipo de jogo.

Como você deve ter reparado, o PokerTracker 2 é uma ferramenta muito poderosa. Ela permite análises profundas dos seus jogos e dos seus adversários, além de ser uma maneira de ter um controle real dos seus ganhos e perdas. Ele ainda tem várias outras funções, como fazer gráficos e imprimir relatórios de quase todas as seções do programa, filtros avançados, classificação automática de estilos de jogadores, anotações para jogadores e jogadas, entre muitas outras. Explorar todas as funções do PokerTracker depende também de sua criatividade.

Se eu tivesse que colocar um peso para as minhas ferramentas de estudo, diria que o PokerTracker e o Hold'em Manager são responsáveis por pelo menos 30%. Usando-os, consigo ter um retrato fiel de como venho jogando e revisar sistematicamente o meu desempenho, sem achismos e sem ter que ficar confiando apenas na minha memória de como os fatos aconteceram.

Existem dois fatores importantes a serem lembrados. Primeiro, que para qualquer análise séria você precisa ter no mínimo dez mil mãos suas gravadas no banco de dados. Antes disso, as mãos servem de guia, mas não permitem ainda uma análise confiável em relação a resultados e estatísticas. Segundo, que você deve configurar os programas para salvar automaticamente todas as mãos jogadas e não apenas sessões eventuais. Não se esqueça de habilitar as funções de captura automática no programa que você escolher. Se você gravar apenas sessões vitoriosas e apagar as que perdeu, suas análises acabam tendo seu valor diminuído.

E, é claro, basta usar um deles. Hoje em dia, o Hold'em Manager tem ganhado bastante espaço na preferência dos jogadores. Porém o PokerTracker já é um programa clássico, que está disponível desde que comecei no poker on-line em 2004. Fica a seu critério escolher qual usar. Como os dois programas têm um período de avaliação gratuito, sugiro que teste os dois e veja com qual se adapta melhor antes de comprar o software.

Mudando de assunto, outra ferramenta que muito me ajuda nos estudos são os fóruns. Usando os mesmos *hand histories*, posto as mãos em que tenho dúvidas quanto a minha linha de ação em fóruns como o Two Plus Two, o PocketFives, o PokerXFactor, o MaisEV, entre outros. Outros usuários analisam e respondem minhas dúvidas, e eu também respondo e dou minha opinião nas mãos de outros membros.

Lendo esses comentários, conseguimos não só aprender sobre nossas jogadas como também entender o pensamento de outros jogadores que praticam os mesmos níveis e jogos que os nossos.

Saber separar o joio do trigo é importante em fóruns. Muitas discussões não levam a nada, ou têm respostas vazias. De maneira geral, prefiro ler postagens nas quais a pessoa responde o que acha sobre a jogada e justifica que ações tomaria. Somente dizer qual a ação sem justificar o porquê não tem sentido algum e não ajuda no aprendizado.

Aliás, quando resolver participar, explique seu raciocínio. Escrevê-lo é benéfico até para o seu desenvolvimento; não dê apenas uma resposta seca. Elabore o seu raciocínio.

Acho que a ferramenta que mais usei em todo o meu tempo como jogador foram os fóruns. Porém, acredito que no início a utilizava de forma mais eficiente. Quando comecei a praticar em 2003, tinha o bom costume de pegar as mãos que jogava e que me deixavam com dúvidas e pedir orientações para elas nos tópicos do Two Plus Two. Hoje em dia, raramente posto uma mão. Em parte por uma sensação equivocada de que já sei qual a melhor linha de ação. Digo "equivocada" porque sempre temos coisas a aprender. Fico apenas lendo os fóruns, sem a mesma frequência ou compromisso de antes.

Entretanto, considero fundamental para quem está começando participar de um bom fórum. No Two Plus Two, você ainda verá excelentes respostas de profissionais renomados, tais como Barry Greenstein, Daniel Negreanu, David Sklansky (dono do fórum), Ed Miller, Greg "Fossilman" Raymer, que com o apelido de Fossilman já postava no Two Plus Two antes de ser campeão mundial.

Inclusive, uma das postagens clássicas do Two Plus Two é a explicação da teoria do *stop and go*, que adicionei no livro *Aprendendo a jogar poker*, feita pelo próprio Raymer.

Outros jogadores famosos da internet, como Rizen, BeL0WaB0Ve, strassa2, Apestyles, "ZeeJustin" Bonomo, Gigabet e outros, postam regularmente no Two Plus Two.

No Brasil, gosto muito das discussões do MaisEV, pois acho mais construtivas. O fórum já tem um movimento intenso, e alguns dos jogadores regulares de lá são bem estudiosos e fazem excelentes postagens. A principal vantagem é ser um fórum em português. Muita atenção para as postagens do Ivan "Royal Salute" Santana. Ele começou a jogar poker em Campinas mais ou menos na mesma época que eu, e hoje domina as mesas jogando *cash games* em níveis até 25/50, ou seja, NL5000, e detonando os adversários. Ele tem uma linha de raciocínio brilhante e muita experiência.

E o principal: o MaisEV é gratuito.

Outra ferramenta para seus estudos são os vídeos on-line. Alguns sites que se destacam nesse aspecto são:

- CardRunners (www.cardrunners.com): especializado em *cash games*, e que agora contratou como administrador o Lee Jones, que trabalhava no mesmo cargo no PokerStars e no EPT. Só de ter pessoas desse porte à frente, vemos a seriedade e o tamanho do projeto. Entre os autores dos vídeos, temos Cole "cts" South, Taylor "Green Plastic" Caby, Andrew "Muddywater" Higgins, Brian Townsend, todos hoje profissionais do Full Tilt. Além dos vídeos que você pode baixar ou assistir por *streaming*, o site tem fóruns e blogs de profissionais, além de possibilitar a você criar seu próprio blog.
- PokerXFactor: com um peso maior para torneios, e vídeos de profissionais como JohnnyBax, Rizen e sheets. Alguns dos jogadores mais famosos do mundo on-line como PearlJammer, Apestyles e Houdini também fazem participações regulares como instrutores. Na sua estratégia de crescimento, o PokerXFactor adquiriu o site de treinamento StoxPoker e adicionou os vídeos desse site a sua já enorme videoteca. Uma desvantagem do Xfactor é que você não consegue baixar os vídeos, sendo possível apenas assisti-los diretamente na internet.

  Uma das melhores funções do PokerXFactor é a possibilidade de usuários enviarem seus próprios *hand histories* para o site, e você pode rever como jogadores comuns ganharam torneios usando a ferramenta de *replay* do site. Você pode também enviar os seus próprios *hand histories* com o link para que seus amigos revejam e analisem seu jogo.
- Poker VT (www.pokervt.com): um site relativamente novo no mercado, mas que tem à frente uma das figuras mais respeitadas do meio, Daniel Negreanu. Só por sua presença já valeria apenas checá-lo, mas também estão associados ao site e fazendo os vídeos Annette "Annette_15" Obrestad, Paul Wasicka e outros profissionais menos conhecidos.
- DeucesCracked, especializado em vídeos de *cash games* de diversos limites. Praticamente não tem vídeos de torneios.

O problema desses sites é que seu conteúdo é pago, e, portanto, não é acessível a todos. Além disso, a narração dos vídeos é em inglês, e é necessário um bom entendimento da língua para neles se aventurar (nem todos que leem inglês têm um bom ouvido para conversações). Já citei o site Universidade do Poker e o TV Poker Pro, que também têm vídeos, só que em português e feitos por profissionais nacionais. Vale a pena dar uma olhada.

Para quem joga torneios, é importante conhecer os sites The PokerDB (bluffmagazine.com/thepokerdb) e Official Poker Rankings (officialpokerrankings.com). O primeiro faz parte do site da revista *Bluff*, enquanto o segundo é uma iniciativa independente.

Esses sites mantêm uma base de dados de todos os torneios que acontecem nos maiores sites de poker. Nesta base você pode pesquisar os resultados de qualquer jogador. Assim, quando estiver na fase final de um torneio, você procura pelos jogadores da sua mesa e lê o desempenho de cada um, encontrando, por exemplo, quem não está acostumado a fazer finais e, portanto, deve ser um jogador mais fraco à mesa, ou que está se segurando para chegar a um prêmio. Essa informação pode ajudar você a decidir se deve roubar mais mãos deste jogador. Da mesma forma, você pode encontrar os melhores jogadores da mesa, que ganham mais e chegam às fases finais com frequência, e ter um respeito maior pelo jogo consistente deles.

O equivalente para quem joga *sit and go's* é o site SharkScope.com. Quando entro numa mesa de *sit and go*, já puxo as estatísticas da mesa inteira e descubro quem é vencedor e perdedor nesses torneios e quem está atravessando uma fase boa ou ruim.

O mesmo existe para *cash games* com o site PokerTableRatings.com. Só que, como o site é mais recente, você ainda encontrará falhas nos dados apresentados. Muitas pessoas em fóruns disseram que os resultados deste site não são tão fidedignos.

Minha preparação ideal hoje em dia inclui:

- Definir dias e horários da semana em que vou jogar;
- Nestes dias, me preparar antes de entrar no jogo. Antes mesmo de abrir o software, dar uma passada nos principais fóruns e ver se há algum tópico novo interessante. Procuro por tópicos com um maior número de respostas ou um título chamativo;
- Entro no software e faço a seleção de mesas ou de torneios que vou jogar;

- Ao me sentar à mesa, já abro o software para visualização das estatísticas dos oponentes (no caso, PokerTracker ou Hold'em Manager);
- Se for um *sit and go*, abro o SharkScope e verifico os resultados dos oponentes em torneios e faço o mesmo com o PokerDB ou com o Official Poker Rankings (OPR), porém normalmente apenas em fases mais avançadas. Verifico também se tenho alguma anotação sobre os jogadores da mesa;
- Começo analisando a mesa num *cash game*. Determino então uma duração aproximada para a sessão. Se estiver indo bem, posso prolongar ou vice-versa;
- Ao final da sessão, carrego todas as mãos no PokerTracker ou no Hold'em Manager, vejo as minhas estatísticas para as mesas que joguei e observo no *replayer* as mãos em que perdi ou ganhei potes significativos. Tento perceber quando poderia ter jogado de forma diferente;
- Se tiver alguma dúvida sobre uma mão jogada, posto num fórum ou peço a opinião de um amigo, mandando o *hand history* por e-mail ou programa de mensagens instantâneas;
- Pelo menos uma vez por semana tiro um tempo para assistir a uns vídeos dos sites de treinamento. E procuro, no carro, quando estou dirigindo para o trabalho, ouvir um *podcast* sobre poker.

Ao menos três vezes por semana separo um tempo para responder aos e-mails que chegam dos leitores. Eles sempre trazem dúvidas e perguntas sobre mãos, e no processo de responder as dúvidas eu mesmo acabo me exercitando. Se você também quiser enviar um e-mail com dúvidas ou simplesmente trocar algumas ideias é só escrever para leobello@leobello.com.br ou visitar meu site (www.leobello.com.br).

De vez em quando jogar uma sessão ao vivo com amigos também é muito bom, pois a troca de experiências advinda da análise das mãos dos outros jogadores e vice-versa é fundamental para crescer.

E claro, não deixo de ler sobre teoria e estratégias e, quando quero relaxar apenas, um bom livro com histórias do mundo do poker ou uma revista como a *Card Player* e a *Bluff*.

Quando estive no programa do Jô Soares, em outubro de 2008, ele me perguntou quantas horas por semana eu jogava. Eu falei que não jogava todos os dias, e que normalmente jogava duas ou três horas. Muitos acharam um absurdo eu responder aquilo, argumentando que eu devia ter falado que jogava pelo menos oito horas por dia...

Bom, eu nem tenho tempo para jogar tanto. Acredito que quem se dedica ao poker como a uma profissão deveria passar pelo menos oito horas por dia respirando poker, como qualquer outro trabalho. Mas, como acabo de demonstrar, jogar não é tudo. Tem que haver tempo para estudar, revisar conceitos e até mesmo trocar ideias com outros amigos.

Como jogo mais *cash games* on-line do que torneios, sessões de duas ou três horas são suficientes para mim. Se eu, por exemplo, jogasse torneios com a frequência com que o Leandro "Brasa" joga, teria que seguir um horário mais parecido com o dele. Todos os dias, das 12h às 20h, o Leandro joga torneios. Ele tem uma programação diária e a segue religiosamente. É seu horário de trabalho.

Para encerrar o capítulo, vou colocar uma lista de livros que eu recomendo, pois este é um tema recorrente nas perguntas que recebo de leitores por e-mail. Nas minhas respostas sempre digo que elaborar essa lista depende do gosto do leitor, pois há diversas abordagens. Existem os livros de pura teoria, os que falam da cultura do poker e aqueles que misturam os dois assuntos. Vou tentar separar em duas listas.

Teoria e estratégias

- Série *Harrington on Hold'em Expert Strategy for No-Limit Tournaments*, que é a melhor para teoria sobre torneios, bem completa. Aproveite e compre também os livros sobre *cash games* do mesmo autor;
- Livros do Ed Miller: *Professional No-Limit Hold'em* e *Small Stakes Hold'em*;
- Livros do David Sklansky: *The Theory of Poker* e *Tournament Poker for Advanced Players*, que foi relançado em 2008 com cem páginas a mais de teoria sobre torneios. Atente para comprar a nova edição, que foi atualizada;
- *Every Hand Revealed*, de Gus Hansen, no qual ele conta mão a mão como ganhou o Aussie Millions de 2007. Um dos melhores livros para você acompanhar o pensamento de um jogador durante um torneio;

- *Winning Poker Tournaments One Hand at a Time*, escrito por Rizen, Apestyles e PearlJammer, é um relato de mãos jogadas em torneios on-line que cobre diversos aspectos teóricos do jogo. Os autores têm mais de US$6 milhões ganhos em torneios on-line e uma boa didática;
- *Full Tilt Poker Strategy Guide*, editado por Michael Craig, com ensaios de vários profissionais;
- Série do Phil Gordon, com o *Little Black Book*, o *Little Green Book* e o *Little Blue Book*;
- *Online Ace*, de Scott Fischman;
- *The Mathematics of Poker*, livro técnico. Não é para iniciantes;
- *Sit 'n Go Strategy*, de Collin Moshman, único livro que li sobre o assunto.

Cultura e relatos pessoais

- *Big Deal* e *Bigger Deal*, de Anthony Holden (histórias de um autor que se aventurou no mundo do poker há 25 anos, no primeiro livro, e vinte anos depois em *Bigger Deal*, no qual relata um *tour* pelos principais torneios mundiais);
- *The Professor, the Banker, and the Suicide King*, de Michael Craig (história do banqueiro Andy Beal jogando contra os maiores profissionais do mundo do poker);
- *Positively Fifth Street*, de James McManus (história do jornalista e autor que saiu de um satélite para a mesa final do *main event* do WSOP em 2000);
- *The Making of a Poker Player*, de Matt Matros (história de um homem que começou do zero jogando na casa de um amigo sem saber as regras e chegou à mesa final do WPT, sendo vice-campeão e ganhando US$800 mil);
- *Aces and Kings*, minibiografias de alguns dos principais profissionais do poker atual, como Barry Greenstein, Doyle Brunson, Chris Ferguson, Phil Hellmuth, Howard Lederer, Johnny Chan, Erik Seidel e os falecidos Stu Ungar e "Chip" Reese;
- *Zen and the Art of Poker* (abordagem dos conceitos *zen* para os jogos de poker: paciência, disciplina, autocontrole etc.);
- *The Biggest Game in Town*, de Al Alvarez (uma visão do poker de vinte anos atrás);

- *Ace on the River*, de Barry Greenstein (um pouco de tudo: ética, estratégia, família, *bankroll*, personalidades etc.);
- *Winner Takes All*, de Christina Binkley, no qual a jornalista descreve como Las Vegas foi criada e fala sobre Steve Wynn, Kerkorian e Gary Loveman, que hoje são os principais donos/administradores de cassinos no mundo.

Eu poderia continuar citando vários outros livros interessantes, mas acredito que quem conseguir ler alguns destes já estará num ponto onde me escreverá recomendando livros que eu ainda não conheço. Aguardo as sugestões!

Não deixem de acompanhar e sugerir temas para o meu blog no site leobello.com. Lá vocês encontram fotos e vídeos relacionados aos torneios de que participo, meus artigos publicados em revistas e também postagens originais discutindo diversos temas. A possibilidade de receber comentários e perguntas pelo site abre mais um canal direto de comunicação entre nós.

Reparem que para ser bem-sucedido no poker é necessário desenvolver a disciplina do estudo. Não adianta saber que este conhecimento está disponível, comprar os softwares, assinar os sites de vídeos, se você não separar um tempo para usufruir das ferramentas.

Lembre-se: para ser um vencedor é necessário disciplina. Todas as vezes em que eu achei que não precisava mais estudar ou rever meu jogo e comecei a praticar de forma desorganizada, acabei entrando num ciclo de derrotas maior do que o normal.

O grande motivo é que é muito mais difícil perceber nossos erros quando estamos indo bem. Sabe aquela fase em que tudo dá certo? Nestas fases os jogadores relaxam e começam a se achar invencíveis. Os erros começam a se acumular, pequenos, que não comprometem, enquanto você está recebendo boas cartas e tendo bons resultados. Porém, depois de um tempo, naturalmente a distribuição de cartas começa a não ser tão boa, e a partir daí os pequenos erros que você vinha cometendo podem custar caro.

Capítulo 16

Leading out: apostando primeiro

"Você não pode direcionar o vento, mas pode ajustar as velas."

Anônimo

Leading, que em inglês significa "liderar", é um termo usado no poker quando você é o primeiro a agir e coloca uma aposta no pote mesmo sem ter posição. Já falamos várias vezes sobre a importância de termos posição ao longo de uma mão. Ser o último a agir nos dá o benefício de poder observar a ação do oponente e avaliar assim a força da possível mão que ele está segurando.

Mas algumas vezes não podemos nos dar a esse luxo e temos que decidir se apostamos ou não. Ao realizar uma aposta sendo o primeiro a agir, podemos enfrentar diversas situações, como ter um jogo muito bom e querer ter nossa aposta paga, ou tentar algum blefe, demonstrando força por ser o primeiro a agir.

Algumas vezes você irá apostar primeiro fazendo uma aposta de continuação após ter aumentado antes do *flop*, em outras irá apostar primeiro contra um outro jogador que fez o aumento antes do *flop*, o que chamamos de *donk bet*. O tipo de situação em que você está tem diferenças importantes na forma de liderar a aposta.

É importante diferenciarmos as diversas estratégias e sabermos reconhecer seu significado quando os adversários lideram contra nós.

Existem diversas maneiras de ser o líder, tomando a iniciativa depois do *flop* e apostando. Você pode fazer uma *continuation bet* padrão se foi o jogador que apostou antes do *flop*, ou pode fazer uma *blocking bet*, que vem a ser uma pequena aposta para tentar evitar que o adversário tome a ação e faça uma grande aposta.

Existe ainda outra situação: você acredita realmente que está ganhando, não quer matar a ação e decide fazer o que se chama de *weak lead*, ou seja, uma aposta fraca fora de posição contra outro jogador que tenha aumentado antes do *flop*, tentando colocar a pressão da leitura da sua mão sobre esse mesmo adversário.

O termo *donk bet* é muito falado, mas poucos conhecem o significado. É um tipo de *lead* no qual você tenta, agindo primeiro contra um pré-*flop raiser*, forçar seu adversário a uma determinada reação. Na maioria das vezes serve para tentar intimidá-lo, diminuindo as chances de você ser blefado. *Donk bet* tem uma conotação pejorativa. *Donkey* significa "burro", e *donking out* é um termo utilizado para dizer que você está fazendo uma besteira, afinal apostar contra alguém que demonstrou força antes do *flop* pode parecer temerário.

Mas não necessariamente estar *donking out* representa uma jogada ruim. Como qualquer outra jogada, você tem apenas que estar seguro do motivo por trás deste tipo de aposta, qual a sua intenção e que tipo de resposta espera do adversário.

A principal maneira de entender as razões para sair apostando fora de posição é tentar se colocar no lugar do seu adversário, e compreender qual será o raciocínio dele ao ver sua aposta. Tendo isso em mente, existem situações em que você pode explorar essas táticas de aposta, baseado na reação que espera do seu adversário.

Uma das situações em que vejo um erro grosseiro sendo cometido acontece quando alguém resolve fazer um *check-raise* como um semiblefe.

Vamos relembrar o conceito de semiblefe que expliquei no livro *Aprendendo a jogar poker*. O semiblefe é uma aposta em que você não tem a melhor mão no momento — portanto, sua aposta é um blefe —, mas que você tem potencial para conseguir a melhor mão se for chamado.

Entretanto, o mais importante é perceber que o semiblefe é acima de tudo um blefe, e, assim, você não quer ser chamado em sua aposta. Sua intenção é ganhar a mão sem ser necessário ver mais nenhuma carta ou chegar até o *showdown*.

Porém vejo muitos jogadores, quando têm um bom *draw* (digamos, uma chamada para um *flush*), fazendo *check-raise all-in*, muitas vezes não dando nem *fold equity* para o adversário. Colocam todas as suas fichas no pote numa situação em que o adversário não tem como não pagar a aposta devido ao que ele já investiu.

Vale a pena entender que, se você for favorito a ganhar e estiver colocando suas fichas no pote esperando vencer, o movimento de *check-raise* pode ser correto. O que estou advertindo aqui é que muitas vezes, apenas por ter um *draw*, o jogador opta por fazer o *check-raise*, o que normalmente aumenta muito o tamanho do pote, fazendo-o perder o controle e facilitar a ação do adversário, que, quando tem um bom jogo, se vê obrigado a chamar a grande aposta. Nesses casos, se em vez do *check-raise* você tivesse optado por liderar por um valor menor, poderia disfarçar sua mão como um *draw* e ainda manter o tamanho do pote sob controle. Apenas dar *check* e chamar a aposta do adversário pode não ser uma boa opção, pois chamando você está sinalizando que deve estar num *draw*. Assim, liderar com um *draw* pode ser uma opção melhor do que fazer o *check-raise* ou apenas o *call*, por ter dois benefícios:

- Disfarça o conteúdo de sua mão;
- Ajuda a controlar o pote.

Vamos a um exemplo que aconteceu comigo num torneio do Deep Stack do Venetian contra um profissional local. Esse adversário resolveu entrar de *limp* com J♦T♦ no meio da mesa.

Eu fiz um *reraise* com 5♥4♥ estando no *button*, os *blinds* deram *fold*, e o jogador que entrou de *limp* pagou. O pote já tinha cerca de 10.000 fichas após *raise*, e o meu *stack* e o dele tinham cerca de 15.000 fichas de diferença.

O *flop* veio algo como:

O primeiro jogador deu *check*. Resolvi então apostar forte para evitar que, caso o adversário tivesse um *flush draw*, ele continuasse na mão. Minha aposta também queria passar a ideia de ter um A, já que havia dado *reraise* pré-*flop*. Coloquei no pote cerca de 9K dos 15K que ainda me restavam, o que me deixou também comprometido com o pote. Se minha leitura estivesse correta, estava na frente na mão.

Estava dando todas as dicas de que, se ele tivesse um *draw*, não conseguiria me tirar da mão. O adversário, então, tendo apenas um *flush draw*, voltou *all-in*. Pensei por um tempo, e mesmo tendo apenas o par 55 resolvi chamar a aposta, pois precisava pagar apenas 6K num pote que já tinha mais de 45K em fichas. Mesmo estando com a minha vida no torneio em jogo, paguei e acabei ganhando a mão quando nem o *flush*, nem um T, nem um J apareceram para salvar o adversário.

Poderia ser uma mão normal, exceto pela análise que o meu oponente deveria ter feito. Se, em vez de fazer o *check-raise* sem ter *fold equity*, ele tivesse liderado e apostado primeiro fora de posição, provavelmente teria levado a mão ali mesmo. Com o A no *board*, apenas o par do meio da mesa e ainda 15K do meu *stack* para trás num pote não tão grande, eu provavelmente teria dado *fold*. O fato de ele ter tentado o *check-raise* acabou por colocá-lo numa posição de jogar um pote grande comigo por todas as suas fichas, quando ele poderia com segurança ter ganhado a mão no *flop* se tivesse optado por liderar.

Não liderar nesta situação custou o torneio ao profissional. Meu *call* não foi ruim perto do *range* do adversário, que poderia estar até ganhando com o A. Mas eu tinha um par e chance de fazer uma sequência.

Como classificar os tipos de apostas feitas como *leading*?

> *Weak lead*: termo usado quando queremos representar uma aposta pequena, que vai da mínima permitida até um terço do pote. Dizemos que foi feita uma *weak* [fraca] ou *light* [leve] *lead*.

Sair apostando de forma *weak* ou *light* transmite uma mensagem aos seus adversários que normalmente se encaixa em um dos três casos:

Você está fazendo uma blocking bet *tendo um* draw. Talvez seja o uso mais comum das lideranças fracas e é a mais empregada por jogadores novos que começam a avançar da estratégia básica para uma mais avançada.

A lógica é que, se você tem um *draw* e consegue fazer com que seu adversário apenas chame sua aposta, faz com que o total investido no pote para ver a próxima carta seja menor. Se você desse *check*, seu adversário poderia apostar um valor ainda maior. Existe o risco de, com a sua liderança, o adversário fazer um *raise*, porém vale lembrar que os *raises* no *flop* por jogadores comuns são raros. A grande maioria opta por realizar *raises* apenas no *turn*.

Existe ainda o potencial pequeno de que esta liderança ganhe a proporção de um blefe e faça o adversário desistir de uma mão melhor do que a sua, ou ela ficar disfarçada quando seu *draw* acertar o *board*. Mas o fato é que qualquer jogador mais experiente consegue claramente perceber a intenção por trás de uma liderança fraca quando um *draw* muito óbvio está na mesa.

Por exemplo:

Num pote em que eu dei *raise* em posição e fui chamado por um adversário que estava no meio da mesa, o *flop* veio:

O adversário saiu fazendo uma liderança fraca de um quarto do pote.

No mesmo momento, tenho que colocá-lo num *range* de mãos, e o mais provável é que ele tenha um *draw*, seja ele para o *flush* de ouros ou para o *straight* tendo 9 e T na mão.

Pensando desta maneira, tenho duas opções:

- *Raise* no mesmo momento para fazer o adversário dar *fold*, ou pelo menos gerar um *check* no *turn*, quando consigo ganhar o pote apostando de novo se nenhum *draw* acertar, ou dar *check* atrás se o *draw* dele se completar, vendo o *river* de uma forma mais barata (raciocínio mais avançado, pouco utilizado por jogadores comuns);
- Apenas chamar a aposta e jogar um pote pequeno, fazendo o jogo do adversário, e apostar forte se o *draw* dele não acertar no *turn*, quando ficará mais difícil ele chamar uma aposta (linha mais seguida pela maioria dos jogadores).

Vale a pena lembrar que, quando uma pessoa tem um *draw*, é mais difícil que chame uma aposta grande no *turn*, com uma só carta por vir, do que no *flop*, quando ainda faltam duas cartas. Talvez por isso a preferência pela segunda opção da maioria dos jogadores. Vale ressaltar que as duas linhas de ação são viáveis e podem ser corretas.

Você tem uma mão marginal e está apostando para conseguir informação ou por valor. A lógica neste caso é um pouco mais difícil de entender. Normalmente ocorre quando você acerta um jogo no *flop* contra um jogador que aumentou pré-*flop* que pode ou não ser o melhor naquele momento. Por exemplo, se você tem *top pair*, ou um *overpair* para o *board*. Em ambos os casos, normalmente você não tem certeza se tem a melhor mão ou não, mas percebe que, se simplesmente der *check*, continuará não sabendo a resposta.

Sua liderança fraca neste caso quer tentar ajudá-lo a entender como você está na mão (ganhando ou perdendo) e fazer mãos piores pagarem, em vez de ganharem uma *free card* para o *turn*. Você aposta fraco por conta da sua insegurança com a mão.

O maior problema desse tipo de liderança é que ela é uma aposta feita com insegurança, e você mesmo não sabe aonde quer chegar, ou seja, se prefere que o adversário dê *fold* ou faça o *call*.

No exemplo anterior, você sabe quais cartas está esperando no *turn* que completam seu *draw*. Assim, após o *turn* ser distribuído, você sabe qual ação irá seguir. Neste segundo caso, quando chamada — e, se o *board* não tiver muitos *draws*, ela será chamada com frequência —, sua aposta de liderança não ajudará quando o *turn* vier e sua mão não melhorar.

Você fica naquela situação em que não sabe se aposta de novo ou apenas dá *check*. E claro, nessa hora, você demonstra fraqueza se der *check*. E o pior é que, se você estiver bem na mão e tentar representar fraqueza dando *check*, corre o risco de o adversário dar *check* atrás, ou seja, você perde a iniciativa na mão e deixa as decisões nas mãos do adversário.

Um dos fatores mais importantes para que uma aposta dê certo é saber exatamente qual resultado você quer dela: fazer o adversário dar *fold*, fazer o pote crescer, preparar um blefe...

Lembre-se de que no livro *Aprendendo a jogar poker* eu dediquei um capítulo às razões que deveriam fazer um jogador apostar. Voltar àquele capítulo básico pode ajudá-lo a compreender o que estou dizendo aqui.

Ter uma mão marginal e fazer uma liderança fraca é o pior uso para este tipo de aposta, pois deixa você completamente no escuro. E como eu já falei no capítulo sobre reconhecer padrões de apostas, quando você perceber alguém liderando com uma aposta fraca num *board* sem *draws* óbvios, leia que o adversário tem apenas *top pair* e está inseguro se a mão está ou não ganhando.

Você tem uma mão muito forte e está tentando induzir o adversário a dar raise. Este tipo de liderança ficou popular mais devido ao poker on-line do que ao poker ao vivo. Os jogadores mais agressivos que vêm da internet têm um lema que privilegia liderar com mãos fortes.

A lógica por trás disso entra pelo que chamamos de *metagame*, ou seja, você está apostando para criar um desconforto no seu adversário e fazê-lo supor que você está realizando um dos outros dois tipos de aposta acima. Espera-se que isso o faça dar *raise* na sua aposta, ou ao menos chamar, não percebendo a extrema força de seu jogo.

Esse tipo de liderança fraca funciona melhor contra adversários agressivos. Adversários passivos podem simplesmente desistir da mão, não permitindo que você ganhe mais nada.

Existe outra argumentação por trás, que é a de conseguir fazer o pote ficar maior para que, com as apostas no *turn* e no *river*, você consiga terminar *all-in*. Se nos dois casos anteriores sua intenção ao liderar era manter o pote pequeno, por que neste caso a afirmativa é o inverso?

Um dos motivos é porque a tendência, quando você faz um grande jogo, é a de que seu adversário não tenha um tão forte. Então, se você deixar na mão dele para puxar as apostas, não conseguirá um pote tão grande.

Você irá variar neste caso entre uma liderança fraca ou uma *donk bet* mais forte. O tamanho de sua aposta dependerá principalmente de quão provável você acredita que será o *call* do seu adversário.

Normalmente existem duas sequências possíveis para esse tipo de aposta no *turn*, se você for chamado no *flop*:

- Você pode fazer uma aposta muito grande no *turn*, para tentar parecer um blefe e fazer seu adversário ir *all-in*;
- Você pode apenas dar *check* no *turn*, para induzir seu adversário a apostar, achando que no *flop* você fez uma liderança fraca num *draw* ou mão marginal em vez de com uma mão muito forte. Você tenta nesse caso

fazer o que apelidamos de "recuo da bateria": tira seu time de campo para tentar demonstrar fraqueza e induzir a aposta do oponente.

A linha adotada dependerá muito da sua leitura sobre a força do outro jogador.

Atenção

Perceba que decidir o tamanho da sua aposta de liderança e a hora correta de liderar ou dar *check* depende mais de sua leitura da situação, quando você tem um jogo forte, do que nas situações em que você tem um *draw* ou uma mão de força mediana como *top pair*, casos em que a liderança é feita de um modo mais automático e com apostas pequenas.

Alguns truques podem ser utilizados quando você já domina os conceitos acima. A primeira forma de *weak lead* que apontei é quando você tem um *draw* no *flop*. No mesmo tópico eu assinalei que o adversário experiente irá dar *reraise* muitas vezes quando perceber que você está com uma *drawing hand*. A jogada mais interessante neste caso é você colocar mais um *raise*, ou seja, fazer uma *3-bet*.

Essa jogada é muito forte e deixa seu adversário confuso. É importante lembrar que você está assumindo que ele deu *raise* apenas para colocar você num *draw* e não por ter uma mão muito forte. Normalmente quem dá *raise* neste ponto no *flop* está tentando proteger uma mão fraca (*overpair* ou *top pair*) de um *draw*. Com seu *weak lead*, você cria uma cascata de eventos que confunde o adversário e normalmente torna muito difícil que ele chame seu *reraise* no *flop*. Vale a pena lembrar que isso só funciona se ambos tiverem *stacks* muito grandes, que permitam todos esses aumentos enquanto ainda existem fichas para trás, possibilitando o *fold* do adversário.

Mesmo que ele ainda continue a acreditar que você está num *draw*, ao reparar que está disposto a jogar um pote grande, o adversário normalmente se retrai, permitindo que sua aposta afaste uma mão melhor.

O segundo uso aborda uma situação que eu não comentei acima: quando o pote tem mais de um adversário. O termo em inglês utilizado para descrever esses potes é "*multiway pots*". Quando você tem uma mão forte como um *set* ou dois pares, fazer o *weak lead* é a melhor maneira de fazer um adversário com uma mão mediana se comprometer com o pote. Eu sou contra o *slow play* (dar *check* com mãos fortes) em *multiway pots*. Em primeiro lugar, é arriscado deixar alguém fazer uma mão mais forte. Mas, mesmo quando essa não é uma preocupação, é simplesmente menos lucrativo dar *check* e deixar que todos deem *check* atrás.

> Não faça *slow play* em potes com mais de um jogador. É mais lucrativo apostar, mesmo que fora de posição. Com mais de um adversário, procure sempre liderar quando tiver um jogo forte.

A maior vantagem dessa jogada em *multiway pots* é que, se o adversário que deu *raise* pré-*flop* for inexperiente, muitas vezes ele se desespera e acaba fazendo um *raise* grande sem ler a situação. Quando a ação retorna a você, ele ou outros adversários já se comprometeram com o pote e estão praticamente *all-in*. Uma situação tal que você pode até falar "me belisca" e terminar de colocar suas fichas no meio com a melhor mão no momento.

A jogada mais refinada de todas com o *weak lead* é quando sua intenção é blefar contra um oponente agressivo num *board* coordenado.

Vamos a um exemplo. Você chamou um *raise* pré-*flop*, e o *flop* vem:

Obviamente existe um *flush draw*, mas o mais importante é que uma mão como 89 completa um *straight* já no *flop*. Quando você faz um *leading* nesse *board*, o adversário pensará em uma dessas três coisas:

- Você tem o *straight*;
- Você tem um *draw* ou uma mão média;
- Você está blefando.

O problema para o adversário é que nesse *board* uma boa parte das mãos que ele pode ter subido o colocam numa situação difícil: qualquer par abaixo de 55, AK, AQ, AJ, KQ e KJ não acertaram e são apenas *overcards*, vários AX*s*. Mesmo com *overpairs*, ele deve ter medo da sua aposta.

Ou seja, você está usando um pouco do conhecimento adquirido em outros capítulos do livro, como perceber que a textura desse *board* é bastante perigosa e faz com que seu adversário não consiga chamar suas apostas (ou você chamar as dele) se não tiver um jogo muito forte. É uma daquelas situações em que o primeiro que colocar uma aposta considerável na mesa costuma levar o pote. Seja você o primeiro a testar as águas liderando com uma aposta de bom tamanho. Seu adversário terá um problema para resolver: chamar ou não contra um *board* coordenado como esse?

Chamar ou aumentar se ele não tiver acertado o *flop* será bem difícil. E aumentar a aposta pode ser errado em duas das três situações que você pode estar liderando (*draw*, jogo forte ou jogo marginal) expostas acima, se ele não tiver um jogo consistente. Isso o coloca numa situação muito ruim. Aproveite que o *board* está coordenado e faça uma pequena aposta contra um bom adversário. Por incrível que pareça, a pressão nessa situação funciona muito bem e pode gerar um blefe muito convincente e com chances reais de passar. Apesar de ser uma jogada especulativa, ela não precisa dar certo muitas vezes para ser lucrativa. Portanto, acrescente-a a seu arsenal.

> Atenção
>
> Para tentar passar um blefe refinado como esse, o pote deve ser *heads up* e contra um adversário agressivo, mas que pense sobre as situações. Não tente passar esse blefe num adversário que não raciocina sobre as jogadas e apenas joga suas próprias cartas sem analisar o *board*.

Bom, falei alguns exemplos de lideranças fracas. E quanto a apostas grandes, de meio pote ou até do tamanho do pote fora de posição, contra um *raiser*? Obviamente elas são conhecidas como *strong leads* (lideranças fortes), embora o termo seja menos utilizado.

Um dos principais motivos de ser menos utilizado é que este tipo de jogada é menos refinada, pois você arrisca muitas fichas contra alguém que mostrou força. Assim, sua aplicação mais comum se dá quando você está tentando representar uma situação de *stop and go*.

Já expliquei essa técnica no *Aprendendo a jogar poker*, mas é bom reforçar, pois ela vem ganhando uma força enorme no cenário do poker atual. Hoje existe uma grande tendência a chamar *all-ins* pré-*flop*. Ou seja, quando você retorna *all-in* pré-*flop* em cima de um jogador que fez um *raise*, a maior probabilidade é você ser chamado (mais do que se você fizer um *raise* menor, ou ainda se você só for *all-in* após o *flop*).

Chamar um *raise* pré-*flop* fora de posição e, no *flop*, liderar com todas as suas fichas independente das cartas que aparecem adicionam um tempero extra à situação. Muitas vezes um adversário que chamaria você instantaneamente pré-*flop* tem que parar e repensar pós-*flop* se ele não tiver acertado suas cartas com o *flop*. Se você planejava colocar todas as suas fichas pré-*flop*, o que você perde se só chamar o *raise* antes do *flop* e depois for *all-in* em qualquer *board*?

Imagine que seu adversário tem AK. Pré-*flop* ele chamaria seu *reraise all-in*. Pós-*flop*, num *board* com 5♦6♥7♦, o AK provavelmente desistiria se encontrasse uma aposta grande.

E se ele tiver 88? Pré-*flop* chamaria seu *all-in*. Mas é muito mais difícil se você liderar pós-*flop* num *board* com AJ9. São três *overcards* que podem ter dado par para o oponente.

Se o adversário tiver um jogo forte ele vai chamar você nos dois casos e você poderá ser eliminado. Porém, se o adversário tiver um jogo que não acertou o *flop*, você pode adicionar as chances de ele dar *fold* no *flop* à lista das maneiras de você ganhar essa mão.

Na minha opinião, essa é a principal utilidade de uma liderança forte, praticamente ofuscando todas as outras.

Gostaria de poder frisar o quanto essa jogada se tornou importante para o arsenal de todos os jogadores. A cada dia que passa, o *all-in* é menos respeitado, principalmente vindo de adversários com *stacks* pequenos que deixam o M menor do que 10.

Chamar um *all-in* hoje em dia é fácil. Os jogadores gostam da ideia de ir *all-in* contra um adversário, ainda mais se tiverem mais fichas que você.

O *stop and go* pode ser a melhor alternativa, contanto que seu *stack* após pagar o *raise* pré-*flop* seja o suficiente para gerar um *fold* pós-*flop*. O ideal é que a quantidade de fichas que sobra no seu *stack* para fazer o *stop and go* seja pelo menos 1,5 vez o valor que tem no pote pós-*flop*. É claro que quanto maior melhor, pelo menos até o ponto em que não vale a pena ir *all-in* no *flop*, porque você tem muitas fichas no seu *stack* (que deve ser cinco vezes o valor atual do pote, com M maior do que 10).

Apesar das muitas maneiras de se liderar a aposta num pote contra um jogador que deu *raise*, não se esqueça de analisar caso a caso. Não existe uma receita de bolo. Porém, se a pessoa estiver fazendo as apostas em vez de chamá-las, isso costuma ser mais eficiente. Apenas esteja sempre ciente do risco de ser aumentado pelo adversário quando você liderar, e esteja preparado de antemão para sua resposta.

No próximo capítulo, vou falar um pouco sobre torneios *multitable*. Fiz o convite ao Thiago "Decano" para escrever sobre o assunto. Apesar de curto, o texto que ele criou resume bem a ideia por trás de uma estratégia básica para torneios. Aproveito também para falar sobre um torneio que ganhei na série Deep Stack Extravaganza no Venetian, em julho de 2008. Mais do que só apontar algumas estratégias, espero que você perceba a importância de ter paciência e jogar o seu melhor poker horas a fio, já que qualquer pequeno erro pode colocar por água abaixo o bom trabalho que você vinha fazendo até aquele momento.

Capítulo 17

Algumas estratégias para torneios *deep stack*

"É melhor saber algumas das perguntas do que todas as respostas."

James Thurber

A grande menina dos olhos para a maioria dos jogadores são os torneios *multitable*, ou seja, aqueles com múltiplas mesas. Não sei direito a que creditar essa popularidade, já que a grande maioria dos jogadores que conheço se interessa mais por torneios do que por *cash games* ou *sit and go's*. Em parte, isso está ligado à própria popularização do jogo, que tomou corpo a partir dos torneios televisionados do WPT e do WSOP. A popularidade dos torneios, portanto, está relacionada a sua exibição na televisão e à noção de que qualquer amador pode ficar milionário nessa modalidade, como aconteceu com Chris Moneymaker em 2003 no WSOP.

A própria história dos torneios de múltiplas mesas se confunde com o World Series of Poker. Dizem que o formato com *blinds* que sobem a intervalos predeterminados e jogadores sendo eliminados até restar um vencedor foi criado para a terceira edição do WSOP.

Quando comecei a jogar on-line, a forma mais popular nos sites não eram os torneios, e sim os jogos de *cash game*, e, curiosamente, muitos profissionais preferiam jogar *limit*.

Apesar de saber que ganhar um torneio grande é a maneira mais rápida de ganhar uma bolada com o poker, o *cash game* sempre foi o ganha-pão dos profissionais. Hoje quem começa a jogar quer mesmo é ganhar um torneio de grande porte, tanto pela glória de um título quanto pelo resultado financeiro.

No Brasil conhecemos praticamente todos os grandes nomes do cenário de torneios. Mas poucas pessoas conhecem jogadores como o Ivan "Royal Salute", Rodrigo Kost, Marcelo "Urubu" e outros que começaram jogando em níveis baixos e hoje estão arrebentando em mesas com milhares de dólares em jogo. Uma sessão de trinta minutos pode significar 10K a mais ou a menos na *bankroll*, enquanto são poucos os jogadores no Brasil que podem entrar em um torneio que custa esse valor.

Já falei sobre uma estratégia básica para torneios no *Aprendendo a jogar poker*. Da mesma forma, vários dos capítulos deste livro ensinam estratégias que se aplicam mais a torneios do que a *cash games*. Por exemplo, o *resteal*.

Vale lembrar a diferença primordial entre as duas modalidades:

- No *cash game*, você não precisa ganhar de todos os adversários, eliminando um a um, nem mesmo se manter acima da média para não ser eliminado. Você pode ganhar apenas uma mão na sessão e sair vitorioso. Assim, não há muito sentido em tentar passar blefes e fazer *resteals* num *cash game*, quando você pode esperar para atacar com um bom jogo nas mãos;
- Torneios são uma luta pela sobrevivência e para ser o melhor. Seu objetivo é eliminar a todos e sempre se manter competitivo em quantidade de fichas para ir eliminando os oponentes. Isso faz com que seu arsenal tenha que ser mais sofisticado e você não possa esperar tanto para agir.

Quando pensei em acrescentar um capítulo específico sobre novas estratégias para torneios, queria fazer algo que não fosse repetitivo em relação ao que foi explicado no *Aprendendo a jogar poker*. Depois acabei me tocando de que até mesmo meu modo de encarar torneios mudou comparado a quando escrevi aquele capítulo, anos atrás.

O Brasil começou a ter um grande destaque tanto em torneios on-line como ao vivo. Em 2007 e 2008, faturou a grande maioria dos principais eventos on-line, com mesas finais e títulos nos torneios conhecidos como *majors*, tais como o Sunday Million (ganhamos o do PokerStars com um jogador de São Paulo e o do Full Tilt com Leandro "Brasa" e Caio Pimenta fazendo *heads up*), 100 com *rebuys* e 200 com *rebuys* vencidos mais de uma vez por diversos brasileiros, o Super Tuesdays e o Super Wednesdays (que são torneios com *buy-ins* ainda maiores, de até US$1 mil, que os brasileiros já cravaram), isso sem falar no Sunday Second Chance, no Nightly Hundred, no Grand Tournament, no Sunday Mulligan e em muitos outros. Recentemente começamos a visitar a mesa final do Sunday Million do PokerStars com mais frequência, e acredito que cada vez mais paparemos títulos on-line. Ou seja, em quase tudo que havia para ser ganho on-line, algum brasileiro já marcou seu nome.

De títulos em torneios ao vivo já falei várias vezes ao longo do livro e nem preciso repetir. Basta saber que sonhos antigos como WSOP, EPT, WPT e torneios em Las Vegas têm sido conquistados pouco a pouco pelos brasileiros.

Decidi que neste capítulo iria falar um pouco sobre os eventos *deep stack*, em que você começa com muitas fichas, pois a maioria dos grandes eventos internacionais tem este formato. Para introduzir o tema de torneios *multitable*, convidei o Thiago "Decano", 3º colocado no WPT de Barcelona e 25º no WPT Bellagio Cup 2008, e uma vez líder mundial da Ongame Network em torneios on-line. Vamos ver o que ele tem a dizer:

É com enorme prazer que escrevo algumas linhas sobre torneios *multitable* de No-Limit Hold'em, os MTTs, a convite do grande jogador de poker e autor deste livro, Leo Bello. Obviamente, não pretendo dissecar o tema, mas abordar os aspectos que julgo mais importantes para vencer neste tipo de jogo.

Iniciei minha carreira jogando *sit and go's*, principalmente *turbo*, o que foi muito importante para entender a dinâmica do jogo com estrutura de *blinds* e sua relação com o seu *stack*.

Após muito estudo e dedicação, consegui alavancar minha *bankroll* e liderar por um bom tempo um dos *rankings* do site SharkScope. O próximo passo foi a migração gradual para os torneios de várias mesas, com um *field* maior de jogadores. Em agosto de 2007, me profissionalizei. Uma decisão difícil, mas acertada. Foi um ano maravilhoso em minha nova profissão: consegui liderar o *ranking* da Ongame Network por quase quatro meses, terminei na liderança do *ranking* brasileiro do site SuperPoker e conquistei o bracelete da temporada do Circuito ABC.

Muitos jogadores iniciantes me perguntam com quais mãos eu jogo nos primeiros níveis de *blind*, se me envolvo em potes grandes no início, a partir de qual momento o roubo de *blinds* se torna mais interessante do que entrar de *limp* para ver o *flop*, quanto apostar com mãos *premium* nos diferentes estágios do torneio, entre outras questões. Porém, o segredo está em perceber que o poker é um jogo muito mais complexo e fascinante do que isso. Não jogo sempre da mesma forma.

São inúmeras as variáveis que julgo fundamentais para se tomar a decisão mais correta. Minha posição na mesa, como costumam agir os adversários, contra quantos quero jogar a mão (em geral, contra um ou no máximo dois com cartas do Grupo 1 e contra vários adversários com *suited connectors* ou pares pequenos, por exemplo), quais *notes* (anotações sobre o comportamento de um determinado jogador) tenho de cada um, se eu quero ação ou apenas os *blinds*, qual a minha imagem na mesa, além de sempre tentar variar meu jogo, evitando ser previsível, e mais outra dezena de fatores que passam pela minha mente em poucos segundos e que me fazem jogar uma mesma mão de forma diferente.

Identifique o perfil do seu oponente. Quem é *loose/tight*, agressivo/passivo, *calling station*, quem gosta de fazer *continuation bet*, *check-raise* com *draw* ou mesmo blefe, ver *flop* barato, *overbets*, quem aposta pouco em relação ao pote para colher informação etc. Pesquise os resultados obtidos por eles e o respectivo retorno sobre o investimento.

Ah, sim... Como a *variance* nos torneios é maior, sempre jogue para ganhar! Parece óbvio, porém a pior coisa que pode ocorrer a um jogador de poker é ter medo de ser o "bolha" ou abdicar da vitória para entrar ITM (*in the money*). Uma estratégia que utilizo sempre é a de jogar de maneira contrária ao adversário. Se ele é *tight*, procuro ser *loose*, e vice-versa, aproveitando sempre a posição na mesa. Pressione a bolha, roube os *stacks* médios e se aproveite dos que querem apenas salvar o investimento.

Você deve surpreender seu adversário e forçá-lo a cometer erros. Ele gosta de ver *flop* barato? Aumente! Rouba *blinds* somente com posição principalmente de *cut-off* e *dealer*? Defenda-se com *calls* e *resteals*! Ele é *tight*? Roube seus *blinds*! Não jogue suas cartas de maneira automática e previsível. Jogue as cartas do seu adversário, ou seja, perceba se ele está com uma mão fraca ou marginal e pressione-o. Logicamente, não é fácil acertar todas as vezes, mas essa análise mais crítica é muito importante para que seu jogo evolua.

Maximize seus ganhos nas mãos fortes fazendo seu oponente pagar você de forma errada. Aprimore sua leitura para blefar, pagar quando tiver a melhor mão, "foldar" uma mão aparentemente forte mas perdedora, identificar a melhor jogada na tênue linha que separa o dilema entre controle de pote *versus* oferecer uma *free card*, observar a textura do *flop* e valor da aposta adversária em relação ao pote.

Enfim, essas são apenas algumas dicas para quem almeja evoluir no poker e levá-lo a sério. Com muita determinação e dedicação, você será um vencedor!

Thiago "Decano"

Em alguns momentos, o texto do Decano faz o jogo parecer até fácil. Quando estava em Las Vegas em julho de 2008 para o WSOP, conversei longamente com o Humberto "Kima" Kim. Ele havia acabado de fazer a sua segunda mesa final no Sunday Million num espaço de menos de dois meses, e também tinha chegado à mesa final do *main event* do Mega Stack do cassino Caesars, que teve mais de 1.200 jogadores. Ele sempre parece ir muito bem em torneios com *fields* muito grandes. Perguntei qual era o segredo. A resposta me surpreendeu também pela simplicidade: "Sou muito *tight*."

Kima espera pelos momentos certos para atacar e não se desespera se vê seu *stack* diminuindo. Uma das ferramentas que ele disse que mais usa é o *resteal*. Mesmo sem cartas, ele o faz. Porém, só usa nas fases finais dos torneios. Ou seja, para chegar até lá, a estratégia é jogar poker de forma sólida. No torneio dos campeões do Circuito Paulista de 2008 tive o prazer de jogar na mesma mesa que o Kima durante boa parte do dia. E foi realmente assim que ele acumulou fichas. Ficava longos períodos sem jogar, mas quando jogava era com aumentos fortes ou mostrando jogos sólidos pós-*flop*.

Thiago "Decano" também falou sobre jogar de forma sólida, mas prefere se adaptar seguindo a tendência oposta ao adversário. A oportunidade de jogar na mesma mesa que o Thiago surgiu durante um dos torneios do Deep

Stack do Venetian, em julho de 2008, em Las Vegas. O torneio tinha uma estrutura muito interessante, com 20.000 fichas iniciais e *blinds* de uma hora, com o *buy-in* de US$2,5 mil. Esse torneio foi muito importante por dois aspectos. Primeiro porque vai servir muito bem para ilustrar um ponto que queria abordar neste capítulo, e segundo pelo que pude observar no jogo do Thiago.

Logo no início, uma mão chamou minha atenção. Com *blinds* ainda baixos, em torno de 50/100, um jogador deu um *raise* de três vezes para 300, outro pagou, e Decano, no *button*, fez um *reraise* para aproximadamente 975 fichas. Um jogador que estava à esquerda de Thiago e jogava todas as mãos pagou, e o competidor que aumentou primeiro também. O outro saiu da mão.

O *flop* veio:

Os dois primeiros jogadores deram mesa, e Thiago apostou 2.300, que era aproximadamente dois terços do valor do pote.

Aí algo estranho e curioso aconteceu. O jogador que era pagador, com a intenção de pagar a aposta e pegar troco, colocou na mesa uma ficha de 5.000 e três de 100, para poder pegar 3.000 de troco. O problema é que ele não anunciou o *call*, e o seu movimento caracterizou um aumento. Ou seja, apesar de ter a intenção de apenas chamar a aposta e pegar troco, o fato de ele ter colocado quatro fichas que somadas constituíam um valor superior ao necessário para um *raise* obrigou-o a realizar o *raise*. O *dealer* anunciou o aumento, o que gerou protesto na mesa.

Após um pouco de discussão, foi validado o *raise* de mais 3.000 fichas, e Thiago, sem parecer pensar muito, deu *call*. O outro adversário saiu da mão.

O *turn* veio:

O adversário que falava primeiro deu *check*, e Thiago então atirou 7.500 no pote. O adversário pensa por algum tempo e paga a aposta. Thiago não pareceu ter medo de atirar mais uma aposta contra ele.

No *river* veio:

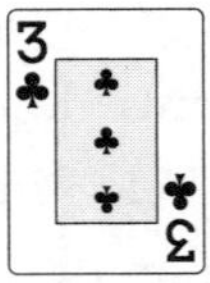

O adversário deu *check*, e Decano pensou por um longo tempo e acabou dando *check* atrás. Um pote com mais de 25.000 fichas no primeiro nível de *blinds*. O adversário mostrou KJ (*top pair* no *flop*), e Thiago apresentou 43 para ganhar a mão, tendo acertado somente um par no *flop* e só tendo ganhado a mão no *river* ao completar dois pares. Incrível, não?

O fabuloso nessa mão foi que o Decano em momento algum jogou suas cartas. O *reraise* pré-*flop* foi uma jogada em posição para tentar tirar os adversários. A *continuation bet* no *flop* foi padrão, mesmo tendo feito apenas terceiro par. Acho que ele apostaria mesmo sem ter acertado, dado que a textura do *flop* não favoreceu grandes jogos, exceto talvez um *set* para alguém com 77 ou JJ.

Após o *check-raise* no *flop* aparentemente equivocado do adversário, Thiago viu uma oportunidade de, se o oponente desse *check* no *turn*, roubar o pote fazendo uma aposta forte. Ou seja, ele jogou em cima da aparente fraqueza demonstrada pelo jogador, que tinha a intenção de dar apenas *call*, em vez de realmente tentar um *check-raise* no *flop*. A Q ainda ajudou porque fazia com que jogos como AJ ou KJ pudessem largar para uma aposta mais forte.

No *river*, Thiago foi cauteloso, mas acho que uma aposta após acertar os dois pares cairia até melhor. Linda mão que serve de exemplo para mostrar que, mesmo no início, Decano está atento e lida com oportunidades, e não só com cartas.

No mesmo torneio, passei por uma situação oposta. Logo no início tentei passar um blefe malsucedido e depois perdi com dois pares contra dois pares maiores feitos no *river*. Caí das 20.000 fichas iniciais para 4.900 antes do primeiro intervalo, que era no segundo nível.

Durante o *break*, muitos pensaram que eu desistiria do torneio, pois perder três quartos do *stack* inicial abala qualquer jogador. Porém, vamos pensar: com *blinds* 100/200 e *antes* de 25, eu ainda tinha mais de 20BB! Para que me desesperar ou entregar o jogo?

Resolvi voltar jogando bem *tight* e usando posição. Meu novo estado de espírito funcionou bem, e cerca de quatro horas depois eu já tinha quase 40.000 fichas. Joguei o torneio sempre abaixo da média, mas como tinha muitas fichas e os *blinds* eram de subida lenta, a média não importava muito.

E este é um dos primeiros segredos dos torneios *deep stack* que quero dividir com você: a média não importa tanto quanto em outros torneios. Como assim? Se a média está 45.000 e você tem cerca de 35.000 com os *blinds* em 400/800 e *antes* de 75, uma situação que passei neste mesmo torneio, você tem quase quarenta vezes o valor do *big blind*. Ou seja, muito espaço para jogar e acumular fichas sem se comprometer. Não é necessário correr contra o relógio e sair apostando todas as suas fichas.

Atenção

Num torneio *deep stack*, estar com uma quantidade razoável de *big blinds* (acima de vinte) tem uma importância maior do que estar na média. Você tem como realizar jogadas mais refinadas do que simplesmente ir *all-in* com uma mão boa.

Em um torneio posterior que acabei ganhando, a média para chegar na mesa final era de 750.000 fichas. Quando acabou o primeiro dia e restavam 16 jogadores, eu tinha apenas 350.000, ou seja, menos da metade necessária, e estava abaixo da média oficial. Mas com os *blinds* chegando agora a 5K e 10K eu ainda tinha 35BB, e, portanto, estava muito bem-posicionado no torneio. No dia seguinte, aos poucos aumentei meu *stack*, cheguei à mesa final e acabei fazendo um acordo quando estávamos em três jogadores, sendo que o segundo colocado em fichas naquele momento estava com US$3 milhões dos US$7,5 milhões em jogo, bem próximo do primeiro colocado e bem à frente do terceiro. Ou seja, me mantive atrás da média a maior parte do torneio e só arranquei na parte mais importante, a reta final.

A paciência nos torneios de *deep stack* é fundamental. No que ganhei, cheguei a ficar um nível inteiro de *blind* sem jogar uma mão. Foram mais de quarenta minutos apenas dando *fold*. Isso porque eu tinha um *stack* com muitos *big blinds* e não precisava apressar as coisas. Saber dar vários *folds* com mãos marginais me fez economizar fichas e ir vendo os adversários sendo eliminados. Quando cheguei à mesa semifinal, decidi que queria ganhar o torneio e então comecei a ser mais agressivo e a puxar mais potes. Saber a hora de mudar de estratégia foi a chave do sucesso.

Isso não quer dizer que uma postura mais agressiva não dê resultados. Dá sim, e muitos. Porém a variância também é maior. Você acumula muitas fichas sendo mais agressivo, mas também tem que lidar com mais eliminações precoces.

Escrevi uma postagem no meu site em que descrevi ainda no calor da hora as mãos-chave que me levaram a ganhar o torneio de *deep stack* do Venetian. Embora não seja um material inédito, acredito que a maioria dos leitores deste livro não teve acesso a este texto. Optei, assim, por reproduzi-lo aqui, dando uma ideia do caminho que percorri. Interessante notar dois pontos:

- Não recebi AA nem KK nenhuma vez ao longo de todo o torneio. Para quem acha que é impossível ganhar sem essas cartas, aqui está a prova de que isso é um erro;
- Logo no início perdi uma mão importante, em que quase metade do meu *stack* foi embora. Já havia dobrado minhas fichas e retornei praticamente à situação inicial, mas já depois do terceiro nível de *blinds*. Ou seja, todo o trabalho das primeiras duas horas e meia de torneios jogado no lixo. Muitos também desistiriam nesse momento por não estarem preparados psicologicamente. Mas um torneio *deep stack* é muito longo, e você deve procurar equilibrar suas ações.

Ao reproduzir o texto, optei por deixar também outras impressões daquele momento. Acho que entender todo o contexto ajuda a perceber o processo pelo qual passei ao longo da competição.

Será que dessa vez vai? Mesa semifinal, restam 16

Interessante como uma pausa faz diferença. Depois de passar dois dias descansando, com piscina e academia, voltei aos campos hoje no torneio do Deep Stack do Venetian.

Comecei jogando na mesma mesa da Lúcia Doria, e ela logo consegue dobrar o *stack*, pulando na frente e indo para quase 30K (saindo dos 12,5K iniciais). Eu fico jogando bem *tight*, e nos dois primeiros níveis saio de 12,5K para 10K. E não mudo muito.

Aí acontece uma mão com a Lúcia que dá pena. Ela dá um *raise* pequeno no terceiro nível (100–200), para 625. O cara à esquerda dela vai *all-in*, e uma mulher do outro lado da mesa pensa em pagar, pois o *all-in* do cara é aproximadamente US$7 mil. A Lúcia olha para mim e fala: "Essa situação é 'me belisca'", e na mesma hora já sei que ela tem AA. A mulher do outro lado da mesa dá *call*, e Lúcia volta *all-in* de 30K. A mulher, que tem uns 15K, fica horas pensando e diz algo como: "*I trust in God.*" E chama com 99. *Flop* todo lá embaixo, *turn* 9, *river* 9. Quadra em cima dos ases de Lúcia. Ela cai para uns 12K, mas ainda no jogo. O difícil foi ouvir a mulher gritando: "*Oh Lord! I knew it! In Jesus we trust! Oh my Lord!*" (Apenas uma ressalva. Eu também acredito em Deus e rezo em todos os torneios. Aliás, já estou aqui no quarto fazendo minhas preces para amanhã. Mas, de qualquer maneira, procuro evitar fazer *bad calls*.)

Bom, o jogo não estava evoluindo, até que acabei num *all-in* triplo com AK. Peguei um com JJ e outro com 99. *Flop* AKX, *turn* nada, *river* A. Tripliquei e fui para quase 30K. Ótimo começo! Mas quase que botei o torneio a perder. Sem motivo algum resolvi aumentar em um *steal* com K6 depois de um senhor dar *limp*. Todos deram *fold*, e o senhor deu *call*. O *flop* veio 772, com duas de ouros. O cara deu *check*, eu apostei, o cara me dá um *raise* de 4K. Eu ia dar *fold*, mas achei que o *flop* não o ajudou, e não ia deixá-lo levar o pote tão fácil. Reaumento para 11K. Ele dá *insta-all-in*. Tive que "muckar" meu *move* errado e voltei para 15K. Ou seja, todo o trabalho de ganhar um *all-in* triplo e eu perco minhas fichas num *move* maldado, voltando praticamente à estaca zero depois de três níveis.

Minha mesa quebra. E eu e Lúcia vamos para mesas diferentes. Lúcia cai uns dois níveis depois, mas eu não sei como. Chego na nova mesa com 13k e fico jogando bem *tight*. Consigo puxar uns dois potes com *continuation bets* após *raise* pré-*flop*, e lá pelo quinto nível eu tenho uns 25K, depois de dar dois *reraises* no mesmo cara. Aí eu comecei a ter um pacto com o QQ. Três mãos foram me colocando para cima. Na primeira, o mesmo cara que eu tinha dado *reraise* entrou aumentando. Como eu já tinha dado *reraise* nele duas vezes, sabia que, se eu voltasse, ele ia *all-in*. Bom, voltei mesmo assim, todos deram *fold*, e ele *all-in*. Dei *call*. AK *vs.* QQ. Uma dama no *flop*, e ele estava fora. Dobrei para uns 55K.

A segunda situação eu preciso primeiro ilustrar. Na mesa, tinha uma menina californiana (não sei o nome dela) que jogava muito bem. Ela tinha muita habilidade com as fichas e estava colocando vários *reraises*. Mas a mão que a jogou para cima foi uma em que ela tinha AK, deu um *raise* grande pré-*flop* UTG e recebeu dois *calls*. O *flop* veio J85, tudo de paus. Ela saiu apostando 7K, um outro *fold*, e o cara mais agressivo da mesa no *big blind* com uns 40K voltou *all-in*. Era um *fold* fácil para ela com AK *high*, mas ela tinha o A de paus e deu *insta-call*. O cara tinha JA, e ela pegou um K no *turn* e ganhou a mão, pulando para quase 70K. Ela começou a tocar a mesa. E subiu meu *blind* pouco tempo depois, pela terceira vez em quatro rodadas. Dessa vez eu tinha KJ*o* e resolvi chamar os 3,2K (*blind* 400–800 com *ante* de 200). *Flop* 3 de espadas com o J. Eu saí dando *bet* de 3K. Ela, *call*. No *turn*, outro J. Eu saí apostando 9,5K. Ela deu *call*. No *river* apareceu um A, mas não de espadas. Aí joguei mal a mão. Dei apenas *check*. Não tinha o menor sentido, pois as únicas mãos que me ganhavam ali já estariam ganhando no *turn*, e ela teria aumentado, que seriam o *flush* ou um AK, por exemplo. Ela também deu *check* atrás; eu mostrei o KJ, e ela mostrou um J, dando *muck* na outra carta. Isso serviu para me mostrar que ela subiu com J e carta baixa UTG. Puxei um belo pote e fui para mais de 75K. Ela ficou com uns 65K.

Aí veio a mão mais sinistra do dia. Totalmente. Ela estava no *big blind*. Eu, com QQ, dei *raise* para 3K. Um cara deu *call*, e ela, no *big blind*, voltou 13K. Eu pensei por um longo tempo. Cheguei a cogitar dar *fold*, pois não queria me bater contra ela (existiam jogadores mais fracos e com *stacks* menores). Depois considerei o *call*. Se viesse A ou K no *flop*, eu sairia da mão perdendo só 13K. Mas achei essa opção fraca. Pensei: "Como ela empurra muito, não deve ter AA ou KK. Deve ser uma mão mais fraca." Optei por dar *reraise*, tentando levar a mão ali. Decidi colocar mais 25K por cima, e com esse *raise* eu ficava com cerca de 35K para trás. Para minha surpresa, ela pensou um pouco e deu *call*. Estranhíssimo! Por que ela não foi *all-in*, se ficou só com 22K para trás? Uma boa jogadora dando esse *call*... O *flop* veio 358 *rainbow*. E ela foi *insta-all-in*. E agora? Será que é KK ou AA? Não tenho como dar *fold* num pote de 80K com QQ nessa situação. Mas juro que pensei muito. E cheguei à conclusão de que com AA ou KK ela teria voltado pré-*flop*. Fiz o *call*. Ela tinha KT*o*! Acreditem... nenhum par, e só o K de *overcard*. Torci para não bater, pois joguei a mão muito bem. E acabei tirando a jogadora, indo para uns 130K, quando a média era uns 25K.

Depois, chegou outro cara na mesa com quase 80K. E ele também era hiperagressivo e bom jogador. Fiquei olhando a mesa por um bom tempo, não jogando uma mão quase em um nível. Até que um jogador foi *all-in* UTG com 12K. Esse hiperagressivo voltou o *all-in* dele para isolar. E eu, no SB, apareci com QQ. Como o cara era hiperagressivo, chamei de impulso. Quando ele ouviu *call*, ficou roxo. Ele abriu AJ*o*. O primeiro *all-in* AT. E eu com QQ. Nada ajudou os dois, e eu subi para mais de 200K, e a média estava uns 30K. Três vezes saindo com QQ e eu fui para 200K. Curiosamente não tive nenhum AA nem KK no torneio inteiro, até o final.

Bom, daí em diante não tive nenhuma mão importante. Fui administrando, jogando bem *tight*, e os níveis passando. Intervalo para o jantar e eu com 200K ainda, e a média em 70K. Fui para uma mesa nova. E nela cheguei a cair para uns 130K, após dar *raise* de AJ e pegar KK pela frente.

Fiquei jogando devagar e fui oscilando entre 130K e 190K, com roubos de *blinds*, mas não passei mais de 200K. Entramos na grana com 54 jogadores, e as cartas secaram. Passei um longo tempo sem jogo. Já estava com quase 110K, e os *blinds* em 2/4K com *antes* de 200. Aí recebi um par 88 no *button* e vi que o *big blind* estava *short* com uns 50K. Dei *raise*, tomei *reraise* e dei *call*. Meu 88 segurou contra AQ. E voltei para perto de 180K.

Aí veio a pior parte do torneio: os *blinds* ridiculamente altos, e eu não recebia jogo nenhum. Meu *stack* diminuindo. Acabei passando três mãos que vou ficar na dúvida. A primeira, um *raise all-in* de um garoto "tiltado". Ele tinha 400K e perdeu tudo até 110K. Eu tinha 145K na hora e KJ de espadas. Como ele tinha perdido as duas mãos anteriores e moveu *all-in* na seguinte, eu quase chamei, mas acabei largando.

Depois um cara deu *raise all-in* de 130K, e eu no *big blind* com ATs. Acabei largando também. Por último recebi um AT de copas UTG, larguei; e acabou tendo dois *all-ins* na mão, em que eu teria feito *flush* e triplicado. Perdi uma boa chance.

Fora essas três mãos em duas horas, não veio jogo, e o negócio ficou preocupante quando desci de 100K, com a média em 150K. Só faltavam três mesas. Aí tive que ter coragem, roubei duas mãos com *all-in* e voltei para 140K. Então, um jogador *short-stacked* com 50K foi *all-in*, e eu, com K9 de paus, dei o meu *all-in* para isolar. Lá do outro lado da mesa, um japonês chamou. Ele tinha AK, o primeiro *all-in* J8. E eu, K9, dominado. Mas já levantei dizendo:

— No *flop* vem um 9 e paus.

E não é que eu estava certo? Duas de paus e um 9. *Middle pair* e *flush draw*. O único problema é que veio o A de paus, portanto o AK estava na frente. No *turn*, um J de paus, eu faço *flush*, e ninguém pode me ganhar mais. Voltei para uns 200K.

Fiz uma volta com 55 num cara que deu *raise* no meu *blind* e puxo outro pote. E o último pote que ganho acontece quando empurro do *button* 40K em cima do *big blind*, que só tinha 60K. Ele voltou *all-in*, e eu dei *call* com o mesmo K9 de paus. Ele abriu AQ, e eu já avisei:

— K9 de paus só me dá alegria.

Logo no *flop* vem meu K e pasmem: duas de paus... Dessa vez não faço o *flush*, mas o K é suficiente, e elimino o vigésimo colocado. Restavam cinco minutos dos 17 níveis do dia, e ainda caem mais dois jogadores. Passei com 350K em fichas, e amanhã o *blind* volta em 5K/10K com *antes* de 2K.

Pesado, não? O total de fichas era de sete milhões, e para chegar à mesa final precisaria ainda dobrar (a média para a mesa final é de cerca de 800.000 com nove jogadores). Mas estava em oitavo em fichas, e o primeiro lugar leva quase US$50 mil.

Portanto, amigos do Brasil, torçam por mim. Rezem para eu estar iluminado, para os pares AA e KK, que hoje andaram sumidos, aparecerem em bando amanhã e segurarem a meu favor. Vamos tentar chegar na FT. Sei que é difícil, mas pelo menos estamos perto.

Abraços,

Leo Bello

Este foi o relato do primeiro dia do torneio. No dia seguinte, junto à felicidade de ter ganhado, contei um pouco sobre a experiência da mesa final e como cheguei a acumular tantas fichas nessa arrancada.

Valeu a torcida! Puxamos o Deep Stack do Venetian!

A torcida valeu. Toda a energia gerou boas vibrações, e chegamos lá. Acordo entre os três primeiros após bater mais de 660 jogadores.

Eu nem sei direito por onde começar, pois ao mesmo tempo em que tenho vontade de agradecer as várias mensagens de incentivo que recebi e os comentários no blog (galera, é muito importante ver os comentários, pois aí sinto que não estou escrevendo para o nada, e sim que tem alguém lendo), quero contar também como foram as mesas semifinal e final.

Outro aspecto que queria ressaltar é como foi importante ter parado por dois dias para descansar. Tudo pareceu mudar. O foco voltou, e a gana de vencer também.

De ontem para hoje tracei um plano para relaxar para o torneio. Acordei cedo, às nove da manhã (isso é quase madrugada em Vegas, e muitos diriam que sou doido), e fui para a academia. Fiz uma aula de uma hora com uma professora simpática daqui chamada Michelle. Ela participa de um esporte que é com *rollerblades*, em que duas equipes com cinco patinadores correm em torno de uma pista, tentando jogar adversárias para fora e marcar pontos. Bem violento e técnico.

Depois de uma hora de malhação, almocei no café do Canyon Ranch Spa, onde eles servem refeições balanceadas. Comi um salmão com legumes. Depois, direto para a piscina. Hoje estava bem cheio e tinha até algumas meninas fazendo *topless*. Fiquei por lá umas duas horas pegando sol e lendo um pouco.

Voltei para o quarto às 15h20, tomei um banho e desci para o jogo. Cheguei à mesa às 16h em ponto. Era o último a chegar, e todos esperavam por mim. Ou seja, em vez de criar tensão antes, fiz uma programação que me colocou direto na mesa para começar o torneio.

Logo na primeira mão, um cara foi *all-in* e foi eliminado. Algumas mãos depois, outro *short-stacked* vai *all-in*, eu pego AK e elimino o primeiro do dia quando ele mostra 99, e logo no *flop* vêm o A e o K. Em uns dez minutos tínhamos perdido cinco jogadores. Ficamos com apenas 12, e aí o jogo travou um pouco. Eu tinha cerca de 800K em fichas e fiquei jogando bem *tight*, não participando muito das mãos e observando. Tinha uns três *short-stacked*, mas dois deles dobraram. A média devia ser próxima de 700K, mas havia dois jogadores que tinham mais de um milhão e meio, o que desviava um pouco os *stacks* verdadeiros.

A primeira mão que me colocou realmente no jogo aconteceu contra um senhor que sentou na minha mesa com mais de um milhão. Eu, no *button*, recebi JQ*o* e resolvi aumentar pré-*flop*. Ele chamou. O *flop* veio A43. Ele deu mesa, e eu dei mesa atrás. O *turn* veio um J. Ele saiu apostando 50K (o pote tinha uns 130K). Eu dei apenas *call*, pois achava que ele podia ter feito *slow play* no A no *flop* esperando eu apostar. O *river* trouxe uma Q, me dando dois pares, e aí eu tinha certeza de que estava na frente. Ele apostou 225K, e eu voltei *all-in*. Ele largou a mão, e eu puxei um pote que me deu mais de 400.000 fichas. Fiquei com mais de 1,2 milhão. Depois disso, esse senhor perdeu um pote grande quando deu *limp* com K6 no SB e o *big blind* deu *check* com K2. No *flop*, K28. E o senhor apostou, tomou *reraise* e pagou *all-in*. Nenhum 6 ou 8 veio, e o K2 o eliminou na 11ª posição.

Apesar de termos caído para dez, a regra era chegar a nove. E então, com *blinds* bem altos, jogamos a bolha em duas mesas de cinco jogadores. Ficamos uns vinte minutos assim, e a bolha estourou na mesa ao lado, por isso não sei a mão.

Cheguei na mesa final em quarto lugar em fichas, com mais de um milhão, mas sem ter pegado grandes jogos, apenas um AK. Detalhe importantíssimo: não peguei nenhum AA ou KK o torneio inteiro! E isso continuou até o término!

Na mesa final, logo no início eu eliminei o primeiro oponente quando peguei o segundo AK. Ele veio de *raise*, eu voltei *all-in*, e ele deu *call* de 54 de espadas. Não bateu nada, e eu levei com A *high*. O *stack* dele era só de 300.000. Fiquei com 1,4 milhão, mas os *blinds* comiam *stack*.

Eram 15–30K com *ante* de 5K. Outro jogador eliminou o oitavo. Detalhe que o menino que tinha tirado o senhor na mesa anterior com dois pares de K2 já tinha tirado nesse momento quatro vezes AA e um KK, e era *chip leader* absoluto com mais de dois milhões.

Com sete sobrando, a mesa estava assim:

Assento 1: Um jogador com uns 45 anos, simpático, ultra-*tight* e que só tinha um movimento: ir *all-in*. Jogou a mesa final inteira com menos de um milhão e frequentemente com menos de 500.000. Nunca ameaçou, exceto pelo risco de ganhar um *all-in*. Não tinha técnica para ir mais longe.

Assento 2: Um jogador careca, com cara amarrada, de uns quarenta anos. Parecia motoqueiro de Harley-Davidson. Toda vez que aumentava ou ia *all-in* colocava os óculos escuros. Começou a mesa com mais de um milhão de fichas, quase empatado comigo. Parecia que seria um risco, pois gostava de dar *raises*. Mas descobri depois que não era bom pós-*flop*, e eu o chamei para jogar dois pós-*flops* com *limps* quando ele era *blind* e nas duas ocasiões ganhei bons potes. Depois ainda levei um terceiro quando subi com K9, ele deu *call* e nada veio até o *river*, mas eu levei na *high card*.

Assento 4: Um cara gordo com cerca de 1,2 milhão. Parecia um jogador *tight*. Meu maior pote da mesa final foi contra ele. Era *tight*, mas subia de vez em quando pré-*flop*. Fez um *call* horroroso contra mim e quase me tirou do torneio. Éramos sete, e ele deu *raise* de 135K. Eu, no *big blind*, tinha QQ e uns 900K. Pensei em dar um *reraise* simples e ver o *flop*. Mas o pote já tinha cerca de 300K após o meu *call*, e um *raise* de 300K daria 2:1 para ele chamar e me deixaria com apenas 450K para trás num pote de mais de 700K. Optei pelo *all-in* depois de pensar um pouco.

Era um *fold* fácil para ele se não tivesse AA ou KK, pois o *raise* era de mais 750K num pote que tinha 300K, e era praticamente tudo o que ele tinha. Mas ele deu *call* de AK*o* (como o pessoal faz *overplay* de AK dando *calls*...). Bom, um K veio no *flop*, e eu poderia já ter ido embora. Mas estava tão confiante que fiquei olhando e dizendo que a Q viria. E ela não me decepcionou. No *river*, a Q. Trinquei e dobrei para dois milhões. Uma pena que na mão seguinte perdi 400K de AK de ouros para AK de paus quando o *flop* veio com três de paus (*all-in* pré-*flop* contra o senhor do assento 1, que era *short-stacked*).

Assento 5: Um senhor chamado Robert, de jogo muito sólido, com chapéu igual ao do Hoyt Corkins (profissional que é conhecido por aparecer em programas de televisão sempre trajando chapéu de caubói) e vestindo terno preto. Disse que era treinador, tinha 62 mesas finais no currículo, com mais de quarenta vitórias. Tinha umas dez pessoas no *rail* torcendo por ele. Muito sólido, com vários *raises* e *reraises*. No final, foi o *chip leader* ao levar com AA uma mão gigante do que era o líder anterior.

Assento 6: Um garoto jovem, menos de trinta anos, norte-americano e muito bom jogador. Foi o que mais deu *reraise* na mão e foi *chip leader* do início até quando restaram cinco jogadores, momento em que tomou a pancada do jogador do assento 5, com AQ contra AA. O AA deu *raise*, ele deu *reraise* de 500K, e o AA foi *all-in* de mais 900K. Ele chamou e perdeu, ficando com 450K sobrando. Soube jogar daí em diante bem *tight*, e depois com três *raises all-in* seguidos voltou para um milhão, e acabou ficando entre os três primeiros.

Assento 7: O cara mais *rock* da mesa. Ficou a mesa inteira *short*, mas dobrou sempre com mãos boas. Acabou saindo em quinto lugar, perdendo para o *chip leader*.

Eu estava no assento 9 da mesa. Eliminei o quarto lugar, mas antes disso tive duas oportunidades que deixei passar e queria dividir. Na primeira, esse jogador do assento 4 foi *all-in* de 450K, e eu, com A8 de copas, dei *fold* no *big blind*. Achei meu *fold* bem fraco, e ele mostrou A5. Depois, eu, com 66

UTG, dei *fold 4-handed* porque peguei um *tell* do jogador no assento 6 (o ex-*chip leader*), que parecia ir *all-in*. E eu estava certo: ele foi *all-in*, só que mostrou TJ de espadas.

Bom, esses dois *folds* foram duvidosos. Mas depois roubei o *chip leader* (o senhor chamado Robert) com J4*o*. E dei três *raises* seguidos, até que peguei o AJ, que eliminou o oponente que me chamou com A7.

Fiquei em segundo em fichas, e acabamos indo para o acordo. Com os impostos, se eu desse azar e perdesse minhas fichas saindo em terceiro, ganharia apenas 9K. Com o acordo, garanti 35K e o segundo lugar. O primeiro ficou com 40K, e o terceiro levou 23K.

Bom, galera, obrigado pela força! Depois agradeço a cada um pessoalmente!

Um grande abraço,

Leo Bello

Acho que os relatos feitos logo após conseguem captar um pouco da atmosfera de brigar para chegar a uma mesa final, num torneio com mais de 660 jogadores em Las Vegas.

Reparem em alguns fatos importantes. De uma maneira geral, joguei mais um estilo *tight* do que *loose*. Ao longo dos vários torneios da série Deep Stack Extravaganza experimentei diversos estilos. E a grande verdade é: não existe receita de bolo. No exemplo dado sobre o Thiago "Decano", ele acumulou muitas fichas no início, e, depois, no que parecia uma série interminável de *bad beats*, acabou sendo eliminado antes de mim. Fiquei abaixo da média o tempo todo jogando ultra-*tight*, mas também acabei eliminado antes de chegar à faixa de premiação. Apesar de achar que joguei muito bem dentro da minha situação, não foi o suficiente para alcançar um resultado melhor.

Discutindo sobre o estilo mais *tight* do Kima e das situações que vi o Decano jogar com um competidor agressivo como o Leandro "Brasa", chegamos à mesma conclusão. O estilo que pode funcionar para um jogador num dia pode ser ineficiente em outro torneio com outros adversários.

É necessária uma conjunção de fatores. Vejam que no torneio que ganhei contei com uma ajuda essencial no início, quando dobrei minhas fichas em duas ocasiões contra jogadores agressivos e blefadores. Eu, que sou contra ir *all-in* no início de torneios, me coloquei umas quatro vezes nessa posição naquele evento, por achar que estava em vantagem contra aqueles adversários.

Assim, seguem os principais pontos estratégicos para um torneio *deep stack*:

- Tenha paciência e espere os momentos corretos;
- Não se preocupe tanto com a média;
- Fique de olho em quantos *big blinds* o seu *stack* tem e trabalhe com essa margem, procurando manter sempre acima de vinte. Comece a ser mais agressivo se esse número começar a cair;
- Aproxime-se de uma estratégia *small ball* no início e utilize muito o conceito de posição;
- Evite pagar *raises* e ser o jogador a chamar apostas. Procure tomar a ação;
- Evite os *gambles*, ou seja, as jogadas em que você tem uma vantagem matemática pequena;
- Fique atento a como os adversários jogam, ou seja, procure identificar padrões de apostas e fraquezas e jogue contra elas.

Uma leitura obrigatória é o livro *Every Hand Revealed*, do Gus Hansen. Nele, Gus relata mão a mão sua vitória no torneio Aussie Millions, em 2007. Você verá, por exemplo, que, após adotar uma estratégia bem *tight* no início, ele alterna estilos em diferentes momentos do torneio, começando a atacar os *blinds* quando os *antes* entram em jogo. Antes disso, praticamente evita todas as mãos e joga muito pouco.

Antes de encerrar essa breve discussão, queria tocar em outro assunto que me perguntam com frequência: como proceder em torneios com *rebuys*? Eu faço uma discussão mais profunda desse tipo de torneio no próximo capítulo, mas agora quero focar numa pergunta básica: quando fazer *rebuy*, e quantos?

Em primeiro lugar, sempre faça todas as compras permitidas. Se você não tiver *bankroll* para jogar um torneio de *rebuy* fazendo pelo menos o *rebuy* e o *add-on*, não entre no torneio. Você deve sempre maximizar seu potencial de ganho de fichas. Apesar de no final essas fichas parecerem irrisórias, no início elas têm um grande valor e podem catapultar você no torneio.

Outra pergunta um pouco mais delicada é: em torneios com múltiplos *rebuys*, quantas vezes recomprar se você perder todas as fichas? Não existe uma regra geral, e você deve tentar olhar para a primeira faixa de premiação e o prêmio total do torneio. Além disso, é importante observar qual a tendência na mesa. Num torneio em que poucos jogadores fazem *rebuy*, a premiação não subirá tanto, então não vale a pena ficar recomprando com frequência. A premiação não compensará o que você irá gastar fazendo os *rebuys*, exceto se você ficar nas primeiras colocações.

Em torneios de *rebuys* baratos, como os que existem na internet de US$3, US$5 e US$11, você pode recomprar várias vezes e ainda ter chance de brigar por um prêmio muito maior do que o valor que investiu. Esses torneios normalmente têm o que chamamos de "*dead money*", jogadores ruins que fazem múltiplos *rebuys* sem ter chances reais de ganhar, pelo simples fato de acharem barato recomprar nesses valores.

Como uma regra geral para torneios com *rebuys* ilimitados, esteja preparado para fazer pelo menos cinco compras de cacifes (uma para sair com dois, e duas vezes recomprar os dois cacifes permitidos) mais o *add-on*. Quanto ao *add-on*, sempre o faça, independente do número de fichas que você tem no momento.

Mesmo que você esteja quase sem fichas, o *add-on* costuma ser suficiente para jogar no atual nível de *blinds* e conseguir acumular um *stack*. Mais uma vez, não se assuste se a média parecer muito alta. Como os *antes* nem entraram em jogo ainda, é só a partir de agora que o torneio irá definir quem são os jogadores de ponta.

Uma das maiores vantagens em torneios de *rebuy* ocorre quando você identifica os adversários que não fazem as recompras. Eles provavelmente estão jogando com uma *bankroll* mais apertada. Anote esse fato, pois você poderá voltar a atacá-los quando a bolha se aproximar. Esses jogadores provavelmente não vão querer arriscar seus torneios.

Outra pergunta que sempre recebo é quando jogar *coin flips* por todas as suas fichas. Essa pergunta é uma das mais complicadas de responder, pois está entre dois extremos que têm a ver com sua estratégia e com teoria básica.

Atenção

Você precisa saber disto: é necessário ganhar *flips* para vencer torneios. A questão nesse caso não é o "se", e sim o "quando".

Para ganhar um torneio, você fatalmente precisará entrar em situações de ir *all-in* pré-*flop*, os chamados *coin flips*. Costumo dizer que você deve evitá-los no início do torneio.

Gus Hansen escreveu uma coluna para o Full Tilt onde fala que no início do torneio considera um par um jogo fraco e que não colocaria muitas fichas no meio com apenas este jogo, e que evitaria o *all-in* pré-*flop*. Porém, no final do torneio, um par é suficiente para ele entrar de *reraise* em cima de um adversário e pressioná-lo, estando ele disposto a entrar em *flips all-in* para acumular fichas.

Vamos olhar para um outro lado da teoria.

Lembra quando expliquei de chipEV e $EV? O primeiro se refere à sua expectativa em termos de ganho percentual de fichas, e o segundo, em termos de ganhos monetários.

No início de um torneio, ganhar fichas modifica muito pouco a sua expectativa de ganhar dinheiro. Por exemplo, num torneio em que você começou com 1.500 fichas e que tem cerca de quinhentos jogadores, dobrar de 1.500 para 3.000 é um aumento em termos de chipEV de 100%, mas, em termos da sua expectativa de ganhar dinheiro, não aumenta em nada, pois 3.000 fichas num evento que tem 750.000 fichas em jogo é um número irrisório.

Já na fase final de um torneio, quando você entra num pote em que pode ganhar ou perder 150.000 fichas num *stack* de mesmo tamanho, com as mesmas 750.000 fichas totais em jogo, você está arriscando ganhar ou perder dinheiro mais do que fichas em si. Imagine que na mesa final você tenha 150.000 e esteja empatado em segundo lugar. Há oito jogadores, e três deles estão *short-stacked*. A diferença entre ser o oitavo colocado e o primeiro em termos de dinheiro é enorme.

Você entraria num *coin flip* por todas as suas fichas contra o *chip leader* tendo AK, sabendo que pode dar *fold* e optar por jogar outras mãos contra *stacks* menores?

Se você perder para o *chip leader*, será eliminado e levará a premiação do oitavo colocado. Se evitar o embate com ele, poderá jogar contra adversários que não afetem tanto a sua expectativa de prêmio e ajudem você a alcançar uma colocação melhor.

Na mesa final do torneio do Venetian que descrevi acima, vi um adversário que tinha 1,2 milhão em fichas colocar o torneio dele em jogo, e em última instância me dar fichas suficientes para ganhar o evento, quando ele, após fazer um *raise* de 100.000, chamou meu *reraise all-in* num *coin flip*. Ele basicamente se esqueceu de analisar o $EV e entrou num *coin flip* que essencialmente fez com que a premiação dele fosse cerca de US$5 mil em vez dos US$35 mil que ganhei, pois ele perdeu o pote e ficou muito *short-stacked*.

Ou seja, entrar em *coin flips* no início não compromete tanto sua expectativa de ganhar torneios. Mas, no final, a modifica imensamente. Portanto, estou mais disposto a me arriscar em *coin flips* em torneios grandes no início, principalmente se o torneio for on-line, pois as fichas extras me ajudam bastante e não modificam minha expectativa de ganhar dinheiro. No final, jogaria de modo mais conservador e evitaria *coin flips* se meu *stack* permitisse.

Atenção, pois o que estou dizendo aqui é algo mais avançado. Não é vantajoso arriscar seu torneio em *coin flips* no início. Por outro lado, você está tão longe da faixa de premiação neste momento que ganhar fichas dobrando não aumenta ou diminui suas chances de ganhar o torneio. No final, qualquer movimento errado pode realmente significar perda financeira. A relação entre o chipEv e o $EV não é linear — o $EV vai ficando mais importante no final do torneio do que no início.

Assim, se a sua *bankroll* permitir, ou seja, se ganhar ou perder o torneio em questão não traz problemas a você, arrisque-se mais no início, procurando acumular muitas fichas para brigar pelo título no final. On-line isso fica ainda mais claro, pois você pode jogar cinco, dez, 15 torneios por dia. Ao vivo, às vezes, você está num evento único e tende a se arriscar menos. On-line vale a pena ser mais agressivo e tentar acumular bastante no início ou ser eliminado logo e partir para outra.

O melhor conselho para torneios é desenvolver bem suas habilidades de leitura. Preste muita atenção às mesas e às diferenças entre os *stacks*. E não se prenda aos preconceitos. Trace uma estratégia e caminhe dentro dela. Não tente imitar o estilo de outros jogadores, encontre o seu próprio, e você vai sobressair.

Capítulo 18
Verdades e mentiras no poker

"Os bem-educados contradizem outras pessoas. Os sábios contradizem a si mesmos."

Oscar Wilde

Certas frases começam a ser ditas no poker e de repente, passam a ser repetidas fora de contexto ou ainda levadas ao pé da letra como verdades absolutas. As pessoas passam adiante um conhecimento que não têm e discutem as ideias sem ter os argumentos completos ou até mesmo sem entender o que estão defendendo.

Normalmente tendemos a nos aproximar de pessoas que pensam como nós e de teorias que defendem o nosso ponto de vista. Admitir um erro, que assim o sabemos por argumentos algumas vezes plausíveis, é bem difícil.

É muito mais fácil para um chefe ter em sua equipe pessoas que pensam como ele, quando na realidade seria mais produtivo ter companheiros de trabalho com pontos de vista diferentes, para estimular o *brainstorming*.

É difícil aceitar diferenças, e quem não se adéqua a um padrão costuma não ser bem-aceito no grupo. É preciso grande força de vontade e determinação, além, claro, de autoconfiança, para nos cercarmos de pessoas que vão nos contradizer. O medo de ser desafiado está ligado ao de estar errado. E isso pode incapacitar nossa evolução, na vida e no poker.

Parece uma forma muito profunda de começar um capítulo de poker, principalmente porque vou abordar chavões simples. Porém, é preciso entender que não há uma verdade absoluta e que devemos nos despir de nossas crenças e até mesmo aceitar rever uma ideia por outro ponto de vista.

Se aprendermos a ouvir críticas e a rever informações, estaremos prontos para criar novos métodos a serem incorporados ao nosso jogo. Muitas pessoas, ao contarem uma mão que jogaram no poker, estão na realidade buscando a confirmação de que a jogada que fizeram é a correta. Não querem ouvir outro ponto de vista, ou ainda que jogaram mal. Não querem aprender com a opinião alheia, apenas confirmar que os seus conceitos estão corretos. Podemos impedir nosso progresso se não abrirmos a cabeça para observar outros métodos, maneiras diferentes de fazer outras coisas.

Um exemplo clássico que me deu a ideia para este capítulo foi o próprio *stop and go*, que já citei anteriormente. Li no livro do Harrington, e depois comecei a colocar em prática — e até mesmo a ensinar em meus livros e artigos — que, se eu tiver um M abaixo de 10, preciso começar a ir *all-in*, pois não tenho espaço para manobra ou até mesmo para dar *call* e ver um *flop*.

Depois de quebrar muito a cara indo *all-in* por considerar o movimento matematicamente correto (e isso é comprovado), decidi dar uma chance a outros fatores como a psicologia. É muito mais fácil que alguém que não tenha acertado sua mão dê *fold* após uma aposta no *flop* do que com cinco cartas por vir antes do *flop*.

Mas, para que essa mudança acontecesse na minha mentalidade, tive que discutir umas cinquenta mãos com alguns amigos, que apenas repetiam: "Você está correto, seu M era tal e a jogada certa foi feita."

Jogada certa? Existe essa verdade absoluta no poker?

Precisava de alguém que chegasse e me contradissesse: "Você não pensou em outra abordagem para a situação? Acho que esse tal de M aí levou você para o caminho errado." (Mas vamos discutir essa situação de M um pouco mais para o final do capítulo.)

Basicamente, é preciso pensar e repensar. Se contradizer. Em vez de dar as respostas, resolvi fomentar ainda mais as discussões. De tanto ouvir algumas afirmações, resolvi testá-las.

Neste capítulo, abordo cinco situações que viraram chavões e que são repetidas pelos praticantes do Texas Hold'em. Não necessariamente estão incorretas, apenas vale analisar se elas se aplicam a todas as jogadas. Vale lembrar que no nosso esporte raramente uma resposta é 100% correta. E são justamente as diferentes abordagens para um mesmo problema que tornam o poker um jogo tão fascinante e aberto.

O que você acha destas cinco afirmações? Já as ouviu antes?

- “Esta aposta não tem valor, pois só serei pago perdendo.”
- “Tenho *odds*, tenho que chamar.”
- “Estrutura boa é aquela com *blinds* lentos e muitas fichas.”
- “Sou o primeiro a entrar no pote, portanto tenho que aumentar.”
- “Meu M é menor do que 10, sou obrigado a ir *all-in*.”

Vamos trabalhar cada uma dessas afirmativas sobre diferentes pontos de vista.

“Esta aposta não tem valor, pois só serei pago perdendo.”

Essa frase é muito importante para um iniciante no poker. Ela se aplica às situações em que, ao chegar no *river*, você tem uma mão boa o bastante para ganhar o pote, mas existe o risco de alguém estar com uma mão muito maior, tentando um *slow play*.

Vamos dar um exemplo:

A ação aconteceu da seguinte maneira: você aumentou pré-*flop* e foi pago por dois jogadores, o BB e um outro que havia dado *limp*. No *flop*, os dois deram *check*, e você apostou com seus dois pares. O *big blind* correu, e o *limper* chamou.

No *turn*, com a Q aparecendo, novamente *check* para você, o que o fez apostar forte. O jogador pensa e só paga. No *river*, aparece a quarta carta de ouros. Você aposta novamente acreditando que seus dois pares estão na frente ou dá *check* pela possibilidade de *flush*?

Nesse caso, parece ilógico que algum jogador chamaria sua aposta com qualquer mão que não tenha pelo menos uma carta de ouros, o que ganharia dos seus dois pares. Se ele der *check* no *river*, o seu *check* atrás não faz você perder mais nenhuma ficha além das que você já comprometeu.

Porém, vamos colocar um pouco de pimenta nessa situação. Imagine que estamos na bolha de um torneio. E que seu adversário ainda tem fichas suficientes para dar *fold* e continuar na briga, e que se você colocá-lo *all-in* será por todas as fichas dele. Será que ele teria coragem de chamar com qualquer carta de ouros?

Vamos analisar ainda outra situação e pensar em variantes que possam parecer absurdas. Por exemplo, você estava num blefe e não queria mostrar sua mão. Você fala primeiro e acha que, se fizer uma aposta de determinado valor, existe uma grande chance de o adversário sair. Vale a pena realizar a aposta, e eventualmente perder fichas, para tentar proteger sua imagem?

Apesar de o argumento acima parecer frágil, quero que o pensamento do leitor vá agora um pouco mais longe.

> Existem razões para fazer uma aposta que ultrapassam o ganhar ou perder fichas.

Há ainda as situações em que você deixa de apostar com medo de que um adversário tenha um monstro escondido debaixo da cama. Por exemplo, você resolve jogar com cartas baixas do mesmo naipe. No *flop*, abre o seu *flush draw*. O adversário aposta, e você paga. Acerta o seu *flush* no *turn*, o adversário dá *check*, e você aposta forte. Ele paga. No *river* a carta não modifica o *board*, ele dá *check*, e você dá *check* atrás, com medo de estar perdendo com seu *baby flush* (com cartas baixas) para um *flush* maior. Faz algum sentido? Essa é uma daquelas vezes em que as pessoas usam a frase: "Só me pagariam uma aposta se eu estivesse perdendo."

Errado! Primeiro, pagariam muitas vezes não acreditando no seu *flush*. Mas o mais importante é que, se você vai se dar o trabalho de jogar cartas baixas para tentar acertar o *flush* e, quando consegue, deixa de extrair valor com uma aposta por medo de um *flush* maior, é melhor você desistir de jogar essas cartas ainda antes do *flop*.

Quando você resolve jogar com mãos marginais, tem que assumir os riscos delas no pós-*flop*, e aprender a jogar com maestria. Na mão que descrevi, nada indica que o adversário tem um *flush* também. Outro jogador com este jogo provavelmente teria dado *raise* no *turn*, ou saído apostando no *river*.

É claro que você precisa ter conhecimento matemático para embasar sua leitura. Jogar com cartas de *flush* baixas numa mesa com seis jogadores apresenta 30% de chances de encontrar outro jogador com cartas do mesmo naipe que o seu. Ou seja, quanto mais jogadores no pote, maiores as chances de alguém ter um *flush* maior.

Esse é um dos motivos que poderiam contrariar um segundo chavão que não escolhi discutir nesse capítulo, mas que dá para citar aqui: com cartas conectadas ou pares baixos, a melhor jogada é tentar ver o *flop* barato.

Ficar dando *limp* com *suited connectors* baixos para tentar acertar um *flush* pode ser perigoso. Por que, para variar, você não escolhe dar *raise* ou *reraise* com essa mão?

No pós-*flop*, você pode jogar duas mãos: a que você representou com o *raise* e a que você realmente tem caso a acerte.

Pense nisso!

> Atenção
>
> Quando você ouvir "Essa aposta não tem valor, pois só serei pago perdendo", pare e reflita. Pense nos motivos para apostar e não deixar um *showdown* acontecer de graça.

"Tenho *odds*, tenho que chamar."

De todas as frases que resolvi comentar neste capítulo, essa é disparada a que mais ouço nas mesas dos torneios. Tornou-se quase um chavão afirmar que ter *odds* é o principal fator que justifica chamar uma aposta.

Às vezes, encaro essa frase como uma simples desculpa dos jogadores para conscientemente fazer uma jogada incorreta. Mais uma vez, vale lembrarmos as diferentes situações em que a ouvimos.

Em um *cash game*, que é um jogo em que o pós-*flop* é mais importante do que a ação pré-*flop*, o fato de vários jogadores entrarem num pote realmente aumenta suas chances de ir com cartas fracas e tentar acertar um *flop* grande. Portanto, se estiver barato e houver *odds*, dá para entrar com quaisquer cartas.

A frase neste ponto é verdadeira. O motivo, no entanto, é que você busca acertar um grande *flop*, e tem consciência de que, se não fizer seu jogo, você largará a mão após o *flop*.

O grande problema disso reside em torneios, nos quais vejo jogadores com *stacks* médios comprometerem sua história nos campeonatos colocando às vezes mais da metade das suas fichas para chamar uma aposta apenas por *odds*. No início, quando os *blinds* ainda estão baixos, o simples fato de vários jogadores entrarem na mão parece justificar que sejam jogados quaisquer tipos de mãos.

Neste ponto a frase é incorreta. Não é porque você tem *odds* que "tem" que chamar. As *odds* são apenas um dos fatores que você deve computar na sua escolha de participar ou não de uma jogada.

Por exemplo, se você aumenta contra um *short-stacked*. Digamos que você tem 9.000 fichas. Os *blinds* estão 200–400. Você aumenta 1.100 fichas, e o *short-stacked* com 2.700 volta *all-in*. Para você, são só mais 1.300 fichas, e o pote já tem 4.200 (2.500 + 1.100 suas + 400 do BB + 200 do SB). Você está recebendo *odds* corretas para chamar com duas cartas quaisquer contra mãos aleatórias.

O problema é exatamente esta palavra: aleatórias. A mão do seu adversário não é aleatória.

Digamos que você tem:

Se você está jogando contra um adversário *tight*, *short-stacked* que foi *all-in*, quais mãos você acha que está ganhando com o seu A♠7♦? A chance de estar dominado ou muito atrás contra um par alto é muito grande. Digamos que o *range* do seu adversário seja AA, KK, AK, AQ, AJ, QQ e JJ. Com todas essas mãos, você é o grande favorito para perder a mão. Ou seja, as *odds* não justificam chamar contra jogos tão fortes.

Além disso, um fator muito importante. Você está comprometendo mais de 25% do seu *stack* numa mão em que não é o favorito. Se correr da mão, continua com um M bom para o torneio e não se prejudica tanto.

Muitos jogadores, no entanto, simplesmente ignoram seus próprios *stacks*. Sempre que for colocado numa situação em que as *odds* justifiquem sua jogada, lembre-se de analisar outros aspectos, como sua leitura sobre o adversário, seu *stack*, e o quanto ele se altera percentualmente em relação à média do torneio se você chamar a aposta. Lembre-se de que você pode prejudicar sua imagem chamando com uma mão fraca, o que pode fazer com que outros jogadores se animem a atacá-lo com uma frequência ainda maior.

Outro erro que vejo jogadores cometendo frequentemente se refere a como jogar em *blinds* baixos de torneios. Nessa fase, a maioria dos jogadores menos experientes acaba chamando *raises* de quatro a seis vezes o valor do *blind* apenas porque o valor absoluto é baixo, e justifica essa atitude dizendo que tem *implied odds* ou que pode tirar todas as fichas do adversário se acertar um *board* bom (dois pares, chamada para sequência ou *flush*, por exemplo). Aí começa a pagar vários *raises* com *suited connectors*. E pior ainda: esses mesmos jogadores não chamariam com essas mãos quando os *blinds* aumentassem.

Esse raciocínio é falho. Você deve pagar *raises* quando tiver *odds* diretas, mas deve evitar contar com *implied odds* apenas pré-*flop*. E em segundo lugar, num torneio, diferente de em *cash games*, preservar suas fichas é muito importante.

Curiosamente, muitas pessoas queimam porcentagens importantes dos seus *stacks* quando os *blinds* estão baixos. Começando com 3.000 fichas, vejo muitos jogadores no *blind* 50–100 chamar *raises* de 400 a 600 fichas. Isso é um absurdo. Você está chamando mais de 10% do seu *stack* com mãos especulativas. Vale muito mais a pena esperar mãos boas ou ser você o jogador a aumentar. Mesmo que o pote pareça dar *odds* para chamar uma aposta, pense na situação em que você se encontra, no que acontecerá com o seu *stack*.

Um último exemplo. Vi no Deep Stack do Venetian, na mesa semifinal do torneio que ganhei, uma jogada absurda, e a pessoa que a fez nem merecia estar ali. Os *blinds* estavam altos, em torno de 5–10K com *antes* de 1K. Com sete jogadores na mesa, o pote estava saindo com 22K. Eis que um jogador *short-stacked* deu *all-in* de 28K. Ele era muito *tight* e estava se segurando há um tempo. O jogador que estava no *big blind* e era o último a agir chama o *all-in* do *short-stacked* e abre:

Isso mesmo! 73*o*.

O jogador que foi *all-in* tinha JJ e praticamente triplicou após o *call*. O jogador no *big blind* justificou dizendo que tinha que chamar porque tinha *odds*.

Bom, ele até podia ter *odds*. Mas, se tivesse dado *fold*, seriam 25K a menos na mão do outro jogador. Quais as chances reais de ele ganhar a mão com 73*o*?

Bom, após triplicar nessa jogada, o jogador *tight* pegou uma sequência boa e acabou indo para a mesa final e ficando em sexto lugar.

O jogador que tinha *odds* perdeu 28K em vez de 5K nessa mão, e depois chamou um *raise* no SB (provavelmente porque achou que tinha *odds* de novo), e na rodada seguinte foi eliminado após dois *calls* ruins.

Castigo? Nem sempre ter *odds* justifica chamar uma aposta.

Depois que escrevi este capítulo, li um artigo do David Apostolico na *Card Player* americana (volume 21, nº 11) em que ele fala sobre pequenos erros contra grandes erros. Curiosamente, ele comenta sobre um mesmo jogador dando *call* em duas situações diferentes.

Na primeira, o jogador tinha cerca de US$50 investidos num pote quando o jogador B faz uma aposta de US$200 no *river*. O jogador A sabe que está perdendo, mas resolve chamar caçando um blefe. O jogador B mostra a mão vencedora, e aí o jogador A se justifica:

— Chamei porque estava *pot committed*!

Absurdo! O jogador nem mesmo estava *committed*, mas cometeu um erro de chamar US$200 no *river* com uma mão perdedora.

Na segunda situação, o mesmo jogador, algumas mãos depois, tem que chamar uma aposta de US$20 num pote de US$75. Novamente ele sabe que vai perder, mas chama.

Dessa vez, ao ver que realmente perdeu, ele fala:

— Cara, foi burrice minha chamar. Eu sabia que estava perdendo. Não sei por que chamei.

Apostolico então pergunta se a mudança de postura do jogador A, que na segunda vez admitiu que errou, ocorreu porque ele resolveu ser sincero na segunda situação.

E ele mesmo responde: "Claro que não: o motivo pelo qual ele assume o erro da segunda vez é porque foi um erro pequeno que não custou muito e que não o envergonhou. No primeiro erro, que o fez perder uma quantia considerável (dez vezes mais do que na segunda situação), ele tem que se defender e justificar."

Isso é o que acontece com quem geralmente usa a frase "Tenho *odds*, tenho que chamar" como uma pré-desculpa para um erro. Claro, isso quando a pessoa não tem *odds* ou não tem necessidade de chamar com seu *stack* atual. Essa frase é repetida por todos, como uma maneira de justificar o *call* se perder a mão, ou ainda, para os outros jogadores pela jogada que pode ter parecido ruim.

Só que você não precisa se justificar. Precisa, sim, aprender a admitir erros, pensar nas situações não apenas pelo ponto de vista de *odds*, e sim pelo quadro geral.

"Estrutura boa é aquela com *blinds* lentos e muitas fichas."

No Brasil parece que cada vez mais os jogadores querem jogar com muitas fichas e *blinds* lentos. Com certeza o jogo fica mais técnico quando temos mais tempo para fazer movimentos e esperar as mãos boas. Porém vale lembrar que os torneios considerados *turbo* necessitam maior agressividade e são muito importantes para treinar o jogo sob pressão.

Concordo com a afirmação, e é claro que prefiro jogar um torneio *deep stack*, porém acho fundamental para a formação do profissional aprender a jogar com todo tipo de estrutura.

O melhor conselho é variar nos torneios on-line. Participe de torneios *turbo* e de torneios com múltiplos *rebuys*.

Aprenda a jogar numa estrutura que pressione você a aprender quando fazer os movimentos corretos. Além do mais, em eventos com poucos jogadores, o fato de haver muitas fichas em jogo tende a tornar o torneio excessivamente lento e com pouca ação. Sua experiência com torneios mais rápidos pode ser o diferencial necessário para sua agressividade.

Por último, vale lembrar que a estrutura rápida de *blinds* (menos de trinta minutos por nível) e poucas fichas (menos de 5.000) tem efeito ruim também para seus adversários. Então, quem se proteger melhor, fazendo seu *stack* crescer no início, tem a vantagem.

Outro mito que não é exatamente uma verdade, mas que vale a pena comentar, é o dos torneios com *rebuy*. O Circuito Paulista foi o primeiro torneio com *rebuy* e *add-on* (em que é permitido adicionar fichas a seu estoque através de uma compra que ocorre após um número predeterminado de níveis jogados em um torneio) ao vivo no Brasil. Lembro até hoje que, quando eu e o Leandro tivemos a ideia de acrescentar o *rebuy* para aumentar o pote e deixar mais fichas para o jogo, o Igor "Federal", na época iniciando no poker como nós, alertou-nos de que isso seria um erro, que ninguém iria gostar da ideia. Quatro anos depois de criado, o Circuito permanecia com o formato de *rebuy* e *add-on* e foi seguido por vários outros torneios. Em 2007, muitos jogadores começaram a defender a ideia de que todos os torneios regulares tivessem estruturas semelhantes à do BSOP, com muitas fichas e *blinds* longos, sem direito a recompras. Vou dar minha opinião: a diversidade é importante.

Existem diferenças estratégicas fundamentais num torneio com *rebuy*. Para começar, você não deve nem cogitar jogar um torneio com *rebuy* e *add-on* se não estiver disposto a fazê-los. Toda vantagem numérica em fichas que você puder ter num jogo de poker é sempre bem-vinda. Pelo mesmo motivo, num *cash game* eu recomendo sempre entrar com o cacife máximo.

Você não quer se encontrar numa situação de dobrar seu *stack* apenas para descobrir que continua com menos fichas do que alguém que fez o *rebuy*. Sempre maximize seus potenciais.

Torneios com múltiplos *rebuys* seguem o mesmo raciocínio. Você deve estar preparado para fazer ao menos de três a cinco recompras. Pode até não precisar e dobrar logo com seu primeiro cacife e *rebuy*, mas não pode, se for eliminado, simplesmente sair andando. Nesse tipo de torneio, os jogadores normalmente ficam mais *loose* na primeira hora, e é uma boa oportunidade para acumular fichas. Já discutimos torneios com *rebuys* no capítulo anterior. Aqui estamos reforçando a diferença na estrutura e como temos que jogar mais rápido e de modo agressivo um torneio com menos fichas e *blinds* mais rápidos.

Atenção

Cada tipo de estrutura beneficia uma estratégia diferente:

- Torneios *deep stack*: são aqueles em que você começa com mais de 100BB, às vezes até 300BB, como no caso do BSOP (*blinds* 25–50, 15.000 fichas no cacife inicial). A estratégia deve ser tentar ver muitos *flops* baratos no início, evitar subir para roubar *blinds* e praticar o controle do pote. Evite confrontos grandes e *all-ins* no início do torneio. Tente jogar em cima de jogadores passivos.
- Torneios com um *rebuy* e um *add-on*: só começam após o término do período de *rebuy* e *add-on*. Tente se aproximar deste período com o máximo possível de fichas. Por exemplo, no Circuito Paulista, em que a estrutura é de 3.000 fichas para *buy-in* e *rebuy* e 5.000 para o *add-on*, seu alvo é passar pelo *add-on* próximo a 11.000 fichas. Mais fichas é sempre bom, claro. Mas você não precisa sair desesperado para dobrar.

  Não use o *rebuy* apenas caso você perca suas fichas iniciais. Saia com o *rebuy* desde o início, maximizando suas chances de ganhar fichas. Nunca deixe de fazer o *add-on*. Nem mesmo se você for o *chip leader* ou o último colocado. Com apenas uma ficha sobrando, você consegue quase a metade do *stack* médio comprando o *add-on*.
- Torneios com múltiplos *rebuys*: sua estratégia deve ser mais arriscada. Suba potes e se coloque *all-in* se necessário para dobrar. Compre o *rebuy* sempre e tente dobrar no início. Se perder suas fichas, volte a comprar dois cacifes. Estabeleça um limite para recompras. Normalmente não mais do que três.
- Torneios *turbo*: quando você tem um torneio com menos fichas ou com tempo de *blind* reduzido, sua principal estratégia passa a ser a acumulação rápida de fichas, de modo a abrir uma distância em relação aos outros jogadores da mesma mesa. Ataque *blinds*, suba apostas e não tenha medo de entrar *all-in*, mas sempre sendo o agressor. Evite virar um pagador neste tipo de torneio. Se a eliminação ocorrer cedo, tenha a certeza de que a estratégia foi correta. Jogadores *tight* em excesso dificilmente ganham um torneio como este. Mas nunca se esqueça de aplicar os conceitos de *gap*, posição e leitura da mesa. Não é para jogar *loose*, e sim com agressividade.

"Sou o primeiro a entrar no pote, portanto tenho que aumentar."

Essa é outra verdade que precisa ser reinterpretada. Curiosamente, por muito tempo eu a considerei uma verdade quase absoluta em *cash games*. Se você não aumenta num *cash game*, dá a chance para os *blinds* verem um *flop* de graça e acertarem uma mão fraca.

Foi quando comecei a observar os *cash games* contra jogadores inexperientes ao vivo. Eles pagam o seu *raise* pré-*flop* porque querem ver o jogo pós-*flop* com duas cartas quaisquer. Assim, em certos *cash games* ao vivo, não faz sentido aumentar pré-*flop*.

É preferível manter o pote baixo, e às vezes dar *limp* já sabendo que vários jogadores entrarão no pote. Por exemplo, você pode aproveitar essa situação para tentar entrar de *limp*, deixar outro jogador aumentar e você fazer um *limp-reraise* com uma mão muito forte numa mesa com tendências agressivas. O *limp-reraise* é uma jogada muito forte, só que ela depende da existência de um jogador agressivo à mesa, que venha puxando as apostas.

Outra jogada possível é dar um *limp* com uma mão marginal, que você não gostaria de jogar com um *raise*.

Em torneios, principalmente nas fases finais, vejo poucas razões para não aumentar o pote. Na realidade, se você tem uma mão que tem receio de aumentar, provavelmente vai recear chamar um aumento e, portanto, deve dar *fold* imediatamente. Mas uma vez, eu usaria o *limp* como uma tentativa de induzir o *raise* em outro adversário.

Cheguei a fazer um experimento, e publiquei alguns resultados na minha coluna da revista *Card Player Brasil*, na qual me comprometia a aumentar todas as mãos que resolvesse jogar em *cash games* on-line. Se não quisesse ou achasse que o aumento não era uma boa jogada, optava pelo *fold*.

Os resultados foram muito bons. A agressividade adicional ajudou a criar um respeito maior pelas minhas jogadas, pois os adversários sabiam que dar *limp* contra mim significaria um *raise* a ser pago. Entretanto, poucos chegaram a perceber que seria fácil jogar contra mim usando estratégia de *reraises* sobre os meus aumentos.

Mas eu perdia alguns fatores interessantes. Quando damos *limp* com um *pocket pair* ou um *suited connector*, na realidade deveríamos torcer para que vários adversários viessem para o jogo. Isso diminui a chance de você ganhar a mão, pois, quando você aumenta, costuma isolar e jogar contra apenas um adversário. Por outro lado, crescem as chances de ganhar um pote grande quando acerta o seu *set*, porque, com vários jogadores, é mais fácil que um ou dois paguem suas apostas.

Perceba que o que falo no parágrafo anterior contradiz o que disse na parte que discutimos sobre *odds*. Mas é exatamente o objetivo deste capítulo: mostrar que podemos enxergar a mesma verdade por ângulos diferentes.

Outro fator contra o aumento de todos os potes é a previsibilidade. Mudar o seu jogo é sempre fundamental, e é importante não deixar que os seus adversários peguem um padrão. Isso ajuda a evitar que eles fiquem dando *limp* com mãos de primeiro grupo (AA, KK, AK, QQ), sabendo que você vai aumentar atrás.

Uma estratégia ainda melhor para *cash games* ao vivo que poucos comentam é utilizar o *reraise* pré-*flop*. Vejo poucos jogadores utilizando esta arma, tão difundida em torneios. Está claro que os *cash games* são jogos em que a habilidade pós-*flop* conta mais, e que vale mais a pena ver *flops* baratos do que apostar muito antes do *flop*. Porém, o poder psicológico e estratégico de um *reraise* pré-*flop* bem-colocado compensa o risco da aposta. De uma maneira geral, sou contra *raises* muito grandes pré-*flop* em *cash games*, porém extremamente favorável aos *reraises* antes do *flop*.

Os sites de treinamento por vídeo foram em parte responsáveis por uma mudança na agressividade dos jogadores on-line, ao ponto de muitos começarem a abusar das *3-bets* pré-*flop* principalmente em *cash games short-handed* (com cinco ou seis jogadores). Foi o que discutimos no capítulo de *resteals* e que chamamos de *3-bet light*. O fato de muitos fazerem a *3-bet light* acabou fazendo surgir a *4-bet light*. Antes, para fazer uma *4-bet*, só com AA ou KK, no máximo AK ou QQ. Agora, os jogadores abrem o leque e fazem *4-bets* até com mãos como 88, pois sabem que o jogador fazendo *3-bet* pode estar com um jogo fraco e pode não chamar a *4-bet*.

Bart Hanson, apresentador do *podcast* sobre *cash games* Cash Plays, do site PokerRoad.com, diz que os jogadores on-line começaram a abusar tanto das

3-bets pré-*flop* que, apesar de muitos terem um jogo pré-*flop* quase perfeito em termos de agressividade, ficam completamente perdidos quando se trata de jogar no pós-*flop* quando alguém chama as suas *3-bets*. Eles se perdem fazendo *continuation bets* muito grandes e tentando blefar demais quando não conectaram com o *board*.

Daniel Negreanu defende que, em vez de tentar tantas *3-bets*, em alguns casos ele prefere dar apenas *call* em *raises* e jogar em posição no pós-*flop*. Uma mão clássica que ele sugere que seja jogada desta forma é o AK. Mas diz que, mesmo com mãos como JJ ou TT, ele prefere chamar em posição e ver o *flop* do que reaumentar pré-*flop* e ter que decidir por jogar um grande pote no pós-*flop* sem saber ainda quais cartas virão. Assim, em formato *deep stack*, ele advoga dar o *call*, e seguir controlando o pote de acordo com a textura após o *flop*.

Por último, conversando com o Leandro "Brasa" após o torneio do Tower Cruise III em que ele chegou na 9ª colocação, ele comentou como cada vez mais tem entrado de *limp* com mãos que antes daria *raise*, mas que não aguentaria pagar um *reraise* de um adversário. Ou seja, entrando de *limp*, ele dá a chance de o adversário dar o *raise*, e ele pagaria um valor menor para ver o *flop* do que se entrasse dando *raise* e o adversário reaumentasse. Neste segundo caso, ficaria muito caro pagar a aposta para ver o *flop*. Conscientemente, ele opta pelo *limp*, já aceitando o fato de ser aumentado por outro jogador.

"Meu M é menor do que 10, sou obrigado a ir *all-in*."

Na quarta etapa do Circuito Paulista de 2008, sentei na mesa em que um competidor jogou ultra-*tight* o jogo inteiro. Com um M de 6 ou 5, ele fazia um mini-*raise*. Outros jogadores da mesa começaram a criticá-lo, dizendo que mini-*raise* com este M era um erro. Bom, ele dobrou em praticamente todas as mãos que entrou, sempre com mãos fortes, pois com o mini-*raise* trazia mãos mais fracas para o jogo e acabava indo *all-in* após o *flop*, sendo chamado novamente e aumentando suas fichas rapidamente.

Conseguiu, por exemplo, fazer um mini-*raise* com AA contra o meu AJ, e quando o *flop* trouxe um J acabamos *all-in*, e ele duplicou suas fichas. Alguém pode perguntar: "Mas se ele fosse *all-in* pré-*flop* contra o seu AJ, você não teria pagado?" Não sei. AJ pode ser uma mão complicada para chamar apostas.

O mais importante é lembrar que, com um M menor do que 10, você pode tentar algumas jogadas arriscadas, como dar um pequeno *raise* para tentar passar força para os adversários.

Hoje, ao ver um adversário *short-stacked* dando *raises*, penso na mesma hora que ele tem um monstro nas mãos.

O número M é uma referência e serve como aviso de que você tem pouco espaço para manobras quando está ficando baixo. Com poucas fichas, você não tem a flexibilidade necessária para afastar os adversários em apostas futuras. Mas quem disse que você quer afastá-los? Às vezes você tem uma mão forte e quer ser chamado.

Dica

Para calcular o seu M, você deve somar o valor dos *blinds* e *antes* atuais e dividir o seu *stack* pelo resultado dessa soma. O quociente indica o número de rodadas que levaria para o seu *stack* chegar a zero se você não ganhar fichas e só ficar pagando os *blinds* e *antes*. Quanto menor o número, mais apertado você está em relação a sua sobrevivência no torneio.

Isso levanta uma situação óbvia, mas tão óbvia que pode ser explorada por jogadores experientes. Se você vem dando *all-in* continuamente com M abaixo de 10 e de repente faz um aumento de menor monta, isso grita aos ouvidos dos outros jogadores que você tem uma mão forte.

Em geral, se algum jogador *short-stacked*, em vez de ir *all-in* num torneio *multitable*, faz um aumento que compromete metade ou um terço do seu *stack*, só existem duas opções:

- Ele é muito inexperiente e não conhece teoria de poker (é raro encontrar jogadores tão inocentes hoje em dia);
- Ele tem uma mão muito forte e não quer "perder clientes", trazendo mais jogadores para o pote com uma aposta baixa convidativa. É claro que ele se arrisca mais com uma aposta baixa, porém é um risco que está disposto a correr para tentar dobrar.

Se você estiver jogando contra alguém muito experiente, que percebe esse tipo de aposta, pode tentar realizar um *raise* baixo, com uma mão intermediária para gerar esta dúvida no oponente. No entanto, só faça isso contra pessoas extremamente *tight*, com tendência a largar mãos, e evite fazê-lo em cima de jogadores com *stacks* muito grandes.

Outra opção é usar essa tática para fazer com que várias pessoas entrem no pote, se sua única esperança for triplicar suas fichas. Lembrando que, quanto mais pessoas no pote, mais difícil será ganhar a mão.

Um exemplo prático: na mão em que fui eliminado do Tower Cruise III eu tinha Q3, e meu adversário no *big blind* tinha JT*o*. Eu aumentei *all-in* e fui chamado por ele. Estava ganhando até o *river* quando um J acabou com o jogo para mim. O curioso é que nessa mão as quatro primeiras cartas não ajudaram em nada meu adversário. Claramente, um *stop and go* teria funcionado bem melhor e eu não teria sido eliminado. O problema é que eu só tinha 5BB e achei que o único movimento era o *all-in*. Mas o adversário era bem passivo. Se eu apenas completasse o *small blind*, conseguiria ver o *flop* e em seguida colocar *all-in*. Se o adversário me colocasse *all-in* após eu completar, tudo bem. Se eu já tinha considerado ir *all-in*, faz pouca diferença neste caso específico. Eu podia ter tentado uma outra jogada, e caso não desse certo o resultado final seria idêntico se eu tivesse ido *all-in* primeiro com a certeza de tomar o *call* por ter poucas fichas.

Já comentei em outros capítulos que, muitas vezes, fazer o oposto à tendência surpreende e traz bons resultados. Esse é mais um motivo pelo qual hoje quase todos os jogadores, principalmente on-line, resolvem dar *shove* quando se encontram numa situação de *stack* curto. Utilizar apostas menores pode servir para enganar os adversários representando um AA ou KK mesmo sem tê-los.

Capítulo 19

Lições do mercado financeiro para o poker

"Poker é um jogo de probabilidade, um esporte da mente, assim como qualquer profissão. Quanto mais você se prepara, estuda e pratica, maior é a probabilidade de você ser um vencedor. E ser vencedor é a variante de uma mera consequência estatística de quem está preparado para a vitória multiplicado pelo seu talento."

Felipe "Mojave" Ramos, profissional brasileiro, por três vezes na faixa de premiação de um EPT no ano de 2008, chegando à mesa semifinal no EPT San Remo e 22ª colocação no PCA 2009

No capítulo sobre tática e estratégia, comentei a relação de proximidade entre o mercado financeiro e o poker. Ouso dizer até que quem se sai bem em um desses campos tem tudo para se dar bem no outro.

E não estou sozinho nisso. No início de 2008, fui convidado pelo Robson Tatimoto, vice-presidente da COPAG, para uma reunião em que ele discutiria os planos da empresa com relação ao poker. Em meio a diversos assuntos, anunciou que a COPAG lançaria uma linha de baralhos específica para o Texas Hold'em, ou melhor, aumentaria a linha que já existia acrescentando novos modelos e cores. Os baralhos Texas Hold'em foram projetados após consultoria com jogadores para procurar a melhor textura, deslize e até mesmo o padrão do verso da carta. Além disso, havia a opção de mudar a forma como os naipes eram desenhados.

- Pequeno: em que o número das cartas e o naipe seguem o padrão da maioria dos baralhos;
- Grande: o mais comum de se ver em torneios de poker. Os números e naipes são grandes e de fácil visualização;

- *Peek*: esse é o mais inovador. O naipe e o número ficam juntos em posição diagonal nas pontas dos baralhos. Você só precisa levantar a pontinha para ver que carta é. Isso ajuda a esconder mais ainda suas cartas.

Uma curiosidade em relação a este tipo de baralho: em 2007, a COPAG deixou de ser a fornecedora oficial do WSOP, perdendo o posto para a US Playing Cards. Querendo se diferenciar, a nova fornecedora fabricou exclusivamente para o WSOP baralhos no modelo *peek* descrito acima. Porém, logo no primeiro dia, choveram reclamações e protestos dos jogadores. O baralho possuía um desenho lateral que tornava muito difícil diferenciar o número 6 do número 9, porque não se conseguia perceber a orientação dos números quando se olhava a carta inteira. Além disso, o número 4 e o A, no canto das cartas, apesar de menos parecidos, também estavam gerando confusão. Um dos micos do WSOP, a empresa teve que mandar recolher todos os baralhos produzidos para os 45 dias de torneio e enviar novos, do modelo tradicional. Uma perda em todos os sentidos possíveis, de imagem e de investimentos.

Mas, voltando ao assunto do capítulo, nessa reunião o Robson me apresentou a proposta de um comercial de televisão em que os protagonistas seriam seis dos jogadores mais conhecidos do país, e tive a honra de ser convidado, junto com Leandro “Brasa”, André Akkari, Igor “Federal”, CK e Raul Oliveira. Para completar o time, uma das mulheres que mais se destacaram em resultados de torneios nos últimos anos: Cinthia Escobar.

Curiosamente, um ano após este episódio, em março de 2009, cinco dos seis homens citados passaram a fazer parte do time Full Tilt. André Akkari está no time do PokerStars (junto com Alê Gomes), somando sete brasileiros patrocinados pelos dois maiores sites de poker do mundo.

Na época, Robson me perguntou:

— Leo, você acha que no Brasil o poker já atingiu seu pico em termos de quantidade de jogadores?

Isso foi no início de 2008. Eu obviamente respondi que não, e que ainda cresceria muito. Então ele questionou:

— Qual grupo você acha que poderíamos focar para conhecer mais o esporte?

Eu rapidamente respondi:

— O pessoal que trabalha com mercado financeiro e empresários. Quem mexe com administração de valores e investimentos.

Robson, exultante de alegria, revelou:

— Exatamente a conclusão a que a COPAG chegou, e por isso fechamos um acordo com a Bloomberg [canal de televisão a cabo especializado em notícias sobre mercado de valores] para ser uma das principais veiculadoras do comercial, com seis inserções diárias.

Ponto para o Brasil ter um comercial falando do poker na televisão e, quem sabe, atraindo novos jogadores.

Mas não parou por aí. Em maio de 2008, escrevi um artigo para a revista *Card Player Brasil* falando sobre o tema. O *feedback* foi enorme. Não parava de receber mensagens de pessoas querendo que eu escrevesse mais sobre o assunto. O editor da revista, Bruno Nóbrega, me falou sobre David Apostolico, que também é colunista da *Card Player* (especializado na parte psicológica do jogo, e também corretor em Wall Street). David planeja lançar (ou já lançou, dependendo de quando você estiver lendo) um livro somente sobre o assunto poker e mercado financeiro.

Eu mesmo tenho planos de escrever um livro sobre o assunto. Juntar duas das melhores formas de ganhar dinheiro e fazer seu patrimônio crescer. Basta ter disciplina, estudo e senso de oportunidade. Mas para este capítulo resolvi convidar alguém que já está do outro lado (mercado financeiro) e que vem fazendo a migração para o poker aos poucos. Bastter, ou Maurício Hissa, é uma das pessoas mais conhecidas e comentadas no meio financeiro, e hoje dá cursos de introdução e estratégias avançadas para operar com ações e opções, entre outros, e possui um dos maiores e melhores sites que auxiliam no desenvolvimento das habilidades para o mercado.

Médico carioca, triatleta, desde os primórdios da internet no Brasil ele se destacou por suas análises financeiras em fóruns específicos, conseguindo desenvolver e ensinar técnicas para operações em bolsas. Bastter lançou seu primeiro livro sobre opções, *Investindo em opções*, que logo se tornou um dos mais vendidos na sua área. Em 2008, lançou o livro *Sobreviva na bolsa de valores* e nesse período também se tornou um apaixonado pelo poker e por suas estratégias.

Bastter comenta que os requesitos necessários para ser bem-sucedido no poker são os mesmos para o ser na bolsa e nos mercados financeiros:

- ter um método com expectativa positiva: jogar com a matemática a seu lado, escolhendo mãos com esperança matemática positiva e situações em que você é favorito, independente do resultado final;
- ser um bom operador/jogador: com frieza, boa análise tática e planejamento estratégico;
- exercer uma boa administração de riscos: recursos/*bankroll*.

Não podemos imaginar nosso sucesso no mercado financeiro ou no poker por apenas uma jogada/operação. Você pode ser um péssimo jogador/operador, sem método, e eventualmente realizar uma jogada/operação bem-sucedida. Assim como você pode ser um excelente jogador/operador, com um método com boa expectativa, e perder em uma jogada/operação.

Contanto que seu método tenha realmente expectativa positiva a longo prazo e que você saiba administrar seu risco (*bankroll*) para não quebrar a curto prazo, você terá lucro.

Convidei o Bastter para contar um pouco de sua experiência com o poker, como ele entrou na sua vida, e por que um operador tão eficiente acredita que o poker também é um mercado em que podemos ser vencedores.

Lições do poker para a bolsa

Por Maurício Hissa (Bastter)

Há aproximadamente dez anos comecei a estudar a sério as opções. Ainda trabalhava *full time* como médico, mas tendo operado bolsa de valores a vida toda, e com o advento da internet, as opções cada vez me interessavam mais.

Mas o mercado de opções do Brasil tinha características diferentes, e o interesse da maioria pela especulação pura me assustava. Do trabalho meu e do meu irmão em busca de métodos e indicadores mais seguros, nasceu um curso de opções que já passou de cinquenta edições e um livro — *Investindo em opções* — de igual sucesso, além do Fórum Bastter.com (do site de mercado financeiro Bastter.com) e da nossa consultoria on-line Bastter Blue. Todos voltados para o acúmulo de capital a longo prazo em ações de boas empresas e a remuneração com opções.

Já estabelecido no mercado de opções, descobri o poker em 2007, mais precisamente o Texas Hold'em. Eu já conhecia de ver na tevê, mas nunca me interessei muito, porque não sabia da sua beleza e ciência. Estava interessado em estudar a Teoria dos Jogos em busca de mais marcadores para nossos métodos com opções. Quando estudava livros de matemáticos, achava muito complicado. Um amigo meu me emprestou o livro *The Theory of Poker*, do David Sklansky, dizendo: "Estuda a Teoria dos Jogos aí." Eu repliquei que não queria estudar poker. Ele insistiu: "A Teoria dos Jogos está neste livro como em nenhum outro."

Foi um susto. Devorei o livro em poucos dias e, para entender direito, li de novo. Nunca imaginei que o universo do poker fosse tão rico. E realmente compreendi a Teoria dos Jogos como nunca antes. Logo vi que o poker estava totalmente relacionado com o mercado financeiro, em especial com as opções. Fui num site de compras on-line buscar uma obra em português e me deparei com o primeiro livro do Leo Bello, que achei espetacular e que contribuiu ainda mais para o meu estudo, relacionando o poker ao mercado financeiro.

Hoje acredito que estudar e jogar poker auxilia os operadores de mercado. E quem sabe operar e estudar opções não vai também auxiliar o jogador de poker? Nessa linha, criei uma palestra que foi apresentada na Expomoney do Rio de Janeiro em 2007 chamada "Lições do poker para a bolsa: como aumentar suas chances de vencer no mercado de ações e opções", que vou de certa forma transcrever neste capítulo.

O acerto não importa

O primeiro conceito que está nas duas atividades é o de acerto, que é extremamente mal-interpretado. Mais na bolsa do que no poker, e, por que não, na vida em geral, o leigo considera que um método é provado a partir do acerto. Se o resultado de um método, ou uma operação, ou uma mão no jogo de poker, foi positivo, então se considera que o que foi feito estava certo. A maioria dos amadores na bolsa interpreta suas operações desta forma. O poker pode ensinar a eles que o acerto não quer dizer absolutamente nada e que, a longo prazo, ganha quem opera direito. Operações isoladas (assim como mãos isoladas no poker) podem dar certo apenas por um golpe de sorte.

Normalmente, o jogador de poker compreende melhor do que o operador de opções que, se você aposta com uma mão ruim e ganha, ainda assim cometeu um erro. O operador de opções tende a se iludir que, mesmo tendo feito tudo errado, se terminou no lucro naquela operação, então estava certo. Só que, no longo prazo, se ele não mudar seu método será perdedor. Fica mais fácil compreender por meio do poker que a operação ruim, que só tem 20% de chance de ser vencedora, ainda assim ganha 20% das vezes. O profissional não se ilude com isso, sabe que errou, e aprende com seu erro. O amador começa a trilhar o caminho do erro e perde o que ganhou e muito mais lá na frente.

Mesmo na ciência, os métodos não são aceitos devido ao acerto. Um método ou teoria, para ser aceito cientificamente, deve ser "falseável", isto é, deve ser possível provar que ele é falso. Uma teoria científica só é aceita se, após inúmeras tentativas de provar que ela é falsa, ela resiste. Nada na ciência pode ser provado verdadeiro. O acerto não existe cientificamente, a prova pelo acerto é um pensamento leigo. Só se pode provar que algo é falso e não funciona. Dizer que algo é "cientificamente comprovado" é bacana em anúncios na televisão, mas não quer dizer absolutamente nada, já que nada se prova verdadeiro cientificamente, pois o acerto não tem nenhuma importância.

Então este é o primeiro conceito que eu "suguei" do poker para a bolsa, pois ali ele está bem mais claro:

> Não se avalia um método ou uma operação pelo acerto. Métodos ruins acertam algumas vezes, e métodos bons erram algumas vezes, mas a longo prazo o bom método é vencedor e o mau método é perdedor. Operações (e mãos) isoladas não têm nenhuma importância.

Os três pilares

Três são os pilares principais que vão decidir se um operador vai sobreviver na bolsa:

- Gestão de risco;
- Método com esperança matemática positiva;

- Bom operador.

Sem um dos três, seja sozinho ou em equipe, não se sobrevive na bolsa. No que o poker nos ajuda, operadores de opções? E no que o mercado pode auxiliar os jogadores de poker?

A GESTÃO DE RISCO por meio da *bankroll* é bem clara no poker. É mais simples, mas o operador de opções pode adquirir os conceitos de forma bem direta. Um jogador de poker estabelece, por exemplo, que só vai jogar nas mesas de cacife de R$100 se tiver um BR correspondente a cinquenta vezes este valor. Isso lhe garante sobreviver aos períodos ruins, pois estatisticamente, em mil torneios, o bom jogador certamente um dia será vencedor, mas ele pode perder dez seguidos, por exemplo, até começar a ganhar. Logo, precisa ter uma boa sobra para não quebrar antes de o método se mostrar vencedor.

Em segundo lugar, há de se desenvolver um MÉTODO COM ESPERANÇA MATEMÁTICA POSITIVA. Isso vem de muito estudo e prática, seja no poker ou na bolsa. Apostar fraco com AA pode até terminar em uma mão ganha, mas as fichas que deixou de ganhar farão seu método ter esperança matemática negativa. Claro que há o medo de perder a mão com AA, e isso vai acontecer algumas vezes. Mas, como dissemos acima, mãos isoladas não têm importância. Quando você aposta fraco com AA, diminui o número de vezes que perde muitas fichas com AA, pois só vai na boa. Mas, como o AA ganha mais do que perde, o somatório desta atitude é perder fichas a longo prazo, logo um método com esperança matemática negativa.

Isso se assemelha à compra de opções de centavos (parecido com aposta de valor com cartas ruins — não estou falando de blefe). Ganha-se uma ou outra vez de forma espetacular, guarda-se na memória as vezes em que a opção foi de R$0,20 a R$2, mas a longo prazo é um método com esperança matemática negativa. Talvez seja mais fácil de visualizar isso no poker do que no mercado, mas para ambos é importante.

Agora a parte mais difícil, seja no mercado, seja no poker:

O BOM OPERADOR faz de uma má operação no mercado uma boa operação. Abandona a mão podre e tira o máximo da mão boa. Joga com qualquer carta e opera qualquer coisa, mas sabe o que é bom e o que é ruim. Não é maníaco, apesar de parecer para alguns.

Muitos veem jogadores como o Gus Hansen pagar ou até subir apostas com coisas como 78*o* na mão, o que provavelmente tem esperança matemática negativa na minha mão, mas na dele, naquela situação, tem esperança matemática positiva devido a seu estilo agressivo e à pressão que coloca sobre os adversários. Para tanto, é necessário desenvolver o talento de apostar com uma mão ruim quando sente fraqueza nos adversários e largar a mão quando se depara com força. Como é mais comum o *flop* não ajudar os adversários do que ajudar, um bom jogador (ou operador) consegue fazer com que este tipo de mãos tenha esperança matemática positiva. Phil Ivey também faz isso como ninguém. Da mesma forma que ele aposta com uma mão em que ninguém acredita, dá *fold* às vezes com *pot odds* excelentes porque sabe que está batido e não desperdiça fichas desnecessariamente.

No mercado é igual: o bom operador não reza, não conta com a sorte, não torce, não faz uma "fezinha". O bom operador simplesmente cumpre o plano preestabelecido, não importando para ele o que o mercado vai fazer, mas sim o que *ele* vai fazer. O bom jogador de poker não se irrita com as cartas nem torce por cartas, ele sabe que todos receberão as mesmas cartas a longo prazo. Ele está preocupado com o jogo dele, com os erros dele, e como dobrar e vencer seus adversários.

Mostrando agora por que os três pilares são necessários:

Se você é um bom operador, um bom jogador, tem um método excelente, mas resolve sentar numa mesa de US$50 mil e só tem US$100 mil, provavelmente você vai perder, porque sua gestão de risco é péssima. Não podendo perder, vai jogar com medo, pode vir uma série de cartas ruins e só haverá duas chances. No mercado, às vezes o bom operador com um bom método faz uma operação com risco enorme com opções, uma operação que daria certo, que iria dar lucro, mas no meio do caminho ela está no prejuízo e ele é obrigado a "stopar" no prejuízo, só para ver que, no vencimento das opções, ele teria um grande lucro. Isso é má gestão de risco.

De nada adianta também um bom operador, com boa gestão de risco, operando um método com esperança matemática negativa. A perda será pequena e vagarosa, mas não será um vencedor da mesma forma.

E uma boa gestão de risco, um bom método, nas mãos de um mau operador é uma catástrofe. Por isso muitas vezes a gestão de risco e o método são elaborados por uma pessoa ou por uma equipe apenas, e o operador cumpre os planos adequadamente. Muitos teóricos excelentes não são bons operadores e vice-versa. Mas entendam que, por mais teoria que assimilem, por melhor que seja sua gestão de risco, há uma parte que só se aprende lá na mesa, na bolsa, colocando o seu dinheiro em jogo. É preciso praticar, e praticar valendo dinheiro. Simulados são bons para aprender o básico, as regras, mas não desenvolvem o bom operador, que é a parte mais difícil.

As apostas

Basicamente há quatro tipos de apostas:

- *Aposta boa que você ganha.* São sua grande fonte de lucro, o máximo de dinheiro que você vai ganhar, seja na bolsa ou no poker. Você faz uma aposta correta, e o resultado é bom. Mas nem sempre você ganha uma aposta boa;
- *Aposta boa que você perde.* Nestas, apesar de perder, há um lucro pequeno, pois você utilizou corretamente um bom método. Como métodos com esperança matemática positiva também produzem operações (ou mãos) perdedoras, a aposta boa é sempre boa, ganhe ou perca, porque é por meio dela que você vai acumular capital a longo prazo;
- *Aposta ruim que você perde.* Nessa você tem um pequeno prejuízo e, se aprende que a aposta era ruim, pode-se dizer que teve lucro. Quando o errado dá errado é sempre bom para o jogador ou o operador, ainda que naquela operação ele tenha prejuízo;
- *Aposta ruim que você ganha.* Aqui está o grande prejuízo do operador, o que o leva à bancarrota. Por ganhar apostas erradas, ele insiste no método ruim e, o que é pior, dobra a aposta e cada vez se coloca num risco maior fazendo o errado. Acerca disso, muitas vezes pessoas com operações totalmente erradas em opções me perguntam no fórum o que fazer. A minha resposta surpreende com frequência: "Desmonte tudo rápido para você não ter o risco de ganhar nesta operação." Sim, não há nada pior para um operador, a longo prazo, do que ter lucro em uma aposta ruim, em uma operação errada. Isso trará muitos prejuízos no futuro, pois ele irá pelo caminho errado.

É importante para o operador de opções compreender que toda vez que ele monta uma operação errada está tendo prejuízo, não importa o resultado isolado daquela operação. Isso é fácil de compreender quando se joga poker e se entende o conceito de *pot odds*. Se o pote não está dando chances adequadas para a sua mão, você não deve pagar a aposta. Se pagar, terá prejuízo, mesmo que ganhe a mão. E, se não pagar quando o pote dá chances adequadas, terá prejuízo também, mesmo vendo, após as cartas serem abertas na mesa, que iria perder a mão. Quando se paga uma aposta com chances adequadas, as cartas que serão distribuídas não estão sob seu controle. Sua decisão é fazer a aposta correta ou não. Se fizer, terá lucro a longo prazo; se não fizer, prejuízo.

As cartas que vão aparecer serão as mesmas para todos a longo prazo. Não são elas que decidem, mas as suas decisões.

No mercado, o iniciante ou o amador está sempre preocupado em acertar se o mercado vai subir ou cair. Isso é o menos importante. Importante é o que você vai fazer se ele subir e o que vai fazer se ele cair. Importante é ter um planejamento que englobe todas as possibilidades do mercado e depois, como bom operador, cumprir o plano sem emoções.

Traçando o paralelo com o poker: se o plano era "stopar" uma compra de opções nos 0,90, você não cumpre o plano e ela volta a subir, isso é considerado prejuízo a longo prazo mesmo fechando a operação no lucro, pois você estará se tornando um mau operador.

O que está no pote não é mais seu. O preço pelo qual você comprou ou vendeu não importa.

Este é um conceito espetacular que trouxemos do poker para o mercado. Quando um jogador de poker avalia se vai pagar uma aposta, ele vê quanto tem no pote e quanto tem de pagar, e assim decide se as chances são adequadas ou não. Se tiver 1.000 fichas no pote e ele tiver de pagar 200, a relação é de 5:1 ou 20%. Não importa quantas daquelas 1.000 fichas são dele, ou foram colocadas por ele. A análise ocorre a partir deste momento. Se as chances dele com as cartas são inferiores a 20%, ele não paga; se são maiores, ele paga. O amador fica desesperado porque das 1.000 fichas do pote ele colocou 400, então ele paga uma aposta que não devia (não estamos considerando aqui os conceitos de *implied odds* e *pot committed*).

No mercado, o amador ou o iniciante sempre se encontra na seguinte situação, muito semelhante ao poker:

Comprou uma opção por R$1, e ela está valendo apenas R$0,50. Como ele raciocina: "Como posso recuperar os R$0,50 que perdi?"

Como o profissional raciocina: "O que posso fazer para defender os R$0,50 que ainda tenho?"

O amador na bolsa está preocupado com o que ele colocou no pote. O profissional está preocupado com o que ele ainda tem.

O amador pensa assim: "Comprei mil ações da PETR4 a R$80, estão R$60, mas eu tenho R$80 mil."

O profissional já analisa assim: "Tenho mil PETR4 a R$60, possuo R$60 mil. Pelo preço que eu comprei não existe mais."

Trades *isolados não importam*

Como já citamos acima, no poker o bom jogador não analisa mãos isoladas, mas sim a eficácia de seu método a longo prazo. Pagar *draw* de *flush* 3:1 tem valido a pena? Não interessa se uma mão ele ganhou 20.000 fichas pagando ou se em outra ele perdeu todas. O que ele quer analisar é se, a longo prazo, esta jogada tem esperança matemática positiva para ele ou não, se ele está operando adequadamente etc. O mau jogador se fixa na vez que ganhou muito ou perdeu muito com aquela jogada e a partir disso toma decisões emocionalmente, repetindo besteiras como: "Par de damas me dá azar", "Não jogo KT na mesa final, porque sempre me ferro", "A minha mão de ouro é TQ*s*".

No mercado, a realidade é semelhante.

Vamos dizer que você compra uma opção por R$1 com delta de R$0,50, ou seja, ele deveria subir R$0,50 se a ação subir R$1. Seu plano é este: ganhar R$0,50 se a ação subir R$1. A ação realmente sobe R$1, mas por alguma razão você sai antes e só ganha R$0,20. Pode estar na sua fatura um lucro de R$0,20, mas, a longo prazo, eu vou escrever no seu capital o prejuízo daqueles R$0,30 que você deixou de ganhar.

Por outro lado, se na mesma opção, na mesma compra a R$1, a ação agora, em vez de subir R$1, cai R$1 e você "stopa" a compra a R$0,90 como planejado, na sua fatura estará um prejuízo de R$100, mas no seu capital a longo prazo vou colocar um lucro de R$400, devido aos R$0,40 que você deixou de perder.

Para sobreviver na bolsa, não se deve analisar *trades* isolados e sim a validade do método no longo prazo. Assim como no poker não se deve apegar-se àquele *bad beat* ou àquela mão milagrosa que ganhou no *river*. Se a melhor mão ganhasse sempre, o poker acabava.

Índice de acerto

Podemos trazer o estudo de índice de acerto do poker para o mercado. Vamos dizer que você monta o seguinte planejamento:

"Vou comprar mil opções a R$1.

Se subir, vou realizar lucro nos R$1,25, tendo R$250 de lucro.

Se cair, vou 'stopar' nos R$0,90, tendo R$100 de prejuízo."

É fácil calcular o índice de acerto necessário para seu método ser vencedor:

Relação 100 / (100 + 250)
= 100 / 350 = 1 / 3,5 = 2/7
Para o método ser vencedor, precisa ganhar mais de duas vezes em sete:
Ganha duas em sete = 2 × R$250 = R$500
Perde cinco em sete = 5 × R$100 = R$500

Se no mesmo exemplo o operador conseguir um índice de acerto de apenas um quinto das vezes, o método terá esperança matemática negativa e, não importa o que aconteça em cada *trade* isolado, será perdedor a longo prazo:

Se o método acerta um quinto das vezes — Esperança matemática negativa
Uma vez em cinco, ganha R$250
Quatro vezes em cinco, perde R$100 = R$400
Perde (250 - 400 = -150 / 5) = (-R$30)

Cada vez que faz esse *trade* você perde R$30, não importa o resultado do *trade* isoladamente.

Você pode ter lucro ou prejuízo neste *trade* em especial, mas estará diminuindo R$30 do seu capital a longo prazo cada vez que fizer este *trade*.

O método é ruim, então não deve ser utilizado. O resultado do *trade* não faz diferença. Fazê-lo dá prejuízo a longo prazo.

O que o operador que só acerta um quinto das vezes pode fazer? Alterar a relação lucro/prejuízo. Se ao fazer isso ele conseguir manter a taxa de acerto, o método passará a ter esperança matemática positiva:

"Vou comprar mil opções a R$1.

Se subir, vou realizar lucro nos R$1,50, tendo R$500 de lucro.

Se cair, vou 'stopar' nos R$0,90, tendo R$100 de prejuízo."

Necessita acerto maior do que 100/600 ou 1/6 (100 / 100+500)
Se o método acerta um quinto das vezes — Esperança matemática positiva
Uma vez em cinco, ganha R$500
Quatro vezes em cinco, perde R$100 = R$400
Ganha (500 - 400 = 100 / 5) = R$20

Cada vez que faz esse *trade* ganha R$20, não importa o resultado do *trade*. Pode ter lucro ou prejuízo neste *trade* em especial, mas estará aumentando R$20 do seu capital a longo prazo cada vez que fizer esse *trade*.

Se o método indica este *trade* e você não o faz, estará perdendo R$20 a longo prazo.

Vamos ver agora como um operador ruim, guiado pelas emoções, transforma um método bom com esperança matemática positiva num método ruim, com esperança matemática negativa. Isso ocorre exatamente da mesma forma que um mau jogador de poker estraga boas cartas, não conseguindo abandoná-las e dar *fold* quando for necessário. Não abandonando o par de damas quando as condições do jogo assim ditam, acaba por criar fantasias acerca das mãos, como dizer que não dá sorte com damas, em vez de perceber seus erros. Se perde muito quando perde, acaba por fazer com que uma mão boa vire uma mão ruim a longo prazo.

O plano é o mesmo do exemplo anterior; vamos ver o que acontece:

Necessita acerto maior do que 100/600 ou 1/6 (100 / 100+500)
Se o método acerta um quinto das vezes — Esperança matemática positiva de R$20 por *trade*
Se o operador não "stopa" duas vezes nos R$0,90, "stopando" somente nos R$0,80

Uma vez ganha R$500

Duas vezes perde R$100, duas vezes perde R$200

500 - 200 - 400 = (100) / 5 = (-R$20) por *trade*

O mau operador transformou uma EM positiva de R$20 por *trade* em uma EM negativa de R$20 por *trade*.

Por último, vamos ver o que acontece quando a gestão de risco não é boa:

Ainda com o mesmo plano de compra a R$1, realização de lucro a R$1,50 e *stop* a R$0,90. Só que, em vez de comprar mil opções gastando R$1 mil, o operador compra um milhão de opções.

Necessita acerto maior do que 100/600 ou 1/6 (100 / 100+500)

O método acerta um quinto das vezes — Esperança matemática positiva

Uma vez em cinco, ganha R$500 mil

Quatro vezes em cinco, perde R$100 mil = R$400 mil

Ganha (500.000 - 400.000 = 100.000 / 5) = R$20 mil por *trade*

Cada vez que faz esse *trade* ganha R$20 mil, não importa seu resultado. Pode ter lucro ou prejuízo naquele *trade* em especial, mas estará aumentando R$20 mil do seu capital a longo prazo cada vez que fizer esse *trade*.

Se não tiver no mínimo R$1 milhão para perder, pode quebrar antes de entrar no lucro.

Método com boa esperança matemática, mas provavelmente má gestão de risco.

A sorte no poker e na bolsa é o instrumento dos perdedores.

O vencedor luta para que a sorte tenha o menor papel possível no seu resultado a longo prazo.

Capítulo 20

WSOP: um pouco dos 39 anos do torneio

"You call, it's gonna be all over, baby!"

Scotty Nguyen, induzindo o **call** *que o tornaria campeão mundial*

Que o World Series of Poker é o maior e mais respeitado torneio do mundo todos os leitores deste livro já sabem. O que poucos sabem foi como uma série originalmente disputada entre poucos profissionais cresceu a ponto de atrair mais de 8.700 jogadores para um único evento da série, como aconteceu em 2006.

No livro *Aprendendo a jogar poker* contei um pouco do início do WSOP em 1970. Eram apenas sete profissionais: Johnny Moss, Doyle Brunson, Amarillo Slim, Puggy Pearson, Crandell Addington, Carl Cannon e Sailor Roberts. E o mais pitoresco: não era um torneio. O formato *freezout* (torneios como hoje conhecemos) não havia sido criado ainda, e o campeão não levou um bracelete de ouro. Seu prêmio foi uma taça de prata.

Esses sete jogadores disputaram sessões de *cash game* até que Jack Binion pediu que eles votassem em um vencedor. Na primeira votação, todos elegeram a si próprios, claro. O que é maior do que o ego de um jogador de poker? Binion pediu que eles votassem então no segundo melhor, e todos votaram em Johnny Moss (exceto o próprio). Era o primeiro título mundial. Porém algumas pessoas contestaram o título. Por que aquele jogador era o campeão mundial? Por votos dos amigos?

No ano seguinte, como uma solução para esse impasse, foi sugerido um formato que deu origem ao que hoje conhecemos como *freezout*. Todos comprariam fichas como em um *cash game*, porém, quando as fichas acabassem, não poderiam mais recomprar. A própria ideia dos *blinds* subindo vieram quando o torneio já estava para começar. Alguns dizem que foi Puggy Pearson que propôs este formato e, curiosamente, ele chegou ao *heads up* contra Johnny Moss. Porém Moss conseguiu vencer mais uma vez, sendo eleito pelo segundo ano seguido o campeão mundial, desta vez em um torneio. Uma curiosidade é que, nesta segunda edição, ainda menos jogadores participaram: apenas seis jogadores, no que foi o menor evento da história do WSOP. Houve quatro eventos preliminares: Limit Seven-Card Stud, Limit Razz, Limit Five-Card Stud e Limit Ace to Five Draw. O valor pago para entrar no evento principal foi de US$5 mil por jogador para uma premiação total de US$30 mil ao vencedor.

Até ali o torneio era apenas uma desculpa para aumentar a frequência do cassino Binion's Horseshoe. Jack Binion colocava os jogadores em evidência com uma mesa no meio do salão principal, e as pessoas paravam para assistir e ficavam jogando no cassino. As disputas duravam dias, principalmente porque ainda não existiam as subidas de *blinds* planejadas, como hoje, para encerrar os torneios num intervalo de tempo previsível. Para termos uma ideia, o evento de 1972 teve oito jogadores, cada um colocando os mesmos US$5 mil do ano anterior, porém Binion adicionou o mesmo valor por cada jogador registrado para atrair maior atenção da mídia para o evento. Neste ano, o vencedor levou US$80 mil, uma bela quantia para a época.

Entretanto, ninguém ainda ostentava o título de campeão mundial, e nem mesmo o desejava. Dizem que em 1972, o terceiro ano do World Series, Doyle Brunson fez um acordo entre três jogadores em que ele e Puggy Pearson deram o título para Amarillo Slim. O motivo? Doyle era cristão e tinha medo de ostentar o título de campeão mundial de poker. Mais ainda, quando havia apenas três jogadores, Doyle fez algo impensável para os dias de hoje: retirou-se do torneio, recebendo US$20 mil, que era o que ele tinha em fichas.

Acreditem. Doyle Brunson não ganhou seu primeiro título mundial porque não queria ficar conhecido como jogador por causa de sua religião. Barry Greenstein afirmou que Doyle e Puggy fizeram um acordo em que Slim levava o título e a glória e ainda pagava os impostos, mas o dinheiro ficava dividido entre os dois.

Curiosidade

Doyle Brunson: sua contribuição para o poker é grande demais para não ser venerada por todos. Além de ter dez títulos mundiais (e poderiam ser 11 pela história que acabei de contar), é o autor de *Super System*, o primeiro livro sobre poker a colocar no papel a teoria que hoje é tão amplamente difundida. Foi o primeiro a discutir posição, força das mãos iniciais e estratégias de torneios. Graças a seus livros, mais e mais pessoas puderam embarcar no fascinante mundo do poker. Hoje tem um site que leva o seu nome: DoylesRoom.

O que não se esperava é que Amarillo Slim fizesse algo que até então ninguém havia pensado: capitalizou sua vitória com marketing sobre seu feito. Deu entrevistas para jornais e revistas e foi a programas de televisão, ficando logo famoso nos Estados Unidos. Lendo sobre a história do WSOP, esse talvez tenha sido o ano mais importante até a chegada da internet em 2003, com a vitória de Chris Moneymaker. Com sua vitória e a posterior turnê pelos programas de televisão, Amarillo catapultou a popularidade do poker no país.

No ano seguinte, os jogadores já tinham vontade de ganhar o título. E assim, Puggy Pearson, que no ano anterior fez um acordo com Slim, ganhou sua primeira final. É bom lembrar que, nesses três anos de torneios em formato *freezout*, Puggy chegou ao *heads up* em todos eles, ganhando na terceira vez. Neste ano, foram sete eventos preliminares e a primeira vez em que a inscrição para o evento principal foi de US$10 mil, valor mantido até hoje. Treze jogadores tomaram parte neste evento.

Em 1974, Johnny Moss voltou para reclamar seu título. Pela terceira vez, Moss era campeão mundial. Um recorde que hoje em dia é bastante difícil de ser quebrado e só foi igualado por Stu Ungar.

Curiosamente, Johnny Moss, um dos maiores vencedores da história, não tem nenhum bracelete de campeão mundial. Foi somente a partir de 1975, no sexto ano do WSOP, que um bracelete de ouro foi entregue aos vencedores. O primeiro felizardo a recebê-lo foi Sailor Roberts, que ganhou de Bob Hooks na final. Como uma nota triste, Sailor ficou mais conhecido no mundo do poker por ter sido o primeiro jogador do Hall da Fama a morrer por causa das drogas, em 1982. Sailor era um grande amigo de Doyle Brunson, e os dois viajaram de carro durante a década de 1960 à procura dos melhores jogos de poker na região do Texas.

E por falar em Texas Dolly (como ficou conhecido Doyle Brunson depois que Jimmy "The Greek" Snyder, que trabalhava na NBC, pronunciou o nome Doyle como Dolly por engano), em 1976 ele começou a escrever seu nome na história do poker mundial. Muitos já sabem que ele ganhou dois WSOP seguidos, e em ambos com a mesma mão final, T2. Estas cartas levam o apelido de Doyle Brunson, em sua homenagem. No primeiro título, Brunson ganhou de Jesse Alto, e no segundo, no ano seguinte, o vice-campeão foi Gary "Bones" Berland.

Em 1977, Doyle ganhou de um *field* de 34 jogadores. A curiosidade aqui é que, apesar do *field* maior, apenas o vencedor levou o prêmio. Doyle faturou US$340 mil, que, somados aos US$220 mil do ano anterior, tornavam-no o maior vencedor da história de torneios no mundo. Além do recorde no evento principal, o WSOP de 1977 teve 12 eventos preliminares.

Até então, naquelas oito edições do WSOP, os únicos a ganhar títulos estavam entre os sete participantes do evento em 1970. A experiência falava mais alto, e parecia difícil quebrar essa hegemonia. Bobby Baldwin foi o primeiro amador a ganhar o título, batendo Crandell Addington na final. O termo "amador" se aplica apenas porque o título não foi de um dos veteranos, que viviam regularmente de poker, pois nessa época pagar US$10 mil para um torneio ainda era para poucos; Bobby Baldwin já era ligado ao poker e não foi um vencedor realmente "amador". Porém, era interessante vender a ideia de que um jogador não profissional havia ganhado o título mundial.

Nesse mesmo ano de 1978, pela primeira vez o vencedor não levava toda a premiação (*winner-takes-all events*). Entraram no torneio 42 jogadores, e cinco felizardos foram premiados (Jesse Alto, Buck Buchanan, Louis Hunsucker, Crandell Addington e Bobby Baldwin, o campeão). Esse também foi o ano do primeiro título de "Chip" Reese num evento do WSOP. Reese, que faleceu no final de 2007, foi o campeão do primeiro torneio de HORSE do WSOP com *buy-in* de US$50 mil em 2006. Por esse título, Reese ganhou

US$1,71 milhão, após vencer Andy Bloch em um *heads up* que durou mais de sete horas: A♣Q♣ ganhou do 9♣8♠ de Bloch num *board* que tinha J♠, 7♣, 7♠, 4♥ e 4♠.

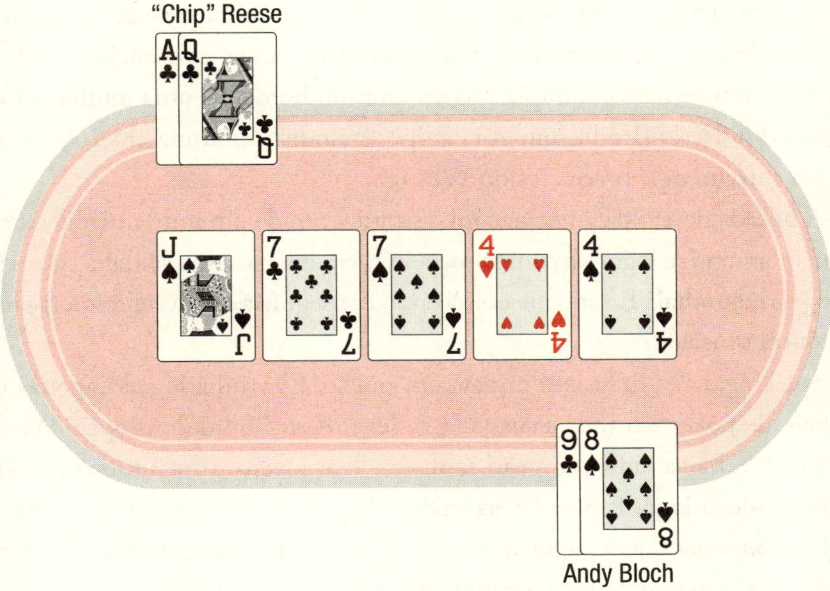

Considerado por muitos o melhor jogador *all-around*, ou seja, de todas as modalidades, Reese curiosamente só ganhou mais um bracelete do WSOP, em 1982, novamente em Seven-Card Stud. Quer dizer, "só" ganhar três braceletes do WSOP, incluindo o do torneio com maior *buy-in* da história do WSOP em 2006, não é pouca coisa, mas Chip dedicou boa parte de sua carreira como jogador aos *cash games*. Por isso, não tem uma grande lista de títulos como Doyle Brunson.

Em 1979, outro amador levou o título. Hal Fowler que, na última mão, chamou um terço de suas fichas para tentar acertar um *gutshot straight draw*, ou seja, tinha apenas quatro *outs* para ganhar, e acertou no *turn*, eliminando Bobby "The Wizard" Hoff na segunda posição. Esses dois últimos campeões eram amadores, mas hoje raramente são lembrados. No ano anterior, Hal havia sido eliminado do evento principal pelo mesmo Bobby Hoff. Foi uma vingança em grande estilo eliminar seu antigo carrasco e levar o título mundial. No primeiro dia de disputa, o campeão Hal Fowler quase foi eliminado, tendo terminado com apenas 1.700 fichas.

Nesse mesmo ano foi também a primeira vez que um *royal straight flush* foi mostrado no torneio, quando Louie Lakewood, segurando K♦T♦, completou a mão no *turn*. Mais uma curiosidade desse ano: Doyle ganhou um título e, portanto, um bracelete numa modalidade pouco convencional, Mixed Doubles, um torneio em duplas jogado por um homem e uma mulher. Doyle jogou com Starla Brodie, que foi campeã mundial feminina em 2005 e tem na sua carreira dois braceletes do WSOP.

A década de 1980 começou com o surgimento de um mito no poker. Pode alguém aprender, jogar um único torneio e, em apenas uma semana, se tornar campeão mundial? E será que esse azarão conseguiria ainda repetir a façanha em outra ocasião?

Stu Ungar fez tudo isso e mais um pouco. Ele tinha jogado apenas um torneio de poker em toda a sua vida, o Seven-Card Stud do próprio WSOP de 1980, e havia sido campeão também. Era jovem e impetuoso e estava aprendendo o jogo. Em todas as casas de apostas, Stu era o azarão com as maiores *odds* para quem apostasse nele. O evento principal do WSOP durou cinco dias, e dizem que ele evoluiu ao longo de cada um deles, melhorando seu jogo. Ia aprendendo e eliminando oponentes, até que o destino o colocou frente a frente com o bicampeão mundial Doyle Brunson. O que poderia ter sido o terceiro título mundial de Doyle acabou como o surgimento de um dos maiores jogadores da história.

Não bastando este resultado, Stu retornou em 1981 e levou o título novamente. Em seu segundo título, Stu bateu um *field* de 75 jogadores e no *heads up* final ganhou de Perry Green. Em 1981, ainda levou o título em Deuce to Seven Draw (modalidade de poker). Em 1983, mais um bracelete, desta vez de Seven-Card Stud e um segundo lugar em outro evento na mesma modalidade. Stu ainda ganharia seu terceiro mundial, mas já chegaremos nesta história.

O talento e a genialidade de Stu brigavam com seu vício em drogas. Gastava todo o seu dinheiro com mulheres e entorpecentes e, reza a lenda que, após ganhar o título pela segunda vez, Stu conseguiu gastar todo o prêmio em menos de 24 horas.

Este ano, 1981, ficou marcado por uma aposta na mesa final feita por Gabe Kaplan contra Amarillo Slim. Gabe, que no ano anterior havia ficado na 6ª posição, apostou que um dos três judeus na mesa final levaria o título em vez de um dos três texanos. No final, Gabe Kaplan engordou seu bolso tanto quanto o próprio campeão, levando a aposta com a vitória dos judeus personificada por Stu. Quem conhece o programa *High Stakes Poker*, da tevê a cabo americana GSN, reconhece Gabe Kaplan como o apresentador do programa; outros já o viram em filmes, pois Gabe também é ator, além de jogador profissional.

Um dos maiores clássicos da literatura sobre poker, *The Biggest Game in Town*, escrito por A. Alvarez, se passa durante o WSOP de 1981. É um dos primeiros relatos realistas sobre Las Vegas e sobre os profissionais de poker. Recomendo a leitura para quem quiser entender o crescimento dessa meca do entretenimento, assim como do nosso próprio esporte. Nessa época, Las Vegas possuía apenas o Caesars, Flamingo, Alladin e o Dunes, onde hoje fica a famosa Strip, e a ação acontecia onde hoje fica a área mais decadente da cidade, chamada Downtown Las Vegas ou, popularmente, "Glitter Gulch". No cruzamento da Freemont Street com a Casino Center, ficava o Binion's Horseshoe, que sediava os eventos do WSOP, e os também conhecidos Golden Nugget, Freemont e o Four Queens. Em torno (de acordo com a própria descrição de Alvarez), não havia uma única farmácia ou padaria. Tudo girava em torno do comércio do jogo. Alvarez cita que a maior concentração de casas de penhora que ele já viu fica em Downtown Las Vegas. Os jogadores perdiam até as calças e levavam suas joias para conseguir mais dinheiro para saldar dívidas ou jogar ainda mais.

Menos de trinta anos depois, os viajantes que vão a Las Vegas só passam por Downtown se for para tirar fotos da Freemont Street Experience, show de luzes e lasers que acontece num teto colocado sobre a Freemont Street, em frente ao Horseshoe, que hoje não é mais Binion's, pois foi vendido a uma grande corporação, perdendo a característica familiar descrita por Alvarez em seu livro. O Binion's Horseshoe era o único local em que o valor da aposta era ilimitado. Qualquer jogador poderia chegar e propor um limite, que os membros da família Binion aceitavam, diferente do que acontecia nos cassinos da Strip.

Só consigo imaginar, pela leitura dos livros de Alvarez, Anthony Holden e James McManus, uma Las Vegas que não mais existe.

É interessante percebermos que, hoje, qualquer torneio semanal pode alcançar um *field* de 75 jogadores. Até a década de 1990, um jogador tinha chances em torno de uma em cem de ganhar o título mundial. É claro que isso não desmerece nenhum desses títulos; porém, atualmente a competição é muito mais acirrada, pois é preciso bater pelo menos seis mil jogadores num *main event* ou algumas centenas em eventos secundários.

Olho para o Brasil e vejo a semente de um torneio como o BSOP, que em seu segundo ano já teve uma média de cem jogadores por etapa; no terceiro ano, essa média subiu em 20%; e no quarto ano chegou a mais de quinhentos jogadores no início da temporada. Quando tento comparar com o surgimento do WSOP, vejo que é como se estivéssemos trilhando o mesmo caminho, quase trinta anos depois. Hoje, porém, andamos numa velocidade absurda. Jogadores brasileiros que há menos de três anos começaram a se dedicar ao poker atualmente já têm resultados internacionais e nacionais expressivos, em grande parte graças à popularização trazida pela internet.

A história do WSOP é repleta de lendas, e uma das mais interessantes aconteceu em 1982. No ano em que o WSOP ultrapassou a marca de uma centena de jogadores no evento principal, Jack Strauss fez história. Você conhece a expressão "*chip and a chair*"? Com o significado literal de "uma ficha e uma cadeira", esse termo foi criado quando Strauss, após perder no meio do primeiro nível de *blinds* um pote onde tinha empurrado todo o seu *stack* para o meio da mesa, levantou-se para sair do torneio e encontrou uma única ficha de 500 embaixo do seu guardanapo. Como ele não havia dito que estava *all-in*, Jack pôde manter a ficha e continuar no jogo. Jack dobrou nas mãos seguintes e eventualmente ganhou o torneio e o título mundial. Com apenas uma ficha, Jack Strauss ressurgiu das cinzas e foi campeão mundial.

E como o poker seguia evoluindo, 1983 viu a entrada de uma leva de jogadores novos por meio dos satélites. Eric Drache criou o conceito que permitiu que jogadores colocassem um valor inferior ao *buy-in* para tentar ganhar uma vaga. Um dos novos talentos que ganhou seu lugar no WSOP desta maneira foi Tom

McEvoy (autor em conjunto com T.J. Cloutier do primeiro livro de poker que li, *Championship No-Limit & Pot-Limit Hold'em*). Após ganhar o satélite, Tom ganhou de Rod Peate, que também havia entrado desta forma no torneio, e foi o primeiro campeão a não ter pagado o *buy-in* inteiro do evento.

Dá para chutar quem chegou em terceiro nesse ano? Isso mesmo, Doyle Brunson. Ele já tinha dois títulos, um vice-campeonato e agora adicionava um terceiro lugar. Até 2008, Doyle colecionava dez braceletes de eventos do WSOP, sendo dois de campeão do *main event* e oito em outros eventos secundários, estando empatado com Johnny Chan e perdendo apenas para Phil Hellmuth, que atualmente tem 11 braceletes.

Nessa época, nomes como David Sklansky eram figurinhas fáceis nas mesas finais e até mesmo ganhando braceletes nos eventos preliminares. Hoje em dia, muitos que leem seus famosos livros se perguntam o que ele já conquistou. Em 1982, dois braceletes, um em *draw poker* e outro em Mixed Doubles. No ano seguinte, um bracelete no torneio de Omaha Limit, e, em 1984, um vice-campeonato em Omaha Pot Limit.

Como já estava virando rotina, 1984 trouxe mais uma curiosidade para a galeria. Neste torneio aconteceu um dos blefes mais famosos do poker. Com apenas três jogadores restando, "Cowboy" Wolford blefou num pote monstruoso contra o *chip leader* Jesse Alto e mostrou seu blefe enquanto recolhia as fichas. Jesse Alto, que chegou seis vezes à mesa final do *main event* entre 1975 e 1986, entrou em *tilt* e nas três mãos seguintes foi *all-in* no escuro. Jack Keller o chamou na terceira vez e acabou levando todo seu *stack*. Jack, no *heads up*, acabou ganhando de Cowboy e conquistou seu primeiro título mundial.

Jack Keller tem uma história interessante relacionada ao World Series of Poker. Jack teve uma filha, Kathy Kolberg, de cujo nascimento não teve conhecimento. Durante anos suas vidas seguiram separadas até que o destino fez com que Kathy Kolberg escolhesse ser jogadora de poker, sem saber que seu pai havia sido campeão mundial. (Será que ser jogador está no sangue?) Foi durante uma temporada em Las Vegas, ao ver fotos de Jack Keller e relacioná-las com histórias contadas por sua mãe, que Kathy descobriu seu pai e finalmente os dois se encontraram.

Em 1985, a 16ª edição do WSOP teve uma premiação recorde ao campeão de US$700 mil e foi vencido por Bill Smith, deixando em segundo lugar T.J. Cloutier, que muitos consideram o melhor jogador em torneios da história, em termos de consistência de resultados. Era a primeira mesa final de T.J. no WSOP. Smith ficou mais conhecido por seu alcoolismo do que por seus títulos no poker.

Em terceiro lugar ficou Berry Johnston, o oposto de Bill Smith, pois é um jogador quieto e afável à mesa, mas nem por isso menos guerreiro. E Johnston provou seu apetite pelo título ao retornar em 1986 e bater 141 jogadores para levar o título de campeão mundial. Johnston declarou que, para ele, aquele título representava mais que o dinheiro ganho.

Curiosidade

O WSOP de 1988 ficou famoso mundialmente porque a mão final foi retratada no filme *Cartas na mesa*, com Matt Damon e John Malkovich. Esse filme foi um dos eventos que catapultou a fama do poker e do Texas Hold'em pelo mundo.

Raul Oliveira, um dos ícones do poker brasileiro junto com Christian Kruel, me contou que começou a jogar poker após assistir a *Cartas na mesa*. Na época, Christian e Raul jogavam gamão profissionalmente e dividiam apartamento no Rio de Janeiro, e numa tarde, após assistir ao filme, Raul ligou para Christian dizendo:

— CK, você precisa ver isso. Acho que encontrei o novo gamão.

(Obviamente a frase não foi exatamente essa, mas dá para retratar a empolgação de Raul com o jogo que se desenhava a sua frente.)

Após assistir ao filme, CK e Raul começaram a procurar sites de poker on-line, e começava aí a carreira de dois dos mais bem-sucedidos esportistas do Brasil.

No filme, Johnny Chan, que ficou conhecido pela alcunha de Oriental Express e que havia ganhado o título em 1987, repetiu o feito sendo campeão novamente em 1988, ao ganhar de Erik Seidel na final. Johnny conseguiu acertar uma sequência no *flop* e fez *slow play*, fazendo com que Seidel desse um *all-in* sem chances de vencer a mão. O bicampeonato e o filme fizeram a fama de Chan correr o mundo. Como já sabemos, atualmente ele tem dez braceletes, igualando-se a Doyle Brunson, mas o jogador que mais venceu torneios do WSOP somente surgiria no ano seguinte, e impediria o que poderia ser o maior feito da história do WSOP: três títulos consecutivos.

Johnny Chan quase conseguiu um tricampeonato. Novamente foi até a mesa final em 1989, e chegou até o *heads up* contra um garoto desconhecido no mundo do poker, com apenas 24 anos de idade, o mais jovem campeão de um evento principal do WSOP norte-americano. Fora dos EUA temos a Annette Obrestad, que ganhou aos 19 anos o título do *main event* do WSOP Europa em 2007, e o atual recordista do WSOP, o dinamarquês Peter Eastgate, que ganhou o título aos 21 anos no *main event* de 2008.

Mas em 1989, Phil Hellmuth Junior chegou, reza a lenda, ao Horseshoe em um skate e saiu com o título mundial, vencendo 178 competidores. Johnny Chan ficou em segundo, no seu terceiro *heads up* consecutivo e primeira derrota. Em 2007, menos de vinte anos depois, Phil Hellmuth recebeu seu 11° bracelete ao vencer um evento com mais de dois mil jogadores, provando que, mesmo com a chegada da internet e de mais jovens talentosos, sua experiência ainda conta muito e o coloca na posição de um dos melhores jogadores da história do poker mundial.

Em 2007 aconteceu uma cena hilária no WSOP, quando Phil Hellmuth, em vez de chegar em um skate, chegou em um carro de corrida, todo vestido com um macacão de corredor, capacete e várias modelos ao lado, e perdeu o controle no estacionamento do hotel Rio, batendo com o carro. Não perdeu a pose. E criou mais uma das lendas do poker, pois muitos afirmam ter visto a batida, mas na realidade só viram mesmo o carro amassado. Nesse ano, o criador do WSOP Benny Binion faleceu em dezembro, no dia de Natal.

O ano de 1990 teve um campeão hoje desconhecido para a maioria dos jogadores de poker: Mansour Matloubi, que ganhou de Hans "Tuna" Lund no *heads up* final. Nessa batalha entre os dois, que durou mais de dez horas, está um dos maiores *bad beats* em um *heads up* da história. Indo *all-in* com um *pocket pair*, Mansour viu seu adversário chamar com um *pocket pair* menor e acertar a trinca no *turn*, o que daria o título para Hans Lund. No *river*, Mansour conseguiu acertar também uma trinca com uma das únicas duas cartas que poderiam ajudá-lo no baralho. Mansour virou um jogo que estava perdido e continuou jogando com calma para mais de sete horas depois vencer o título mundial.

O ano seguinte entrou para a história por trazer o primeiro prêmio de US$1 milhão para um torneio de poker. E o felizardo que levou para casa a bolada foi Brad Daugherty, que venceu Don Holt no *heads up* final. A partir desse ano, o WSOP teria anualmente um prêmio de US$1 milhão garantido ao vencedor. Foram 215 jogadores no evento principal, quebrando pela primeira vez a marca de duas centenas de jogadores.

Em 1992, o WSOP teve uma queda no número de participantes. Isso só aconteceu três vezes na história — entre a primeira e a segunda edições, em 1992 e, por último, entre 2006 e 2007, com a saída do mercado americano por parte de alguns dos sites que faziam satélites on-line para o evento.

O vencedor de 1992 foi Hamid Dastmalchi, que bateu 201 jogadores e também levou US$1 milhão para casa. O WSOP de 1993 ficou conhecido como o ano em que o maior erro de um profissional de poker foi cometido. Restavam apenas três jogadores. O primeiro lugar levava o prêmio de US$1 milhão, o segundo, US$420 mil, e o terceiro, apenas US$210 mil. E a situação parecia definida para o terceiro lugar, ou pelo menos seria necessário um milagre para mudar.

Jim Bechtel tinha 1.150.000 em fichas, John Bonetti tinha 935.000 e Glenn Cozen tinha apenas 95.000 num distante terceiro lugar. Os *blinds* já estavam 5.000 e 10.000.

Na mão em questão, Jim estava no *button* e aumentou para 35.000. John, que era o *small blind*, recebeu A♦K♣. Após uma breve pausa, decidiu apenas chamar a aposta, pois pensou que Glenn poderia ir *all-in*. Glenn, que já havia colocado 10.000 no pote (que agora tinha 80.000), precisava apenas chamar mais 25.000. Eram excelentes *odds* e, após pensar por um longo tempo, Glenn apenas chamou com um par 55 na mão. Depois do torneio, ele contou que pensou em dar *all-in* nessa mão, mas achou que seria chamado pelos adversários e preferiu ver o *flop* antes. Após chamar essa aposta, só restavam 60.000 fichas para Glenn.

O *flop* veio:

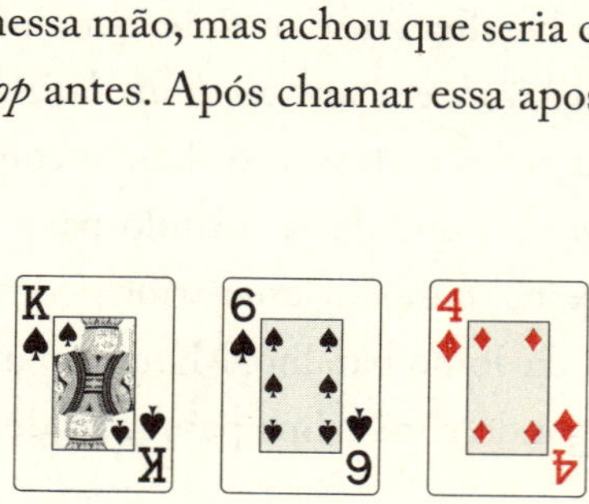

John e Glenn deram *check*. Jim apostou 80.000 num pote que já tinha 105.000. John aumentou para 180.000, e Glenn deu *fold*. Jim chamou a aposta.

O *turn* trouxe um J♠, deixando o *board* com um possível *flush*. John colocou então todas as suas fichas *all-in*, tendo apenas o K como *top pair*, sem nem ao menos ter uma carta de espadas na mão. Jim parou para pensar por um tempo. Afinal, se chamasse e perdesse a mão daria o torneio de presente para John, ficando *short-stacked*.

Mas naquele dia quem estava dando o presente era John. Jim, que tinha 6♣6♦, resolveu chamar a aposta com seu *set*, e John estava *drawing dead*.

John acabava de ser eliminado em terceiro lugar, levando US$210 mil e deixando no colo de Glenn a segunda colocação e US$420 mil. Poucas mãos depois, Jim se sagrou campeão mundial (afinal, com 2.120.000 fichas contra 60.000 não foi difícil vencer o *heads up*).

Acredito que foi o pior caso de *overplay* de AK que eu já ouvi. Apenas com *top pair* John perdeu US$210 mil e uma chance real de brigar pelo título mundial.

Vamos tentar analisar os erros de John nessa mão com base no que discutimos até agora neste livro.

Antes do *flop*, chamar a aposta com AK não estava errado, mas vamos analisar suas outras opções: *fold* e *raise*.

- *Fold*: se John tivesse dado *fold* com AK, uma jogada que à primeira vista parece fraca demais, provavelmente Glenn no BB com 55 teria voltado *all-in* em cima de Jim, que, lembrem-se, tinha 66 e seria eliminado na terceira posição. O *call* de John fez com que Glenn não fosse *all-in* e decidisse ver o *flop*.

Estrategicamente, o *fold* poderia ser a situação correta. Deixando que as fichas de Glenn fossem diminuindo e garantindo pelo menos mais 200 mil em prêmios. Naquela situação específica do torneio, o melhor era que John não se envolvesse em potes grandes.

- *Raise*: um *raise* substancial pré-*flop* tem o problema de tirar Glenn da mão, mas provavelmente também tiraria Jim, pela mesma razão que expliquei acima. Jim também não devia neste momento querer jogar um pote grande contra John.

O *call* pré-*flop* foi a chamada para o desastre, mas o maior problema veio no *turn*. Acredito que a ação no *flop* foi correta em sua maior parte. O *check* quando o *flop* veio com o K era a melhor opção até para dar corda para que

Glenn apostasse o restante de suas 60.000 fichas. Porém ele deu *check* também, e Jim apostou. Nesta situação, Jim apostaria mesmo sem ter acertado o *flop*, já que havia subido antes. Portanto, também foi correto o *raise* de John. Até mesmo o valor, que ainda não comprometia seu *stack*. Quando Jim chamou o *raise*, John deveria imaginar que Jim tinha uma mão forte, pois não iria chamar o *raise* sem ter jogo.

O *turn* trouxe um J, que completava um *flush*. Nesta hora, John cometeu seu erro fatal. O pote tinha 465.000, e John saiu apostando 720.000 sem ter nenhuma carta de espadas. Apesar de eu conseguir ver uma tremenda coragem em tentar representar o *flush*, John escolheu a hora errada e foi excessivamente agressivo. Sem ter uma carta de espadas na mão, John deixava de ser o favorito contra muitas das mãos que poderiam tê-lo chamado no *flop*.

Colocando essa análise no PokerStove, vemos que Jim era favorito no *range*, que poderia ter subido pré-*flop* e depois chamado o *raise* de John no *flop*.

Board: Ks 6s 4d Js						
Cartas mortas:						
	equidade	vitória	empate	potes coletados	potes repartidos	
John:	44,489%	37,50%	6,99%	660	123,00	{AdKc}
Jim:	55,511%	48,52%	6,99%	854	123,00	{KK+, JJ, 66, ATs+, KTs+, AKo, KJo+}

Uma última curiosidade: o ano de 1993 acabou tendo o *heads up* mais rápido da história do *main event* do WSOP. Jim Bechtel se sagrou campeão apenas três mãos depois.

Em 1994, no 25° aniversário do evento, o vencedor levou como prêmio extra seu próprio peso em prata. O felizardo foi Russ Hamilton, que durante a mesa final aproveitou para comer bastante — aliás, foi assim com todos os competidores, o que virou mais uma anedota do folclore da WSOP. Russ levou o tradicional milhão e contou que já tinha tanta certeza de que ia ganhar que engordou mais de 45 quilos (não apenas durante o evento, mas nos meses que o antecederam).

Após um quarto de século, o WSOP não parava de crescer e, em 1995, um grande conhecido dos jogadores de poker foi campeão: Dan Harrington, autor da famosa série de livros *Harrington on Hold'em*, que introduziu o conceito de M para a grande maioria dos jogadores. Notável, nesse ano, a presença de uma mulher na mesa final. Barbara Enright, que em 2007 entrou para o Hall da Fama do poker, foi a 5ª colocada.

No ano seguinte, Harrington conseguiu a 17ª colocação, e o grande campeão foi o jovem Huckleberry Seed. Em 2007, presenciei uma cena que depois foi parar na transmissão da ESPN, em que um jogador desconhecido, no meio de uma mão, vendo as câmeras de filmagem em volta, perguntou de um modo desafiador quem era Huck Seed. Huck, com muita classe, apontou para uma das paredes do pavilhão Amazon, no centro de convenções do cassino Rio, onde estavam penduradas as fotos de todos os campeões dos *main events* do WSOP:

— Aquele ali sou eu... — respondeu Huck Seed. A legenda dizia: "Huck Seed, campeão mundial em 1996".

Quebrar a barreira dos trezentos jogadores não foi a maior novidade do ano de 1997. Stu Ungar renasceu das cinzas. Voltar a jogar o *main event* e simplesmente dizimar os concorrentes ganhando outro título foi um fato marcante. As casas de apostas quase quebraram. E, no ano seguinte, novamente quase quebraram, pois Stu Ungar, de tão drogado, não conseguiu chegar às mesas para jogar. Morreu de overdose sem participar novamente do campeonato mundial. Um dos jogadores que ganharam mais dinheiro com o poker, um dos maiores talentos que o esporte já viu, morreu praticamente pobre e de uma maneira trágica. O livro *One of a Kind* conta toda a trajetória de um dos maiores ídolos do nosso esporte.

Sem Stu, 1998 foi o ano de Scotty Nguyen vencer e cunhar a famosa frase: "*You call, it's gonna be all over, baby!*" [Você chama e está tudo acabado, *baby*!] Ele estava praticamente perfeito, e houve até um fato curioso. A mesa final foi formada por apenas cinco jogadores. Scotty eliminou de uma só vez o 7º e o 6º colocados antes da formação da mesa final, que tradicionalmente começava com seis jogadores. Scotty quase chegou novamente à mesa final do *main event* em 2007, quando foi o 11º colocado de mais de seis mil jogadores. E, em 2008, ganhou o torneio de Horse de US$50 mil de inscrição.

Em 1998, Daniel Negreanu ganhou seu primeiro bracelete no WSOP, e apareceu para o mundo do poker. Hoje, ele é considerado um dos melhores jogadores do mundo, ganhou um bracelete no WSOP de 2008 e desde 2007 é membro do time de profissionais do PokerStars. É difícil encontrar Negreanu sem um sorriso no rosto, e ele é considerado o jogador mais simpático do circuito mundial. Tive o prazer de conhecê-lo no *lounge* do PokerStars em 2008, e ele foi atencioso com todos.

> Lembro do André Akkari contando uma história em que, logo após ter entrado para o time do PokerStars, foi jogar um torneio on-line na mesma sala que outros profissionais, incluindo o próprio Negreanu. Em uma determinada mão, André fez uma leitura da fraqueza de um adversário e deu um *reraise* pós-*flop* sem ter jogo algum, pressionando o adversário. Após pensar por alguns momentos, o adversário deu *fold*, e André ouviu de Negreanu:
>
> — *Welcome to the team, Akkari*!

Em 1999 o vencedor foi Noel Furlong, e o *main event* quase bateu quatrocentos jogadores. O crescimento, por incrível que pareça, era pouco perto do que aconteceria na virada do século.

Mais de quinhentos jogadores em 2000, e uma batalha de gigantes no *heads up*. Chris Ferguson tinha dez vezes mais fichas que T.J. Cloutier, franco favorito nas apostas. T.J. conseguiu equilibrar o jogo e, no final, acabou levando um *bad beat*, quando seu AQ foi quebrado pelo A9 de Ferguson, que ganhou US$1,5 milhão pelo título.

Um dos livros que se tornaram minha leitura de cabeceira, *Positively Fifth Street* conta a história do poeta, escritor e jornalista James McManus, que conseguiu em 2000 chegar na 5ª colocação do WSOP. Vale muito a pena ler a história de como o jornalista que foi cobrir a história do assassinato de Ted Binion e a participação das mulheres no WSOP para sua revista suou para conseguir uma vaga num satélite, tendo menos de US$3 mil para suas despesas, e a partir daí fazer história no poker mundial. E provando que poker é um jogo de habilidade, em 2008 McManus estava entre os líderes do *main event* no início do quarto dia de competições. O resultado final? James McManus na mesa final e um belo 4° lugar. E o mais incrível é que, ao longo do texto, ele comenta que sua leitura de cabeceira era o livro escrito por T.J. Cloutier. E na mesa final ele teve a honra de jogar com seu ídolo.

A descrição de como era o torneio é quase mágica, principalmente para mim, que hoje vejo a mesa anual do WSOP nos galpões do cassino Rio. Na época, o torneio ainda era no Binion's Horseshoe, e a atmosfera era totalmente diferente da que vemos hoje. Não deixe de ler este livro.

Em 2001, houve 613 jogadores, e Juan Carlos Mortensen foi o campeão em uma mesa que teve Phil Gordon (do *Celebrity Poker Showdown*) em 4° lugar, Phil Hellmuth em 5° lugar, Mike Matusow em 6° lugar e Daniel Negreanu em 11°, sendo a bolha da mesa final.

Em 2002, o contrário: uma mesa final só com desconhecidos. Uma das figuras mais apáticas, Robert Varkonyi, ganhou, e ele ainda é considerado por muitos uma zebra. Mas, cá entre nós, só pode ser inveja da oposição. Varkonyi bateu um *field* de mais de 630 jogadores e faturou o primeiro prêmio de US$2 milhões da história do poker mundial.

De 2003 para cá a maioria conhece a história. Houve o *boom* da internet, e Chris Moneymaker (2003), Greg Raymer (2004), Joe Hachem (2005), Jamie Gold (2006) — que ganhou "apenas" US$12 milhões no maior campeonato da história do poker mundial, com 8.773 participantes —, e depois Jerry Yang (2007) e Peter Eastgate (2008) foram os campeões mundiais.

No ano de 2008, tenho alguns destaques importantes a fazer. O maior de todos: nosso primeiro bracelete. Nosso para o Brasil: o grande vencedor foi Alexandre Gomes. Apesar de não ter sido no *main event*, Alexandre desbancou quase dois mil jogadores e faturou o 1° lugar no evento 48, com *buy-in* de US$2 mil.

Sua vitória lhe rendeu um prêmio de US$779 mil, o maior recebido por um brasileiro até hoje. Com apenas 25 anos, Alexandre se tornou milionário da noite para o dia, ou melhor, ao longo de três dias de competições. Com esse resultado, Alexandre foi contratado para participar do time de profissionais do PokerStars, e espero que represente bem o Brasil no exterior.

Foi emocionante assistir à mesa final, e, como eu tinha credencial de imprensa, estava com a máquina fotográfica em punho. Apesar de normalmente não poder filmar a ação, não deu para resistir à emoção e à oportunidade no *heads up* final. Assim, nas duas vezes em que Alexandre colocou seu torneio em risco — uma em um *all-in* de AT que foi chamado pelo AA de Marco "CrazyMarco" Johnson, em que o *board* trouxe dois T para quebrar o AA que daria o título ao americano; e na mão derradeira, na qual o AK de Alê ganhou do QJ de CrazyMarco —, eu tive que gravar em vídeo.

A última mão foi assim:

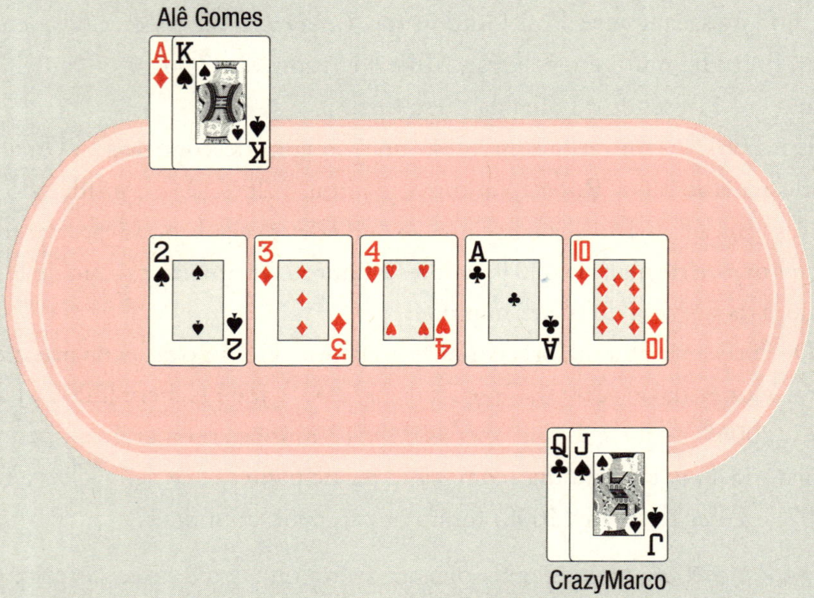

Vídeos exclusivos que ninguém mais no mundo tem do primeiro bracelete de um sul-americano na história. É claro que esses registros estão disponíveis para todos assistirem. É só ir ao meu site e procurar na seção de vídeos. Curta a emoção que tivemos e desculpe a imagem tremida enquanto comemorávamos. Mais do que um escritor ou repórter, ali eu era um torcedor disfarçado de imprensa. Ou melhor, um jogador, amigo e torcedor. Obrigado, Alê, pela alegria que nos deu!

Em 2008, pela primeira vez a mesa final do *main event* não aconteceu durante o WSOP. O evento, que contou com mais de 6.800 jogadores, foi interrompido quando restavam nove competidores, e a mesa final ficou para ser disputada três meses depois. Durante esse período, a ESPN exibiu todos os programas gravados com os eventos do WSOP até mostrar a mesa final. Então, o torneio recomeçou, sendo televisionado apenas um dia depois da gravação. O mundo inteiro pôde acompanhar a disputa pelo primeiro prêmio de US$9 milhões. No dia 10 de novembro de 2008, Peter Eastgate bateu Ivan Demidov no *heads up* e levou o título, tornando-se o campeão mundial mais jovem da história. Eu estive lá cobrindo ao vivo a mesa final, tirando fotos e vivendo aquela emoção de perto. Era o único jogador brasileiro que assistiu *in loco* aos principais momentos. Tirei fotos com os participantes e pude sentir toda a energia do ambiente. Mas essa história fica para outro livro.

Em 2009, o WSOP fulminou todos os recordes com exceção do próprio *main event*. Teve o maior torneio sem ser um evento principal, com 6.012 jogadores e *buy-in* de US$1 mil. Contou também com o maior número de jogadores em um torneio de Pot Limit Omaha, com quase novecentos; teve a maior premiação já paga em um torneio de Stud; dez eventos atingiram a capacidade máxima de jogadores; e a premiação total foi recorde. Mais de sessenta mil jogadores participaram. É muita gente!

O jogador do ano foi Jeffrey Lisandro, que ganhou três braceletes em um mesmo WSOP, fato que até então só tinha sido alcançado por quatro jogadores. Porém, com os *fields* gigantescos deste ano, o feito é ainda mais impressionante.

Phil Ivey foi o destaque, colocando mais um bracelete no pulso em uma das melhores notícias para o poker desde que Moneymaker foi campeão em 2003, chegando à mesa final do *main event*. Este livro será lançado antes da conclusão do *main event*, em novembro, mas por que acho este fato tão importante?

Phil Ivey já é considerado por muitos o melhor jogador da atualidade. E é comparado a Tiger Woods pela imprensa. Agora, após bater mais de seis mil jogadores e com três meses até a mesa final, o poker tem finalmente os ingredientes necessários para oferecer à mídia um ídolo em destaque.

Independente do vencedor, este foi um ano de glórias para o evento mais importante do ano para o poker.

E o que o futuro trará para o WSOP? Pretendo contar melhor a história do WSOP de 2003 para cá num livro futuro. Em 2007 e 2008 tive acesso ao torneio com credenciais de imprensa e fiz entrevistas com alguns campeões mundiais e figuras que fizeram parte desse folclore que pretendo publicar futuramente.

Por ora vamos aplaudir os nossos heróis. Alexandre Gomes, com o primeiro bracelete. Leandro "Brasa", com o 4º lugar em 2007. Rafael Caiaffa, que chegou na 55ª colocação no *main event* a apenas seis mesas da final, depois de bater mais de 6.800 oponentes. Giovanni Davids, que conseguiu entrar na faixa de premiação em quatro torneios em 2008. Maria Eduarda, premiada três vezes. Felipe "Mojave", que fez mesa final em Pot Limit Omaha em 2009. Além, é claro, de todos os outros brasileiros que entraram nas faixas de premiação e até os que não entraram, mas que estavam lá para pelo menos tentar escrever o nome do Brasil na história do poker mundial! Parabéns a todos!

Capítulo 21

Brasa no WSOP 2007: é possível sonhar

"Sou jogador profissional de poker."

Leandro "Brasa", ao largar seu trabalho numa multinacional de telecomunicações para se dedicar exclusivamente ao poker em 2006 (hoje Full Tilt Pro, sócio fundador da Nutzz! e criador do BSOP e do CPH)

Este é um capítulo que acredito ser bastante especial. Ao longo de todo o livro já devo ter comentado algumas vezes o fato de o Leandro "Brasa" ter faturado a quarta colocação no maior evento de poker da história, excetuando o *main event* do WSOP. Acima de tudo, foi o primeiro brasileiro a entrar numa mesa final do campeonato mundial. É uma história que mostra a capacidade que nós, brasileiros, temos de nos superar e alcançar objetivos.

Fiquei emocionado só de lembrar as nossas reuniões na casa do Leandro para aprender esse jogo fascinante e trocar ideias, quase três anos atrás. Emocionado com o Leandro e ainda mais com o pessoal que torcia e mandava energia do Brasil.

Em 2008, tivemos uma alegria ainda maior quando Alexandre Gomes conquistou o primeiro bracelete para o Brasil. Sei que logo outros brasileiros alcançarão mais braceletes e resultados ainda mais brilhantes. Por que, então, não ajudar o leitor a sonhar também, deixá-lo mais próximo do que aconteceu naqueles três dias mágicos de julho de 2007?

Pedi para que o próprio Leandro, ou melhor, o Brasa, contasse sua história. Lembrando que este livro poderá ser lido daqui a alguns anos e que, até lá, assim como o Alexandre em 2008, espero que outros brasileiros atinjam resultados ainda mais espetaculares (ou quem sabe até eu mesmo ou o Brasa novamente). Ainda assim vale reviver essa primeira vez: quando o mundo ouviu o grito de "Brasil" ecoar nos salões do WSOP.

Com vocês, Leandro "Brasa".

QUANDO MEU AMIGO E SÓCIO-IRMÃO Leo Bello me convidou para escrever um capítulo em seu novo livro, sabia na hora o que ele queria que eu contasse. Afinal, quase um ano depois, as memórias ainda estavam vivas em nossa mente e, mais ainda, as pessoas a nossa volta demandavam mais detalhes daqueles momentos únicos que vivenciamos no World Series of Poker de 2007.

A proximidade com o WSOP deste ano faz dos grandes momentos de 2007 inspiração para quem quer ir a Las Vegas realizar seus sonhos. Sim, porque no fundo, bem lá no fundo da nossa alma, é de sonhos que falamos e pensamos quando visualizamos Vegas, poker e a possibilidade de ganhar uma fortuna. Ainda que nos enganemos às vezes, o dinheiro não é o fim, é o meio. A meta é realizar os nossos sonhos, materiais ou imateriais. E em 2007 realizei um sonho inesquecível!

Antes de entrar nos detalhes da nossa participação na mesa final do evento 49 do WSOP, quero dizer que não poderei contar todas as histórias e "causos" que eu gostaria. Afinal, o livro é do Leo e tenho apenas um capítulo. E há lembranças suficientes para encher um livro por si, o qual prometo um dia escrever. Além disso, peço desculpas se errar em algum número, nome ou mão, pois foram muitas as emoções daqueles dias.

Outro ponto importante é dizer que não quero descrever aqui uma "receita de bolo". Não é um manual de como ir para Vegas, jogar o WSOP e fazer uma mesa final. Minha intenção será a de passar para o leitor uma parte da torrente de emoções e situações que fizeram o começo do mês de julho de 2007 um período de sonhos para mim e para muitos brasileiros.

Las Vegas é mundialmente conhecida como a cidade do pecado (Sin City). Afinal, reúne em poucos quilômetros as maiores "tentações" que um adulto pode imaginar: luxo, carros esportivos, gente bonita e dinheiro mudando de mão em mão por causa do jogo.

Quando estive na "Strip" (apelido da Las Vegas Boulevard, principal avenida da cidade) pela primeira vez, fiquei uns bons dez minutos em silêncio, apenas tentando processar o que meus olhos viam: esfinges, fontes babilônicas, torres Eiffel, piratas e tudo o mais que a imaginação humana resolveu juntar para formar a Disneylândia dos adultos.

Mas nossa história se passa fora da Strip, no templo do poker mundial. Após cinco viagens a Las Vegas, decidimos pela primeira vez nos hospedar no Rio All-Suite Hotel and Casino, que desde 2005 substitui o saudoso Binion's Horseshoe como sede do World Series of Poker.

Nossa decisão justificava-se por dois motivos: faríamos a cobertura jornalística de nossa passagem no WSOP para um site brasileiro e pretendíamos jogar o máximo possível de torneios WSOP naquele ano. E, para isso, estar no local do evento se mostrava ideal. Acordar todo dia e poder em poucos minutos estar no salão do WSOP, caminhando pelos corredores repletos de profissionais conhecidos, bem como de ilustres amadores com os mesmos sonhos nossos, foi realmente determinante para sempre termos nossa energia e otimismo carregados.

A organização do WSOP é impecável, e para onde quer que você olhasse tudo remetia ao poker e aos sonhados títulos, dinheiro e glória. Por vezes, quando nossa autoestima estava baixa, bastava olhar um jogador recebendo seu bracelete de campeão e ver em seu olhar e sorriso a determinação que nós tínhamos em vencer também.

Nos primeiros dias, decidimos que o cronograma estava correto. Como o nosso orçamento era limitado, Leo e eu íamos jogar dois eventos do WSOP cada um. E o que tivesse melhor desempenho nestes eventos seria o "eleito" para jogar o *main event*. Em paralelo, tentaríamos também alguns satélites para o *main event*, na busca por mais uma vaga para dupla.

Sendo assim, poucos dias depois de chegarmos, já estava onde mais gosto: no pano verde, atirando as fichas no evento de Omaha High/Low, cujo *buy-in* era de US$2 mil. É impossível deixar de sentir um frio na barriga ao sentar à mesa do WSOP, cercado por profissionais. E desta vez não foi diferente. Apesar de ser meu segundo ano no Mundial, a estreia foi emocionante, ainda mais porque Omaha não era meu forte e eu estava com Linda Johnson em minha mesa e Scotty Nguyen (ex-campeão mundial) na mesa ao lado.

Para quem não sabe, Linda Johnson é considerada a "primeira-dama do poker" devido a sua longa história pelo desenvolvimento do jogo, sendo uma das criadoras da Associação de Diretores de Torneio (TDA). Pois a senhora Johnson era o que no Brasil costuma-se chamar "curva de rio": todos que passavam pela nossa mesa paravam para cumprimentá-la. Passaram Daniel

Negreanu, Erik Seidel, Barry Greenstein, Phil Ivey e muitas outras feras. E eu lá, tentando não apostar errado.

Para nossa felicidade, fui muito bem no torneio e por pouco não entrei ITM (*in the money*). Saí da mesa de cabeça erguida, cumprimentado pelos demais jogadores e com muito otimismo para os demais eventos que jogaríamos.

Em seguida, encontrei o Leo na sala de imprensa para discutirmos estratégias. Aliás, a sala de imprensa também foi decisiva para mim. Afinal, era lá que nos intervalos eu mantinha contato com o Brasil pela internet, onde podia respirar e conversar calmamente sobre as jogadas certas e erradas, concentrando-me para o jogo e com a mente limpa para as próximas horas de poker que viriam. Esses momentos de relaxamento, descontração e reconcentração são importantíssimos para quem vai jogar o WSOP. Afinal, todos os eventos têm *fields* enormes, acima dos milhares de jogadores, e *blinds* lentos, muitas vezes com horas de duração. Desta forma, os torneios facilmente chegam a 12 horas diárias, e é essencial saber aproveitar os *breaks* (ou intervalos) que são oferecidos.

No dia seguinte, decidimos que íamos jogar um satélite para o *main event* em busca da segunda vaga para o nosso time/dupla. Leo e eu nos registramos em um satélite de US$500 que ofereceria uma vaga a cada vinte inscritos. Logo no começo, Leo não teve muita sorte e foi eliminado, tendo seu par de ases quebrado. Antes de ir para o quarto descansar, ele passou por minha mesa e me desejou boa sorte. Eu estava muito bem em fichas, dividindo as ações com um senhor que fazia barbaridades com o baralho. Acabei errando em uma mão e fui eliminado exatamente por esse senhor, em uma história engraçadíssima que prometo contar em outro livro.

No caminho para o quarto, com minha autoconfiança no chão, pensava o que contaria ao Leo para justificar minha eliminação. Que mão inventar para não assumir meu erro, atitude muito comum para a maioria de nós, orgulhosos jogadores que nunca erram e só perdem para *bad beats*... Pois desta vez decidi assumir meu erro na mão e dividi-lo com o Leo. Após rir um pouco (lógico), Leo comentou a mão e explicou que o importante era eu ter percebido que errei e não repetir o erro nos próximos torneios. Mais um ponto importante em nosso caminho rumo à mesa final que nos esperava!

No dia seguinte, acordei cedo para me registrar no evento 49, torneio de No-Limit Hold'em no valor de US$1,5 mil. Já próximo ao local de registro, encontrei nosso amigo Fábio Loducca, que me convidou para tomar café. Brinquei com Loducca porque ele havia dito que não jogaria naquele dia, mas não aguentou ficar de fora.

Após nosso café, nos surpreendemos ao ver os corredores lotando e a fila de registro já grande. Levei quase trinta minutos para fazer o *buy-in*, a tempo de ter mais uma surpresa infeliz: o torneio já estava lotado, e eu seria um "*alternate*" (só entraria quando outro jogador tivesse sido eliminado). *Alternate* número 135!

Dica (Leo Bello)

Durante o WSOP e demais grandes eventos internacionais, faça seu registro no dia anterior ao torneio que quer jogar. Essa antecedência tira o estresse de ter que passar por longas filas justo quando você tem que se concentrar para o início de uma maratona de 12 horas de poker. Estar focado e sentar direto na mesa para jogar é muito importante.

Sabendo que teria que esperar mais de cem pessoas caírem para poder jogar, me preocupei com os efeitos: entraria num *blind* mais alto, com uma relação de fichas/*blinds* bem puxada. Um evento que já seria mais "*speed*" do que a média do WSOP se tornava ainda mais acelerado para mim.

Enquanto esperava minha vez, parei para admirar os corredores superlotados, com *alternates* e curiosos falando alto e criando uma atmosfera de grande expectativa. Tentei entender o porquê de um torneio de *buy-in* baixo ter atraído tanta gente. Minha conclusão foi imediata: naquele ano, a organização do WSOP não permitiu que os sites de poker on-line registrassem diretamente os classificados por satélites on-line. Sendo assim, foram obrigados a repassar os US$10 mil à conta dos vencedores. E, obviamente, muitos deles decidiram não arriscar a sorte no *main event*, mas ainda desejavam jogar o WSOP. E qual o evento mais próximo em termos financeiros? O evento 49, com "apenas" US$1,5 mil de *buy-in*.

Curiosidade (Leo Bello)

O sucesso dos eventos de US$1,5 mil foi tão grande que no ano seguinte, 2008, a organização do WSOP praticamente dobrou o número de eventos com este valor, alcançando quase quatro mil jogadores já no primeiro realizado no WSOP 2008.

Justificada a confusão à minha volta, ficou claro que ninguém esperava a quantidade de gente que apareceu. Mas a organização do torneio soube administrar a situação, liberando novas mesas em espaços no próprio cassino e em áreas externas. Desta forma, em menos de uma hora eu já estava em minha mesa, pronto para jogar.

O evento 49 tinha características específicas: *blinds* de sessenta minutos e *stack* inicial relativamente pequeno (3.000 fichas). Assim, adotei uma estratégia mais agressiva, sabendo que poderia cair nos primeiros níveis de *blinds* ou crescer meu *stack* para jogar um torneio rumo à mesa final. Por causa dessa estratégia, logo no começo cresci meu *stack* para cerca de 11.000 fichas e pude determinar o perfil de todos em minha mesa. Só um jogador poderia me causar problemas, um sueco muito novo e também muito agressivo. Mas logo descobrimos que o melhor era evitar um confronto direto e até discutíamos jogadas nos *breaks*. Com isso, ele respeitou meu jogo e a mesa estava realmente muito boa para mim.

Entretanto, após algumas eliminações, foram movidos para nossa mesa três novos jogadores, dentre eles um americano com *stack* maior do que o meu (15.000 fichas), que foi posicionado logo à minha esquerda. Para minha estratégia isso foi um golpe forte, visto que eu dominava a mesa, mas teria que tomar mais cuidado a partir daquele momento. E logo na primeira mão o "novato" já aplicou um *reraise* enorme, mostrando suas intenções.

Nesse momento, decidi que ele não iria dominar as ações e, para isso, teria de jogar com força as mãos que envolvessem nós dois. Poucas rodadas depois, recebi AJ*o* na posição de *button*. Sabia que aquela mão seria decisiva, pois eu iria dar *raise* em posição com o americano no *small blind*. Típica ação de roubo de *blind* que provavelmente geraria um *reraise* dele, muitas vezes com cartas piores até do que o meu AJ*o*.

Conforme esperado, a ação rodou em *fold* até mim, e dei um *raise* de 3,5BB. O americano então pensou e me aumentou para 9BB (5.400 fichas). Imediatamente voltei o único *reraise* possível: *all-in* (mais 6.500 fichas)!!!

Naquele momento, a média do torneio era de 5.500, ou seja, iríamos jogar uma mão cujo pote seria quase quatro vezes o *average*, isto é, a média de fichas em um determinado momento do torneio entre os jogadores ainda competindo. Os demais da mesa assistiam ao embate boquiabertos e aguardavam o americano decidir se pagava ou não meu *all-in*. Ele então dá *call*, afirmando: "Meu *reraise* foi muito grande. Devo estar dominado, mas estou *committed* com o pote." Após ouvir isso, tinha certeza de que ele ia apresentar AQ. Para minha felicidade e espanto da mesa, nós dois mostramos o mesmo jogo: AJ*o*!

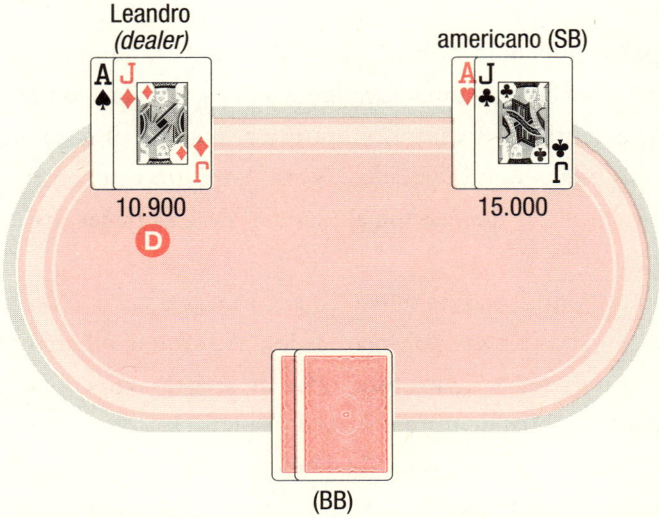

Com esse pote, minha imagem de agressivo na mesa estava solidificada, e o americano também passou a evitar brigas comigo. Assim, voltei a jogar solto e, com mais alguns *blinds*, eu o eliminei.

Tudo passou a dar certo! Meus *raises* entravam, eu acertava *flops*, ganhei *all-ins* por cima e por baixo. As coisas caminhavam tão bem a ponto de entrarmos ITM e eu nem comemorar muito, pois a minha meta naquele momento era a mesa final! Pela primeira vez aparecemos na lista oficial do *chip count*, a média de fichas em um determinado momento do torneio entre os jogadores ainda competindo, posicionados em quarto lugar.

Após 12 horas de muito poker, o Day 1 terminou e eu fui para o quarto com a sensação de dever cumprido: havia alcançado o Day 2 posicionado dentro do top 20, com alguns milhares de fichas a menos do que o *chip leader*, Michael Mizrachi! Dos 3.151 jogadores que iniciaram o dia, restavam apenas 220.

No quarto era difícil conter a euforia, e eu demorei para dormir. O Leo escrevia no blog contando os acontecimentos para a galera do Brasil, que bombava no Orkut, nos comentários do blog e em nossos e-mails, com mensagens de apoio e confiança. Será que o sonho de um bracelete se concretizaria?

No dia seguinte, acordei concentradíssimo, e parecia que nem havia existido uma pausa. Voltei para a mesa jogando com a mesma confiança do dia anterior, e o baralho foi perfeito. Ganhei mais alguns potes significativos, e as cartas não paravam de bater. Meus blefes passavam, meus *reraises* entravam, e eu acertava 90% dos *flops*.

Após ganhar um pote de mais de 45.000 fichas, eliminando mais um oponente, fui movido para uma nova mesa. Antes, desejei boa sorte ao sueco, único remanescente da nossa primeira mesa, e comecei a colocar minhas fichas nos *racks* que eram oferecidos. Nessa hora um integrante da organização do torneio disse que ele me ajudaria a levar as fichas. Eu estava com 170.000 fichas!

Fiquei muito orgulhoso de sentar na nova mesa e ver seis *racks* cheios de fichas chegarem nos braços do organizador, com todos olhando. Enquanto eu organizava meu *stack*, alguns fotógrafos de revistas que cobriam o evento começaram a tirar fotos de mim. Minhas suspeitas se concretizaram quando vi o Leo correndo em minha direção, dizendo: "Você é o *chip leader*!"

Naquele momento tive certeza de que a estratégia estava dando certo. Estávamos ITM, com um *stack* suficiente para atingir a mesa final sem grandes problemas. Mas eu não estava decidido simplesmente a chegar à mesa final: queria fazê-lo bem. Portanto, não "sentei nas fichas" como muitos fariam. Continuei impondo o jogo e no *break* seguinte pude comprovar os efeitos do que acontecia.

Eram milhares as mensagens no Orkut, a galera do poker no Brasil delirava, e todo mundo falava na mesa final. Pelo rádio Nextel, conversava com a Patrícia, minha namorada, e tentava manter o foco. Aliás, muitas das informações passadas para o público no Brasil ocorreram graças à Pati, que, por motivos óbvios, não conseguia dormir e estava sempre pronta do outro lado da linha para comemorar e me dar apoio.

Depois de algumas horas, novamente fui mudado de mesa, dessa vez para uma próxima ao *rail* (cercado que delimita a área do torneio e o público). E lá estava grande parte dos brasileiros que foram para Vegas, torcendo por um compatriota. Lá estavam desde grandes nomes do poker brasileiro, tais como André Akkari, Fabião "Deu Zebra" e Igor "Federal", bem como outros que também viviam o sonho de estar no WSOP, como meus amigos Felipe Xilita,

Marta Putz, Gabriel Otranto, Ricardo Fernandes, Fábio e Gabriel Loducca e muitos outros.

A cada mão que eu vencia, o barulho era enorme, a galera gritava "Brasil, Brasil!", e o salão inteiro do WSOP começou a conhecer a força e a pressão da torcida brasuca! Em alguns *all-ins* que eu pagava, ouvia-se o já tradicional "Segura na mão de Deus", e o pote era nosso!

Com apenas quarenta jogadores, os *blinds* começaram a afetar a todos, mesmo os líderes. Praticamente não havia mão em que não acontecesse um *raise* ou um *reraise all-in*. E nesse momento eliminamos vários *short-stacked*, mas também fomos obrigados a soltar mãos difíceis. Eu sabia que um erro poderia me custar o torneio, e a torcida no Brasil e no local estava muito tensa.

Já na mesa semifinal, restavam 15 jogadores e eu era o 7° colocado, com pouco mais do que 450.000 fichas. Foi quando o tão temido aconteceu: em uma briga de *small blind* contra *big blind*, perdi um pote enorme com 66 para AQ*o*. Uma Q no *river* calou a cantoria dos brasucas. A apenas seis jogadores da tão sonhada mesa final, e o pesadelo de ser eliminado ganhava forma. Na hora que perdi o pote, senti como se um peso descesse sobre minha cabeça, e pela primeira vez em três dias duvidei do meu destino. Olhei para meus amigos no *rail* e muitos estavam de cabeça baixa. Caminhei até perto deles e ouvi as palavras de que precisava. Ouvi que ainda tínhamos muitas fichas e que no poker tudo pode acontecer.

Curiosidade (Leo Bello)

Um ano depois, em junho de 2008, encontrei num torneio um jogador chamado Kue, que ficou em 14° naquele evento do Leandro. Muito simpático, ele me disse que conhecia um brasileiro que tinha ido para a mesa final no WSOP. Depois de eu me apresentar a Kue, ele comentou exatamente sobre esse momento: "Seu amigo teve muito sangue-frio. Momentos antes de eu ser eliminado, ele perdeu quase todo o *stack* numa corrida. Foi bonito ver a calma e a recuperação dele." Um dos principais motivos de contar essa história foi mostrar como o Leandro deixou uma bela impressão nos adversários. Ou seja, foi simpático o tempo todo, fazendo com que os jogadores o vissem com bons olhos.

Sentei-me de novo à mesa e mãos depois dei um *all-in* com AK. Estresse máximo esfriado pela mão do adversário: o mesmo AK. *Split pot* e continuamos *short-stacked*, agora com apenas 13 jogadores no golpe. Mãos após, vejo JJ e vou novamente *all-in*. O mesmo jogador que havia me ganhado com AQ (e que estava me marcando), deu *call* com A2*s*. Dessa vez não houve surpresas desagradáveis e dobramos nossas fichas.

Explosão da galera na torcida e a partir daí foi só colocar a cabeça no lugar novamente. Mãos depois, novo *all-in* e nova dobrada!!! Crescemos nosso *stack* para mais de um milhão de fichas. No Brasil a galera do poker continuava acordada, vibrando no MSN e no Orkut a cada mão ganha. "Vamoooooooooooo!!!"

Já se passavam quase 12 horas de jogo no Day 2. Eram 5h30 no Brasil quando, após um *all-in* na mesa ao lado, a eliminação do décimo jogador confirmava o grito da galera: havia um brasileiro numa mesa final do WSOP!

Explosão de abraços e tapinhas nas costas. Fui carregado e ainda não entendia direito o que sentir. Estava apenas feliz, uma felicidade pura, difícil de descrever. Felicidade em tudo que fazia, ao guardar as fichas, assinar o papel com os valores e rumar para o quarto, cercado pelos amigos que tanto torceram e sofreram naquele dia.

Todos sabiam que uma nova e mais decisiva batalha nos aguardava no dia seguinte: a mesa final, onde os grandes prêmios e as grandes glórias moravam. Passei como segundo colocado em fichas (1.134.000) e precisava descansar.

Ao pegarmos o elevador do Rio, ocorreu uma dessas histórias incríveis que só vivenciando a gente acredita: entra também o ex-campeão mundial Chris "Jesus" Ferguson. Na mesma hora, o Leo não se contém e fala: "Somos brasileiros, e este é meu amigo. Ele está na mesa final." Ferguson percebe a felicidade genuína em nós e conversa bastante, desejando boa sorte e prometendo até gravar uma entrevista conosco no dia seguinte.

Novamente, a guerra foi conseguir dormir depois de tantas emoções. Até escrevendo agora meu estômago aperta ao lembrar a expectativa que me impedia de descansar. Mas após algumas horas, vencido pelo cansaço, dormi com o sorriso grudado no rosto. Não me lembro se sonhei durante a noite, afinal meu estoque de sonhos estava sendo gasto ao vivo e a cores.

Acordamos e fomos direto para a área da final. Seria uma mesa diferente, denominada pelos organizadores de "*sequestrum*", uma área reservada com acesso apenas aos jogadores envolvidos na disputa do torneio e alguns convidados. Devido à transmissão "quase" ao vivo pela internet, só poderiam entrar na área da final os jogadores e dois acompanhantes, além da equipe de televisão e do WSOP. Além disso, ninguém poderia sair da área da mesa final desacompanhado, e não poderíamos nos comunicar com o mundo externo.

Essas determinações impediram os brasileiros de trazer mais cor à mesa final. Havíamos combinado de fazer uma festa digna de final de campeonato de futebol, com bandeiras, camisetas e a galera lotando a pequena arquibancada do WSOP. Tudo isso não foi possível, e tivemos que definir quem iria me acompanhar na pequena e isolada área da mesa final. Por motivos óbvios, meu fiel amigo Leo Bello foi um dos escolhidos, e sorteamos nas cartas o outro acompanhante. Meu amigo Gabriel Loducca puxou a maior carta e entrou com a camisa do Brasil, pronto para mandar energia positiva para a gente na FT (*final table*).

Pouco antes de ir para a área do "*sequestrum*", dei uma lida rápida no Orkut e no blog para me suprir de energia positiva. Soube então que vários clubes e pessoas no Brasil estavam assinando a transmissão pela internet para assistir à mesa final e, conforme escreviam no Orkut, "torcer pelo brasileiro que estava fazendo história no WSOP".

Já sentado à mesa, pude desfrutar de sensações inéditas: abrir meu *stack* e empilhar minhas fichas cuidando para não tapar a visão das microcâmeras; dar entrevistas aos sites; responder ao questionário com minha história no poker e origem (Brasil!). Tudo era um sonho virando realidade, mas o sonho maior ainda faltava ser conquistado: o bracelete de campeão!

As horas finais do Day 2 me possibilitaram traçar um perfil do jogo de cada um na mesa final. Eu sabia quem era *tight*, quem era agressivo, até alguns *tells* de vários dos jogadores. Eu estava muito confiante e sabia que o bracelete era um sonho difícil, mas possível e não mais tão distante.

Após o apresentador de tevê ter feito seu resumo sobre o torneio, destacando o enorme *field* superado (mais de 3.100 jogadores), a mesa final começou de forma retumbante: o indiano Chandrasekhar Billavara, até então *short-stacked*, leva o primeiro pote mostrando AA. Algo ali já previa o que iria acontecer nas mais de sete horas de mesa final.

Puxei alguns potes iniciais e, após um *raise* do *button* e um *reraise* meu, eliminei o primeiro jogador da mesa final (Lewis Titterton). Meu AT derrubou o KQ dele, com *board* ATXXX. Seria o prenúncio de que os *bad beats* se manteriam distantes naquele dia?

Para nosso desespero, algumas mãos depois dou um *raise* com AJ*o* e recebo dois *calls* (do *button*, com A♣T♣, e do BB, com K2*s*). O *flop* vem A24, e aposto o pote. Após o *fold* do *button*, o BB volta *all-in*, e eu dou *call*. O *turn* não afeta, mas o *river* traz um T e perdemos mais de 30% do nosso *stack*.

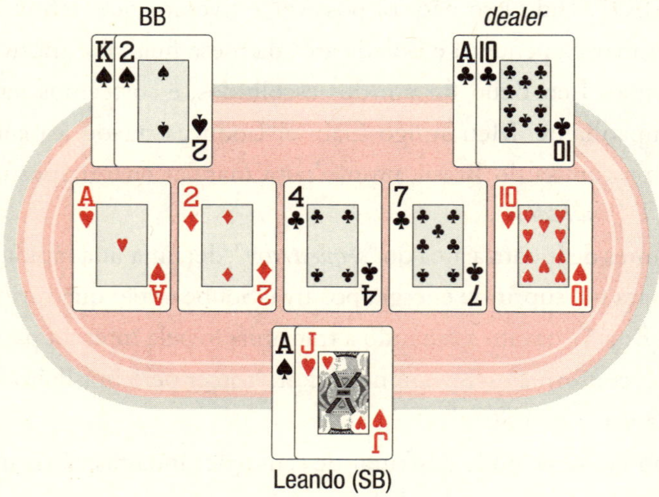

Se não fosse este T no *river* estaríamos empatados com o *chip leader*, que, à minha esquerda, incomodava bastante. Além disso, jogar uma mesa final em recuperação é sempre bastante perigoso, ainda mais com os *blinds* altos como estavam.

Mas, na arquibancada, Leo e Gabriel não deixavam de me apoiar. Gritavam palavras de ânimo, e eu podia ouvir a galera do Brasil do lado de fora da área fechada. Eu ouvia muitos gritos e sabia que eles estavam ali, com as orelhas coladas no pano que separava a mesa final da área pública. Muitos sites inclusive relataram essa torcida "proibida", apaixonante e brasileira da gema.

Ainda na tentativa de recuperar as fichas perdidas, dou *reraise* numa *bet* do indiano, mas recebo *all-in*. Nas mãos encaro meu AQ*s* e analiso minhas chances naquela mão. Tenho o indiano como *tight* e sei que no máximo estou em *coin flip*, contra um JJ ou TT. Dou *fold* e confirmo meu raciocínio após ver o JJ que Chandrasekhar nos mostra.

Minutos depois, me envolvo em uma mão de *all-in* contra talvez o jogador mais perigoso da mesa final: Greg Mueller. Após a *bet* de Mueller, volto *all-in* com QQ e ele dá *call* com JJ. Nada atrapalha e voltei para 1.430.000 fichas, aplicando um duro golpe ao *stack* de Mueller. Mais gritos dentro e fora da área reservada: "Brasil, Brasil!"

Voltamos a impor pressão, mas de forma controlada, pois os *blinds* estão em 40K/80K e qualquer erro pode ser fatal. Porém, não me importo em segurar posição, nem ganhar um prêmio maior. Na minha cabeça só passa a vontade de ser campeão.

Ainda sentindo o golpe, Greg Mueller é eliminado na 8ª colocação, em uma jogada impressionante, perdendo com trinca contra trinca do *chip leader*, Taylor Douglas. Apenas seis jogadores para o sonho.

A partir daí, os *blinds* aumentam (50K/100K) e realmente passam a afetar o jogo de maneira decisiva. Ray Spencer e Cort Kibler-Melby são eliminados em sétimo e sexto, respectivamente. Em paralelo, após tomar alguns *reraises*, eu me vejo novamente *short-stacked* com cerca de 400.000 fichas.

Nesse instante, o diretor do torneio anuncia que os prêmios já batiam em "seis dígitos". Só aí percebo que até o momento não havia pensado no dinheiro da premiação. Eu estava tão focado na briga pelo bracelete que não me lembrava dos números.

Depois disso, Duane Felix e Chandrasekhar Billavara encontram melhor sorte e dobram suas fichas. Seguindo o exemplo, algumas mãos depois decido ir *all-in* com A4*s* e o *chip leader*, Taylor Douglas, me paga com 87*o*. O *flop* vem 329, mas o *turn* traz um T, dando chance de sequência para Douglas. Felizmente, o *river* é um 4 e dobramos as fichas para 600K.

Com mais fichas, voltamos a pressionar a mesa, chegando a aplicar três *all-ins* seguidos. Num deles, eu volto *all-in* com AK*o* por cima de um *raise* de Douglas e *call* de Duane Felix, o jogador mais *tight* da mesa. Sei que Felix tem um par e não sei bem para o que torcer. Após quase cinco minutos pensando ele dá *fold* e eu mostro minhas cartas.

Após essa mão, provavelmente "tiltado", Felix dá *all-in* com A2*s* e perde para o A5 de John Hunt, caindo na 5ª colocação. Enquanto isso o ex-*short-stacked* Chandrasekhar Billavara dobra mais uma vez, batendo o AK de Douglas com T9 (*board* 8T5J2).

Os *blinds* então sobem mais uma vez, e eu decido que é momento de propor um acordo. O torneio é interrompido, e nós quatro restantes discutimos os termos para melhor dividir a premiação. Meu argumento é de que, com os *blinds* altos como estavam, o torneio seria decidido pela sorte. O acordo não acontece e voltamos para o jogo.

É quando vejo um lindo KK no *button*. A mesa roda em *fold*, e eu analiso a jogada: sei que o SB, *chip leader*, é muito agressivo e não aceita roubo de *blind*. Decido dar um *raise* forte e, para minha felicidade, Douglas volta minha aposta. Vou *all-in* e recebo *call*. Dobramos mais uma vez. Leo e Gabriel se unem aos brasileiros de fora do confinamento para comemorar!

Nesse momento sou o *chip leader*, mas na verdade essa liderança é tênue. Com *blinds* de 100K/200K, meus pouco mais de dois milhões de fichas não são muita vantagem em relação aos demais competidores. Para exemplificar, bastou eu tentar dois *raises* e soltar depois de receber *all-ins* para cair novamente para a última posição em fichas. E, assim, pressionado pelos *blinds*, decido ir *all-in* no UTG com AT. Afinal, não poderia dar um *raise* e largar se tomasse outro *reraise*. Chandrasekhar, no BB, que ainda estava arrumando suas fichas ganhas na mão anterior, olha rapidamente suas cartas e anuncia *call*. O sonho do bracelete se desfaz em segundos, após o AQ do indiano me eliminar na 4ª colocação.

Minha primeira sensação foi de derrota. Pensava que não adiantaram os gritos, as comemorações, toda a mobilização brasileira. Minha boca estava seca e eu não sabia o que pensar. Cumprimento todos os jogadores e a organização, e ao sair da mesa final, sou recebido por meus amigos.

Minha sensação de fracasso se transforma em alegria após ganhar calorosos abraços e ouvir as palmas de pelo menos trinta pessoas que me aguardavam nos corredores. Sou encaminhado para uma entrevista pela transmissão do evento e, ainda em choque, demoro bastante para perceber o que eu acabara de fazer. Meu amigo André Akkari diz: "Que cara é essa de tristeza? Você mandou muito bem, cara!" E a galera explode em gritos, risadas e cantorias.

Finalmente dou um sorriso verdadeiro e com muita felicidade sou jogado para cima pela galera, ao som de "Brasa, Brasa!". Finalmente, percebo que o maior sonho já tinha sido realizado! Um sonho inesquecível, uma jornada histórica para o poker nacional!

Obrigado, Brasil! Prometo que nos próximos anos tem mais!

Comentário (Leo Bello)

A descrição é fiel ao que aconteceu naquele dia, porém poucos conseguiriam sentir a emoção e a atmosfera no ar. Tenho certeza de que muitos títulos ainda virão para o Brasil. Mas a primeira mesa final em um WSOP foi algo emocionante. E me permito dizer que foi merecido ter sido com o Leandro. Ele foi um dos pioneiros no Texas Hold'em no Brasil e há quatro anos sonhava em ver o nosso esporte crescendo como está hoje. Parabéns para ele.

Um ano depois, Alexandre Gomes e o seu bracelete. Cheguei a convidar o Alê para escrever um pequeno texto sobre sua conquista para que eu pudesse acrescentar neste capítulo. Como isso não foi possível, deixo um depoimento para ele aqui:

Com seu bracelete em 2008, Alexandre Gomes realizou o sonho que era compartilhado por mim e muitos outros brasileiros: um campeão mundial do nosso país. O valor do Alexandre como jogador é indiscutível, vide a série de outros resultados brilhantes que ele teve após essa conquista (mesa final do LAPT, 3º lugar no PCA 2009) e o título de Jogador do Ano nos prêmios oferecidos pelo PokerNews e pela revista *Flop*. Além de tudo é uma grande figura e merece todo o sucesso que tem alcançado. Espero que, como embaixador do poker brasileiro pelo maior site de poker on-line do mundo, abra cada vez mais as portas para o Brasil mundo afora. Parabéns, Alê!

E também deixo aqui minha mensagem para os outros brasileiros que têm feito bonito em torneios internacionais.

Rafael Caiaffa, meu companheiro no Bestpoker Team, o brasileiro mais bem-colocado no *main event* do WSOP de todos os tempos, na 55ª colocação.

Thiago "Decano": 3º colocado na etapa de Barcelona do WPT.

André Akkari: vice-campeão de um torneio de 500€ com *rebuys* oficial do EPT e o profissional do PS que mais ganhou em torneios on-line.

Felipe "Mojave": mesa final do WSOP Pot Limit Omaha, mesa semifinal no EPT San Remo e 22ª colocação no EPT PokerStars Caribbean Adventure 2009.

Christian Kruel: primeiro finalista de um WPT na história do país e 3º colocado no Conrad Poker Tour 2008.

Raul Oliveira: um dos finalistas do WPT Championship 2007.

Juliano Maesano: mesa semifinal num evento do WSOP de Shoe.

Giovanni Davids: mesa semifinal num evento de US$1,5 mil do WSOP 2008.

Marcelo Dabus: campeão do Conrad Poker Tour 1 milhão garantido.

Igor "Federal", Eric Mifune, Gualter Salles, Robert Chiró, Edson Esquio, Christian Toth, Marco Marcon, Cláudio Baptista, Nelson Dantas, João Marcelo e outros que posso estar esquecendo aqui, por terem estado na faixa de premiação do *main event* do WSOP.

Também tive o gostinho de ganhar um evento oficial internacional, durante o Wynn Classic em 2008 e o Deep Stack Extravaganza do Venetian, e sei como é boa essa sensação de ganhar títulos internacionais. Espero que cada vez mais novos jogadores despontem para que o mundo veja o quanto os brasileiros são fortes no poker.

E não me atrevo nem a entrar na lista dos resultados on-line, pois esses são tantos que eu cometeria injustiças esquecendo grandes performances. Parabéns a todos os brasileiros! E que venham mais títulos!

Capítulo 22

Las Vegas, a meca do entretenimento

"O que acontece em Vegas fica em Vegas."

Autor desconhecido

A capa do livro de Al Alvarez, *The Biggest Game in Town*, chega a confundir olhos desatentos. O título parece mais "*The Biggest Game Town*", que, tirando a imperfeição gramatical, significa trocar "O maior jogo na cidade" por "A maior cidade do jogo". Ambos os títulos caem bem. Esse livro foi escrito em 1981 e descreve a cultura do poker na época, e até hoje é considerado um clássico sobre o jogo. Porém um de seus aspectos mais interessantes é, passeando pelas suas primeiras páginas, ver uma descrição dos primórdios de Las Vegas.

Para termos uma ideia, Las Vegas na década de 1980 nem sonhava com Bellagio, Caesars, Mirage, Wynn e Venetian, hoje os cinco maiores e melhores centros de entretenimento e hospedagem da cidade. Sim, porque dizer que estes empreendimentos são apenas cassinos é fazer pouco de suas grandezas. Todos hoje possuem shoppings, teatros, restaurantes e boates. Milhares de quartos, serviços de spa, piscinas hollywoodianas (ou será que um dia teremos um termo que signifique opulência usando o nome de Las Vegas?).

E Las Vegas continua a ser uma cidade em constante mutação. A cada viagem que faço (e foram muitas nos últimos anos) encontro um novo cassino sendo construído, inaugurado ou mesmo ainda no papel. E outros mais antigos são demolidos, remodelados ou expandidos. Mas como foi que esse processo de mudança começou? Quem são as pessoas que aos poucos foram transformando a antiga cidade na capital do entretenimento mundial que hoje conhecemos? Neste capítulo vamos tentar repassar um pouco dessa história fascinante, enriquecida com alguns detalhes curiosos.

Curiosidade

Os primeiros cassinos da "Strip" (como é conhecida a Las Vegas Boulevard, hoje principal rua de Las Vegas) começaram a surgir em 1941. Foram eles o 91 Club e o El Rancho Vegas, o primeiro a combinar jogos, restaurantes, hotel e entretenimento. Em 1942 foi inaugurado o Last Frontier, que existe até hoje. Em 1945, o Flamingo iniciou sua construção. O Sands e o Desert Inn são lembrados até hoje mesmo tendo sido implodidos. Em 1955, seis grandes cassinos foram abertos na cidade, incluindo o Stardust, o Riviera, o Dunes e o Hacienda.

A história da construção do Flamingo tem mais uma curiosidade. O filme *Bugsy* retrata a chegada do mafioso "Bugsy" Siegel, que vem para Las Vegas supervisionar a construção do Flamingo. Junto com Gus Greenbaum, Siegel construiu um *resort* de US$6 milhões com cerca de duzentos quartos. Quase nada perto dos cassinos com cinco mil quartos deste século. O custo total do cassino é menos do que um terço do que o hotel Caesars gastou construindo apenas seis suítes para *high rollers* em uma expansão recente, e ainda, como veremos adiante, menos da metade do que Steve Wynn gastou para construir um hábitat para golfinhos no Mirage.

Mas o grande personagem que mereceria um filme não era Bugsy, e sim o piloto do avião que o trouxe. Ele se chamava Kirk Kerkorian e tinha começado como instrutor de voo para o exército americano. Durante a Segunda Guerra Mundial, levava bombardeiros canadenses para a Europa, no que pareciam ser missões suicidas. Com o dinheiro ganho comprava aviões e revendia, até iniciar sua pequena companhia aérea que acabou levando-o para Vegas. Kerkorian era filho de pais armênios e largou a escola no equivalente à oitava série. Trabalhou duro comercializando diversos itens, foi boxeador amador (venceu 29 lutas das 33 que disputou) e trabalhou instalando aquecedores industriais.

Mas foi comprando e vendendo que fez fortuna. Vendeu sua companhia aérea e depois recomprou com lucro. Comprou um terreno em frente ao Flamingo na década de 1960 e depois vendeu para o grupo que ia construir o Caesars; negociou o estúdio MGM de filmes pelo menos três vezes, fez o mesmo com o Flamingo, o Desert Inn e o Sands. Com essa especulação toda, acabou ficando bilionário, pois era a única pessoa com coragem para movimentar dinheiro em Las Vegas nas décadas de 1960 e 1970. Ele construiu, por exemplo, o International Hotel, que ficava a leste da Strip, pensando em começar uma nova área de cassinos. Logo depois de inaugurá-lo, vendeu para o grupo Hilton, que tem o hotel cassino até a atualidade.

Em 1973, Kerkorian construiu o maior hotel da Strip de então, o MGM Grand, e, durante os 17 anos seguintes, nenhum outro grande *resort* foi construído. Os 2.100 quartos do MGM pareciam um exagero para a época.

Quem já foi a Las Vegas está pensando: "Mas o MGM Grand parece que tem muito mais do que 2.100 quartos." Certo! O primeiro MGM Grand, construído em 1973, hoje é conhecido como Bally's. Foi um cassino construído às pressas e com uma infraestrutura ruim. Em 1980, sofreu a maior tragédia de Las Vegas quando parte dele pegou fogo, matando 83 pessoas, incluindo hóspedes. Depois desse acontecimento, Kerkorian vendeu o empreendimento para o grupo Bally's, que o administrou por anos, até vendê-lo para o grupo Harrah's. Há quem diga que o Bally's será um dos próximos cassinos a serem demolidos na Strip em alguns anos para dar lugar a algo novo, até porque nunca conseguiu alcançar o status de quem nasceu com o nome Grand!

O atual MGM Grand foi construído entre 1991 e 1993, já após a construção do Mirage, e com o tema Hollywood, já que Kerkorian era dono do estúdio MGM.

Já o Caesars Palace tal como conhecemos hoje é fruto de expansões que o modernizaram, acrescentando a área de shoppings e as torres novas. O prédio original do Caesars, bem mais simples, mas já com o tema grego, foi inaugurado em 1966, fruto das ideias de Jay Sarno, e dizem ter sido construído com dinheiro de mafiosos. Em 1968, o mesmo Sarno construiu o Circus Circus, que levava o tema tão a sério que até um bebê elefante andava pelo cassino. Sarno era um criador e um péssimo administrador, e teve que vender os dois, morrendo na miséria. A estátua de César que vemos na entrada do cassino foi feita baseada na figura de Sarno, que levou uma vida, digamos, bacântica.

Eu me apaixonei pela cidade quando a visitei pela primeira vez em 2006. Las Vegas pode ser aproveitada mesmo sem se chegar perto de uma mesa de jogo. Não faltam atividades e entretenimento. Para você ter uma ideia, dados de 2005 dizem que foram gastos US$36,7 bilhões pelos visitantes em Las Vegas. Desse total, apenas US$9 bilhões são relacionados a qualquer tipo de jogo. E mais: esses números não incluem a indústria do sexo, que fica oficialmente fora das auditorias. A prostituição é proibida lá. Oficialmente só são permitidos os *strip clubs*, onde não pode haver nenhum tipo de contato físico entre dançarinas e clientes. Porém, andando pela Strip você recebe panfletos com números de *call girls*. É conversa para boi dormir essa proibição, e acredito que seja uma parte importante da economia da "Sin City", que parece passar incólume pela recessão que os Estados Unidos atravessam.

Eu estive por lá em julho de 2007 (como tenho feito desde 2005) para o campeonato mundial de poker, o WSOP. Quando retornei em novembro, a expansão do cassino Venetian já estava praticamente pronta, onde quatro meses antes só se viam as fundações e a estrutura de metal que se erguia. O Venetian dobrou de tamanho com essa expansão. Impressionante.

A expansão tem o nome The Palazzo e abriga mais de vinte restaurantes, um novo teatro, piscina, spa, e todos os requisitos para fazer dele um hotel classificado como 5 Diamond. Um restaurante com carros da marca Maserati impressiona na entrada, mas perde na comparação para a loja da Ferrari, localizada no cassino logo ao lado, o Wynn. O Palazzo, o Venetian e a torre Venezia são todos parte do mesmo complexo de hotéis, sendo, portanto, interligados, mas oferecem opções de hospedagem diferentes em estilo e preço.

Em março de 2008, quando estive em Vegas, vi as fundações do que seria uma expansão do cassino Wynn, chamada de Encore, aberta ao público em 31 de dezembro. A suíte presidencial tem mesa de sinuca, piscina privativa, dois quartos separados dentro de uma mesma suíte, uma vista maravilhosa, um *closet* do tamanho de uma sala e uma televisão de plasma de 72 polegadas.

Em junho de 2008, a construção do complexo conhecido como CityCenter estava a todo vapor. A inauguração estava prometida para o final de 2009. Mais uma vez, impressionante. Este complexo mistura cassinos e apartamentos e será vizinho do Bellagio.

Las Vegas é uma das poucas cidades no mundo em que, após se gastar milhões para construir um cassino, o mesmo é implodido com menos de dez anos de vida para dar lugar a um novo.

Durante a etapa do Circuito Paulista de 2008 em Santos, estávamos no Clube Caiçara e vi um pôster gigantesco na parede com uma foto da Strip, onde tudo parecia semelhante a minha última viagem a Las Vegas. Porém, quase em frente ao Wynn havia um grande cassino multicolorido. Eu não o conhecia... Depois de algum tempo chegamos à conclusão de que era o Stardust, que foi demolido em 2007, tendo fechado as portas em novembro de 2006. O *resort* que teve parte de sua história retratada no filme de Martin Scorsese de 1995, *Cassino*, fechou as portas depois de 48 anos de funcionamento. E não demorará muito para novos neons brilharem no local. Lá está sendo construído um *resort* de US$4 bilhões de orçamento (o dobro do custo final do Bellagio): o Echelon Place.

Tento voltar no tempo e imaginar como era Las Vegas na época descrita por Al Alvarez. Será que a cidade me encantaria tanto quanto hoje em dia?

Pergunto isso porque Las Vegas não é uma cidade feita apenas para o jogo. Não atualmente. Recomendo uma viagem para Vegas para qualquer pessoa que diga que odeia jogos, cassinos e poker. Imagine para quem diz gostar!

Vamos falar um pouco da transformação de Las Vegas nessa terra santa do entretenimento. Se tiver de escolher um ponto para começar essa história, tem de ser com Steve Wynn.

Kirk Kerkorian investiu em Las Vegas nas décadas de 1960 e 1970, mais ou menos quando Steve Wynn decidiu se mudar para a cidade. Foi este último quem começou as grandes transformações.

Wynn sempre foi um visionário e imaginava os cassinos como parques de diversão. Ao contrário de todos os outros donos de cassinos, queria acrescentar novos horizontes aos empreendimentos. Duas de suas maiores fontes de inspiração foram Walt Disney (seu maior ídolo) e as obras de Sarno (aquele do Caesars), que ele estudou a fundo para criar seus próprios cassinos temáticos.

O primeiro grande cassino construído por Steve Wynn foi o Mirage, em 1989, com o custo total de US$630 milhões. Suas viagens ao Havaí deram a ele a ideia de construir na frente do cassino um vulcão que entrasse em erupção todos os dias. Ele ficava no meio de cachoeiras que mandavam cem mil galões de água por minuto para um lago com 2,3 milhões de galões de água e lâmpadas de mil watts de potência. De dentro do lago emergiam gases e luzes coloridas, criando bolhas e chamas que pareciam lava num show pirotécnico de sete minutos de duração. Hoje em dia, o vulcão parece algo desinteressante perto das atrações de outros cassinos, mas, na época da inauguração, as pessoas faziam fila na porta do Mirage para assistir a sua erupção. Em 2008, a atração foi remodelada e o vulcão voltou a ter shows diários, só que agora com todos os benefícios da moderna tecnologia, tornando o show ainda mais impressionante.

A inauguração do Mirage marcou o momento em que Las Vegas entrou em outra era, caracterizada por uma maioria de turistas com camisas de golfe, mais interessados em comer e fazer compras do que em jogar.

Na entrada do Mirage, Wynn construiu uma floresta tropical com orquídeas. O Mirage tinha shoppings, piscinas temáticas, centro de convenções, 3.100 quartos e um zoológico com animais raros, como tigres brancos, panteras, leões e leopardos. Esse zoológico, conhecido como Secret Garden, está aberto para visita, e a entrada custa algo em torno de US$15. Apesar de relativamente pequeno, impressiona bastante ver os animais tão de perto.

Bobby Baldwin, que já havia sido campeão mundial do *main event* do WSOP, era o braço direito de Steve Wynn e o ajudou não só na construção do Mirage, mas também do Bellagio. Baldwin insistiu, por exemplo, para que o Mirage tivesse 16 elevadores de alta velocidade exclusivos para os funcionários, para que eles não tivessem de dividir elevadores com os hóspedes e conseguissem prestar serviços de quarto de qualidade, com a comida chegando ainda quente para os clientes. Bobby dizia que era seu trabalho decidir quantos restaurantes e qual o tamanho, e o de Steve Wynn era torná-los bonitos e atraentes para os consumidores. Steve era o visionário, e Bobby cuidava da logística.

Em 1992, outra novidade que mudaria Las Vegas foi a introdução de shoppings. A partir do lançamento do Mirage como seu vizinho, Henry Gluck, na época diretor-executivo do grupo Caesars World (que ainda não fazia parte do Harrah's) remodelou o Caesars Palace adicionando suítes para *high rollers* e criou um *monorail* que trazia jogadores direto do Mirage. Gluck lançou o Forum Shops, inspirado por sua esposa, que disse que adoraria ter um pouco mais da famosa rua de compras Rodeo Drive, de Los Angeles, ali mesmo, na Strip em Las Vegas. Apesar das previsões pessimistas de rivais, este shopping se tornaria aquele com maior lucro por metro quadrado do que qualquer empreendimento afim no país.

Hoje, restaurantes como o Planet Hollywood e lojas como Diesel, Armani, Dolce&Gabbana, Kenzo, Dior, Louis Vuitton, Sony Style, Nike, Abercrombie, H&M, Express e FAO Schwarz fazem desse shopping visita obrigatória para os turistas.

A FAO Schwarz ficou famosa em sua versão nova-iorquina no filme *Quero ser grande*, com Tom Hanks, por ter um teclado no chão com teclas que se acendem e emitem as notas quando são pisadas. Hoje não só a loja de Nova York (que fica bem em frente ao Central Park, na Quinta Avenida), mas também a de Las Vegas possui o mesmo teclado, e você pode experimentar tocá-lo da mesma forma que o personagem e tirar uma foto de lembrança.

O Mirage ainda ficaria famoso devido a uma piscina construída especialmente por Wynn para abrigar golfinhos. O custo? US$14 milhões apenas para construir os hábitats, conseguir as licenças e transportar os golfinhos dos seus locais de origem para o Mirage.

Após a construção e inauguração do Mirage, que em seus planos originais tinha até mesmo um projeto em que Michael Jackson construiria uma área temática para crianças, Wynn construiu o Treasure Island, com tema inspirado em histórias de piratas e uma atração com barcos que batalhavam na frente do cassino, em uma lagoa artificial chamada Buccaneer Bay, até que um deles afundava. O navio que naufragava era uma fragata britânica chamada de *HMS Britannia*, e os vencedores eram os piratas! Hoje o show tem outra temática, na qual piratas combatem um grupo de mulheres. O show se baseia em pirotecnia e sensualidade. É gratuito e tem exibições diárias, sempre à noite. O melhor lugar para assisti-lo é comendo um sushi no restaurante Social House, em sua área externa. O novo prédio com 2.900 quartos foi erguido logo ao lado do Mirage e custou US$430 milhões.

Duas semanas após o anúncio do Treasure Island, o grupo do Circus Circus, que já havia construído o cassino Excalibur, baseado no Neuschwanstein da Alemanha, que é o castelo que inspirou o da Cinderela de Walt Disney, anunciou a construção do Luxor, com temas egípcios e uma pirâmide negra.

Ambos foram lançados num intervalo de apenas 12 dias. E dois meses depois, em 18 de dezembro de 1993, o MGM Grand foi inaugurado.

Para vocês terem uma ideia, em 1993 eu havia acabado de fazer o vestibular para medicina e nem sonhava em um dia ir a Las Vegas, muito menos em virar profissional de poker. Ou seja, Las Vegas tal como conhecemos hoje é apenas uma criança. Alguns dos atuais campeões de poker tinham acabado de nascer.

Os melhores shows a que assisti na minha vida foram em Las Vegas. Só shows do Cirque du Soleil na cidade são seis. Todos em cartaz permanentemente, ou pelo menos sem data anunciada para terminar. Em alguns casos, o teatro foi construído para abrigar o show, como é o caso do "O Theather", construído apenas para o espetáculo *O*, que se passa num palco no formato de meia-lua que é também uma piscina, alternando ao longo do espetáculo sua profundidade, a quantidade de água e o formato. Num minuto é uma piscina com acrobatas mergulhando das alturas e, num piscar de olhos, é uma passarela por onde desfilam palhaços.

O Cirque du Soleil, uma trupe circense franco-canadense, começou em 1993 a apresentar projetos de shows grandiosos para cassinos de Las Vegas. Mas todos achavam os conceitos dos shows muito caros e arriscados. Foi Steve Wynn quem acreditou em Guy Laliberté, dono da companhia e que hoje também é jogador de poker. Em dezembro de 1993, estreou *Mystère*, que até hoje está em cartaz no Treasure Island e lançou o grupo ao estrelato. Em 2006, era estimado que 17 milhões de pessoas já haviam assistido a pelo menos um show do Cirque du Soleil em Las Vegas. Isso sem contar nos milhões que assistiram aos espetáculos da companhia pelo mundo.

Na data de inauguração do Treasure Island, Wynn apertou um botão vermelho que levou a implosão do antigo cassino Dunes, de 1955. O local onde o Dunes antes existia daria lugar ao próximo projeto de Steve Wynn: o Bellagio. Dessa forma, Wynn fazia um sanduíche no Caesars, seu maior rival na época, colocando de um lado o Mirage e o Treasure Island e, do outro, o Bellagio.

No mesmo ano de 1993, foi inaugurado o cassino Luxor, que fazia parte do grupo do Circus Circus. Podemos reconhecê-lo facilmente, pois seu prédio principal é uma pirâmide negra, que à noite emite um forte feixe de luz em direção aos céus. Na frente da pirâmide, uma esfinge.

Ainda em 1993, foi inaugurado aquele que viria a ser o nêmesis de Wynn, o MGM Grand, construído pelo seu arquirrival Kerkorian. O MGM tinha mais de cinco mil quartos, uma dúzia de restaurantes, três piscinas, cinco quadras de tênis e um parque temático. O MGM dava destaque também a shows, e hoje em dia tem a melhor arena de concertos de Las Vegas. (Em novembro de 2008, Madonna fez um show da turnê *Stick and Sweet*. Eu estava na plateia realizando o sonho de assistir a um concerto da *popstar* bem de perto. Aliás, muito de perto. Um mês depois assisti ao mesmo show no Brasil. A energia no nosso país foi muito mais intensa, mas o show em Las Vegas foi uma experiência inesquecível. O preço dos ingressos? A bagatela de US$375 por pessoa.) O show de inauguração do MGM foi de Barbra Streisand, e desde então os maiores nomes da música mundial já se apresentaram por lá.

Essa arena, na época da construção do Mirage, abrigava um dos maiores atrativos para turistas: as lutas de boxe. Mike Tyson levou milhares de pessoas a Las Vegas, de onde as lutas eram transmitidas ao vivo. E até hoje eventos do UFC (Ultimate Fight Championship, com diversos estilos de artes marciais) se dividem entre o MGM e o Mandalay Bay, outro cassino com uma enorme área dedicada a eventos, congressos e shows, que pertence ao grupo do Circus Circus.

Kerkorian, anos depois, tomaria o controle das empresas de Wynn comprando o grupo Mirage, que a essa altura já incluía o cassino Bellagio. Kerkorian se tornaria o maior empresário do ramo de cassinos de Las Vegas, dominando toda a parte oeste da Strip.

O projeto que se tornaria o que hoje conhecemos como o cassino Bellagio de início se chamaria Beau Rivage e era para ter um lago na parte frontal dedicado a competições de esqui. Wynn passara as férias de sua juventude num lago com a família e era fascinado por água. O projeto inicial era de cerca de US$400 milhões e deveria ficar pronto em 1996. Quando este projeto estava terminado e a construção iria começar no local onde ficava o antigo Dunes, os custos já estavam estimados em US$900 milhões.

Mas você acha que acabou? Em uma viagem de férias, o destino desse cassino se modificou. Wynn e sua esposa Elaine estavam viajando com os amigos Paul Anka e sua esposa no barco do cantor pelo lago de Como, na Itália. Wynn ficou apaixonado pela vista de uma pequena vila chamada Bellagio, onde hotéis e casas pareciam ninhos românticos nas margens do lago. A palavra *bellagio* significa "um lugar de relaxamento elegante". Wynn disse que na mesma hora soube que esse seria o nome de seu novo hotel. Beau Rivage virou Bellagio, e Wynn voltou às pranchetas e começou a refazer todo o projeto.

E o que acabou acontecendo com o projeto do Beau Rivage? Wynn deu o nome a um cassino que ele construiu na cidade de Biloxi, no Mississippi, anos depois.

O famoso show das fontes do Bellagio foi criado utilizando o lago que no projeto original serviria para competições de esqui. Durante o show, jatos de água são lançados até sessenta metros no ar e fazem movimentos que lembram uma dança em coreografias ao som de diversas músicas. Um dos espetáculos mais bonitos de Las Vegas, além de gratuito. Acredite se quiser, esse projeto fracassou num ponto: Wynn construiu restaurantes à beira do lago, para que as pessoas pudessem fazer as refeições ao assistir ao show das águas, e só depois descobriu que o sistema de som instalado funcionava bem para se ouvir o show da rua, mas não da beira do lago, onde ficavam os restaurantes do hotel.

Junto com a mudança de nome, Wynn decidiu mudar o tema do Bellagio. Em vez de um cassino relacionado à água, ele queria agora um empreendimento associado ao luxo. O Bellagio seria a opção para trazer as pessoas que gostassem de conforto e opulência. Para realizar este projeto, Wynn precisava trazer lojas de grifes famosas, e nenhuma delas queria associar seu nome a cassinos. Imagine trazer as principais grifes parisienses para a cidade do pecado. Algo como um escândalo, pois nessa época a imagem da cidade ainda era ligada apenas ao jogo. Para fechar os contratos, Wynn precisou usar um subterfúgio. Como vários dos diretores das grifes esperavam que uma outra fechasse antes, ele começou a dizer que a grife X já havia assinado para fazer a Y celebrar o acordo.

Além das lojas e restaurantes, Wynn queria mais e começou a adquirir obras de arte, em parte com sua fortuna pessoal, mas também com o dinheiro dos acionistas do grupo Mirage. Essa compulsão por compras por obras de arte (dizem que mais de US$200 milhões foram gastos comprando peças para o Bellagio) quase fez com que as ações da companhia fossem ao fundo do poço. Muitos apostavam que os sonhos megalomaníacos de Wynn acabariam criando um cassino que, de tão caro, daria prejuízo constante.

Caravaggio, Monet, Picasso, Andy Warhol e outros começaram a enfeitar as paredes do Bellagio. Mais tarde, Wynn viria a cobrar entradas para acesso a seus museus, mas inicialmente seu plano era expor as obras gratuitamente para os hóspedes.

Curiosidade

O mais famoso espetáculo em cartaz no Bellagio é o *O* do Cirque du Soleil. Ele foi criado sob encomenda, pois Steve Wynn precisava de uma atração que funcionasse pelo menos seis dias por semana. Wynn decidiu procurar o grupo Cirque du Soleil, que já tinha o espetáculo *Mystère* no Mirage, e encomendou um show que fosse inspirado na água.

Uma curiosidade que poucos sabem é como foi criado o nome do espetáculo. Como Wynn queria que o show fosse centrado na água e se passasse num palco especial que em certos momentos virava uma piscina, resolveu nomear o espetáculo como *Eau*, palavra francesa que significa água. Porém, a diretoria do Bellagio vetou o nome porque os americanos poderiam confundir com "*eww*", que em inglês funciona como uma interjeição para expressar nojo. Resolveram então adaptar para algo abstrato, e, usando a mesma sonoridade da palavra água em francês, colocaram o nome de "*O*".

A criação de um teatro construído apenas para este espetáculo foi apenas a primeira de muitas obras no mesmo estilo em Las Vegas. Da mesma companhia, Cirque du Soleil, surgiu o espetáculo *Ká*. Nele, o palco gira em todas as direções imagináveis e chega a ficar perpendicular ao solo, erguendo-se e depois girando sobre o próprio eixo enquanto os atores escalam uma montanha imaginária em meio a uma batalha com arcos, flechas, socos e pontapés. Lindo. Na minha opinião, o show mais bonito do Cirque du Soleil. Esse teatro fica localizado no MGM e também tem apresentações cinco vezes por semana, com a vantagem de ser bem mais barato do que o *O* (ingressos em torno de US$90, contra US$170 do *O*).

Guy Laliberté, criador da companhia Cirque du Soleil, é atualmente jogador de poker. Inclusive já apareceu no *High Stakes Poker*, famoso programa de *cash game*. Também não poderia ser diferente morando em Las Vegas.

Do Cirque du Soleil em Vegas estão em cartaz: *Love*, *Mystère* e *Zumanity*, além dos já citados *O* e *Ká*. E, em 2008, um novo show, em parceria com o mágico Criss Angel, considerado o melhor ilusionista moderno, estreou em Las Vegas no hotel Luxor. *Believe*, que antes da estreia prometia os maiores efeitos de magia já criados num show, e tudo misturado à magia do circo, acabou sendo uma decepção para o público. Quem conhecia o Criss Angel por seu programa de televisão *Mindfreak* decepcionou-se ao ver as mágicas ao vivo no teatro. Mas vale uma ressalva: a grande maioria dos shows de Las Vegas vai sofrendo modificações ao longo do tempo e se tornando melhor. Seis shows permanentes do Cirque du Soleil para escolher; é um cardápio interessante.

Franco Dragone, um dos fundadores do Cirque du Soleil e criador de *O* e *Mystère*, deixou a companhia mais ou menos na mesma época em que Steve Wynn planejava seu retorno à cena dos cassinos de Las Vegas. Com carta branca do casal Steve e Elaine Wynn, ele planejou o que seria a principal atração do novo cassino. Originalmente, Wynn queria um show aquático externo com esquis e *jet skis*, como ele tinha planejado para o Bellagio. Mas, preocupado com o clima do deserto, o que era para ser um lago acabou se tornando uma arena coberta e climatizada. No final, virou um teatro como nunca visto antes, 2.080 lugares num espaço circular em torno de uma piscina com um milhão de galões de água, em que elevadores e plataformas podiam subir e descer elevando os atores ou submergindo, criando diferentes formatos de palco. O teto do teatro funcionava também como uma outra entrada e podia despejar uma cascata que lembrava uma tempestade. Wynn queria que o show criado se chamasse *Genesis*. Mas o nome foi recusado, sob a alegação de que muitas pessoas poderiam associá-lo à banda em que Phil Collins tocava no início de sua carreira. O fato mais curioso de todos é que o espetáculo criado, chamado de *Le Rêve*, não agradou a ninguém durante a fase de testes e ensaios. Dragone criou um personagem chamado Wayne que entrava num sonho e parecia buscar alguma redenção. Durante o show cheio de acrobatas, surgiam dançarinas de *pole dance* que apanhavam em estilo sadomasoquista e mulheres grávidas que pulavam do teto do teatro como se suicidassem. O show teve de ser modificado radicalmente para agradar a Wynn e, em última instância, ao público. O sonho de Dragone era radical demais.

Curiosamente, o resultado final é talvez o espetáculo mais bonito a que já assisti. Em um formato de arena completo, com o público em torno da ação, ou melhor, talvez dentro dela, pois os atores saem por trás da plateia entrando em cena pelo ar, pelos corrimões e ainda vêm interagir com o público antes de o espetáculo começar. Também, com um palco que se alterna entre uma piscina e chão firme, todo o espetáculo envolvido por uma música empolgante e convidativa... E os acrobatas são espetaculares. No show há uma tempestade inacreditável e um mergulho de quase cinquenta metros de altura em queda livre na sua frente. E humor, um humor simples, quase artesanal, feito pelos palhaços sem uso da linguagem oral. Incrível.

Já que contei a origem do nome do espetáculo *O*, aqui vai mais uma curiosidade. *Le Rêve*, que significa "o sonho", é o nome de um quadro de Pablo Picasso, em que o artista retrata uma mulher (sua amante), dormindo sobre um sofá; seu rosto está metade iluminado, metade em uma penumbra. O quadro retrata a dúvida do artista ao ver uma face serena dormindo, sem saber se os sonhos daquela mulher eram ou não sobre ele, e se eram bons ou ruins. Essa obra foi uma das mais caras adquiridas por Steve Wynn na época que construiu o Bellagio. O quadro *Le Rêve* foi tão importante para Steve Wynn que, antes de servir de inspiração para o nome do espetáculo, era o nome escolhido para o próprio cassino.

Curiosidade

Wynn anunciou os planos da construção do seu novo cassino em 2004. A venda do grupo Mirage/Bellagio vale um livro inteiro, pois é uma aula de negócios entremeada com várias subidas e quedas de cotações das ações do grupo e uma lenta compra por parte de Kerkorian. O fato é que, para Kirk, foi como acabar com Steve Wynn tirando-o do controle de cassinos na cidade. Para Wynn foi o dia em que ele colocou a maior fortuna de sua vida no bolso. Para a mídia, uma manchete: "*The King is dead*".

Essas chamadas mancharam o ego de Steve Wynn. Apesar de sair lucrando com toda a negociação, o leão estava ferido, e em última instância dava para imaginar que ele iria querer retornar em grande estilo.

Ninguém achava que ele era capaz de ressurgir dessas cinzas, e Steve contrariou a todos depois de um hiato de alguns anos, quando em 2005 inaugurou um cassino que levava seu nome, algo que ele havia jurado nunca fazer. Foram apenas trinta meses de construção sob o comando de Tony Marnell, o mesmo empreiteiro dono do Rio Casino.

Porém, o Wynn foi o resultado de um desejo quase que gutural de retornar com grande estilo à Strip. O cassino foi planejado para tomar o lugar do Bellagio como o local mais requintado já criado para um hotel deste nicho. Tudo foi pensado nos mínimos detalhes para o retorno de Wynn.

Wynn disse que não queria fazer o melhor cassino, e sim o local mais sofisticado da Terra. Os quartos são os mais luxuosos, e lá os preços são astronômicos. Wynn fez questão de que nenhum restaurante tivesse pratos mais baratos do que os equivalentes no Bellagio. Um *steak* custava US$28 no Bellagio? No Wynn, o mesmo *steak* não saía por menos de US$40.

Só a história de como ele escolheu pessoalmente o material que recobre todas as janelas do cassino e dá o tom cobre característico do hotel já é fantástica pelo grau de detalhe que Steve queria impor à nova construção. Cada cortina, o tom vermelho do interior, o carpete por todo o cassino e a beleza impressionante de cada uma das garçonetes contratadas (as mais bonitas de Las Vegas), tudo no Wynn deixa uma marca no visitante.

O custo total foi de US$2,7 bilhões, o mais caro da história da cidade. E ainda tem um campo de golfe na propriedade, que já ouvi dizer que em alguns anos deve ser desativado para a construção de outras expansões no local. Em 2008 foi inaugurada a primeira delas, o Encore, com uma arquitetura gêmea ao prédio original do Wynn.

Voltando a falar de shows na cidade, não quero estragar a surpresa contando mais detalhes e posso deixar para você escolher. São muitos disponíveis: *O*, *Ká*, *Le Rêve*, *Mystère*, *Zumanity*, *Love*, *Phantom* [*O Fantasma da Ópera*], Jersey Boys, David Copperfield e Blue Man Group são só alguns dos que já assisti e que têm temporadas permanentes. E todos os meses algum grande astro da música internacional está fazendo show. Em 2006, durante o WSOP, Santana tocou na cidade. Em 2007, Justin Timberlake, Bon Jovi, U2 e Gwen Stefani fizeram shows durante o mesmo período, apenas para citar alguns exemplos.

Em novembro de 2007, em uma de minhas visitas a Sin City, estava em cartaz um festival de comédia do tipo favorito dos americanos, o *stand-up comedy*, onde o comediante atua sozinho como em um monólogo. Jerry Seinfeld e Chris Rock eram as principais atrações de um total de quase cinquenta comediantes (contando com artistas como Ellen DeGeneres e Wanda Sykes na programação). Em junho de 2008, Jay Leno (então apresentador do *talk show The Tonight Show*), David Spade e o próprio Seinfeld também faziam apresentações na cidade.

E vocês gostam de mágica? Já falei sobre o show *Believe* do Criss Angel com o Cirque du Soleil, que se soma aos shows regulares de David Copperfield e Nathan Burton, outras duas grandes atrações deste gênero que há mais de cinco anos têm lugar cativo. Quem já ouviu falar em Siegfried e Roy, mágicos especializados em fazer grandes animais como tigres brancos, leões e panteras aparecerem e desaparecerem do palco? Em 2000, eles assinaram um contrato vitalício com Steve Wynn no valor de US$57,5 milhões por ano para ter o seu show de forma permanente no cassino Mirage. Também foi criado um zoológico com os animais exóticos criados por ambos. Porém, em um trágico acidente durante um show em 2003, Roy Horn foi atacado por um leão e ficou entre a vida e a morte. Desde outubro daquele ano o show foi encerrado e só retornou de seu hiato em fevereiro de 2009, para uma última performance.

Durante 2007, um show de mágica chamou a atenção, pois a assistente de palco era nada mais, nada menos do que a Pamela Anderson. O espetáculo de Hans Klok chegava a ser brega e cheio de mágicas tradicionais com caixas, espelhos e fumaça. Mais interessante é o de Penn e Teller, que mistura *stand-up comedy* e mágica e fica no mesmo hotel do WSOP, o Rio Hotel. Somente por essa variedade de shows a viagem para Las Vegas já valeria a pena. Que tal então se adicionarmos a essa mistura alguns dos melhores restaurantes do mundo? Gosta de comida chinesa? Japonesa? Tailandesa? Espanhola? Italiana? Alemã? Pode escolher. Restaurantes de todas as especialidades pelos cassinos, incluindo uma dica para quem está conhecendo a cidade com um orçamento mais apertado, os *buffets*. O mais famoso é o Carnival World Buffet no Rio Hotel. Por um preço único (algo em torno de US$25) você pode comer e beber (*soft drinks*, ou seja, refrigerantes) à vontade. O que tem de especial? Um balcão com mais de cem metros de todo tipo de comida que você imaginar. O nome "Carnival" vem justamente da mistura de especialidades. Não achei nada fabuloso em termos de sabor, mas você pode comer de tudo por lá.

O melhor restaurante de culinária japonesa que já conheci na minha vida ficava no Treasure Island e se chamava Social House. O restaurante tinha diversos ambientes e uma vista espetacular para a Strip, além de ter no andar inferior uma boate que funcionava após a meia-noite. O preço era exorbitante. O restaurante infelizmente fechou em 2009, deixando saudades.

Falar de gastronomia é quase chover no molhado, pois alguns dos melhores *chefs* do mundo têm restaurante na cidade. Você nunca se cansa de experimentar, e existe mais de uma centena deles. Como mais uma sugestão, não deixem de conhecer o Tao Asian Bistro, no Venetian. Comida excepcional e também uma das baladas mais concorridas da cidade.

Mas os EUA são o país do fast-food e das porções exageradas. Então, se quiser ficar no simples, você terá todas as opções: Burger King, McDonald's, Subway, Starbucks, KFC, Tony Roma's, Outback e outros do gênero.

Ok, já deu para perceber que podemos comer bem *ou* barato. Temos os shows para nos divertir. Já vamos chegar na parte de jogo. Mas é só isso?

Las Vegas é a meca do consumo. Conhece alguma grife? Pense em umas dez diferentes. Duvido que qualquer uma que você lembrou não tenha uma filial em Las Vegas. Armani, Calvin Klein, Dolce&Gabbana, Chanel, Dior e mais... Tem até dois shoppings do tipo *outlet* com as lojas de ponta de estoque dessas grifes. Ou seja, dá para comprar várias roupas da Armani pelo mesmo preço que você compra em lojas de departamento no Brasil. Gosta daqueles tênis importados que no nosso país custam mais de dois salários mínimos? Na loja da Nike do shopping Las Vegas Outlet Center você os encontra por menos de US$60. Há um shopping chamado Fashion Show Mall que tem quase o tamanho do BarraShopping (um dos maiores do Brasil) com as maiores lojas de departamento dos EUA, como a Macy's e a Bloomingdale's, e sempre em promoções. Em uma dessas liquidações consegui comprar um blazer da Hugo Boss por mais ou menos um décimo do preço que pagaria no Brasil pelo mesmo modelo.

O Caesars tem um shopping exclusivo. O Venetian também. Se formos para o outro lado da Strip, mais um shopping dentro do cassino Planet Hollywood (antigo Alladin). E isso só para falar dos maiores, já que praticamente todos os cassinos da Strip têm um setor dedicado a compras.

Gosta de equipamentos eletrônicos de última geração? Lojas da Apple, da Sony e lojas de departamento como a Fry's e a Best Buy têm todos os que você puder imaginar. O único problema aqui é pagar os impostos na volta para casa, pois é difícil se manter no limite imposto de US$500 por viajante para compras. Mas, mesmo pagando os impostos, os preços ainda saem bastante em conta.

Voltando um pouco na história de Las Vegas, vocês devem estar se perguntando sobre um grande grupo de cassinos que eu praticamente não citei. O Harrah's, que também controla o nosso vizinho Conrad no Uruguai, é a empresa que atualmente é proprietária dos cassinos Rio, Harrah's, Bally's, Caesars, Flamingo e Binion's. Mas a grande importância dessa empresa para o mundo dos cassinos foi a revolução que criou ao começar a pesquisar a fundo os seus clientes.

Em 1990, um executivo da Harrah's chamado John Boushy começou a fazer estudos longitudinais de seguimento (*longitudinal tracking*). Boushy veio para o grupo Harrah's por meio da rede de hotéis Holiday Inn, que por alguns anos controlou o grupo depois da morte de seu fundador, Bill Harrah. Por um tempo, a empresa ficou de fora de Las Vegas e adotou uma política "populista" voltada para os pequenos *gamblers*. Abriu vários cassinos baratos e *riverboats* (cassinos que ficavam ancorados como barcos no mar, nos locais em que havia proibição de jogo apenas em terra firme) e começou a conquistar um público que não era o alvo de Vegas na época: pessoas que não tinham dinheiro para pagar o voo para a Sin City.

Boushy criou o que hoje é conhecido como o Total Rewards (na época, Total Gold), que era o primeiro programa criado para recompensar os clientes dos cassinos com "*comps*" (do inglês *complimetary*, que traduzindo livremente é o que os cassinos dão de graça). Esses *comps* podiam ser noites grátis, refeições, passeios, tickets para shows etc. É claro que nada era de graça, os clientes usavam cartões magnéticos nas máquinas e jogos de mesa, e o quanto gastavam era computado. Dependendo do movimento dos jogadores no cassino, eles ganhavam *comps*.

Com a criação desse sistema, o grupo Harrah's passou a ter informações sobre os *gamblers* que nenhum cassino tinha antes. Dava para saber a velocidade com que determinado jogador aperta os botões para novas apostas, se ele tende a "tiltar" e a aumentar as apostas, quem são os clientes que mais jogam de acordo com idade, sexo, posição social etc.

Os estudos do Harrah's concluíram que 80% de seus lucros vinham de 30% dos jogadores, que gastavam de US$100 a US$500 por viagem com o jogo, ou seja, *low rollers*. O sistema do Harrah's também permitiu interligar todos os cassinos do grupo, fazendo com que o jogador de um estado fosse recebido em outra cidade com direito a todos os seus *comps*. Harrah's contratou para *manager* aquele que viria a se tornar o grande cabeça do grupo, um professor da Harvard Business School chamado Gary Loveman.

Loveman conduziu estudos e colocou em prática diversas estratégias para fazer os jogadores retornarem e gastarem mais. Por exemplo, acabou descobrindo que, em vez de um quarto de graça, que custaria cerca de US$100 ao grupo, a maioria dos *gamblers* preferia receber um cupom de US$50 para jogar em uma das máquinas de *slot*. Ele começou a usar psicologia aplicada aos seus conhecimentos sobre jogadores e a criar campanhas de marketing voltadas para determinadas categorias. Por exemplo, se você é um cliente da companhia, e pelos dados do cartão não vem aos cassinos há algum tempo, o sistema alertava o grupo de telemarketing, que ligava para o jogador convidando-o a retornar, ajudando-o a tornar a viagem possível (até mesmo liberando mais crédito para o cliente).

O outro grande passo que Loveman deu para se tornar o terceiro homem mais importante de Las Vegas (junto com Kerkorian e Wynn) foi conduzir todo o planejamento estratégico que em última instância fez o Harrah's comprar o Caesars, em uma jogada que de início parecia arriscada, e que, com as remodelações do cassino, acabou se mostrando um golpe de gênio.

Parte dessa escolha foi influenciada pelo fato de que na mesma época Kerkorian assinou um acordo em que levaria todo o grupo do Circus Circus, incluindo o Luxor, o Excalibur, o Mandalay Bay, o Monte Carlo, o New York New York e o próprio Circus Circus, para adicionar aos já seus MGM Grand, Bellagio, Mirage e Treasure Island.

Loveman mudou a estrutura interna do Caesars enxugando custos e criando novas atrações. Sua grande façanha é ser o melhor administrador de Las Vegas. A estratégia foi tão bem-sucedida que quase ofuscou o acordo de Kerkorian. Ao fechar com o grupo do Circus Circus, Kerkorian se tornaria disparado o maior grupo controlador de Las Vegas.

Mas a surpresa foi que, ao fazer as contas, o grupo Harrah's, adicionando o Caesars, passou a ter uma receita de US$8,8 bilhões. Bem maior que a do MGM/Mirage/Mandalay, de US$6,4 bilhões. Harrah's tem 96 mil empregados, e o grupo do Kerkorian, somente 64 mil na época do fechamento dos acordos.

Wynn é o visionário. Kerkorian, o megainvestidor. Loveman, o administrador. Loveman disse um dia:

— Steve Wynn é Las Vegas. Nenhum de nós estaria aqui se não fosse pelos sonhos dele.

E até agora não cheguei ao que todos os leitores de um livro de poker querem saber: onde podemos jogar?

Calma. O motivo para eu ter escolhido este caminho mais longo é mostrar para vocês que uma viagem a Vegas pode ser curtida de diversas formas. Las Vegas é também um local romântico para uma viagem. Você pode se casar em uma das muitas capelas com casamentos temáticos e práticos, e levar vídeos como lembrança. Pode namorar nas diversas baladas espalhadas pela cidade. Os leitores que se interessam pelo *show business* americano a toda hora devem ouvir notícias de celebridades como Britney Spears, Paris Hilton e Lindsay Lohan, que bebem, fazem *striptease* e "pegam" todo mundo nas baladas de Las Vegas, como o clube PURE, a Body English, a Tao e a XS. Até boate da Playboy no Palms Casino você encontra em Las Vegas.

Quem gosta de passeios pode fazer alguns incríveis. Embora bastante caro, eu recomendo o passeio de helicóptero pelo Hoover Dam e pelo Grand Canyon. Duas pessoas podem chegar a desembolsar quase US$1 mil por um passeio de umas quatro horas, mas é algo inesquecível. O helicóptero sai do aeroporto de Las Vegas, sobrevoa toda a cidade e depois o deserto, com o piloto contando as histórias sobre a construção da cidade, sobre o Lake Mead com suas mansões de milionários (a casa mais baratinha na faixa de uns US$5 milhões, e a mais cara com um cifra impublicável), passando pelo Hoover Dam (aquela represa que é destruída no filme clássico do Super-Homem, e que já foi a maior represa construída pelo homem — hoje o título é de uma existente na China —, e gera toda a energia para o estado de Nevada, onde fica Las Vegas) e pousando no Grand Canyon, onde você fica tirando fotos e faz um piquenique regado a champanhe antes de entrar no helicóptero e retornar. Em algumas versões desta viagem, você pode ainda andar a cavalo no Grand Canyon, refazendo algumas trilhas que vemos nos filmes de faroeste clássicos com índios e caubóis.

Finalmente chegamos aonde você queria: o jogo. Há torneios para todos os gostos, desde os mais baratos e simples até os com *buy-ins* mais elevados. Normalmente, os mais caros são os do Bellagio, que tem *buy-in* de US$500 ou US$1 mil, dependendo do dia da semana, sempre começando às 14h. Em épocas mais movimentadas, acontece também um torneio às 19h, como no período do WSOP. Isso sem contar quando o Bellagio cria suas próprias séries de torneios especiais.

O Bellagio tem um *poker room* famoso pela presença de profissionais de *high stakes*, incluindo o já citado Bobby's Room, local onde os jogos entre o milionário Andy Beal aconteciam contra a "Corporação". Mas não me sinto tão à vontade jogando lá, pois acho o espaço muito apertado, com pouca circulação entre as mesas e um ambiente que sempre passa a sensação de estar muito cheio. Para quem gosta de jogos com níveis mais caros, o Bellagio é a pedida, contando com uma grande variedade de jogos, incluindo Omaha e Mixed Games, além do mais tradicional deles, o Texas Hold'em.

Minha predileção se divide entre dois outros *poker rooms*: Venetian e Wynn.

O do Venetian é meu favorito para os *cash games* e também em termos de ambiente, pois é amplo, claro e confortável, com mais de cinquenta mesas no local. Lá acontecem jogos todos os dias, quase ininterruptamente, e torneios começando ao meio-dia e às oito da noite. A estrutura varia desde um torneio com um *rebuy* a torneios com *bounties* (ganha-se um prêmio por eliminar um jogador) e em formato *deep stack*, em que se começa com muitas fichas (10.000). Os níveis de *blinds* dos torneios costumam ser de 45 minutos, dando bastante tempo de jogo. O mais tradicional é o que acontece aos sábados ao meio-dia, com *buy-in* de US$540. Na minha viagem de março de 2008, fiz duas mesas finais no Venetian, no mesmo local onde fiz minha primeira mesa final em Las Vegas em 2005. Em junho, dividi a primeira colocação num torneio da série Deep Stack Extravaganza, que descrevo no Capítulo 17. Dá para entender a predileção pelo local?

Alguns macetes do Venetian:

- Se você estiver hospedado no hotel e passar pelo menos seis horas no *poker room*, pode pedir redução da tarifa. A cada período de seis horas marcados no seu cartão de jogador, eles oferecem um preço reduzido para a tarifa de um dia de estadia, especialmente para jogadores de poker. Qualquer dúvida quanto a tarifas no Venetian, entre em contato comigo pelo meu site (www.leobello.com.br).
- O serviço de comida no próprio *poker room* é excelente, e além do que estiver no menu você pode solicitar qualquer prato do cardápio do serviço de quarto. E o melhor, se você tiver horas de jogo marcadas no cartão, pode pedir para abonar a conta. Com o mínimo de seis horas por dia, dava, por exemplo, para pedir uma salada Caesar com sobremesa e não pagar nada. Isso, claro, sem contar com os drinques, que são cortesia em todos os *poker rooms*.
- Não utilize nada do frigobar do quarto. Peça para eles instalarem um frigobar extra e compre suas bebidas e comidas fora. Atenção: não tire nada do lugar no frigobar do quarto. A geladeira tem um sistema automático que é como uma balança. Assim, se você retirar, por exemplo, uma lata de refrigerante ou uma garrafa de água de lá e colocar em outro lugar, o valor do produto é cobrado automaticamente na sua conta, mesmo que você não tenha consumido. Para vocês terem uma ideia, uma garrafinha de Coca-Cola com 200ml custa US$5 no frigobar. Por US$1,50 você pode comprar uma de 600ml no supermercado.
- Da mesma forma, evite usar o serviço de quarto. Uma salada Caesar, que no *poker room* sai por menos de US$10, quando levada ao seu quarto, sai por quase US$30. É mais fácil descer e comprar sua comida na praça de alimentação e depois levar para o quarto.
- Três vezes ao ano, eles realizam uma série de torneios conhecida como Deep Stack Extravaganza, em que os jogadores começam com pelo menos 10.000 fichas e os níveis de *blinds* duram uma hora. É um dos torneios com a estrutura mais gostosa de jogar, com *buy-ins* mais aces-

síveis do que os do WPT e do EPT. Antes de viajar a Las Vegas, cheque a programação do Venetian para verificar se uma dessas séries está acontecendo. Normalmente durante o WSOP acontece um Deep Stack Extravaganza (foi assim em 2007 e em 2008); as outras duas edições do torneio costumam ocorrer em fevereiro e em novembro.

Já o cassino Wynn, um dos mais luxuosos de Las Vegas, tem um *poker room* em que vários brasileiros já conquistaram títulos. Costumávamos brincar em nossas viagens que o Wynn era a casa dos brasileiros. Isso porque, nas primeiras viagens para jogar torneios de poker, os primeiros títulos nacionais aconteceram nos torneios regulares do Wynn. De terça a sexta eles promoviam um torneio com *buy-in* de US$330 ou US$540 com *blinds* de 45 minutos e 7.500 fichas iniciais. Em março de 2008, modificaram a estrutura para US$100 com *rebuy* durante a baixa temporada.

Foi no Wynn que tive um dos feitos mais interessantes da minha carreira, que foi apelidado pelo diretor de torneios do cassino de Hat Trick. Durante o Wynn Classic em 2008, consegui fazer três mesas finais consecutivas, ficando respectivamente em primeiro, nono e quarto lugares.

Durante três noites me peguei ligando para o Brasil e acordando as pessoas daqui, no que parecia ser uma brincadeira. "Estou na mesa final novamente." É uma grande emoção ganhar em Vegas, e repetir o feito por três dias seguidos não dá nem para explicar.

A estrutura dos torneios no Wynn é espetacular, com *blinds* que duram cerca de 45 a sessenta minutos e uma boa quantidade de fichas iniciais. Entretanto, tenho que fazer um comentário ruim. O Wynn é realmente um cassino elitista. Os funcionários são treinados para agradar os clientes mais ricos. Por exemplo: no *poker room*, eles não têm tanto interesse em encher os torneios regulares durante a semana. Não abrem nem mesmo lista de *alternate*. O foco deles é no *cash game*, e lá nenhum nível tem limite máximo para sentar. Assim, os jogos costumam ser bem *deep*: na 5/10, é comum vermos *stacks* de até US$10 mil.

A boate que existia na inauguração se chamava La Bete, mas não fez sucesso e foi fechada. No lugar abriu a Tryst, que é uma das mais requintadas da cidade e com filas de quase duas horas para conseguir entrar.

Em 2009, com a inauguração da XS no Encore, a Tryst passou a parecer pequena. Até mesas de *blackjack* e piscina a XS tem. Uma experiência visual e sonora que vale a pena conferir de perto. Se tiver que escolher apenas uma balada em Las Vegas, fique com essa.

Na prática, o Wynn é um dos cassinos mais luxuosos, e a comida por lá é espetacular. Vale a pena fazer suas refeições em um dos restaurantes do *chef* Wolfgang Puck; só prepare o seu bolso.

Comida, aliás, é um ponto curioso de Las Vegas. Poucas pessoas sabem, mas o cassino que hoje hospeda o campeonato mundial de poker começou sua subida para a fama primeiro por sua culinária, e não pelos jogos que oferecia.

O cassino Rio foi idealizado e construído pelo responsável pelas construções que Steve Wynn fazia em Las Vegas, Tony Marnell. Ele conseguiu transformar um cassino fora da Strip, isolado no meio da estrada Interestadual 15, em um polo atrativo graças ao seu investimento em gastronomia.

Sua construtora teve um lucro considerável por ter sido a escolhida para erguer o Mirage, o Excalibur e a expansão que virou o shopping do Caesars. Com o dinheiro levantado ele abriu um cassino com temas tropicais e quinhentos quartos fora da Strip. Ninguém a princípio prestou muita atenção porque não competia diretamente com os *resorts*. Porém, para Marnell, aquele virou seu hobby: ele gostava de ir até as cozinhas do Rio e de preparar ele mesmo algumas receitas e pratos. Quando os turistas começaram a saber sobre a comida servida no Rio, eles deixavam a Strip e iam atrás de especiarias chinesas, massas italianas, frutos do mar e cozinha francesa. Ele trouxe Jean-Louis Palladin, um dos maiores *chefs* da época, para montar um restaurante chamado Napa. E ainda Barrie Larvin, *sommelier* do Ritz Hotel em Londres, e deu US$6 milhões para que ele montasse a melhor adega de vinhos de Las Vegas.

Devido aos seus investimentos em gastronomia, executivos logo começaram a se hospedar no Rio, um grande centro de convenções foi criado, e, a partir daí, uma expansão dos quartos. Assim, este hotel se desenvolveu ao explorar um lado pelo qual poucos na época se interessavam e conquistou clientes até entre os *high rollers*.

E essa corrida em Las Vegas era contínua, e muitas vezes puxada por Steve Wynn. O Caesars construiu um shopping? Wynn construiu o seu no Bellagio. O Rio tinha restaurantes? Wynn trouxe os melhores *chefs* para o Bellagio.

O Venetian foi construído seguindo os mesmos preceitos. Shoppings, restaurantes de padrão internacional e muito luxo. Las Vegas se transformou em um período de apenas dez anos. Em 2008, a expansão do Venetian, o Palazzo, foi inaugurada.

O dono de ambos é Sheldon Adelson, antes um desconhecido do grande público. Ele apareceu da noite para o dia quando decidiu abrir o capital de sua empresa, a Las Vegas Sands Corporation, e construir o Venetian no terreno que comprara de Kerkorian anos antes. A revista *Forbes* o declarou como possuidor da 19ª maior fortuna do mundo.

Parte de seu sucesso se deve ao fato de ele ter sido um dos primeiros a obter a licença para construir cassinos em Macau, na China. Hoje em dia, considera-se que Macau é a cidade mais promissora do mundo para o entretenimento, pois, além de ser um local ideal para a maior população do mundo (os chineses), é alimentada pela economia que mais cresce no planeta. Todo o continente asiático tende a procurar Macau em vez de Las Vegas, e quem já esteve em um cassino já deve ter observado como os orientais gostam de jogo e gastam na Sin City.

O site PokerStars lançou em 2007 o APPT, com etapa em Macau. Quem quiser conhecer a região e ver o Venetian de lá, pode tentar, por meio de satélites on-line, conseguir a vaga para o torneio anual.

Em 2009, foram criados dois novos empreendimentos, o *resort* CityCenter, que também tem prédios residenciais, e a expansão do cassino Wynn, chamada Encore. E como já comentei, em 2010 é a vez do Echelon Place. Sobre o CityCenter, pode-se dizer que ele é o contra-ataque em grande estilo de Kirk Kerkorian. (Será que essa guerra terá fim?)

O custo do Wynn foi de US$2,7 bilhões, como eu já disse. O novo projeto de Kerkorian tem um custo estimado em US$7,4 bilhões!

O CityCenter terá um tema futurista, e o conceito é uma cidade dentro da cidade. São 66 acres, o que representa uma área maior do que a Times Square, o SoHo e o Rockefeller Center de Nova York juntos. São quatro hotéis e torres residenciais com mais de 6.800 quartos, suítes e apartamentos. O hotel principal, chamado de CityCenter Hotel, terá mais de quatro mil quartos. Um hotel com temática oriental e mais três outros projetos, chamados Vdara, The Harmon e Veer Towers completam os outros 2.800.

A grande atração é um novo show do Cirque du Soleil homenageando Elvis Presley (e prometendo trazê-lo de volta à vida por meio da tecnologia). O projeto terá uma área central voltada para shoppings com tecnologia ultramoderna e arquitetura de vanguarda. Porém, todo o *look* futurista gerou críticas de Wynn, que afirma que as pessoas não querem ver uma nova Times Square.

Assim, Wynn tem mais uma carta na manga. Lembram quando comentei que o campo de golfe do cassino logo deveria dar lugar a mais expansões? Wynn planeja construir *resorts* à beira d'água. (O sonho de Steve sempre retornando.) Ele vai construir um lago artificial para finalmente colocar suas competições de esportes aquáticos, e várias vilas como se estivessem à beira de praias e lagos. Seus projetos para moradias e shoppings focam mais a natureza e o clima aliados ao luxo, mas de forma mais simples do que no cassino. A ideia é ser uma oposição à tendência futurista e de arranha-céus proposta por Kerkorian para o CityCenter. O Encore, que custou mais US$2,1 bilhões, é apenas o início desse projeto com 2.034 quartos, cada um com 315m^2, e banheiros de 70m^2 (ou seja, o banheiro é maior que um apartamento de dois quartos padrão do Brasil).

Nesse meio-tempo, Gary Loveman e o grupo Harrah's compraram uma área de 350 acres (para se ter uma ideia, o Epcot Center, o maior parque da Disney, tem trezentos acres com todos os seus hotéis, lagos e o próprio parque temático) e pretendiam construir o Epicentro, que competiria diretamente com o CityCenter. Só que no meio do caminho dois grupos ligados a fundos de investimento privados, o Apollo Management L.P. e o Texas Pacific Group, acabaram fazendo uma oferta e compraram o grupo Harrah's de Loveman por US$17,1 bilhões, a maior transação da história dos cassinos. Agora, os planos deste novo grupo são incertos, ou, melhor dizendo, desconhecidos pela mídia.

Quem ganhará essa guerra? Não dá para imaginar como será Las Vegas daqui a dez anos. Porém, uma cidade que só de turistas atrai por ano 20% da população brasileira em números absolutos não deve parar de crescer. Espero que com essas dicas e histórias vocês aproveitem bem a Disneylândia adulta, Las Vegas.

Capítulo 23

Conrad: a casa do poker na América do Sul

"A maior parte dos seus ganhos com o poker não vem do brilhantismo das suas jogadas, mas da inaptidão dos seus oponentes."

Lou Krieger, escritor e profissional de poker

No final de 2007, joguei um dos torneios com a maior premiação da minha vida, perdendo apenas para o WSOP, o EPT e o WPT. Com tantas viagens internacionais, era de se supor que este torneio houvesse ocorrido em Las Vegas ou na Europa, não é verdade?

Mas não: o torneio foi logo aqui, ao lado do Brasil, a duas horas partindo de São Paulo de avião. Em Punta del Este, em 1998, instalou-se o Conrad Resort & Casino e, desde 2006, o *poker room* do Conrad cresceu a ponto de se tornar a melhor opção para o Texas Hold'em na América do Sul.

De longe não é a única opção. Em Punta del Este mesmo temos o Mantra Resort assim como o Iguazú, na Argentina, e o Costanera, no Paraguai. Porém o pessoal no Brasil sempre pergunta sobre opções para praticar o poker, e o Conrad vem antes à cabeça, pois foi o primeiro a começar a trabalhar na formação de um *poker room* e na criação de torneios de poker. Seja pelos torneios semanais ou pela abundância de *cash games*, não há outra opção no mesmo nível. Em termos de conforto, o *poker room* não deve nada aos de Las Vegas, e se pegarmos alguns cassinos menores o do Conrad é até melhor. Normalmente são cerca de dez mesas profissionais em uma sala reservada do cassino. Quando ocorrem torneios maiores, eles montam uma estrutura em um dos salões de convenção no andar inferior, longe do cassino, aumentando a capacidade para mais de mil jogadores.

Em dezembro de 2007, o Conrad organizou um torneio com premiação de mais de US$1,5 milhão. Até aquele momento nenhuma premiação tão alta havia sido ofertada em um torneio na América do Sul. Ao longo de todo ano, a cada duas ou três semanas, o Conrad organiza um torneio, normalmente com inscrição entre US$500 e US$1,5 mil e com premiações que atingem US$300 mil em média. A estrutura dos *blinds* e das fichas não costuma ser das melhores, mas, como o Conrad normalmente acrescenta dinheiro à premiação além das inscrições, os torneios são excelentes em termos de risco/benefício. Sempre nos finais de ano eles organizam um torneio especial com inscrição mais cara (em 2007 foi de US$2,5 mil) e uma premiação garantida.

Curiosidade

O Brasil aparece sempre com muita força nos torneios do Conrad, e já tivemos vários brasileiros ganhando por lá: Leandro "Brasa", Ricardo Fernandes, Sergio Braga, João Marcelo, D.C., André Akkari, Leo Liberal, Vilela e até eu mesmo, entre muitos outros. A lista de brasileiros que já ganharam torneios por lá é tão grande que seria injusto tentar citar mais nomes. Entretanto, vale um destaque especial para Marcelo Dabus e Tico Viana, que foram respectivamente 2º e 4º lugares no torneio especial final do Conrad Poker Tour em 2007. Dabus, com seu resultado, ganhou a maior premiação de um brasileiro em um torneio internacional ao vivo neste ano, superando até mesmo a premiação de Leandro "Brasa", no WSOP do mesmo ano, ao ficar em 4º no evento 49.

Mas é claro que não parou por aí. Em 2008, um novo ano inteiro de Conrad Poker Tour terminou em mais um torneio de premiação milionária. Mais de quatrocentos jogadores disputaram quase US$2 milhões em prêmios, e desta vez o grande destaque brasileiro foi o carioca Christian Kruel, meu companheiro de time no Full Tilt Poker. CK ficou em 3º lugar depois de dominar o torneio desde a mesa semifinal, tendo entrado *chip leader* na final. Brilhante resultado para coroar um ano incrível para Kruel.

Acho que, para quem está começando a praticar Texas Hold'em, o Conrad acaba sendo parada obrigatória, não só pelos jogos já citados, mas também por tudo que o *resort* e a cidade oferecem.

Entretanto, o mais interessante dessa relação do poker com o Conrad é que eu e o meu sócio, Leandro "Brasa", sentimos ter uma participação nessa história, e vou contar um pouco disso neste capítulo. É interessante fazer uma ressalva: devido ao que vou contar abaixo, é claro que tenho uma ligação especial com o Conrad. Mas, independentemente disso, é importante lembrar que ele foi o primeiro a incentivar o poker no nosso continente e a dar oportunidade a nós, brasileiros. Ou seja, mesmo que eu não tivesse tomado parte nesse processo, ainda assim os fatos falariam por si.

Minha intenção neste capítulo é mostrar que temos uma opção aqui na América do Sul para participar de grandes torneios e ter uma experiência próxima à que temos em Las Vegas, em um local mais barato e acessível. Fui sete vezes a Las Vegas em um período de quatro anos desde que comecei a jogar poker. Em um ano apenas (2006), visitei o Conrad para participar de torneios em pelo menos seis oportunidades. Há grupos de brasileiros que procuram estar em todos os grandes torneios, pois dá para viajar na sexta-feira e em duas horas chegar a Punta del Este, retornando no domingo, aproveitando apenas o final de semana sem atrapalhar a rotina de trabalho. Espero que logo tenhamos outras opções de mesmo nível com torneios regulares. Quanto maior a oferta de torneios com premiações grandes e jogos diários, melhor para nós jogadores.

O LAPT é um exemplo claro, trazendo torneios para diversos países da América Latina, como o Chile, a Costa Rica, o México, a Argentina e o próprio Uruguai, na sua segunda temporada realizada em 2008/2009. Torneio de qualidade com premiação atraente e participação de vários profissionais mundialmente reconhecidos.

Essa série foi iniciada em maio de 2008 no Brasil. O primeiro torneio aconteceu no Rio de Janeiro, no Hotel Intercontinental, e atraiu mais de 350 jogadores, sendo que pelo menos metade era de estrangeiros. A inscrição foi de US$2.500 (R$4.750), e a premiação de quase meio milhão de dólares foi totalmente revertida aos jogadores, que tiveram imposto de renda recolhido na fonte em todas as premiações.

Pela primeira vez, campeões mundiais de poker estiveram em nosso país, como Greg Raymer e Chris Moneymaker. A festa só não foi maior porque estávamos no ápice de uma epidemia de dengue, e em fóruns internacionais muitos jogadores diziam que não viriam ao Brasil por medo da doença. Mas, na prática, não fez a menor diferença. O torneio teve sua capacidade de jogadores superada em termos de procura, e o sucesso foi estrondoso.

Com o nosso potencial para o turismo, é uma grande oportunidade trazer os praticantes desse esporte para o Brasil. Grandes eventos internacionais podem ajudar a catapultar ainda mais os talentos brasileiros para o cenário internacional.

Para mim, esta história com o Conrad começou em fevereiro de 2006. De lá para cá muita coisa mudou. Nessa primeira viagem, eu e o Leandro "Brasa" fomos levados pelo responsável pelo marketing do escritório de São Paulo.

Em dezembro de 2005, Marco Marcon organizou um torneio em Bombinhas, Santa Catarina, que ficou conhecido como Desafio Brasileiro de Poker. Para ter uma ideia da importância deste evento, acredito que foi a única ocasião em que um mesmo evento no país teve a presença dos cinco integrantes do atual Full Tilt Pro Brasil Team — Leandro "Brasa", Christian Kruel, Raul Oliveira, Igor "Federal" e eu. André Akkari também estava por lá e hoje é PokerStars Pro. Isso para citar apenas alguns, pois também estavam por lá alguns pioneiros. Por exemplo, foi onde conheci Daniel "Tevez" Cantera, argentino-brasileiro, que hoje faz a cobertura dos torneios e é o responsável pela versão tupiniquim da Poker News (http://pt.pokernews.com), um dos maiores portais mundiais de notícias sobre poker. Também conheci e dividi mesa final com Vicenzo Camilotti, hoje colunista da *Card Player Brasil* e vencedor de vários torneios importantes no país, como o próprio BSOP, e que já foi líder do *ranking* brasileiro do PartyPoker.

Curiosidade

Anos depois, em fevereiro de 2008, nós seis nos reunimos para gravar um comercial de televisão para a Copag. Além de nós, Cinthia Escobar foi escolhida para representar as jogadoras de poker. A empresa lançou uma linha de baralhos voltada para o Texas Hold'em com qualidade superior e três modelos de apresentação: naipe grande, naipe pequeno e o "*peek*", no qual o naipe e o valor da carta aparecem na borda em sentido diagonal, e você consegue ler a carta levantando apenas a pontinha da mesma. O baralho Texas Hold'em já era o utilizado nos principais torneios do país, e mesmo no BSOP e no Circuito Paulista, que têm baralhos próprios, o material utilizado pela Copag na confecção é o mesmo do Texas Hold'em.

A Copag resolveu colocar na televisão uma seleção de jogadores que considerava importante para o desenvolvimento do esporte. Claro que muitos outros nomes poderiam estar aí também, mas me senti muito honrado de ser escolhido e de ver meus amigos por lá. O interessante é que, ao saber que nós havíamos jogado juntos apenas uma vez e há mais de três anos, os diretores da Copag Robson Tatimoto e Mariana Dall'Acqua convidaram todos nós após a gravação para um torneio de uma mesa, um *sit and go*, do qual eles próprios participaram. Foi muito divertido podermos jogar todos juntos e brincar com a situação. No final, Leandro, Igor e eu ficamos entre os três primeiros, não sem antes darmos muitas risadas e tentativas de blefes apenas para implicar com os amigos. Claro que ninguém levou a sério, era um *sit and go* apenas por diversão, mas foi muito bom jogarmos pela primeira vez todos numa mesma mesa.

Como parte da premiação da mesa final do torneio de Bombinhas, quatro pacotes para o Conrad Casino. Numa final emocionante, ganhei um desses pacotes. Com cinco jogadores restantes, eu tinha fichas apenas em quantidade suficiente para pagar o *big blind* e me sobravam cerca de 3.000 fichas (o que não completava nem um *blind* a mais, e eu acabaria sendo eliminado sem fichas, pagando o *small blind* na próxima mão). Se eu caísse em 5º lugar, levaria um prêmio, mas perderia o pacote do Conrad que por si só valia mais do que a parte financeira.

Após pagar o *big blind*, os dois primeiros jogadores saíram da mão, e então, o terceiro jogador, que também estava *short-stacked*, entrou com *all-in*. Para minha surpresa, Vicenzo Camilotti, que estava no *button*, pagou o *all-in* do primeiro jogador e a ação chegou a mim, e tive que decidir se jogava ou não minhas últimas 3.000 fichas num pote com mais de 40.000. Parece fácil, principalmente se pensarmos que eu segurava algo como AJ. Os números e as cartas não eram exatamente esses, pois lá se vão mais de três anos desde que esse torneio aconteceu, mas dá para vocês sentirem o drama, não?

Entrar no pote, tentando triplicar e voltar para o jogo? Dar *fold* e torcer para Vicenzo ganhar a mão, e eu conseguir pular para 4º lugar ganhando o pacote do Conrad?

Pensei por algum tempo (nem tanto talvez, pois eu não era tão experiente ainda e acho que o prêmio do Conrad me enchia os olhos) e acabei dando *fold* na minha mão. Vicenzo eliminou o outro jogador, e eu ganhei o pacote, sendo eliminado logo em seguida em 4º lugar. Vicenzo acabou em 3º, e lembro ainda que Alberto Bruel e Simeão ficaram nas primeiras colocações.

Já havia contado essa história com outro enfoque no *Aprendendo a jogar poker*, mas achei pertinente repeti-la aqui, pois mostra a vontade que eu tinha em conseguir aquele pacote e conhecer o Conrad, até então apenas um sonho para mim.

Na hora da premiação, conheci o gerente de marketing do Conrad (função hoje ocupada por José Silva no Brasil) e Patrícia Souto, que até hoje nos ajuda nos contatos com o *resort* no setor de marketing. Marcamos uma reunião para os dias seguintes, pois eles já tinham ouvido falar no Circuito Paulista e queriam conversar sobre ajudarmos a desenvolver o *poker room* do Conrad, tanto por meio de uma consultoria sobre regulamentos e parte técnica, como também ajudando a criar produtos voltados aos brasileiros, fazendo com que conhecessem mais uma opção para praticar esse esporte.

Entramos em um projeto chamado Semana do Carteado, em que o Conrad levava grupos de brasileiros, em semanas normalmente pouco movimentadas, para uma programação especial que incluía aulas de poker e um torneio para um público que antes jogava apenas tranca (jogo parecido com o buraco ou canastra).

Além da programação ligada ao poker, havia uma série de passeios turísticos pela cidade e opções de gastronomia e shows. Cada Semana do Carteado tinha um tema, como por exemplo faroeste e circo, atividades diferentes para os grupos. Estes começaram a ficar mais ecléticos, pois, além do pessoal que já frequentava o Conrad, começaram a aparecer jogadores que ganhavam os pacotes nos torneios do Brasil, como os vencedores do Circuito Paulista e do BSOP.

Ao longo do ano de 2006, a Nutzz! esteve no Conrad em quase todos os meses. Ao mesmo tempo em que ministrávamos cursos, formando novos grupos, ajudamos com consultoria específica a desenvolver regras para o *poker room* e a sugerir sua programação.

Os cursos foram uma experiência incrível. Formávamos mesas com dez pessoas, apresentávamos as regras e as técnicas e depois fazíamos aulas práticas com os grupos, aplicando os conceitos apreendidos. Após o curso, organizávamos um torneio, que também era aberto aos jogadores locais. Em dois desses torneios, alunos do curso chegaram a ganhar, batendo os jogadores habituais do Conrad e mostrando que o poker era um jogo que podia ser vencido por todos que se dedicassem a entender um pouco mais da técnica. Lembro da vice-campeã comentar que se não fosse pelo curso jamais teria ganhado, pois usou os princípios de seleção de mãos e posição, sabendo largar mãos fracas que em outra época ela teria jogado.

Curiosidade

Em 2008, recebi de um aluno um trabalho científico feito em uma universidade americana com o objetivo de comprovar que o poker é um jogo de habilidade. Em resumo, o artigo pegava dois grupos de pessoas que não conheciam poker. Para um dos grupos dava apenas as regras do jogo, e para o outro dava orientações estratégicas como as que nós dávamos no curso para iniciantes do Conrad, falando sobre seleção de mãos, posição e *odds*. Depois, os dois grupos jogavam um mesmo número de mãos pré-selecionadas (algo como quinhentas mãos iguais para cada grupo). Na maioria das vezes o grupo que foi treinado em estratégias básicas apresentou resultados superiores em ganhos ao grupo que apenas jogava de acordo com as regras.

No artigo científico ainda havia um segundo passo, no qual se repetia a experiência colocando o grupo que antes havia jogado apenas com as regras em contato com a estratégia básica e acrescentando um terceiro grupo que não conhecia poker. Houve melhora nos resultados de todos os jogadores do primeiro grupo, mostrando que adquirir conhecimento estratégico realmente tem importância e relevância no poker.

O que foi feito em um ambiente universitário comecei a ver na prática. Ensinar como jogar poker passou a ser um prazer a mais para mim e me colocava em contato com diferentes tipos de pessoas. Acho até que a ideia de escrever livros começou a nascer a partir desses cursos.

Em paralelo, o trabalho de consultoria seguia. Por exemplo, fomos nós que apresentamos ao Conrad o software de gerenciamento de torneios que hoje eles utilizam, assim como o conceito de usar cartões de posição para as mesas e para realização de *rebuys* e *add-ons*. Lidávamos diretamente com os responsáveis pelo *poker room*, ajudando sempre que possível com nossas ideias. Até mesmo o regulamento usado nos torneios de lá foi baseado em uma versão do utilizado no Circuito Paulista, apenas com uma estrutura mais rápida, adaptada ao ritmo do cassino.

É bem verdade que um grande trabalho de pesquisa já havia sido realizado pela equipe que coordenava o *poker room*, inclusive com visitas a Las Vegas em busca de inspiração. Este trabalho inicial ocorreu mesmo antes que começássemos nossa ajuda no Conrad.

Imagino que o ano de 2006 tenha sido repleto de experiência para eles. O *cash game* já tinha um público cativo, e na alta temporada as mesas mal tinham espaço, com filas de espera para jogar, enquanto na baixa temporada o movimento seguia com pelo menos uma ou duas mesas sendo formadas diariamente. Mas ainda não havia um calendário para torneios regulares, e os poucos que aconteciam tinham estruturas ultrarrápidas em termos do aumento dos *blinds* e cacife inicial pequeno.

Foi quando a ideia de realizar um circuito de poker começou a germinar. O projeto era que o Conrad tivesse uma série de torneios, como a do Circuito Paulista e do BSOP, com *ranking* e etapas mensais. Isso ajudaria a criar um vínculo com os jogadores e uma marca para o Conrad.

Além da ajuda da nossa empresa Nutzz!, outras pessoas do Brasil, da Argentina e do Uruguai também davam conselhos e opiniões e, assim, foi criado o projeto do Conrad Poker Tour para ser colocado em prática em 2007. Com ele, deixava de existir a Semana do Carteado, e passavam a ser criadas datas em que a programação era toda voltada ao poker. De quinta a domingo, poker na veia.

Os jogadores chegam na quinta-feira no final da tarde e na primeira noite já encontram um torneio de US$200 para participar, chamado de Jueves de Poker. Na sexta-feira, o *poker room* abre a partir das 18h e praticamente não fecha, com ação nas mesas de *cash game* 2/4, 5/10 e 10/20 ao longo de toda a noite e madrugada. Além disso, por volta das 22h, metade dos jogadores inscritos no torneio principal joga as três primeiras horas do evento.

No sábado, a outra metade dos participantes da etapa do Conrad Poker Tour joga por três horas, e depois os jogadores que se classificaram nessas duas baterias se encontram no início da noite de sábado para jogar até chegar a um campeão.

Quem não estiver no torneio pode ficar no *cash game* ao longo de todo o final de semana, ou ainda formar com outras nove pessoas um *sit and go* (torneio de uma mesa).

Dicas para *cash game* no Conrad

- O melhor nível para jogar, na minha opinião, é o 2/4, no qual você pode entrar com um mínimo de US$100 e máximo de US$400. Digo que é o melhor, pois é onde a maioria dos turistas está, e alguns mal sabem as regras do poker. Os níveis maiores normalmente estão cheios de jogadores profissionais e se tornam mais perigosos;
- Muito cuidado para não atravessar a linha de apostas na mesa com suas fichas. Quaisquer fichas que ultrapassem essa linha são consideradas apostas. Quando você for realizar as apostas, deve fazer em um só movimento ou anunciar em voz alta o total de sua aposta;
- Quando você for *all-in*, não é obrigado a abrir suas cartas como acontece em torneios. Você só precisa mostrar suas cartas no *showdown*, caso seja o primeiro a mostrar na ordem de ações, ou se tiver ganhado de um adversário que já mostrou as suas cartas;
- Diferente do que acontece nos cassinos nos EUA, no Conrad você pode jogar com suas fichas dentro de um *rack*, ou seja, você não precisa colocá-las sobre a mesa, podendo deixá-las organizadas dentro da caixa que é utilizada para transportá-las. Por outro lado, você não pode jogar com dinheiro à mesa, ao contrário do que acontece em Las Vegas;
- Ao ganhar uma mão é normal dar uma caixinha para o *dealer*. US$1 é mais do que suficiente independente do tamanho do pote;
- Evite conversar durante as mãos para não atrapalhar o raciocínio dos adversários e respeitar quem está tomando uma decisão. Também não faça comentários sobre a jogada enquanto ela está se desenrolando. É contra as regras, e você poderá ser punido.

Mas acredito que alguns de vocês estejam interessados em mais do que poker. Sempre surge a dúvida se vale a pena investir em uma viagem dessa com a família. A resposta é bem simples. Punta del Este é um sonho. Uma península cheia de belezas naturais como o Rio de Janeiro e cercada por um glamour que lembra cidades europeias. Ao longo da cidade, campos de golfe e mansões de luxo, restaurantes e lojas de grife, praia e um clima que permite uma lareira no final da tarde. A cidade é um local perfeito para namorar, descansar, passear e comer muito bem.

Desde a primeira vez, fiquei espantado com a culinária local. As carnes são fabulosas, e as *parrillas*, que são como nossas churrasqueiras, imperam pelo Conrad e pelo restante da cidade. Para quem gosta de doces, não dá para perder as musses de doce de leite (ou qualquer forma de doce de leite, já que é a especialidade da região) e de chocolate. Para os amantes de vinhos, o Conrad tem umas das melhores adegas da região. Aliás, comer bem no Conrad não é difícil. São cinco restaurantes no hotel: o Las Brisas, que fica aberto 24 horas por dia, indo do café da manhã ao lanche da madrugada; o Veleiros, em que se serve o chá da tarde e que funciona também como um pequeno bar para um coquetel ou uma pequena reunião; o Manjares, que fica próximo ao teatro do Conrad; o Gauchos, que fica na piscina do hotel e é o mais requintado de todos; e o St. Tropez, com cozinha italiana moderna. Fora do hotel os restaurantes são ainda mais variados, e vale a pena se aventurar a conhecê-los. Um dos meus passeios prediletos quando vou a Punta é procurar pela cidade novos restaurantes para experimentar. Lembro que o melhor nhoque que comi na vida foi num restaurante na orla da cidade. Desmanchava na boca de tão bom.

Algumas vezes, encontrei o Conrad lotado, e tive que ficar em algum outro hotel na cidade. Não me arrependi em nenhuma delas. Alguns hotéis são até mais charmosos, por serem menores e mais aconchegantes. Um desses hotéis também tem um chá da tarde, famoso por ter o melhor *waffle* da cidade. No inverno, eles servem o chá dentro de um jardim de inverno que lembra uma estufa, e você repete à vontade os *waffles* com diversas coberturas, como doce de leite, mel, chocolate e outros.

Já que falei da comida no Conrad, vale citar um luxo para o jogador de poker, o spa, onde após uma longa sessão você pode receber uma massagem relaxante. Praticamente todas as vezes que fui a Punta separei pelo menos dois horários para relaxar no spa, receber uma massagem e depois entrar na hidro ou na piscina interna aquecida. É claro que para as mulheres há uma variedade enorme de atividades, mas para quem joga poker as massagens são o ponto alto do lugar. Para os que têm o perfil mais ativo, existe uma academia completa, com destaque para as esteiras com televisores individuais. A academia normalmente está vazia ou com poucas pessoas. Acho que nem todos que visitam o hotel conhecem esta parte. Há também quadras de tênis na área externa. Como bom brasileiro, sinto falta de uma área para jogar futebol, mas não se pode ter tudo.

A sensação lá é até melhor do que estar em Vegas, isso talvez pela facilidade da linguagem. Podemos falar em português por todo o hotel, que tem um atendimento cinco estrelas. Desde confortos, como ser pego por um carro particular ao chegar ao aeroporto (normalmente Mercedes luxuosas) até chegar na sua suíte sem ter que se preocupar com suas bagagens e ainda encontrar um coquetel de boas-vindas. A grande maioria dos quartos tem vista para o mar, o que ainda adiciona um belo pôr do sol para assistir da varanda.

E para quem joga no cassino isso ainda pode sair de graça. As tarifas para os jogadores são reduzidas de acordo com seu movimento pelas mesas. Mesmo para os jogadores não abastados, jogar no cassino pode representar um almoço ou jantar gratuito. E o custo do pacote para os finais de semana não costuma ser alto, pois o Conrad tem acordos com as companhias aéreas e as passagens saem bem baratas. É só contatar o escritório do Conrad em São Paulo ou enviar um e-mail para leobello@leobello.com.br, que eu encaminho ao responsável.

Desde 2007, o responsável pelo desenvolvimento do Brasil junto ao Conrad é o sr. José Silva. A parceria com a Nutzz! se estreitou, e os pacotes para o Conrad Poker Tour foram distribuídos ao longo de todos os torneios do Circuito Paulista e do BSOP até 2008.

A ação do Conrad no Brasil aumentou proporcionalmente ao sucesso dos brasileiros nos torneios e nas mesas de *cash game*. Hoje, além de tudo, o *resort* se tornou um ponto de encontro para os brasucas.

A tendência é que novos torneios comecem a aparecer em toda a América Latina, como os que foram organizados pela Tower Torneos, incluindo os dois cruzeiros e o Rio Poker Fest. Não podemos esquecer que já existem alguns torneios famosos no Caribe como o Aruba Poker Classic, que é patrocinado pelo site UltimateBet, e o PokerStars Caribbean Adventure, que faz parte do roteiro do European Poker Tour, mas é realizado no Caribe.

Viajar e conhecer novos lugares é uma das maiores vantagens de ser um profissional de poker. Nos últimos anos, pude conhecer mais de dez países e vários estados brasileiros (esses graças ao BSOP). Culturalmente é enriquecedor, mas também revigorante, poder desbravar novos horizontes. Para você que está se aprofundando mais nas técnicas do Texas Hold'em, é bom saber que existem opções prazerosas como uma viagem para Punta del Este ou paraísos no Caribe.

Em 2007, durante uma viagem para Punta Cana, além de participar do torneio local, ainda fiz um curso de mergulho, nadei com tubarões e golfinhos e passei uma semana tomando sol e banho de mar. Ou seja, é um trabalho bem prazeroso.

Durante minha temporada em Las Vegas em 2008, fiquei hospedado por um mês no hotel Venetian. O meu quarto era quase do tamanho do meu apartamento, e todos os dias eu acordava, descia para a academia, malhava por uma hora e depois ficava na piscina do hotel até o horário de ir para os torneios. A alimentação era coberta pelo *poker room*, e o custo diário era infinitamente menor do que o de hotéis do mesmo porte no Brasil. Dividindo o quarto com um amigo, cada um pagava cerca de US$60 por dia, algo que dava para levantar facilmente jogando nos *cash games* diários. Ou seja, a viagem pode sair de graça, se você tiver disciplina e traçar um plano de acordo com a sua *bankroll*.

Assim como considero o Conrad a melhor opção para jogar na América do Sul, o Venetian é minha casa em Las Vegas. O hotel Wynn é indubitavelmente o mais luxuoso, porém o Venetian tem preços atraentes e um belo *poker room*. Em 2009, consegui um contato com a gerente do *poker room*, que garantiu tarifas baixas para brasileiros. Se você pretende viajar e ficar no Venetian, entre em contato comigo no meu site que repasso essas dicas sobre o hotel. Vale a pena lembrar que Las Vegas é um dos poucos lugares no mundo que tenho certeza de que não faltará um quarto para todos os bolsos.

Capítulo 24

Dez perguntas para Leo Bello (por D.C.)

1) Quem é o leobello?

Curioso ler a pergunta desta maneira, com meu nome escrito como meu apelido em sites de poker on-line. Será que existe alguma diferença? Acho que não. O que faço com o poker tem muito da minha personalidade desde sempre. Ao longo de toda a minha vida sempre gostei de competição (e isso o poker traz) e de conhecimentos gerais. O poker me fascinou pela complexidade da mistura entre psicologia, matemática, estratégia e interpretação das situações de jogo. Além disso, é um jogo social, e sempre gostei de conhecer pessoas.

O Leo Bello sempre foi assim. Fiz um pouco de tudo na minha vida. Comecei cedo trabalhando com minha mãe, que tinha uma empresa de propaganda e marketing. Eu a ajudava em eventos, e tudo parecia indicar que eu seguiria carreira em publicidade. Aí decidi fazer medicina. Pelo desafio e pela oportunidade de adicionar conhecimento, ao mesmo tempo que podia ajudar pessoas. Foram vários anos de faculdade, e nesse meio-tempo acabei decidindo cursar paralelamente a CAL, que era a melhor escola de teatro do Rio de Janeiro. Foram quase dois anos e meio fazendo os dois cursos em paralelo — medicina integral durante o dia, na UFRJ, e as noites na CAL. Isso me deu a oportunidade de conhecer um leque ainda maior de pessoas e de expandir meu universo cultural.

Sempre gostei de ler — um hábito que meus pais deram um jeito de passar para a família — e, claro, de escrever. De certa forma, sabia que um dia acabaria escrevendo um livro.

Depois de me formar e fazer residência, período em que pratiquei vários esportes como ginástica olímpica, *kart*, futebol e até mesmo corrida, participando da Meia Maratona do Rio de Janeiro e da Maratona de Revezamento do Rio de Janeiro, resolvi largar consultório, família, Maracanã (sou flamenguista roxo) e praia, e ir morar em Stuttgart, Alemanha, onde fiz especialização em imunologia.

Voltando ao Brasil, fiz mestrado na Unicamp. Sempre gostei de dar aulas, e poder assessorar os alunos de medicina nos ambulatórios era maravilhoso. Além disso, podia trabalhar com as crianças do ambulatório de HIV. Essa era a área que eu mais gostava da imunologia.

O poker entrou na minha vida em 2004 e desde lá não parou de crescer. Hoje não trabalho mais com medicina, mudei de casa, cidade, profissão e me transformei. Cresci e amadureci procurando não ficar estático.

É quando vejo que a resposta à pergunta é bastante simples: Leo Bello, ou leobello, é como imagino meus leitores: uma pessoa que ama a vida, gosta de desafios e descobriu que não tem medo de mudanças.

2) Como você começou a se interessar e a jogar poker?

Isso foi relacionado com as minhas andanças pelo mundo, por incrível que pareça. Nunca havia me interessado pelo jogo e nunca gostei ou tive o perfil do "*gambler*". Até hoje não gosto de jogos de cassino (embora ache o jogo de *blackjack* divertido).

Comecei jogando poker on-line na Alemanha, quando passava minhas tardes ao computador (trabalhava no hospital pela manhã). Como não tinha muitas outras opções, me dedicava muito a aprender e rapidamente transformei US$10 de bônus que ganhei no site ParadisePoker em US$400. Passei a estudar cada vez mais e ver aquele dinheiro extra como um belo bônus, principalmente porque eu não tinha outra fonte de renda na Alemanha.

Em 2003, quase não havia brasileiros jogando. Para vocês terem uma ideia, na mesma época conhecia apenas o CK e o Raul, que já jogavam. Fui eu quem apresentou o poker on-line no ano seguinte ao Leandro "Brasa", ao Igor "Federal", ao D.C., e fui eu quem passou os primeiros créditos para eles jogarem on-line (e também para alguns outros *top players* de hoje em dia).

Mas voltando à história e ao Brasil em 2004, o poker foi uma oportunidade de abrir o leque social. Eu não conhecia quase ninguém em Campinas, com exceção das outras médicas da pediatria da Unicamp. Um dia, pelo Orkut, vi que haveria um torneio organizado pelo Leandro. Resolvi ir até o torneio, que foi um churrasco com cerca de trinta pessoas, de vários locais de São Paulo. Esse foi o berço do Circuito Paulista (www.circuitoholdem.com.br).

Na semana seguinte fizemos uma viagem para o Rio de Janeiro. Durante esse final de semana, nossa amizade se estreitou e a partir daí fui conhecendo quem se tornaria meu melhor amigo, sócio e praticamente um irmão.

O poker deixou de ser um hobby solitário de internet e passou a ser um elo social. Logo, o poker também seria uma fonte de renda. Estávamos jogando numa época que poucos conheciam teoria.

Diversas vezes fomos eu, Leandro e Igor para São Paulo à noite, para participar de torneios, e era raro (se é que algum dia aconteceu) voltar de lá sem que pelo menos um de nós tivesse ganhado um torneio. Pelo menos um dos três sempre ganhava, e lembro que tínhamos o costume de, assim que o carro entrasse na Rodovia dos Bandeirantes, ligação entre São Paulo e Campinas, abrirmos a janela do carro, e o vencedor tinha que dar um belo grito para o lado de fora. E todos comemorávamos.

É tudo questão de *timing*. Hoje, com tantos talentos por aí, acho que essa frequência de ganhos seria bem mais difícil de atingir. Está aí uma das vantagens de ser pioneiro.

3) Hoje você é jogador profissional de poker. Quando você passou a se ver como um?

Por incrível que pareça, acho que o Leandro deu o passo necessário para eu me ver como um profissional. Ele resolveu no início de 2007 largar seu emprego na Motorola e se dedicar integralmente ao poker. Apesar de já estarmos organizando o Circuito Paulista nesta época, nossa fonte de renda era nosso emprego. Só que estávamos ganhando mais jogando. E ainda tinha a possibilidade de desenvolver a Nutzz!, que começava a surgir.

Eu passei a reparar que grande parte do meu tempo já era dedicado ao poker como uma atividade geral. Ou eu estava dando aulas, ou escrevendo artigos, ou ajudando a organizar os torneios, ou jogando pura e simplesmente.

As viagens começaram a aparecer, e os resultados também. Logo ficou claro que uma escolha relacionada ao tempo dedicado à atividade tinha sido feita naturalmente.

Acho que no início uma grande preocupação era como um médico poderia dizer que sua atividade principal era ser jogador de poker. Isso ficou muito mais fácil quando comecei a conhecer os profissionais estrangeiros. Lá fora, o jogador que se dedica integralmente é visto com respeito pelas pessoas, muitas vezes como um ídolo do esporte. Assinam contratos de patrocínio, têm compromissos agendados, campanhas de marketing... Eles se dedicam a participar do circuito internacional e são bem-pagos para isso.

Eu queria brigar pelo esporte que abracei. Mostrar ao Brasil como minha vida mudou para melhor e os benefícios de se tornar um profissional.

Por incrível que pareça, comecei até a enxergar melhor como os médicos no país são malremunerados e têm planos de carreira deficientes. Como médico concursado da prefeitura de Campinas, eu trabalhava mais de setenta horas por semana, dando plantões de três a quatro vezes por semana, e ganhava exatamente o mesmo que um médico com trinta anos de profissão ou um que havia acabado de se formar e não tinha residência, vindo de uma faculdade particular do interior do país. Ou seja, meus seis anos de formação em uma das melhores universidades, com mais quatro anos de residência, um ano no exterior e dois de mestrado, me ajudavam muito pouco a crescer na carreira. (Claro que estou falando das iniciativas públicas, pois no ambiente privado é possível que um médico cresça e ganhe bem.)

Hoje, tenho orgulho das minhas escolhas. Sou profissional, viajo o mundo jogando e tento levar com orgulho a bandeira do esporte que escolhi. Tento passar isso nos livros. É necessário muito estudo e disciplina. A vida não é apenas glamorosa. Os percalços existem, mas sei que chegaremos lá.

4) Você é escritor, jogador, empresário e até pouco tempo atrás também exercia medicina. Como consegue conciliar tantas atividades?

Eu durmo muito pouco! Brincadeiras à parte, esse é o grande desafio. Eu tento organizar meu tempo de um modo que consiga equilibrar todos os lados.

Hoje, o mundo todo está globalizado. Em 2008 passei quase cem dias do ano em hotéis, viajando pelo Brasil e pelo mundo. Nos três primeiros meses de 2009, fui à Dinamarca, à Suécia, à Argentina, aos Estados Unidos (Las Vegas), ao Rio de Janeiro, a São Paulo, a Santa Catarina, a Goiás e a Minas Gerais. Fiz também um cruzeiro de cinco dias com o Tower Torneos pela costa brasileira. Visitei alguns lugares mais de uma vez. Mas, com telefone e internet, estou conectado aos amigos e ao trabalho de qualquer lugar.

Também não acredito na cultura dos empregos. Acho que ser empreendedor, ter o próprio negócio, é uma das maneiras de se desenvolver.

Não consegui continuar exercendo a medicina por falta de tempo. Mas fiz uma promessa de continuar praticando para ajudar as pessoas. Não sonho mais em crescer nesta carreira. Sonho, sim, em um dia ter condições de abrir meu próprio serviço de apoio a crianças. Essa, sim, seria uma bela maneira de continuar ajudando e até abrindo espaço para novos médicos e profissionais da saúde.

Quanto à empresa que criei com o Leandro, a Nutzz! (nutzz.com.br), ela não é apenas uma empresa de eventos. Ela me ajuda a desenvolver vários projetos ligados ao poker. Eu sempre quis poder criar e fazer coisas novas. Como disse, ser empreendedor é muito bom, e acredito ser um dos melhores caminhos para o sucesso profissional.

Com a Nutzz! criamos o BSOP (www.bsop.com.br) e viajamos por todo o Brasil difundindo o poker.

Um dia ainda escreverei a história desta empresa, que começou sem que tivéssemos que colocar um tostão do nosso bolso, e que se pagou e deu lucro desde o início.

5) Quando você foi para Las Vegas pela primeira vez, como se sentiu ao jogar no berço do poker mundial?

Acho que ao longo do livro contei bem sobre a experiência de estar em Las Vegas. Foi com certeza um sonho, e na primeira vez foi mágico poder ver os profissionais a que eu assistia pela tevê. Hoje, guardadas as devidas proporções, me sinto como um deles. E, portanto, me sinto muito à vontade na cidade.

Acho que já passei um total de quase sete meses em Las Vegas. Isso em um período de três anos, apenas somando as diversas estadias em oito viagens, até julho de 2009.

Recomendo a todos que curtem o esporte a tentar visitar a cidade pelo menos uma vez. E recomendo que fiquem hospedados no hotel Venetian.

6) Como você encara o preconceito que o brasileiro ainda tem com o poker e a dificuldade em enxergá-lo como esporte?

Sua pergunta já responde: preconceito.

As pessoas associam o poker a uma imagem criada no passado, na qual pessoas perdiam fortunas jogando uma modalidade em que o fator sorte influencia muito mais, que é a do poker fechado.

Hoje, na modalidade mais praticada, que é o Texas Hold'em, e até em outras como o Omaha, o fator habilidade é infinitas vezes superior. Um jogador técnico leva muita vantagem em relação ao iniciante.

Os jogadores são de todos os tipos — homens, mulheres, jovens e idosos — e de todas as classes sociais, também.

E o principal, o esporte é praticado por meio de torneios, onde você paga uma inscrição, e compete igualmente contra outros jogadores. Não conheço nenhuma pessoa que jogando torneios tenha falido com o poker, perdendo a casa ou o carro. Isso não existe.

Se você sai num final de semana com a namorada para ir a uma boate e jantar, acaba gastando de R$100 a R$300 em uma noite. Você pode optar por ir a um clube e jogar um torneio onde se divertirá por horas, gastando menos do que isso, e quem sabe ainda ganhar um prêmio. Se não ganhar, nunca perderá mais do que sua inscrição naquela competição.

Além disso, poucos percebem como o poker desenvolve vários aspectos importantes de nosso dia a dia. Para pessoas que vivem no mundo empresarial e corporativo, acredito que o poker deveria ser uma atividade constante. Ajuda a tomar decisões sobre pressão e a entender técnicas de negociação, psicologia, e administração de riscos.

Encare o poker de uma forma saudável, seja como hobby ou profissão, separe tempo para se exercitar, namorar, passear e ler um livro. Encare sua vida de forma saudável e passe adiante a mensagem de que o poker é um esporte, uma atividade prazerosa e competitiva.

7) Seu primeiro livro contribuiu muito para uma visão menos negativa do poker no Brasil. Como você acha que será a repercussão do segundo?

Espero que seja ainda melhor. Mudei para a que considero a melhor editora do país e acredito que assim alcançaremos mais leitores. Quanto mais pessoas se informarem a respeito do poker, mais longe chegaremos.

O grande segredo está realmente nessa palavra: informação.

Quem abre os olhos para o que o poker traz de bom para os praticantes está apenas percebendo a realidade atual. E não é só o meu livro. Hoje temos no Brasil revistas especializadas, a *Card Player Brasil* e a *Flop*; temos a Confederação Brasileira de Poker se formando; temos os jogadores que já são patrocinados oficialmente por outras entidades. Temos também os diversos sites que ensinam a teoria do poker, e as comunidades virtuais como o MaisEV e o Orkut.

Já temos os clubes onde os amigos se reúnem para praticar e até mesmo os diversos *home games* semanais entre amigos substituindo as "peladas" de futebol após o trabalho.

Temos grandes empresas como a Copag investindo no crescimento do esporte. E a mídia está muito receptiva a isso, fazendo cada vez mais matérias sérias com o lado positivo do esporte.

Temos sites como o Bestpoker investindo nos jogadores brasileiros e que me patrocinou. Mas também outros com ações espalhadas pelo Brasil de outros sites. Com a energia positiva de todas essas iniciativas, logo, logo veremos o poker ser respeitado pelo nosso país.

8) Como em todos os esportes, o poker tem ídolos e mitos. Hoje você é um ídolo no Brasil. Quem são ainda os seus ídolos?

Essa é uma resposta complexa. Ídolos para mim são exemplos que ultrapassam as barreiras do esporte. Meus ídolos são meus pais, que me ensinaram como chegar aqui e a importância de ter um bom caráter, trabalhar duro e respeitar o próximo. Agora, olhando como esportista, acho que a melhor resposta é não olhar apenas para os resultados dos jogadores, e sim para o que eles representam para o esporte pelos mesmos motivos acima.

Poderia citar diversos campeões como o próprio Phil Hellmuth, que é o jogador que ganhou mais braceletes na história do WSOP. Mas prefiro escolher como exemplo alguém como:

- Barry Greenstein: pai de família, com uma formação acadêmica no MIT, é empresário e autor de um dos melhores livros sobre o que é ser um profissional de poker (*Ace on the River*). Possui vários veículos que ajudam a desenvolver o poker como um esporte, sendo um dos mais conhecidos o PokerRoad.com. Barry se destaca por doar para caridade todos os seus prêmios de torneios. Sua imagem para o poker é a de um ídolo. Bem-sucedido, vencedor, trabalhador e honesto.
- Annie Duke: mãe de quatro filhos, jogadora profissional, campeã de um evento de Omaha no WSOP, detentora de um título do WPT. É uma mulher forte que luta pelo poker como um esporte e profissão. Nunca a considerei um ídolo enquanto jogadora, pois não acompanho seus resultados de perto. Mas gosto do que ela representa para o poker como mulher lutadora, chefe de família e profissional.
- Daniel Negreanu: além de ser um megacampeão, é a pessoa que representa melhor a simpatia e alegria de ser um profissional de poker. Sempre o vejo sorrindo e defendendo nosso esporte. Parece ser uma pessoa de caráter e uma figura de que todos gostam.

No Brasil? Leandro "Brasa". Eu não tinha como citar outro nome por tudo que ele representa para o poker. Eu ouso dizer que muito do que hoje acontece em relação ao poker no país é graças a ele. O Circuito Paulista só existe por causa dele, e hoje é o torneio regular mais antigo em atividade, com etapas mensais desde 2004. Foi o primeiro brasileiro a chegar em uma mesa final do WSOP. Ganhou todos os títulos de que correu atrás. Lutou com unhas e dentes pelo esporte. Colaborou no meu primeiro livro e também neste segundo. Foi a primeira pessoa que teve coragem de largar tudo e se assumir como profissional de poker. E, posso afirmar, é uma pessoa honesta, que dá um valor imenso para os amigos e gosta de ajudar os iniciantes.

9) Já passou por alguma situação embaraçosa ou engraçada por causa do poker?

Uma situação triste e embaraçosa foi quando o banco, no qual tinha conta há mais de 15 anos, decidiu que eu não seria mais um bom cliente por descobrir que eu era jogador profissional de poker.

Pago minhas contas e meus impostos religiosamente. Minha empresa é totalmente regularizada, tem contador e advogado e paga todos os impostos. Nunca deixei que meu nome fosse para qualquer lista de devedores. Sou médico e uma pessoa honesta. E o banco preconceituosamente decidiu que eu era *persona non grata* apenas por causa do meu esporte.

Vivo em conformidade com as leis do nosso país e as respeito. Acredito piamente que o poker não fere nenhuma legislação brasileira e, como profissional, defendo nosso país no exterior.

Quero ser respeitado como esportista e também pela história que tentei traçar pela minha vida, sempre tentando ajudar as pessoas, seja como médico, como amigo ou mesmo como escritor tentando passar conhecimento adiante.

10) Quais os maiores desejos que o poker o ajudou a realizar?

O poker me permitiu realizar o sonho de ter um maior controle sobre minha vida. Levava uma vida com a rotina de um emprego formal, e hoje tenho minha empresa, faço meus horários, viajo pelo mundo e tenho uma situação financeira melhor.

O poker me permitiu levar uma vida mais próxima da que sonhei para mim, com liberdade para exercer diversas atividades em paralelo e dedicar mais tempo aos meus sonhos e aspirações.

Um outro lado positivo é ser reconhecido pelo que você realizou. Uma das minhas maiores alegrias é poder conversar com os fãs e com os amigos que fiz graças ao poker.

Quando viajo pelo interior, é uma loucura, pois me sinto como se fosse artista de televisão. Esse carinho das pessoas é muito reconfortante e mostra que estamos no caminho certo. Por isso mantenho sempre um canal aberto por e-mail e gosto de ouvir as histórias de quem está começando. Quem quiser trocar ideias pode me escrever; será sempre um prazer conhecer mais apaixonados pelo nosso esporte.

Algumas pessoas pensam em sonhos como bens materiais. É claro que pude realizar alguns materialmente, mas modificar o estilo de vida, trabalhar com o que gosto, interagir com o público, escrever livros, ter minha empresa, são alguns dos meus maiores sonhos realizados.

11) É sabido que tudo o que você sabe jogar hoje foi o D.C. quem ensinou. Como é viver à sombra de um gigante?

Não era para serem apenas dez perguntas? Obrigado pela sua amizade e pela participação no livro. O D.C. é uma das pessoas mais competentes que conheço. Um excelente jogador e uma pessoa de cárater inabalável. É realmente um gigante para o poker nacional. Eu o escolhi para escrever o prefácio porque, tendo trabalhado com ele nos últimos dois anos, vi a dedicação que teve para conhecer profundamente todas as regras do esporte e se tornar o melhor diretor de torneios do país.

E acredite: por mais que a pergunta tenha sido em tom de brincadeira, ela encerra uma verdade. Aprendi muito com meus amigos nos últimos anos. Cheguei até onde estou graças ao apoio das pessoas que estiveram ao meu lado, me ensinaram e compartilharam o que sabiam comigo.

Queria encerrar este livro fazendo um agradecimento. Sem vocês, leitores, amigos e familiares, eu não teria a força necessária para continuar brigando pelo que acredito e evoluindo como jogador e como pessoa.

Obrigado,
Leo Bello

Glossário

A

Add-on Uma recompra especial que um jogador pode fazer em um torneio, após determinado nível de *blinds* e somente naquele momento. Ele pode fazer essa recompra independente do seu número de fichas.

ADTP Associação dos Diretores de Torneios de Poker do Brasil.

Agressivo Apostar forte, fazer aumentos, reaumentos, tomar iniciativa nos potes.

Alavancagem (*leverage*) Termo que se refere à habilidade de aumentar o valor no pote por meio de apostas crescentes. Em mercado financeiro, é um termo utilizado quando pegamos capital que não temos para realizar um investimento (por meio de empréstimos ou de outros mecanismos).

All-in Apostar todas as suas fichas de uma vez.

All-in bet Aposta de todas as suas fichas.

Aposta por valor Aquela feita com uma mão em que você tem o melhor jogo, visando ser pago e assim adicionar um pouco mais de fichas (valor) ao pote.

Asia and Pacific Poker Tour (APPT) Série internacional de torneios.

Average Média de fichas em um determinado momento do torneio entre os jogadores que ainda estão na competição.

B

Baby flush Quando você faz um *flush* segurando cartas pequenas (normalmente com a sua maior carta na mão abaixo de T).

Bad beat Quando um jogador com uma mão estatisticamente favorita para vencer por uma grande margem perde para uma outra que tinha poucas chances de vitória.

Bad runs Fases ruins no poker.

Bankroll É a banca do jogador, ou seja, o total que ele tem disponível e reservado para jogar poker (entradas em torneios, *cash games*, *sit and go's*).

Bestpoker Site de poker on-line que atualmente me patrocina. www.bestpoker.com

Bet flop/check turn Apostar no *flop* e dar *check* no *turn*, normalmente um sinal de que a mão não é tão forte.

Big blind *Ver Blinds.*

Blinds Apostas obrigatórias feitas às cegas antes de as cartas serem distribuídas. No Texas Hold'em, temos o *small blind* e o *big blind*, sendo o *small* normalmente a metade do valor do *big blind*. Num torneio, os *blinds* aumentam em tempos predeterminados.

Blocking bet Aposta pequena com o objetivo de tentar desestimular o adversário de fazer uma aposta maior contra você.

Board "draw heavy" Quando as cartas comunitárias permitem vários tipos de chamadas para *flushes* e sequências.

Board Algumas vezes traduzido para o português como "bordo", é como nos referimos às cartas que estão abertas na mesa (comunitárias). Por exemplo, ao dizer que o *board* mostra A♦5♠7♥8♠Q♥, queremos dizer que as cartas comunitárias são: A♦5♠7♥8♠Q♥.

Bolha Momento anterior a entrar na faixa de premiação de um torneio.

Bracelete Premiação dada ao campeão de certos torneios de prestígio como o WSOP. No Brasil, o BSOP (Brazilian Series of Poker) também premia o campeão com um bracelete.

Breaking even Estar empatando em termos de resultados, ou seja, nem lucrando, nem perdendo, ou bem próximo disto.

BSOP O campeonato brasileiro de poker, disputado em etapas mensais ao vivo por todo o Brasil. Mais informações no site: www.bsop.com.br.

Button É o último jogador a falar em uma rodada de apostas. *Ver* Posições iniciais na mesa.

Buy-in Valor investido ou cacife para participar de um torneio ou *cash game*.

C

Call Chamar a aposta.

Calling station Como chamamos os jogadores que ficam chamando apostas mesmo não tendo jogos fortes. Contra *calling stations* você deve sempre apostar forte com seus jogos bons e evitar blefá-los.

Card protector Protetor de cartas.

Cash game Modalidade em que as fichas representam um valor monetário, os *blinds* fixos (que não sobem com o tempo), e o jogador pode a qualquer momento comprar mais fichas até o limite máximo estipulado para a mesa. Ou seja, diferente do que ocorre num torneio, o jogador não é eliminado ao perder suas fichas ou ao se levantar da mesa. Elas são convertidas novamente em dinheiro, de acordo com uma convenção inicial.

Cheater (*cheat* = trapaça) O mesmo que trapaceiro.

Checking down Quando dois jogadores dão *check* em todas as rodadas de apostas até o final da mão não querendo se enfrentar diretamente. Pode ser uma forma de *collusion* implícita.

Check-raise Pedir mesa (*check*) quando for sua vez de agir, com a intenção de esperar um adversário apostar e aí aumentar a aposta (*raise*).

Chip count Contagem total de fichas de um jogador ou de todo um torneio.

Chip leader Jogador que está liderando um torneio com o maior número de fichas.

Chip tricks Truques (malabarismos) que você pode fazer com as fichas, como embaralhá-las, rolar a ficha pelos dedos...

Circuito Paulista de Hold'em (CPH) Campeonato paulista de poker, disputado também em etapas mensais pelo estado de São Paulo. Mais informações em: www.circuitoholdem.com.br.

Clube do Poker Portal brasileiro de poker ligado ao site PartyPoker. Abra sua conta no PartyPoker utilizando o código PPSP1 ao fazer seu cadastro para ser afiliado da Nutzz! e do Clube do Poker. www.clubedopoker.com

Coin flip Apelido dado a jogadas em que dois jogadores em *all-in* têm aproximadamente as mesmas chances de ganhar, como no cara ou coroa. A situação clássica em que se verifica o *coin flip* é um par contra duas cartas maiores que o par (*overcards*). Exemplos: JJ *vs.* AK, ou 99 *vs.* AQ.

Cold calls Quando você resolve apenas chamar um *raise*, sem reaumentar.

Collusion Quando dois jogadores tomam ações em conjunto visando vantagem no jogo. Exemplos: falar ou sinalizar cartas um para o outro; não se envolver em mãos ao mesmo tempo; realizar apostas para retirar adversários jogando em conjunto (um aumenta a aposta e o outro reaumenta para retirar outros jogadores da mão).

Committed Comprometido. Significa ter investido uma boa parcela do seu *stack* e se sentir matematicamente comprometido a colocar o restante das suas fichas no pote.

Continuation bet **(aposta de continuação)** Uma aposta realizada no *flop* pelo jogador que realizou um aumento pré-*flop*. Tem esse nome pois é uma extensão natural de sua ação pré-*flop*, ou seja, se aumentou é porque tem uma mão forte, e espera-se que após o *flop* ele continue apostando. Normalmente essa aposta é feita com metade a dois terços do valor atual do pote.

Conversor de mãos Como os *hand histories* vêm com excesso de informações, existem ferramentas que pegam o arqui-

vo de texto e o tornam mais palatável e fácil de ler, formatando e colocando símbolos de naipes para ajudar a interpretação.
Cut-off Posição anterior ao *dealer* (*button*).

D

Dar *bust* Perder todo o *stack* de fichas disponível.
Dar *fold* / "foldar" Sair da mão.
Dar *shove* O mesmo que ir all-in.
Deception Enganar, dar falsas informações, fazer com que o adversário não perceba sua ação. Em um dos muitos comentários que recebi sobre o primeiro livro, um mágico me escreveu dizendo que gostou da aplicação dessa palavra e ainda sugeriu uma outra muito utilizada pelos profissionais da magia: *misdirection*. Esta técnica utilizada pelos mágicos visa atrair sua atenção para um lugar diferente do local onde ele está fazendo o passe. Pense num jogador de poker como pensa num mágico: sempre trabalhando a arte do *misdirection* e do *deception*.
Deep Quando a quantidade total de fichas do jogador ultrapassa de 50BB (torneios) a 100BB (*cash games*).
Dobrar Conseguir duplicar o total de suas fichas. Normalmente ocorre quando um jogador que vai *all-in* é chamado por um adversário e ganha o pote, ficando com pelo menos o dobro das fichas iniciais. Em inglês é chamado de "*double up*".
Drawn Uma chamada para um jogo melhor, normalmente se refere a uma chamada para sequência ou para *flush*.
Draws Seriam as chamadas, ou seja, quando um jogador tem um jogo que precisa de mais uma ou duas cartas para ser completado. Exemplo: você tem quatro cartas de um mesmo naipe (duas na mesa e duas na sua mão), e precisa de mais uma carta deste naipe para fazer um *flush*. Nesse caso, diz-se que você tem um *flush draw*.
Dry board Quando as cartas comunitárias são desconectadas, não parecendo trazer nenhum tipo de chamada para *flush* ou sequência.

E

European Poker Tour (EPT) Torneio milionário internacional patrocinado pelo PokerStars.
Everest Poker Site de poker on-line. www.everestpoker.com

F

Feature table Mesa que é filmada para tevê.
Field Número de participantes de um torneio.
Five-Card Draw ou poker fechado Modalidade mais conhecida e praticada no Brasil há alguns anos, na qual cada jogador recebe cinco cartas fechadas, individuais, e pode trocá-las uma vez para tentar melhorar seu jogo antes de compará-lo com o dos outros e declarar um vencedor na mão.
FL Modalidade de aposta Fixed Limit, em que o limite de cada aposta é predeterminado.
Float Pagar uma aposta sem ter jogo forte, esperando roubar o pote na rodada seguinte de apostas caso o adversário demonstre fraqueza.
Floorman Pessoa responsável por fiscalizar e ditar as regras em um *poker room*.
Flop Parte de uma mão em que se expõe as três cartas comunitárias e segue-se uma rodada de apostas.
Flush draw *Ver Draws.*
Freerolls Eventos de inscrição gratuita com premiações em dinheiro
FT *Final table* (mesa final).
Full Tilt Poker Site de poker on-line que atualmente patrocina Leandro "Brasa". www.fulltiltpoker.com

G

Gambling Apostas sobre qualquer tipo de jogo ou situação. Normalmente, a palavra é relacionada a apostas sobre resultados de terceiros ou a jogos de azar.

Gutshot draw *Ver Inside straight draw.*

H

Hand history Histórico de mãos jogadas. Arquivo em formato .txt que pode ser salvo no seu computador a partir de um software de poker on-line. Este arquivo conta todos os detalhes de cada mão de que você participou.

Heads up Quando dois jogadores se enfrentam mano a mano, um contra um. Ocorre entre os dois finalistas de um torneio ou como uma modalidade de jogo.

Herói Ou em inglês *hero*, é o jogador que posta a mão e de quem o *hand history* mostra as *hole cards*.

High stakes Jogos com valores de apostas altos.

Highjack Apelido dado à posição que fica logo à direita do *cut-off* (portanto, duas à direita do *button*).

High rollers Jogadores que gastam fortunas em suas viagens.

Hold'em Manager Software de auxílio para poker on-line.

Hole cards As cartas que o jogador recebe no início da mão e que são exclusivas (não comunitárias). No Texas Hold'em, são duas as *hole cards*. Na modalidade Omaha, quatro.

Home games Como são denominados os jogos caseiros, entre amigos.

I

ICM *Independent chip model*, utilizado em *sit and go's* para determinar em que momento é lucrativo que um jogador dê o seu *all-in* com a melhor expectativa de retorno.

Implied odds Conceito matemático relacionado a quanto você pode ganhar das fichas do seu adversário em apostas futuras caso você pague uma aposta agora e a próxima carta comunitária melhore o seu jogo.

"Inside straight draw" Chamada para sequência que, para ser completada, precisa de uma carta no meio da ordem de cartas. Exemplo: em 5689, falta o 7 para a sequência.

Insta-all-in Uma gíria do poker que expressa situações em que o jogador tem tanta certeza de que seu jogo é bom que age rapidamente indo *all-in*.

"Internet wizards" Jovens que aprenderam a jogar poker pela internet e desenvolveram seus jogos baseados nos programas de estatística e em conceitos matemáticos.

ITM "*In the money*". É estar em uma posição tal numa competição que lhe garanta um prêmio.

K

Kicker É a carta que o jogador usa para desempate. Quando você tem um jogo como um par e o seu adversário possui o mesmo par, chamamos de *kicker* a carta que vai desempatar.

L

LAPT Latin America Poker Tour, série internacional de torneios.

Laydown Largar uma mão quando confrontado com uma aposta de seu adversário.

Leading bet Aposta que você faz quando é o primeiro a agir.

Limit Tipo de aposta permitida em uma modalidade que tem valores fixos a cada rodada.

Limp Entrar em uma mão apenas pagando o valor do *big blind*, ou seja, sem aumentar a aposta atual, quando nenhum outro jogador aumentou a aposta previamente.

Limp-reraise Dar *limp* com a intenção de fazer um reaumento caso um jogador faça um *raise*.

Low board Quando as cartas comunitárias têm valores de face baixos.

M

Main event Evento principal de uma série de torneios.

MaisEV Fórum nacional de discussões sobre poker.

Miscall Dizer que você tem uma mão (por exemplo, uma sequência) e não tê-la na hora de mostrar os jogos, na tentativa de fazer com que seu adversário jogue suas cartas fora.

Mixed Games Jogo que mistura mais de uma modalidade (Exemplo: HORSE, que é Hold'em, Omaha, Razz, Stud e Eight or Better).

Modalidades *high/low* Nos jogos de Stud e Omaha ainda há a opção de se jogar pelo maior e pelo menor jogo possíveis.

Move Termo em inglês que significa "movimento", no sentido de realizar uma jogada arriscada, uma tentativa de ganhar o pote com uma aposta não usual.

Muck Monte onde ficam as cartas "mortas", que não estão participando do jogo.

Mucked cards Cartas que foram jogadas fora, ou seja, o jogador deu um *fold*, desistindo de participar da ação, e as suas cartas foram colocadas sobre o *muck*.

Multiway Pote jogado por mais de dois jogadores pós-*flop*.

N

No-limit Tipo de aposta em um jogo de poker que varia da mínima possível (*big blind*) até todas as suas fichas sobre a mesa.

Nuts Melhor jogo possível no momento. Dizemos que alguém tem o *nuts* quando, não importa que cartas os adversários tenham, o seu jogo irá ganhar de todos os outros com as combinações possíveis com as cartas comunitárias.

Nutzz! Empresa que organiza o BSOP e o Circuito Paulista.

O

Odds O mesmo que "chances". O livro *Aprendendo a jogar poker* traz um capítulo explicando tudo sobre este conceito.

Omaha 8 or better Modalidade de jogo de poker.

Omaha Quatro cartas individuais e fechadas para cada jogador, com cinco cartas comunitárias na mesa. Ganha aquele com a melhor combinação de duas cartas de sua mão, com três da mesa. Não podem ser usadas nem mais, nem menos cartas das suas fechadas, somente duas da mão e três da mesa. Da mesma forma que no Texas Hold'em, ganha quem fizer uma aposta não paga pelos adversários.

Outs São as cartas que poderiam ajudar a melhorar o seu jogo.

Overbets Apostas muito grandes para o tamanho do pote.

Overlay Quando um torneio não atinge por meio de inscrições a premiação prometida ou garantida por um site, diz-se que o torneio teve um *overlay*, ou seja, o organizador teve que complementar o valor prometido.

Overpair Par maior do que as cartas na mesa.

Overplay Jogar uma mão de uma maneira mais forte do que sua própria mão vale. Ou seja, valorizar em excesso a força da sua mão, levando-o a fazer apostas altas para a situação.

P

ParadisePoker.com Site de poker on-line.

Party Gaming Empresa ligada ao PartyPoker.

PartyPoker Site de poker on-line. www.partypoker.com

Passivo Jogador que poucas vezes aposta, preferindo apenas pagar apostas ou dar *fold*. O contrário de agressivo.

PL Modalidade de aposta *pot-limit*, em que o valor máximo de cada aposta é o que já existe na mesa.

PocketFives Site e fórum internacional de discussões sobre poker.

Pocket pairs Cartas pareadas que você recebe como *hole cards*.

Poker Camp Treinamento com aulas práticas e teóricas sobre *cash games* e torneios.

Poker rooms Locais onde ocorrem os jogos de poker oficiais (clubes, cassinos, hotéis).

PokerStars.com Considerado o maior e melhor site de poker on-line.

PokerTracker Programa utilizado para guardar o histórico de suas mãos jogadas nos sites. Depois de passar os históricos para a base de dados do PokerTracker, você pode analisá-la segundo diversas estatísticas e acompanhar seu desempenho, assim como o dos adversários.

Pós-*flop* Período de uma rodada em que as cartas comunitárias já foram expostas. Por pós-*flop* entende-se as rodadas de apostas do *flop*, *turn* e *river*.

Posições iniciais na mesa Temos os jogadores em EP (*early position*) ou posição inicial, MP (*middle position*) ou posição intermediária e LP (*late position*) ou posição final. Cada uma dessas áreas é ainda subdividida. Em EP estão o UTG (*under the gun*) e o UTG+1. Em MP temos o MP1, o MP2 e o MP3. Em LP temos o *cut-off* e o *button* (ou *dealer*). E por fim temos os *blinds*: SB (*small blind*) e BB (*big blind*). Essa divisão teórica serve para uma mesa com nove jogadores. Se a mesa tiver dez, acrescentamos o UTG+2 como mais um jogador em EP. Atenção: essa divisão tem apenas fins didáticos, não alterando em nada as regras.

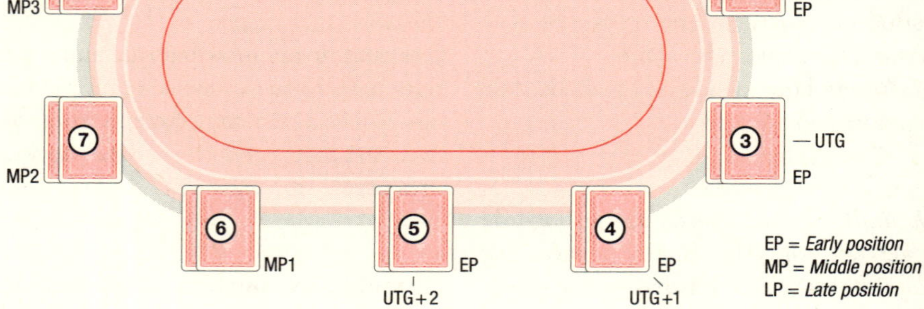

Pot committed Estar comprometido com o pote, ou seja, o pote é tão grande em relação às fichas que sobraram no seu *stack* que você se sente na obrigação de colocar todas as outras fichas independente da ação do seu adversário ou das cartas que surgirem.

Pot-limit Tipo de aposta em um jogo de poker que varia da mínima possível (*big blind*) até o valor total presente no pote naquele momento mais a sua aposta mínima.

Pré-*flop* Parte de uma mão que ocorre após a distribuição inicial das cartas dos jogadores, com uma rodada de apostas, que se encerra antes da abertura das cartas comunitárias (*flop*).

R

Raise* pré-*flop Aumentar uma aposta antes do *flop*.

Rake Comissão para os organizadores/sites de poker on-line retirada da inscrição de torneios ou das mãos dos *cash games*.

Randomizar O mesmo que tornar aleatório.

***Range* de mãos** Uma série de mãos que seu adversário pode ter.

Rebuy Ação que permite um jogador em um torneio fazer uma recompra de fichas. Só é permitido em torneios cujo regulamento especifique previamente. Normalmente só pode fazer um *rebuy* quem tiver o valor inicial de fichas do torneio ou menos.

Reraise Reaumentar uma aposta. A força deste movimento está em fazer com que o primeiro jogador fique com medo de chamar porque ainda tem um outro jogador para agir após ele.

Reraise all-in Reaumentar uma aposta com todas as suas fichas.

Resteal Aumentar uma aposta que já foi aumentada por outro jogador como uma forma de blefe, sem necessariamente ter um bom jogo na mão.

Ring games O mesmo que *cash games*.

River Parte de uma mão em que se expõe a quinta carta comunitária e segue-se uma última rodada de apostas.

S

Satélites Torneios com valores de entrada menores, cujo prêmio é a entrada para um torneio de inscrição mais elevada.

SB *Small blind*.

Sequestrum O mesmo que sequestro, área reservada com acesso apenas aos jogadores envolvidos na disputa do torneio e alguns convidados.

Set Quando você faz uma trinca com um par nas cartas da sua mão e uma carta comunitária.

SHOE Modalidade de poker que engloba quatro jogos num mesmo torneio: **S**tud, **H**old'em, **O**maha e **E**ight or Better (Stud High-Low).

Short-stacked Jogador que tem poucas fichas em relação à média atual de fichas dos outros jogadores. É um conceito que varia de acordo com o total que apresentam os adversários e também com o nível atual dos *blinds*.

Showdown Momento em que, encerradas as apostas, os jogadores devem expor seus jogos para determinar o vencedor. Quando dois jogadores estão *all-in* em um torneio, é obrigatório que ambos mostrem suas cartas.

Showdown value Valor que uma mão tem quando chega até o *showdown* (as cinco cartas do *flop*, *turn* e *river* são distribuídas e depois verifica-se quem venceu abrindo as cartas iniciais). Em outras palavras, se a expectativa de uma mão de ganhar contra uma mão aleatória for alta, ela tem um *showdown value* maior. E qualquer par médio tem um bom *showdown value* contra um A2.

Sit and go's Torneios pequenos e rápidos que começam assim que o número predeterminado de jogadores é atingido.
Sites de poker on-line Salas virtuais onde você pode jogar contra outros jogadores de todo o mundo simultaneamente, 24 horas por dia.
Slow play Ter um jogo forte e optar por não apostar para não revelar isso ao adversário e esperar pela aposta dele. É jogar uma mão devagar, ou seja, dar *check* em vez de apostar.
Small ball Tática de jogo em que se procura ver muitos *flops* sem pagar *raises* altos e controlando o pote no pós-*flop*.
Small blinds *Ver Blinds.*
Split pot Quando uma mão empata e o pote é dividido entre os jogadores restantes.
Squeeze play Jogada clássica na qual, após um *raise* e um *call*, você faz um grande *reraise* para tentar tirar os dois adversários da mão.
Stack Quantidade total de fichas que cada jogador possui.
Stall Enrolar quando é sua vez de agir, deixando o tempo passar.
Steal É a palavra inglesa para "roubo". Em teoria, o *resteal* é uma jogada na qual você está tentando roubar os *blinds* mais o *raise* do seu adversário. Portanto, o *resteal* bem-feito é aquele que coloca você em situações em que o adversário sai da mão, seja antes ou depois do *flop*, preocupado com a força das suas cartas.
Stick Modalidade de poker.
Stop and go Chamar um grande aumento pré-*flop* fora de posição com a intenção de ir *all-in* no *flop* independente de que cartas apareçam antes da ação do seu adversário.
Street Rodada de apostas (pré-*flop*, *flop*, *turn* e *river*).
String bets Uma aposta feita com mais de um movimento para buscar fichas (apostar em dois ou mais tempos, sem anunciar o valor previamente). É ilegal.
Stud High-Low Modalidade de jogo de poker.
Stud Jogo em que cada jogador tem cartas individuais e não existem cartas comuns a todos os jogadores. No caso do Seven-Card Stud, são 34 cartas visíveis a todos na mesa, e três (a primeira, a segunda e a última cartas recebidas) ficam fechadas, e somente o jogador que as possui conhece. Ele deve fazer a melhor combinação com cinco das suas sete cartas.
Suited connectors Cartas próximas e com o mesmo naipe.
Sunday Million Um torneio com US$1 milhão em prêmio garantido que acontece semanalmente no PokerStars, um dos maiores sites do mundo de poker on-line.

T

Table stakes O valor das apostas e *buy-in* permitidos em uma determinada mesa.
Tells Quaisquer sinais, maneirismos, atos ou ações, feitos de forma inadvertida ou não, que permitam ao adversário ter uma leitura mais precisa do seu jogo.
Texas Hold'em Duas cartas fechadas para cada jogador, e cinco cartas comunitárias abertas na mesa. Ganha a melhor combinação de cinco das sete cartas (duas fechadas e três da mesa, ou uma fechada e quatro da mesa, ou ainda, as cinco da mesa com nenhuma de sua mão) ou o jogador que com sua aposta fizer o adversário sair da mão.
3-bet Aumentar uma aposta que já foi aumentada por outro jogador, quando você tem um jogo forte e quer ser chamado.
Tight Jogador que joga poucas mãos, escolhendo apenas as melhores cartas para entrar no jogo. O contrário de *loose*.
Tilt Quando o jogador entra num estado psicológico alterado, passando a jo-

gar dominado pelas emoções e fazendo jogadas ruins. Normalmente acontece quando o jogador está perdendo.

Time bank É o tempo que você tem para agir em uma jogada. Em mesas on-line, se você não agir em X segundos, leva *fold* automaticamente.

Top pair* e *kicker Maior par com o maior *kicker* (carta de desempate).

Top set Trinca feita usando a carta de maior valor do *board*.

Torneio Após pagar um valor de inscrição, o jogador recebe fichas que não têm valor monetário, ou seja, ele não pode dobrar a quantidade de suas fichas, sair da mesa e pedir de volta o dobro da sua inscrição. Os *blinds* sobem a intervalos regulares e os jogadores são eliminados quando ficam sem fichas para continuar no jogo. Após um tempo, sobrarão apenas um campeão e os jogadores premiados, que correspondem a um pequeno percentual dos que iniciaram o torneio (normalmente 10%).

Torneios *multitable* Torneios com várias mesas, sem limite de inscritos.

Tower Torneos Site de poker on-line que também realiza eventos televisionados ao vivo. www.towertorneos.com

Trinca ou *trips* Composta por uma carta na sua mão e duas da mesa, ou até por três cartas da mesa.

Triple Crown Prêmio oferecido pelo site internacional PocketFives.com ao jogador que consegue, no período de uma semana, ganhar três torneios com premiação acima de US$10 mil em sites de poker on-line diferentes.

Turn Parte de uma mão em que se expõe a quarta carta comunitária e segue-se uma rodada de apostas.

U

Ultra-*tight* Jogador excessivamente seguro, que joga poucas mãos, selecionando apenas as melhores mãos pré-*flop* para jogar.

UTG *Under the gun*, como é conhecida a posição logo após o BB, e que portanto é o primeiro a falar antes do *flop*.

V

Value bet Aposta de valor. Uma aposta feita com o que você imagina ser a melhor mão, com o objetivo de ser pago pelo adversário e assim aumentar o valor que você ganha pela sua mão naquele pote.

Vilão Adversário do herói na mão.

VP$IP Porcentagem de vezes que um jogador coloca dinheiro no pote voluntariamente (sem ser *blind*), ou seja, a porcentagem de mãos que o jogador resolve entrar para ver o *flop*.

W

WCOOP (World Championship of Online Poker) Uma série de torneios on-line com altas premiações garantidas, realizado anualmente pelo PokerStars.

World Poker Tour (WPT) Torneio milionário internacional. Foi o primeiro a utilizar as *hole-card cameras* (pequenas câmeras embutidas na mesa de poker que mostram as cartas que antes só os jogadores viam).

Índice remissivo

C

E

F

G

H

K

L

M

N

O

P

R

S

T

U

V

W

X

Y

Z

Aprenda mais e converse com Leo Bello

Pacote Poker

Agora você pode ter notícias, fotos, vídeos e dicas no seu celular para ganhar os melhores potes. Envie uma mensagem de texto com a palavra **POKER** para o número **48069**. Você vai poder aperfeiçoar as suas técnicas e descobrir novas maneiras de acumular fichas para se tornar um campeão.
Envie **POKER** para **48069** e bom jogo!

Texto Legal: Disponível para as operadoras Brasil Telecom, Claro, Oi e TIM, a R$4,99 por semana. Clientes Vivo (exceto para clientes da Telemig Celular/Vivo), R$3,40 por semana. Informações: www.leo.net.

Leo Bello também mantém canais abertos através de seu portal:
www.leobello.com.br
Twitter: @leobello

Não deixe de acompanhar também os principais eventos de poker do país.